论实干兴邦

夏书章◎著

中山大学出版社
·广州·

版权所有 翻印必究

图书在版编目（CIP）数据

论实干兴邦/夏书章著. —广州：中山大学出版社，2016.3
ISBN 978-7-306-05620-7

Ⅰ.①论… Ⅱ.①夏… Ⅲ.①社会主义建设—研究—中国 Ⅳ.①D61

中国版本图书馆 CIP 数据核字（2016）第 035281 号

出 版 人：	徐　劲
策划编辑：	周建华
责任编辑：	曾育林
封面设计：	林绵华
责任校对：	陈　芳
责任技编：	黄少伟
出版发行：	中山大学出版社
电　　话：	编辑部 020-84111996，84113349，84111997，84110779
	发行部 020-84111998，84111981，84111160
地　　址：	广州市新港西路 135 号
邮　　编：	510275　传真：020-84036565
网　　址：	http://www.zsup.com.cn　E-mail：zdcbs@mail.sysu.edu.cn
印 刷 者：	佛山市浩文彩色印刷有限公司
规　　格：	787mm×1092mm　1/16　21.75 印张　388 千字
版次印次：	2016 年 3 月第 1 版　2016 年 6 月第 2 次印刷
定　　价：	50.00 元

如发现本书因印装质量影响阅读，请与出版社发行部联系调换

永远深切思念
大学同班の年
结婚七十二载
的老伴汪淑钧

作 者 简 介

夏书章 1919年1月生,江苏扬州高邮人。曾任中山大学副校长、美国哈佛大学教育研究院客座教授、联合国文官制度改革国际研讨会顾问等。现任中山大学政治与公共事务管理学院名誉院长、教授、博士生导师,教育部人文社会科学重点研究基地中山大学中国公共管理研究中心名誉主任,中国行政管理学会名誉会长,广东老教授协会名誉会长;被国家人事部、教育部评为全国模范教师等。出版著、译、编著作和教材约40种,发表专题文章500篇以上。获奖项目较多,如(世界)东部地区公共管理组织(EROPA)的"卓越贡献奖"、美国公共管理学会(ASPA)的"国际公共管理杰出贡献奖"、国家教委优秀教材一等奖、国家科技奖励办管理科学特殊贡献奖等。

前　言

"空谈误国，实干兴邦"这8个大字，说得非常清楚：否定误国的空谈，肯定兴邦的实干。而且空谈必然误国，兴邦必须实干。于是，面对"论实干兴邦"这个选题，可能有人认为：既然强调实干，干就是了，还有什么好"论"的！其实不然，正是为了办好"实干兴邦"这件大事，有许许多多需要十分明确和认识、理解得越全面、越深透越好的问题，非常值得高度关注和重视，认真学习、思考和讨论。

首先是我们要兴的是怎样的邦，这是实干的目标。紧接着就是怎样才能顺利地达到或实现这个目标，要解决道路、理论、制度和方法等一系列的重大和具有根本性的问题。只有这样，才能干对、干好，干得自觉、主动、积极、有效。否则可能实干难收实效，事倍功半还算轻的，重则得不偿失、产生负面影响，有违兴邦初衷。那将是有心"实干兴邦"者始料所不及和太遗憾的事。

由此可见，关于"实干兴邦"存在很大的学习和研讨的空间。这在习惯上叫作"务虚"，恰恰正是为了更好地务实。随后所列的绪论、总论、专论、结论共16章，还只能算是初步摘要展示有关各方面的主要情况，与全面、详尽介绍有很大的距离。尤其像毛泽东思想、邓小平理论和历届党代会文件以及领导集体的重要论述、讲话，所有理论原则和经验总结，无不对"实干兴邦"有直接指导作用。但限于篇幅和水平，也都只能略述其要。

目 录

绪 论

第一章　试从"空谈误国，实干兴邦"说起 ……………… (2)

　第一节　空谈空空如也必将误而不悟 ……………………… (2)

　　一、要批判脱离实际的教条主义 …………………………… (3)

　　二、要批判偷梁换柱的修正主义 …………………………… (3)

　　三、要反对有言无行或言行不一 …………………………… (4)

　　四、要反对文不对题仍大放厥词 …………………………… (5)

　　五、要反对制造和传播流言蜚语 …………………………… (5)

　　六、不应该只听雷声而不见下雨 …………………………… (6)

　　七、不应该脱离群众和目中无人 …………………………… (7)

　　八、不应该浪费公共财物和时间 …………………………… (7)

　　九、要根除贪污腐败和营私舞弊 …………………………… (8)

　　十、要根除阳奉阴违和搞潜规则 …………………………… (8)

　　十一、要树立起实干兴邦的政绩观 ………………………… (9)

　　十二、要深信榜样的力量是无穷的 ………………………… (10)

　第二节　实干步步为营才能兴邦立业 ……………………… (10)

　　一、实干首先是要干而不是不干 …………………………… (11)

　　二、实干是真干而非虚干或假干 …………………………… (12)

　　三、实干要干对不要干错或白干 …………………………… (12)

　　四、实干要干好有高效而非低效 …………………………… (13)

　　五、实干要会干而不是蛮干乱干 …………………………… (14)

　　六、实干要敢干敢闯和敢于创新 …………………………… (14)

　　七、实干要提倡巧干而不是笨干 …………………………… (15)

　　八、实干注意合作而非只顾单干 …………………………… (15)

　　九、实干要全力以赴和全神贯注 …………………………… (16)

　　十、实干应精益求精而不草草了事 ………………………… (17)

十一、实干要准备大干苦干和快干 …………………………… (17)
　　十二、实干注意勤俭节约和降低成本 ………………………… (18)
　第三节　有助于实干兴邦的还是要谈 …………………………… (18)
　　一、已谈但不够广深的内容要点 ……………………………… (19)
　　二、想谈而未谈的几个主要方面 ……………………………… (20)

第二章　实干兴邦应有的前提和基础 ……………………………… (22)
　第一节　实干为了兴邦是实干的前提 …………………………… (22)
　　一、关于旧中国历史的痛苦回忆 ……………………………… (22)
　　二、孙中山的雄心壮志遭到背叛 ……………………………… (24)
　　三、新中国成立前后的艰苦历程 ……………………………… (25)
　　四、实干兴邦承先启后继往开来 ……………………………… (27)
　第二节　必须有力得力是实干的基础 …………………………… (28)
　　一、兴邦必须实干，实干才能兴邦 …………………………… (28)
　　二、实干必须具有全面综合实力 ……………………………… (30)
　　三、有力得力还要努力出力用力 ……………………………… (31)
　　四、努力出力用力贵能得当适宜 ……………………………… (32)
　第三节　应有实效才算实干干对干好 …………………………… (33)
　　一、实践是检验真理的唯一标准 ……………………………… (34)
　　二、真正有最后发言权的是实效 ……………………………… (35)
　　三、事实胜于雄辩何惧不烂之舌 ……………………………… (36)
　　四、立言列"三不朽"并非崇尚空谈 ………………………… (38)

总　　论

第三章　实干兴邦与现代管理诸要素 ……………………………… (42)
　第一节　实干过程亦即现代管理过程 …………………………… (42)
　　一、管理学科的出现是时代要求 ……………………………… (42)
　　二、实干兴邦过程需要有效管理 ……………………………… (44)
　　三、除公共管理外还有其他管理 ……………………………… (45)
　　四、管理不是一切但是非常重要 ……………………………… (46)
　第二节　管理要素与实干情况的关系 …………………………… (48)
　　一、实干需要管理，管理要抓要素 …………………………… (48)
　　二、管理要素不拘多少但须适当 ……………………………… (49)

三、要素之间是分工合作的关系 …………………………………… (51)
　　四、管理实效出自各要素的作用 …………………………………… (52)
第三节　从公共管理向公共治理演进 …………………………………… (53)
　　一、实干面临的主要是公共管理 …………………………………… (53)
　　二、对引进学科进行本土化研究 …………………………………… (55)
　　三、治理是管理的拓宽、深化、发展 ……………………………… (56)
　　四、治理体系与治理能力现代化 …………………………………… (57)

第四章　实干兴邦与人力资源的开发 ……………………………………… (60)
第一节　实干兴邦中的人力资源问题 …………………………………… (60)
　　一、实干兴邦所需人力数量很大 …………………………………… (60)
　　二、实干兴邦者的素质越高越好 …………………………………… (62)
　　三、实干兴邦伟业必须后继有人 …………………………………… (63)
　　四、实干兴邦中的国际互助合作 …………………………………… (64)
第二节　人力资源的开发运用和管理 …………………………………… (66)
　　一、普及教育是培养人才的基础 …………………………………… (66)
　　二、专才的培养与高等教育改革 …………………………………… (67)
　　三、适才适用是人才选用的准则 …………………………………… (69)
　　四、用绩效评估看人才是否合格 …………………………………… (70)
第三节　特殊急用人才的储备与征集 …………………………………… (71)
　　一、实干兴邦中的特殊人才问题 …………………………………… (71)
　　二、实干兴邦中的急用人才问题 …………………………………… (73)
　　三、特殊和急用人才的储备工作 …………………………………… (74)
　　四、特殊和急用人才的征集工作 …………………………………… (75)

第五章　在毛泽东思想中的有关论述 ……………………………………… (78)
第一节　实干就要敢于斗争、敢于胜利 ………………………………… (78)
　　一、要有勇气，不怕困难，敢于战斗 ……………………………… (79)
　　二、清醒地估计国际国内的形势 …………………………………… (80)
　　三、不为现象迷惑，看清问题实质 ………………………………… (81)
　　四、必须肃清内部软弱无能思想 …………………………………… (83)
第二节　关于领导、干部和学习的论述 ………………………………… (85)
　　一、领导与方针政策和工作方法 …………………………………… (85)
　　二、领导互通情报，还要"不耻下问" …………………………… (87)

三、新老干部合作事业不会中断 …………………… (88)
　　四、我们经验不够必须善于学习 …………………… (90)
　第三节　坚持群众路线和为人民服务 ………………… (92)
　　一、人民群众具有无限的创造力 …………………… (92)
　　二、群众中蕴藏的社会主义积极性 ………………… (94)
　　三、全心全意地为中国人民服务 …………………… (96)
　　四、我们的责任就是向人民负责 …………………… (97)

第六章　在邓小平理论中的有关论述 …………………… (100)
　第一节　关于建设中国特色社会主义 ………………… (101)
　　一、完整准确地理解毛泽东思想 …………………… (101)
　　二、我们必须从中国的实际出发 …………………… (103)
　　三、我们必须一心一意地搞建设 …………………… (104)
　　四、建设有中国特色的社会主义 …………………… (106)
　第二节　要坚持改革开放和开拓创新 ………………… (108)
　　一、改革开放与现代化总设计师 …………………… (108)
　　二、改革被当作中国第二次革命 …………………… (110)
　　三、勇敢地打开对外开放的大门 …………………… (111)
　　四、改革开放现代化要开拓创新 …………………… (113)
　第三节　关于行政理论人事人才思想 ………………… (115)
　　一、管与不管、善管与否大不一样 ………………… (115)
　　二、关于人力资源的开发与管理 …………………… (117)
　　三、人才得失事关事业盛衰成败 …………………… (118)
　　四、领导有方事业才能顺利发展 …………………… (120)

第七章　必须体现"三个代表"重要思想 ……………… (123)
　第一节　中国先进生产力的发展要求 ………………… (124)
　　一、加快发展经济促进四化建设 …………………… (124)
　　二、认真清除社会分配不公现象 …………………… (126)
　　三、建立社会主义市场经济体制 …………………… (128)
　　四、不断创新和创新的关键在人才 ………………… (129)
　第二节　中国先进文化的前进方向 …………………… (131)
　　一、继承发扬民族优秀文化传统 …………………… (131)
　　二、学习吸收外国优秀文化成果 …………………… (133)

三、创造中国特色社会主义文化 ……………………………… (135)
　　四、物质文明精神文明协调发展 ……………………………… (136)
　第三节　中国最广大人民的根本利益 ……………………………… (138)
　　一、关于最广大人民的根本利益 ……………………………… (138)
　　二、为人民服务是共产党的宗旨 ……………………………… (139)
　　三、坚持群众观点和走群众路线 ……………………………… (141)
　　四、人民群众拥护共产党的领导 ……………………………… (143)

第八章　用科学发展观指导实干兴邦 ……………………………… (145)
　第一节　发展是硬道理，必须坚持发展 ……………………………… (145)
　　一、对发展与不发展的利弊比较 ……………………………… (145)
　　二、没有发展观的发展不可思议 ……………………………… (147)
　　三、发展观正确与否的不同效果 ……………………………… (148)
　　四、科学发展观逐步形成的过程 ……………………………… (150)
　第二节　以人为本，全面协调，统筹兼顾 ……………………………… (151)
　　一、以人为本必须是一切为了人 ……………………………… (152)
　　二、以人为本必须坚信事在人为 ……………………………… (153)
　　三、只有全面协调才能和谐安定 ……………………………… (154)
　　四、只有统筹兼顾才能全面协调 ……………………………… (156)
　第三节　可持续发展与人的全面发展 ……………………………… (157)
　　一、可持续发展关系到国家兴亡 ……………………………… (158)
　　二、保护环境才能保持生态平衡 ……………………………… (159)
　　三、要节约和合理使用能源、资源 ……………………………… (161)
　　四、人的全面发展是我们的目的 ……………………………… (162)

专　　论

第九章　实干兴邦中的一位杰出人物 ……………………………… (166)
　第一节　实干兴邦有明确的理论指导 ……………………………… (166)
　　一、要从实际出发必须了解实际 ……………………………… (167)
　　二、天时不如地利，地利不如人和 ……………………………… (168)
　　三、如果不依规矩也就不成方圆 ……………………………… (170)
　　四、不断改革创新才能与时俱进 ……………………………… (171)
　第二节　实干兴邦有鲜明的实践特色 ……………………………… (173)

一、忠于职守、严肃认真、兴利除弊 ………………………（173）
　　二、调查研究实事求是，以身作则 …………………………（175）
　　三、廉洁奉公、选贤任能、光明磊落 ………………………（176）
　　四、顾全大局、相忍为国、出奇制胜 ………………………（177）
　第三节　实干兴邦中显示的高风亮节 ………………………（179）
　　一、关于忠诚、仁爱、正直、廉洁、勤俭 …………………（179）
　　二、关于坚忍、谦虚、宽容、温厚、礼让 …………………（181）
　　三、中国人民对他永远敬爱、怀念 …………………………（182）
　　四、国际社会的普遍敬仰和赞颂 ……………………………（183）

第十章　实干兴邦中的一个鲜活例证 ………………………（186）
　第一节　请看"国际大海中的一条小虾" …………………（186）
　　一、早期移民和人民与人口现状 ……………………………（187）
　　二、早期历史和"二战"及独立以后 ………………………（188）
　　三、政治制度和立法、司法等机构 …………………………（190）
　　四、政府机构、文官制度与反贪污 …………………………（191）
　第二节　新加坡能自力更生、与时俱进 ……………………（192）
　　一、国防、外交、国际关系与经贸等 ………………………（193）
　　二、交通、电信、旅游、内务、治安、民政 ………………（194）
　　三、教育、卫生、环保、房建、城市、社区 ………………（195）
　　四、公用事业、文娱、"功劳簿"与问题 …………………（196）
　第三节　可供参考的新加坡管理经验 ………………………（198）
　　一、注意别国的经验和中新关系 ……………………………（198）
　　二、法治、反贪、高效和领导人素质 ………………………（199）
　　三、关于科技、教育、外贸和旅游业 ………………………（201）
　　四、城建、信息、精神文明和居安思危 ……………………（202）

第十一章　实干兴邦中的工作效率问题 ……………………（204）
　第一节　提高工作效率与治理现代化 ………………………（204）
　　一、我们的发展要尽可能快一点 ……………………………（204）
　　二、改革的步子也要适当地加快 ……………………………（206）
　　三、治理现代化对高效率的要求 ……………………………（208）
　　四、效率的制约因素与关键在人 ……………………………（209）
　第二节　对工作效率问题应具体分析 ………………………（211）

一、中国工作效率不是没有问题 …………………………… (211)
　　二、效率太低应被看作严重问题 …………………………… (213)
　　三、效率不高的真实和深刻原因 …………………………… (214)
　　四、提高工作效率应该力避空谈 …………………………… (216)
　第三节　提高工作效率的前提和保障 ……………………… (217)
　　一、理顺中央和地方之间的关系 …………………………… (218)
　　二、理顺党政和政企职能的关系 …………………………… (219)
　　三、理顺政府各职能部门的关系 …………………………… (220)
　　四、将工作效率提高的重要途径 …………………………… (221)

第十二章　实干兴邦中的作风建设问题 ……………………… (224)
　第一节　作风建设的全面根本重要性 ……………………… (224)
　　一、个人作风并不抽象更不玄乎 …………………………… (225)
　　二、工作作风和生活作风的关系 …………………………… (226)
　　三、作风有年龄段的区别和联系 …………………………… (227)
　　四、作风建设的必要性与可能性 …………………………… (228)
　第二节　各种作风与习惯的相互影响 ……………………… (230)
　　一、作风与习惯的表现有同有异 …………………………… (230)
　　二、作风与习惯之间的相互影响 …………………………… (231)
　　三、改变不良习惯考验个人毅力 …………………………… (232)
　　四、宁保习惯不顾作风断不可取 …………………………… (234)
　第三节　从思想根源上解决作风问题 ……………………… (235)
　　一、任何一种作风都有思想根源 …………………………… (235)
　　二、面对客观影响也有思想活动 …………………………… (237)
　　三、自治必须治自尤须自省自律 …………………………… (238)
　　四、思想正本清源作风必然端正 …………………………… (240)

第十三章　实干兴邦中的行政成本问题 ……………………… (242)
　第一节　人民的政府应当是廉价政府 ……………………… (242)
　　一、行政成本与工商成本的差异 …………………………… (242)
　　二、行政成本的构成与管理简析 …………………………… (244)
　　三、行政成本所表现的各种形态 …………………………… (245)
　　四、行政体制、生态和决策等成本 ………………………… (246)
　第二节　行政成本过高及其恶性循环 ……………………… (248)

一、警惕行政成本过高的危害性 …………………………… (248)
　　　二、行政成本过高形成恶性循环 …………………………… (249)
　　　三、要把偏高的行政成本降下来 …………………………… (250)
　　　四、要找出行政成本过高的原因 …………………………… (252)
　第三节　降低行政成本要从源头做起 …………………………… (253)
　　　一、从源头上惩治腐败的重要性 …………………………… (254)
　　　二、要让坚决反对浪费深入人心 …………………………… (255)
　　　三、对于行政成本的管控和监管 …………………………… (256)
　　　四、加强对行政成本的调查研究 …………………………… (258)

第十四章　实干兴邦中文员也应读兵书 …………………………… (260)
　第一节　《孙子兵法》影响的延伸与扩展 ……………………… (260)
　　　一、从古到今在中国的影响深远 …………………………… (260)
　　　二、从中国到日本和到西方各国 …………………………… (262)
　　　三、从军事到"商战"和到企业管理 ……………………… (263)
　　　四、从"商战"、企业管理到广义管理 …………………… (265)
　第二节　读兵书有助于提高管理水平 …………………………… (267)
　　　一、兵法与管理及其他有关问题 …………………………… (267)
　　　二、关于古今中外间的相互为用 …………………………… (268)
　　　三、关于读兵书的一些基本思路 …………………………… (270)
　　　四、谈谈学兵法的一些方法问题 …………………………… (271)
　第三节　《孙子兵法》十三篇与现代管理 ……………………… (273)
　　　一、关于学习计篇、作战篇和谋攻篇 ……………………… (273)
　　　二、对形篇、势篇和虚实篇的学习 ………………………… (274)
　　　三、关于军争篇、九变篇和行军篇 ………………………… (276)
　　　四、地形篇、九地篇、火攻篇、用间篇 …………………… (277)

结　　论

第十五章　要突出社会主义核心价值观 …………………………… (280)
　第一节　社会主义核心价值观的要点 …………………………… (280)
　　　一、核心价值观基本要点的由来 …………………………… (280)
　　　二、在国家层面的四个基本要点 …………………………… (282)
　　　三、在社会层面的四个基本要点 …………………………… (283)

四、在公民层面的四个基本要点 …………………………………（285）
　第二节　应践行社会主义核心价值观 ……………………………（286）
　　一、核心价值观是软实力的灵魂 …………………………………（286）
　　二、必须培育和实践核心价值观 …………………………………（288）
　　三、这是对全民要求的自觉行动 …………………………………（289）
　　四、树立核心价值观要从小抓起 …………………………………（290）
　第三节　走中国特色社会主义的道路 ……………………………（292）
　　一、为实现人民的美好愿望服务 …………………………………（292）
　　二、中国特色社会主义发展道路 …………………………………（293）
　　三、坚持发展中国特色社会主义 …………………………………（295）
　　四、坚信中国特色社会主义必成 …………………………………（296）

第十六章　实干兴邦就是要实现"中国梦" ……………………………（299）
　第一节　"中国梦"是全体中国人民的梦 ………………………（299）
　　一、从看《复兴之路》这个展览说起 ……………………………（300）
　　二、坚持党的领导，扩大人民民主 ………………………………（301）
　　三、中国青年一代必将大有可为 …………………………………（302）
　　四、海内外中华儿女的共同梦想 …………………………………（303）
　第二节　追、筑、圆梦的努力正在进行中 ………………………（305）
　　一、梦想不会自动成真，需要实干 ………………………………（305）
　　二、创新正当其时，圆梦适得其势 ………………………………（306）
　　三、实现"中国梦"要做到"四个全面" ………………………（308）
　　四、关于"中国梦"的外媒杂议随拾 ……………………………（310）
　第三节　全世界人民心目中的"中国梦" ………………………（311）
　　一、"中国梦"不仅是中国人民的梦 ……………………………（312）
　　二、各国人民对中国崛起的观感 …………………………………（313）
　　三、夯实走和平发展道路的基础 …………………………………（314）
　　四、坚持亲、诚、惠、容的周边外交理念 ………………………（316）

后记 ……………………………………………………………………（318）

附录
　　从全面严实看行政文化 ……………………………………………（320）

绪 论

第一章　试从"空谈误国，实干兴邦"说起

估计关心时事的人，大概都已经注意到：在中国共产党第十八次全国代表大会对全党发出的号召中，有要求"坚持实干富民、实干兴邦"的内容。随后，习近平总书记又不止一次地强调"空谈误国，实干兴邦"，并完全肯定：全面建成小康社会、基本实现现代化、实现中华民族伟大复兴无一不要靠实干。因此，实干兴邦不仅与实现伟大的"中国梦"有着紧密无比和不可分割的必然联系，即始终少不了、离不开这一条；而且在追梦、筑（或铸）梦、圆梦的整个过程中，实干兴邦也是必由之路。于是，"实干兴邦"很快便成为当前最热门的话题之一。我们在这里也正将开展关于这个主题的讨论。不过，为了更好地理解原话的深刻含义，还得试从"空谈误国，实干兴邦"说起。

第一节　空谈空空如也必将误而不悟

空谈于事无补，这应该算是古今中外众所周知的最起码的常识之一。但是，明摆着的事实是：受难上当者仍不乏其人，甚至大有人在，并且不断时有所闻。可见空谈之弊不除，则谈、听双方均将执迷不悟，继续误人误己，尤其是误众误国，造成的巨大损害是小看和低估不得的。为此，我们在集中讨论"实干兴邦"之前，极有必要把兴邦的实干与同它明显和尖锐相对立的误国的空谈加以分析批判，让它丑态毕露，从而保持高度警惕，以利于实干兴邦的顺畅前进和取得至少是预期的或很有可能是令人喜出望外的明效大验和丰硕成果。

首先，我们不妨非常简要地思考一下（因为后面在相关部分还要分别不时提及）我国的现状是怎么得来的？对于这个问题，真没有想到，作为外国的旁观者，却早在七年多以前就给出了响亮的答案：《干出来的"中国奇迹"》[①]！那是作者在胡锦涛主席访问该国之际发表的一篇文章，其针对中国的

[①]　[喀]切·伊雷娜·莫里康：《干出来的"中国奇迹"》（《喀麦隆论坛报》网站2007年1月31日文章），载《参考消息》2007年2月2日第8版。

变化所得出的结论就是："这并不是什么不可预料的奇迹,这是精心制定认真贯彻政策的成果。"这可真的说到点子上和要害处了。作者通过对援建项目的观察,盛赞中国工人的智慧和干劲,以及非常务实、认真,劳动效率很高,是从实践中学习的高手,等等。文章还着重指出:"最重要的是,爱国主义是中国经济发展奇迹的关键。"看来,从一个不大的侧面,我们已经可以领会践行社会主义核心价值观的重要性了。

其次,位居主流的实干兴邦虽难以阻挡,但对处于对立面的空谈误国仍不可掉以轻心。后者是一种长期形成的习惯势力或风气,稍一不慎,便有可能故态复萌,在新的历史条件下继续作梗。为了对它提高警惕,很有必要认清它的真面目和揭穿它的各种花招。因为所谈的内容和形式多种多样,不拘一格,在性质和后果方面,恐怕谈者自身很少有人是自知、自认为是误国之谈的,客观上一时也不易判别是否属于误国之谈。以下仅是借举一些例子以窥一斑。实际上,所谈的内容和种类会远不止于此。

一、要批判脱离实际的教条主义

这是在知识分子当中比较容易发生的一种常见病。其主要特点,在于将理论原则主观地视同教条,故被称为教条主义。所有定义、公式之类,都按书本上说的办,一切引经据典,照本宣科,因而又叫本本主义。这种教条主义或本本主义之所以必然沦为误国之谈,显而易见的是在于根本和完全脱离实际,既不从实际出发,更不对具体情况作具体分析,对实践是检验真理的唯一标准持否认的态度。结果使理论必须联系实际的要求,受不到应有的高度重视,把理论和实际置于互相割裂、分离的境地,对革命和建设造成严重危害。

本来,理论不是也不应等同于教条,而是行动的指南。马克思主义确是放之四海而皆准的真理。但在具体应用时,必须根据时间、地点、条件等实际情况,发挥自己的创造性,从而让所从事的革命和建设事业得到健康和顺利的发展。在这方面,学习过中共党史和中国革命史的人,对教条主义的危害一定会有深刻的印象。对于解放思想、实事求是,是马克思列宁主义的精髓,是毛泽东思想的精髓,也是邓小平理论的精髓的诊断,是有充分的历史根据的。

二、要批判偷梁换柱的修正主义

教条主义僵化了马克思主义,使之失去活力,当然是误国之谈。另外有一种叫修正主义的,则是对马克思主义学说从内部进行歪曲、篡改、否定,却美其名曰"修正"。那完全是公然对马克思主义搞偷梁换柱的资产阶级思潮。由于是由德国社会民主党人伯恩斯坦提出的，所以又称之为伯恩斯坦主义。其实是与马克思主义大唱反调，包括背弃辩证唯物主义和历史唯物主义、修改剩余价值学说、否认资本主义制度的经济和政治危机、鼓吹阶级合作和资本主义"和平"长入社会主义、反对无产阶级革命和无产阶级专政的学说，等等。

人们注意到上述的伯恩斯坦主义是来自右边的修正主义，另外还有如叫托洛茨基（以下简称"托"）主义的，则是"左"的修正主义。托曾经是联共（布）党内反对派首领，在列宁逝世以后组织反对派，宣传一国不能建成社会主义的理论，后被清除出党和逐出苏联。他与欧美托派组成"世界社会主义革命党"，即对抗第三国际的"第四国际"。中国也有过托派组织，即托陈（独秀）取消派。他们反对中共武装夺取政权，后来被开除出党。陈独秀还担任过中国统一的托派组织"中国共产党——列宁主义左翼反对派"（简称"中共左派反对派"）的总书记，并出版过机关刊物，宣传托派的政治意见。如果他们的主张得逞，就不会有今天的中国了。

三、要反对有言无行或言行不一

除了要对危害我们所兴之邦的中国特色社会主义的路线、方针、政策（随后还要谈到）的错误、反动言论进行批判外，对不利于实干兴邦的误国空谈也要坚决反对。以下仍只是随机举例，这里先说要反对有言无行或言行不一。

在言和行的关系上，人们历来无不强调应言行一致。在这方面的常言、成语很多，像"言必信，行必果"就是要说话算数，要兑现，不要赖。"言必有中"即"言不妄发，发必当理"，不胡说八道，信口雌黄。因而也就可以避免"群居终日，言不及义"了。还有一些负面的表现，最好注意防止，如"言不由衷"、"言过其实"、"言而无信"、"言清行浊"、"言行相诡"、"言意相离"、"信口开河"与"口是心非"等，似乎都不用多加解释，大可在面对误国的空谈时试一试"对号入座"。不过，话虽如此，各种空谈仍存在不同的特点，这里所反对的有言无行或言行不一，主要是徒托空言或者是说的一套同做的一套对不上号，与兴邦的实干要求之间有很大的距离。常言道："空话易说，实事难办。"换个角度来观察，可能不是可以缩短的距离问题，而是格格不入，所以应该认真和坚决反对。

四、要反对文不对题仍大放厥词

我们的共同主题是实干兴邦,一定不要让空谈误国。对所有参与其事和密切相关者来说,尽管专业分工因人而异,但都应有基本共识,即必须做好本职工作,以求作出尽可能大的贡献。于是各就各位,在工作中精益求精,不断改革创新。大家顾全大局,协调合作,形成众志成城、众擎易举、共襄其成的局面,使实干兴邦的速度加快和质量提高,才算做好了这篇大文章。

可是,毋庸讳言,总还有些人只顾一己之私,在名利观的驱动下,见异思迁,不安于位,牢骚满腹。像在做不对题的文章,下笔千言却离题万里。离题远了,仍然大放厥词,实在可悲可叹!在这种情况下,受到广大公众相应的反对,或能使当事人有所警醒,至少不致任其扩散消极、负面影响。当然,若在比较复杂的人事关系中果有反常因素,则是另外一种问题,有待查明真相和正确处理。总之,在写好实干兴邦的这篇大文章中,我们要保持正气、大气,排除邪气、小气,以及少有最好能免有败笔。

此外,可以补充的是上述文不对题的例子,可能还有转移话题和借题发挥等倾向,为自己不好好工作找借口或托词,但都显得离谱和不正常。俗话说:"把戏人人会变,各有巧妙不同。"那么"做文章"也大概如此。不过像文不对题便没有什么巧妙可言。至于"表面文章"、"官样文章",空话、废话太多,都令人生厌。

五、要反对制造和传播流言蜚语

流言蜚语往往是无理取闹的无稽之谈。制造者的目的无非是想混淆视听,从而损害、破坏已经形成的格局和竞争对手的声誉、形象及其正面的影响等。这是一种很不正大光明和很不负责任的手段,总像是躲在阴暗角落里放出的冷箭。无中生有、捕风捉影、歪曲事实、煽风点火、加油添醋、造谣惑众、推波助澜、落井下石、唯恐天下不乱等手法,无所不用其极。在流言蜚语的传播者当中,有的本来就是同制造者一伙的,也有被收买、雇用的,还有一些不明真相的公众,不知已受蒙蔽和欺骗而不加分析地照传不误。

其实,流言蜚语是经不起时间和事实的验证的。因为它完全基于主观愿望,不仅是像戴着有色眼镜看问题,而且一切向坏处设想和希求,结果只能是彻底落空和大失所望。可是,不能因此而对它全不介意,它所造成的即使是一时的阻力,包括对原有信心的疑虑等,有关方面可能产生某种静观其变和期待澄清的过程。可见，正确的应对之法，是既心中有数毫不动摇，又积极努力，以更有针对性的实绩让谣诼不攻自破。亦即以更加兴旺发达来回答必将衰败的"预言"。

说到这里，我们仍应"是非自有公认，公道自在人心"。至少或最后是"事实胜于雄辩"。例如，美国专家最近发表的《别指望中国经济会崩溃》①一文指出："多年来，唱衰中国经济一直是个流行的话题，却始终未能应验。人们何时才会对这种屡屡落空的预测感到厌倦？"这个问题问得好，他还奉劝"西方亟须调整心态"，一再说"中国经济不会崩溃"，还建议"去上海和广州看看。不要再看那些唱衰中国经济的文章了"。我们把这些当"参考消息"，但不头脑发热。对于存在的困难和挑战，还要沉着应对。

六、不应该只听雷声而不见下雨

原则上和总体上要反对有言无行或言行不一，前面已经谈到。这里要说的是具体一些的实例。在人们常反映的情况中，有一种被比作只听打雷而不见下雨的，也有人说像是只听楼板响，不见人下来。这类生动的比喻，说的都是热闹了很久，却没有下文，不见行动，让大家望眼欲穿，结果是白白等待。这是很不应该发生的事，竟然有时还在继续发生。

无可否认，确实有那么一些人，有的是"理论一大套，行动不对号"，有的是"话说得很重，事老推不动"，有的是"说起话来头头是道，办起事来令人发笑"，等等。还有的是传承了旧知识分子的不良习气，把"劳心、劳力"和"动口、动手"作为"君子"、"小人"的界限，这就很自然和必然地出现：讲起书本知识来眉飞色舞、滔滔不绝，做起实际工作来垂头丧气、软弱无力的畸形局面。而对前人关于重视行为、行动的教导如"读万卷书，行万里路"、"博学之，审问之，慎思之，明辨之，笃行之"和前面已提到过的说法等，却没有记住或没有当回事。

这与我们教育、培训方面的情况有没有联系呢？很值得研究。在全面深化改革中，教育是一个很重要的方面。大家对于应试教育已经发表了不少意见。从实干兴邦的要求来考虑，我们对教改的思路有待拓宽、加深。因为实干兴邦的人才主要靠我们自己培养。倘若对实干兴邦进行顶层设计，势必有此项内容。

---

① ［美］卡尔·温伯格：《别指望中国经济会崩溃》（美国《华尔街日报》网站2014年5月13日文章），载《参考消息》2014年5月15日第5版。

七、不应该脱离群众和目中无人

新中国是真正由中国人民群众当家做主的国家。一部庄严的《中华人民共和国宪法》是由全国人民代表大会通过公布后施行的。在被称为国家的根本大法中,"人民"二字出现的频率最高。十分明确:国家的"一切权力属于人民"。行使国家权力的人民代表大会,"都由民主选举产生,对人民负责,受人民监督"。具体内容不一一列举,总之给人最深的印象是人民群众的地位已发生巨大的历史性变化。

用历史唯物主义的观点来看,人民群众本是社会发展的主体。说人民群众是真正的英雄,也属于应有之义。中国共产党所一贯倡导的从群众中来到群众中去的群众路线,被认为是革命和建设取胜的重要"法宝"之一,正是以人为本思想的集中体现。要真心诚意地实行为人民服务,至少应了解服务对象的各种需求。然而,令人遗憾的是还有些人在脱离群众和目中无人,这就很有必要在这方面给以善意的提醒和加强教育了。再说,实干兴邦不是少数人的事,没有广大群众的积极参与和支持,又何来众志成城、众擎易举或众人拾柴火焰高?

脱离群众和目中无人,必然如闭目塞听。光就这一点而言,便可以肯定会出差错。因为不看不听,结果是什么客观情况都难以了解,全凭主观想象,不出问题才怪。目中无人也与自高自大、骄傲自满、自以为是有关。有了这些毛病,群众关系就好不了。孤芳自赏演变为孤家寡人。如果还自鸣得意,岂非愚而自用么?

八、不应该浪费公共财物和时间

写到这里,想起可能有人会提出疑问:本节主要谈的是空谈误国,有些实际行动的表现似非空谈。要解释一下的是:空谈误国一般或主要有三类,第一类是不切实际无法实行或行之有害之谈;第二类是谈得很好但不去做只是空谈一阵的;第三类是谈得虽好而行动适得其反,证明原为假、大、空之谈。例如关于有浪费行为的当事人,谈起来往往是要为国为民做好工作必须节约,其浪费的结果,不是恰好证明其为误国的空谈么?这里谈的有些内容都属于此类。

说到不应该浪费公共财物和时间,通常只看到具体的物质方面如"三公"开支之类。时间的浪费则注意得很不够,也较难计算。实际情况是:减少对公共时间的浪费同样应该提上议事日程。公共财物的浪费有目共睹,有针对性地采取积极有效的措施，便可能有较快和较大的转变。提高时间的利用率难度较大。过去对某些部门或单位，群众曾有过"门难进、脸难看、话难听、事难办"的说法。这"事难办"即表现为拖拉低效。在发达和欠发达国家、地区之间，这方面的差距就很大。前者三小时可办成的事，后者按欠发达的程度往往可能用三天、三周、三个月甚至三年还办不成。悬殊太甚，简直岂有此理，然而确有此事。可是，话又得说回来，要改变这种落后状况，确非一朝一夕之功。后面还有机会再议。重要的是在实干兴邦中，必须记取公共财物和公共时间的利用应科学合理，使之充分发挥实实在在的积极作用，包括应付各种困难和挑战。

九、要根除贪污腐败和营私舞弊

在全世界的历史上和现实生活中，无论哪一个国家或地区的广大人民群众，都会对各级公共管理人员能保持廉洁公正和弊绝风清表示高度赞赏。一般来说，即以中国历代王朝的兴衰为例，就可以看出，官员是否贪污腐败和营私舞弊及其严重程度有明显和重要的关系。犹忆"蒋家王朝"败退台湾前夕，简直腐败到了极点。真是必垮无疑，不垮才怪。回归前的香港地区和立国不久的新加坡曾经有过的贪腐现象受到世人的关注。有人曾称之为不治之症的"东南亚之癌"，但终于很快就被成效卓著的廉政建设给治住了、治好了。这表明只要下足决心和对症下药，正常的健康是可以恢复的。

在实干兴邦的过程中，贪污腐败和营私舞弊的勾当是不能容许的，必须坚决根除。虽然我们实干兴邦队伍的主力、主流无疑是好的和比较好的，否则便不会有欣欣向荣和蒸蒸日上的今天这样的大好局面。但对那些歪风邪气可不能有所轻忽，以免在我们勇往直前的路上设置障碍，或被内部的消极因素拉住后腿。因此，反腐就应该理直气壮和大刀阔斧，不获全胜，决不收兵！值得注意的是：一些高层的贪腐分子，平时也高谈阔论，大讲为政必须清廉。原来那都是骗人的空话，而其偷偷在干甚至明目张胆地在干的竟是误国的罪行。因此，对实干兴邦的破坏者非彻底清除不可，我们深信和期待着弊绝风清的日子早日到来！

十、要根除阳奉阴违和搞潜规则

不利于实干兴邦的负面行径，还有如阳奉阴违和搞潜规则。其具体表现为：口头上说得冠冕堂皇、慷慨激昂，而暗中却在使坏。像某些奸商一样，叫的是货真价实，干的是偷工减料。在一些流行的说法中，也可以看到类似的情况。例如，"上有政策，下有对策"，或者说"你有政策，我有对策"。这个"对策"就是想方设法去抵制或改变歪曲政策的性质，表面上似乎还在"认真执行"。又如"有令不行，有禁不止"。又好像不是公开抗拒，总是在寻找或制造各种借口进行拖延，使之旷日持久，不了了之，致该行该止之事渐渐成为老大难问题。近似的情况如：对"有法可依、有法必依、执法必严、违法必究"的原则，也背得很熟，但在暗中已偷偷以"不"字代替了"可"和"必"字，或者叫"你要法办，我有办法"，胆子也真够大的。此辈还有"见人说人话，见鬼说鬼话"的"本领"，其实正好表明"当面是人，背面是鬼"的阴阳两面。

至于搞潜规则，性质也属于"阴"和"鬼"的一面。那些见不得人的事和说不出口的话，总不免要求同伙须"心中有数"、"心领神会"、"心照不宣"和"不言自明"了。这是一个在公共事务中应不应该一视同仁和具有透明度的问题。潜规则之所以要潜，完全是为了谋取和保护私利。由它派生出来的弊端层出不穷，不一而足。只要臭味相投、互相"关照"，骗局便可以形成和保住。最惊人和不可思议的是居然有此一说：有的地方"村骗乡，乡骗县，一层一层往上骗，一直骗到国务院"。果真如此，那就太不像话了！

十一、要树立起实干兴邦的政绩观

不久以前，有过一个时期，什么"形象工程"、"政绩工程"，即使不算风行一时，至少确是曾经"热闹"过一阵。明摆在世人面前的事实是：不仅大大和白白浪费了许多公共财物，而且留下的，几乎尽是令人看了别扭甚至恶心的所谓"形象"和"政绩"。同时也令人产生疑问和引发深思：这究竟是为什么？原来表面的解释无论怎样"周详"，都形影不离地围着追名逐利打转！不是说要"为官一任，造福一方"吗？谁都知道不是那么简单容易，而在任内打点别的主意，又可能名利双收，倒是轻而易举的事。于是什么"形象工程"、"政绩工程"纷纷入选和大干起来。不过，人民群众根本不买账，公共舆论鸣鼓而攻之，这才真相大白。灰溜溜地收场，落下的并非预期的"美好景象和印象"。

这里存在一个具有基础性和关键性的问题，就是要有正确的政绩观。"群众的眼睛是雪亮的"，只要是在私心杂念驱动下使出的一招一式，总难免要露出"狐狸尾巴"来。在真正树立起实干兴邦的政绩观以后，则对全部实际行动的反映，就会显然大不一样。群众心明眼亮，自有公正的评价。不仅如此，前已述及的那些弊端和错误，也就会逐步减少直到扫除得干干净净。倘若有人仍率由旧章，抱着老皇历不放，那样久而久之必将难以自拔，为害更大。换句话说，正确的政绩观如对症的良药，它能治病救人，一点也没有夸张。

十二、要深信榜样的力量是无穷的

相信大家都听说过"榜样的力量是无穷的"这句话。在新社会，好人好事越来越多，很有利于从各方面改善社会风气和提升社会文明程度。各条战线、各个领域所不断涌现出的男女老少模范人物，是国家和社会非常重要和珍贵的无价之宝。人们争相传颂和开展学习，所在地区、行业或单位莫不引以为荣。这种榜样的力量，确实不可低估。现在持续进行的"寻找最美的"各行各业的从业人员，尤其是在工作第一线者的活动，也就是要树立"标兵"和"旗帜"。对于实干兴邦，此举颇有积极意义。还有在近年来，广泛和经常出现的志愿者的工作，也是令人耳目一新的新鲜事物。其中不乏非常出色和感人甚深的实例，应该好好及时跟踪了解和作出适当的阶段性总结。

表现榜样力量的另一个重要方面，是各级领导者以身作则的示范作用。俗话说："上梁不正二梁歪，三梁不正倒下来。"可以看出，大头头对小头头和全局的影响。人们又常议论：凡事都需要带好头、开好头和用好头（动脑筋），若头没有带好，便难以开好头，大家都动脑筋而头头不听也是白搭。在国际和国内的历史上和现实生活中，都有可以信手拈来的事实为据。堪称气贯长虹的太平天国为什么会如昙花一现？"二战"获胜后的苏联为什么宣告解体？不管原因有多复杂，而焦点则都集中在领导层。反之亦然，可见领导者素质的优劣事关成败。

第二节　实干步步为营才能兴邦立业

"实干兴邦"的意思已经非常清楚，即通过实干的手段和过程去实现理想和目标，"实干"两个字，更是简单明了，或者只集中到一个字，"干"就是了，还有什么可说的？可是，若对实际情况加以全面、认真、仔细观察和思考，便不难觉察：即使仅对"干"一个字或"实干"两个字来琢磨，其中需要和值得注意研究与讨论的问题就很不少。譬如说，说干就干的精神可嘉，但这种精神并不是天生的、人人都有的，那又从何而来呢？至于干，随之而来的是干什么，怎么干，怎样才能干得对和又好又快等一系列的具体问题都有待回答。特别是面对兴邦这样的国家大事，其所涉及的事项更是面既广量又大的。

可不是么？单就表面现象和形式上的各种分工、分类而言，项目名称便多到很难列举无遗。例如，究竟有多少行业，一时恐怕谁也说不清楚。我国早期有三十六行的概括，后来逐步演进到七十二行、三百六十行、七百二十行，至今已有人戏言三千六百行也不止。一个历史悠久、幅员广阔、人口众多的大国所面对的千头万绪，可想而知。别说一个国家，连一个地区或中等城市，所要进行的建设和实施的治理，已忙得够呛。何况兴邦大业是伟大的、完整的、复杂的系统工程。各方面都不应该也不可能各自为政，而需要全面平衡、协调，才能像一部庞杂的机器那样正常运转，不发生或少发生大小"故障"，有"故障"也能及时排除。这些也无不直接或间接关系到不同实干之间的互相配合和影响。

由此可见，实干既要有实力、讲实效，还要有顾全大局的观念和通力合作的精神，才符合共同兴邦的要求。前面已经不止一次地说过，这里所讨论的主题内容非常丰富。不可能——提及和面面俱到，只宜采取举例的办法，略抒浅见。以下所举的一些例子，仍同样有随机性，排列的先后无特定含义，十二项也是偶然的巧合，不是什么既定的"规矩"。要着重说明的是环绕"实干"发表意见，绝非在有意搞汉语文字游戏。倒是在无意之中，感到汉语汉字在应用上的优势。

一、实干首先是要干而不是不干

无论是什么原因或理由，干与不干是根本对立和完全相反的两码事。只有干了才能谈到同怎么干等与干相关的情况和问题。不干则一切都无从谈起。但是对于为什么不干，不妨有所了解，或可给有关主管方面提供若干也许会有参考价值的资料。

大体而言，不干有不想干和想干而没有条件或机会干两类。这在实际上反映了人力资源管理中的双向选择。对于不想干者，不能一律简单地认为是人各有志，还大有可以探讨和分析的余地。名利心重者常表现为计较级别和待遇，主观愿望不能满足，不免形成高不成低不就的态势。这种人以"奇货"自居，只待价而沽，远离或本无"兴邦"之志，不干也罢。在合理合法的范围内，因人而异地酌予调整原无不可，但若已到了赤裸裸地讨价还价的地步，那还有什么可能真心诚意地去集中精力多作贡献呢？如此"有奶便是娘"、财迷心窍、欲壑难填、不顾一切只知往钱眼里钻之徒又何足取！

关于条件不合或尚无机会者，似可努力创造条件和耐心等待机会。若为此而降低标准和增加冗员，实非良策。此外，还有可能出现一种在位不干者。用习惯的说法，那叫尸位素餐，也就是挂名吃粮不办事或严重地消极怠工，必须遵纪依法，严肃处理，以儆效尤。要是主管者竟不知情或熟视无睹，听之任之，则不可长之风必将更长！

二、实干是真干而非虚干或假干

不搞咬文嚼字，但须循名责实。实干就是实干，还有什么好说的？无奈事情常不那么简单。有名无实是徒有虚名，名不副实是对不上号甚至大异其趋直到完全相反。对着实干的要求，不动真格或只装模作样摆出似干非干的架势，便是存心虚干或蓄意假干。出现这类情况当然事出有因，但其后果必然是失时误事，浪费各种宝贵资源，对兴国大业大有损害。对此不可纵容、姑息，而应及时扭转，否则其恶劣影响将继续扩散和为害更甚。

上面刚讲过的在位不干与这里所说的虚干或假干有不同的形式和性质：前者是明的，后者是暗的；前者没有隐瞒，后者是在欺骗，而且是故意的。其实后者只是自欺而欺不了人，所有的"西洋景"、假把戏，就算"演技"特好，迟早也终会被拆穿。试看现在弄虚作假之风似乎还在不少领域劲吹，但是打假的力度也随之大大增强。一经媒体报道，已有不少造假者身败名裂，在公众面前抬不起头来。这叫自食其果或后果自负，也后悔莫及了。如能改过自新，回到正轨，还有可能将功补过，继续前进。要是执迷不悟，仍抱侥幸心理，则将愈陷愈深，不能自拔，终于自毁。应该看到，是主观因素在助长为非作歹：一是自作聪明，把别人包括领导和群众都看成傻瓜；二是自以为是，认为错误的行为是可取的。当然总的根源还在于自私自利的私心太重。

三、实干要干对不要干错或白干

干劲十足、干劲冲天是人们所高度赞赏的。但是干对了没有，也是必须随时密切留意的问题。说干就干、放手大干听起来很有气派。可在开始干之前和干的全过程中一定要认真考虑是否干得对路，不能离谱、走样。若是背道而驰，就不止等于白干，并且会有更大的麻烦甚至造成灾难或闯下大祸！这可不是什么故作惊人之语来搞危言耸听。常识告诉我们，事实正是这样。例如开车，没有明确的方向和道路不行，途中该加速还是该刹车也不可弄错。又如用药，必须要求对症，开药、配药若出现混乱，轻则影响疗效，重则加重病情和可能致死。历史上不是已经有过某大名人的好肾被切除而保留了病肾之类的事么？

实干中干错了很多是由于粗心大意，或者检查、监督的机制缺乏和不够完善、健全。因此，为了保证不出或少出差错，对实干者通过各种培训予以提醒，按既定的机制跟踪监督检查很有必要。平安无事最好，有错即纠也免得存在隐患和积重难返。也就是说，既要重视预防，也要准备好应急。可怕的是干错了自己和别人都不知道，及至铸成大错，又为时已晚。那就太遗憾了。干对干错，都关系到共同事业的兴衰成败，需要大家共同关心、重视。在个人和集体之间，养成自我和相互反思、回顾的风气和习惯，必将是大错不犯和小错随时改正的一项切实可靠的保障。

四、实干要干好有高效而非低效

实干要干对，还要干好，具体表现是有高效，而非低效。干对虽表明有效，不是无效，但如果干得不好或不够好，那还只是低效，不是高效。因此，在干对的前提下，干好便肯定出高效。"效"的说法很多，除有无、高低之外，还有如正负、显潜、长短、速缓等之分，以及其他构成的词组，如效率、效果、效应、效用、效验、绩效、实效等。这里主要从干好的角度，指效率和效果（绩效）以示又好又快而言。在后面的专论部分，还将有专题讨论。

说到又好又快，过去也常说又快又好。这是有环境或背景变化的因素在起作用，而不是随意爱怎么说就怎么说的。例如，在物资严重短缺的条件下，要"多快好省"。"多"字当头很得人心，少了慢了解不了"渴"，还要"好省"，不能"少慢差费"。但是，在以质量取胜的竞争中，不好便不能应付挑战。市场经济要讲货比货，所谓"不怕不识货，就怕货比货"、"货比三家不吃亏"，比的就是物美价廉。那么实干要干好所指的高效，主要和首先指的是质量要好便完全可以理解了。至于又好又快，岂不更好？这正是在质量相等时的一个新的优势。工商界不是流行这样一种说法么？"人无我有，人有我优，人优我廉，人廉我转（意即创新）。"其中未见"快"字，若对如何致廉和即转稍加思考，则速度自然闪现。因为快而不好难免粗制滥造，好而不快别人捷足先登。如此而已，岂有他哉！

五、实干要会干而不是蛮干乱干

"行行出状元"这句话,说的是行行有学问、有能手。实干如果不会干,便干不了,更干不好。"行行'精通'、样样稀松"的"通才"也难以胜任正规的专业工作。通过对口的学习、培训未尝不可以入门,但也要有学一门精一门的决心和不懈的努力。倘若是不得已而为之的心情,还有可能干一行怨一行,"此山还望那山高,到了那山没柴烧",仍然是干不好的。最糟糕的,应是不会干而偏要蛮干和乱干。那简直是轻举妄动的瞎胡闹,会造成严重的不良后果。接手者难以善其后,多不愿去做吃力不讨好收拾烂摊子的事。还有一句听来不雅的俗话叫替那些蛮干、乱干者"擦屁股",厌恶和不屑之态可以想见。

问题还在于,许多工作都不是单一的、孤立的。每个部门或每项工作常常是有机整体中的一部分,有真像是"牵一发而动全身"的作用。因而蛮干、乱干的后果不止将"城门失火,殃及池鱼",而且影响全局。例如,公交系统不能正常运作,各单位工作人员很多就不能按时上班。机器的零部件坏了,就开动不了。更不用说"事故"发生在关键、要害部分。也许有人认为,这是不大可能发生的事,当然但愿如此,也最好如此。"刀伤药虽好,不用为佳。"想防患于未然,就要经常严格把好选才用人这一关。对"南郭先生"说不,不让"滥竽充数",没有"鱼目混珠",善于区分学历和能力、文凭和水平,要让"关系"和"来头"都靠边站。

六、实干要敢干敢闯和敢于创新

实干要敢干才干得起来,否则畏首畏尾、束手束脚或缩手缩脚,就会显得差劲、没劲。这里有一个敢想然后敢干的问题。人们常把敢想敢干连在一起说是很有道理的,一般也是想好了再干。对于实干兴邦,有了正确的认识是敢想敢干的源头和基础。这就保证了实干要敢干及其实现的可能性。敢闯是与敢干相联系的,敢闯就能尽快上新台阶和出新局面。紧随其后的敢于创新,则是对新台阶和新局面最强有力的实质性支撑。果能如此这般,实干之实必将更加体现真实、充实和忠实,确实是名副其实。

上面针对和围绕实干的"实"字,提出真实、充实和忠实的概念,可能有必要略加解释。说的是敢干是实干的真实内容,敢干才能使实干充实,敢干是用行动来表示对实干兴邦的忠诚。因为实干兴邦是正大光明和理直气壮的宏图伟业，勇往直前，无所畏惧。这是由共同事业的正义性决定的。这里若还不敢作敢为，倒反而可能受阻于某些私心杂念。所以，实干要敢干、敢闯和敢于创新，是非常合乎逻辑的要求，是对参与其事者的全体所应提出的要求。这样，也只有这样，才能促进大家都敢干、敢闯和敢于创新局面的形成，从而大大加快实现国家富强、民族振兴、人民幸福的美好前景的进程。说到底，实干兴邦所兴的是前无古人、没有先例的崭新、全新的事业，缺乏敢干、敢闯和敢于创新的精神，怎能共襄其成？

七、实干要提倡巧干而不是笨干

对于这个"巧"字，人们历来有正负两方面的印象。如"巧诈不如拙诚"，就是把巧用于诈，当然不好。但如果指的是心思灵敏、技术高明、心灵手巧、发挥智慧的正能量，甚至技艺精巧到巧夺天工，便很值得和应该称赞与学习了。说实干要提倡巧干而不是笨干的意义即在于此。同前面说过的要敢干一样，是为了实干兴邦而提倡巧干。与此同时，我们非常清楚地看到和完全可以理解：巧干是前述要干好的自然和直接延伸，即巧干是干好的一大法宝或不二法门。另一方面，在巧干与笨干之间高效和低效的悬殊也显而易见，颇引人注目。出于人同此心、心同此理而发出的异口同声的问题便是：为什么不提倡巧干呢？答案已包含在问题里面了。

怎样做到巧干？这可不是说巧就巧、想巧就巧的事。要有功底、下功夫，将智慧、知识、经验主观能动地应用和发展。"熟能生巧"和"实践出真知"都不会自生自出，而是经过思考和总结得来的。"眉头一皱，计上心来。"若无智力的积累、储备，别说十皱、百皱，恐千皱万皱也皱不出什么好主意来。"三个臭皮匠，合成诸葛亮"是集中了众人的智谋。要是一言不发，面面相觑，十个臭皮匠也不行，只会更臭。"难为无米之炊"的"巧妇"实在还不够巧，因为她仅巧于炊，若能巧到找米来炊，岂不更巧？可见巧干贵在有心："天下无难事，只怕有心人。"

八、实干注意合作而非只顾单干

实干兴邦之事，必须在实干中合作，在合作中实干。实干者同属一个整体，互助、互动、互相配合、互相支持，成败与共。如果只顾单干或搞小圈子，则既不利于集体，也不利于自身。所谓"一盘散沙"和"各个击破"，表明若不真正团结，不仅无法取胜，而且只有归于衰败的下场。有些在前面说过的话，这里不再重复。关于团结还有"团结就是力量"、"军民团结如一人，试看天下谁能敌"之类说的不是豪言壮语，而是钢铁般的事实！从来是寡不敌众，为什么会有以少胜多的战例呢？其中就有真假团结或团结的质量以及战略战术上存在巧妙不同的因素。这"巧妙不同"也不神秘，涉及人心所向的众志和得道多助的众智作为背景。试想：一边是众叛亲离，一边是众望所归；一边是乌合之众，一边是组织健全、纪律严明、士气高昂的坚强队伍，结局不言自明。

只顾单干不行，也就不用说了。孤掌难鸣、独木难支都是常识。脱离群众也是极其严重的缺点和弱点。连独学而无友，也会导致孤陋而寡闻。在传统教育中有德、智、群、美、体五育，应该认为比较全面。群育和美育都不可少。有时有人只强调德、智、体三育是不够的。有鲜明的群众观点和应坚持走群众路线须成为共识。要尊重群众和爱护群众，合群、乐群，与群众同甘共苦，跟群众打成一片，实干必能干得更出色，兴邦必会兴得更好、更快。美育也很重要，这里不多说了。

九、实干要全力以赴和全神贯注

全力以赴就是尽力而为，全神贯注就要聚精会神。这是体力和心力的密切结合，又不遗余力（包括注意力在内）地投入实干，必将出现大有可观的明效大验，是理所当然和不言而喻的。一般来说，求全很难无微不至地十足兑现，但不提要求可能疏漏更多，还是要求高些较好。前已述及，现在的主流是好的和比较好的。努力奔向这里所讲的"两全"的不乏其人和大有人在。但也可以看到，还有一些不尽如人意或大不如人意之处，应当引起警惕。总的现象是对全力以赴和全神贯注有不同程度的保留，或对比起来存在大小不等的差距。进行全面调查研究确实很不容易，只能举些有关的例子。前面说过的从略，同样可以参考。

先说一件过犹不及的事：某些工作人员由于勤奋过度经常加班加点而致发生"过劳死"。这是很不正常的严重损失，应当注意改进。与此截然相反的是一些"逍遥派"，即不认真工作，只是消磨时间。过去是"一杯茶，一支烟，一张报纸看半天"，现在有了电脑、手机，倒像是在忙活。有的领导者大会小会"慷慨陈词"，行动却另搞一套，于是有"台上他说，台下说他"的评议。会开得不少，但领导和参与者常缺乏准备，有"会而不议，议而不决，决而不行，行而不果"之讥。单位出事了，都离不开各级领导和实权在握者应负的责任，话是这样说的："问题出在前几排（会场座位），根子还在主席台。"可不是么？

十、实干应精益求精而不草草了事

果能全力以赴和全神贯注了，就不致草草了事。但如果不突出精益求精的要求，还有可能适可而止，仅满足于过去的标准和水平。这与前述敢于创新的精神有密切联系，必须牢牢记住："强中更有强中手，能人之外有能人。"创新没有止境，求精之理相同。不过，新与精未必经常是一回事，有时亦新亦精或越新越精，有时则新而不精或精而不新，要看具体情况。不管怎样，草草了事总是精益求精的大绊脚石。因为不草草了事，才会认真对待。凡事一旦认起真来，必然精神抖擞集中注意力去干，从而驱动求精、创新。试想不求不创，何来精、新？草草了事又往往是敷衍了事，能够维持现状已经很了不起，继续消极等待只会不进则退，后果不言自明。

在实干过程中取得一定成绩以后，容易产生自满保守情绪的倾向，以为只要照着干就行了。提出精益求精的要求，可以引起警觉和保持清醒。不是有"胜利冲昏头脑"一说吗？那可是至理名言。要做到从胜利走向胜利，实际上是从小胜利走向大胜利，可能的"诀窍"之一应是精益求精。别小看这四个字，可以毫不夸张地认为：从全世界、全人类到每个希望有所成就的个人，无不在有意无意之中，实践着精益求精的原则。因为得过且过往往是过不了或过不好的，就算只求适应，也要被迫追上去。要想迎头赶上，还得创新求精。

十一、实干要准备大干苦干和快干

在上述对实干诸要求的基础上，这里提出要准备大干、苦干和快干。如果过早提出这些要求，可能发生混乱或顾此失彼的现象。现在是时候了，正像"万事俱备，只欠东风"那样，既然已经知道该怎么干，那就动手干吧，并且要准备大干一场，不怕苦干和快上快干！

实干兴邦本来干的是大事，大事大干顺理成章。那就不是小打小闹，而是用如椽大笔去大做文章，做大文章，要大显身手和大展宏图，大刀阔斧但不粗心大意。在大气磅礴的兴国大业面前，大是大非也分得很清楚。不管是谁，要是胆敢进行公开或隐秘的阻挠、破坏等敌对活动，也逃脱不了大义凛然的无情揭露、严厉惩罚和有效制裁。

苦干是在遇到重大困难需要克服之际，必须沉着应对和进行艰苦奋斗，不解决问题誓不罢休。所谓"劳苦功高"，那是应得的光荣评价。只有亲身经历了，才能深刻体会到苦尽甘来的乐趣。工人做工、农民种田、士兵作战对于成功、丰收、胜利所感到的兴高采烈都是无法形容和代替的。航海家在战胜狂风恶浪之余的喜悦也是如此。

说到快干，当然是指又好又快。前面已经谈过不少，这里有必要再强调的是时间不等人，在成熟的条件下，就得迈开大步，勇往直前，力争早日实现我们的共同理想。这也是全体实干者的共同愿望。

十二、实干注意勤俭节约和降低成本

这也是提前引入的一个话题，后面还将另行安排有专题讨论。且说我们的实干不仅要重质量、讲速度，还要避免成本过高。那是在保证可持续发展中具有根本重要性的条件之一。过高则难以承受，影响正常业务的运作。有时无关高低，而是调度不当造成拮据局面。但都与缺钱有关。前不久美国政府被迫关门，就是一个现成的例子。

要降低成本，通常公认的是大家都注意和能够做到勤俭节约，不铺张浪费。尤其是公共财物和时间方面容易出现浪费现象，这在前面也谈到了，这里再次提出是对全体实干者而言。普遍克勤克俭，便会形成良好的社会风气。最近大讲家风家教很有积极意义。若从家庭教育、学校教育、社会教育（包括在职教育）等各方面都强调浪费可耻，则可逐渐收到对有浪费恶习者潜移默化之效。

从小做起也是一条宝贵经验。特别是在独生子女的家庭，很容易出现娇生惯养的情况。要啥给啥，随意弃取，稍不满足即大吵大闹。长大了也就浪费成性，挥霍浪费自己也控制不住。在开源节流方面，不能节流，便不能不在开源上打主意。不正当的开源之方如贪污腐败等便紧随其后，这些都是有轨迹可循的。空叹"一失足成千古恨"，悔之晚矣。因此，注意勤俭节约像是老生常谈，其实事关重大，不只是个人问题。

第三节　有助于实干兴邦的还是要谈

我们是从"空谈误国，实干兴邦"说起的。因为"空谈误国"，我们不要并切忌"空谈"。但这不等于说什么也不谈，有助于实干兴邦的还是要谈、该

谈。当然在谈的时候要提高警惕，不要无的放矢，不要流于或沦为空谈。也就是要言之有物，言而有据，有针对性，不搞空对空，以及架空、落空。

有助于实干兴邦的要谈，不利、有害、消极、负面的揭露了、批判了，对干好实干也有帮助。到目前为止，我们一起在谈，并且已经谈了不少。接着还有很多要谈，就是按照这个思路继续谈下去的。不过，要补充说明一下的是：在"实干兴邦"这个主题之下，有关思路已经形成了一个讨论计划的粗略框架。为避免不必要的过多重复，这里仅大致介绍要点，好让读者先略知梗概。

全部讨论共分四大部分，即绪论、总论、专论和结论。绪论亦如导论、引论之类，着重说明问题的由来和有关方面的情况。总论以综合性为主，从与总体有关的内容展开。专论则按各重要问题分别探讨。最后的结论是试阐明所兴之邦就是实现国家富强、民族振兴、人民幸福的伟大"中国梦"的载体。各章节的名称和细节都不必说了。

不过，为了表明限于时间和篇幅，有些想谈而已谈或未谈的事项和问题，不妨一起如实开列，以供有兴趣的读者参考。又在想谈已谈的当中，还远没有达到畅谈的程度，即尚未畅所欲言，存在大可发挥的余地。想谈未谈的，则是一片空白，更不用说一时没有想到的许多问题了。所以，由衷地希望、热切地期待所有关心实干兴邦的人都来各抒所见，全面深入持久地保证、促进兴邦的实干干得圆满、成功，全民皆大欢喜！

一、已谈但不够广深的内容要点

全文就在后面，这里点到为止，只作简略说明。

（1）关于实干兴邦的前提和基础。主要是明确兴的是什么样的邦和实干须有实力。

（2）实干兴邦与有关学科的联系。有关学科很多，但未全部列入，不少归于想谈未谈部分。

（3）马克思主义在中国生根发展。列举毛泽东思想、邓小平理论、"三个代表"重要思想、科学发展观等及党的十八大以来的有关情况。

（4）实干兴邦的杰出代表人物。集中论述伟大旗帜周恩来，还有很多英雄模范的好事可谈，并可结合反面的坏人坏事进行对比。

（5）实干兴邦中的成功经验举例。仅举新加坡一例。在"洋为中用"方面，尚有不少可以补充的余地。

（6）实干兴邦中的古代优良传统。谈得较少，仅述及《孙子兵法》一书，故在"古为今用"方面，亦可酌情增加。

（7）实干兴邦中的效率、作风、成本。均未充分展开，早已分别出现若干专著，但又不可缺少这方面的内容，只好相对从简。

（8）实干兴邦就是要实现"中国梦"。成为全中国、全世界最热门话题之一的"中国梦"，有关资料极多，都很宝贵，但限于篇幅，取舍甚难，只能适量采用。

以上已包括一些想谈、可谈而未谈的内容。

二、想谈而未谈的几个主要方面

与实干兴邦直接或间接有关事项和问题，几乎可以说已多到难以胜数。以下几个主要方面，仍存在可以大大补充的空间。

（1）全面深化改革与创新的问题。这是一个非常重要和非常难谈的大问题。完全可以这样认为：它就是直接为了更好地干好实干兴邦而启动的。

（2）实干兴邦中的安全保障问题。这又是一个极其现实和敏感的问题。恐怖分子存心恶毒，已成为世界人民的公敌，我们必须维护长治久安，才能保障实干兴邦。

（3）实干兴邦要有和平稳定的环境。这是同反恐有区别的正常国际关系应和平共处，避免诉诸战争。"二战"结束虽已七十余年，但其杀伤破坏之大令人记忆犹新。

（4）实干兴邦必须建设生态文明。这是一个环境保护和防治污染的问题。如果家居环境受到破坏，人体健康无法保证，消极影响是不可低估的。

（5）实干兴邦中的经济建设问题。在较短的历史时期内从"一穷二白"发展成为世界第二大经济体确实不易，必须克服新的困难和应对好新的挑战才能继续前进。

（6）实干兴邦所需要的文化支撑。发扬中华文化、增强文化自信，可以大大提高实干兴邦者走自己的路的坚定性和自豪感，自觉有效抵制崇洋媚俗观念的侵蚀。

（7）实干兴邦与新型城镇化问题。城市化是现代化不可或缺的内容和不可阻挡的趋势，但过去总没有妥善处理好城乡关系问题。而新型城镇化是要求城乡一体化、城乡协调发展、工农团结合作的，更有利于实干兴邦。

（8）实干兴邦必须重视人权问题。国务院新闻办公室发表的《2013年中国人权事业的进展》① 白皮书表明：中国人权事业正向更好更高的目标迈进。从大量数据和事实看到的成就有九个方面。那些对中国人权说三道四的人用两套标准说事和掩盖己丑，也不认真想想：没有人权状况的改进，中国能有今天吗？

关于还没有想到要谈的问题，估计一定不少。我们静心等候和热烈欢迎它们积极进入共同开展大讨论的行列！

---

① 《2013年中国人权事业的进展》，载《光明日报》2014年5月27日第5-6版。

第二章 实干兴邦应有的前提和基础

我们不会忘记，前面是从"空谈误国，实干兴邦"说起的。这里有必要补问一下：那误的是什么国，兴的是什么邦呢？也许人们会说：这是早已不言自明的事，不就是指我们的中华人民共和国、建设中国特色社会主义之邦吗？完全正确！不过还是说清楚比较好，因为像过去那个乱七八糟的旧中国，已不是误不误的问题，而是"王小二过年，一年不如一年"，日趋败亡，无从言兴，只是终于为人民当家做主的新中国所取代。新中国的情况则是：人民的国家人民爱，人民的国家爱人民。这样的国家怎么可以去误呢？又怎能不齐心协力去把自己的国家建设和发展得兴旺发达起来呢？因此，当我们集中讨论"实干兴邦"这个主题的时候，首先要牢牢把握住实干兴邦的前提和基础，这才始终不会是泛泛而谈。

第一节 实干为了兴邦是实干的前提

所兴何邦的问题前面已经解决，实干去兴这样的邦完全值得和应该。因为是自己的国家，国家兴盛了，包括自己在内的全体人民都会感到幸福和骄傲。这样的国家观念和爱国情操来之不易。让我们好好学习一下中国近代史、中国革命史和中共党史，以及中华人民共和国成立以来至今的发展过程。抚今思昔，展望前程远景，我们就可以更深刻地领会实干兴邦的无比重大和深远的意义，并将以更大的努力去为实干兴邦作出贡献。

上述各种历史，都早已正式出版专著。这里也不适宜过多地谈论史实，只打算就印象较深的有关情况作些回忆，以利于今昔对比。确如常言所说："不比不知道，一比吓一跳。"既知今远胜昔，即当高度珍惜和抓紧接力棒承先启后、继往开来。

一、关于旧中国历史的痛苦回忆

这里说的旧中国，不是"从盘古开天地"说起，而是习惯上指新中国成立前或稍长或稍短的那一段。想想一个古老的东方大国，自完全是入侵式的鸦片战争以后,接连不断地被东西方侵略者欺侮、凌辱,割地赔款、丧权辱国,言之痛心。清王朝一败涂地、一蹶不振,终于在辛亥革命中被推翻了。但旧势力一时依然存在,还妄想复辟或竟公然称帝。尽管只是昙花一现,却表明了"民国"只是有名无实。革命领导者孙中山发出"革命尚未成功,同志仍须努力"的警语,确是当时的实况。

按照社会性质来考察,中国曾经处于半封建半殖民地的境地甚至是次殖民地的境地。具体表现为国家四分五裂,封建军阀各霸一方。其背后都各有外国侵略者的支撑,也形成后者在中国的势力范围。世界被瓜分了,中国也被"瓜分"了。美国似乎晚了一步,于是主张"门户开放",才好"插足"。后来居上则是"二战"期内的事。

此外,当时在中国的几个大城市还有不少外国"租界",享有"领事裁判权",俨然是界内之主。有的租界公园门口,居然挂出"华人与狗不得入内"的牌子,实在欺人太甚和太不像话!这可不是什么传闻,而是至今健在的老人亲目所见,早期旧报纸上也登过这种照片。在中国人自己的领土上,面临这种"待遇",岂非国格、人格一起损了?!国家衰弱到这般光景,在一定程度上不是国将不国,而是国已不国。难怪当时有人认为"中国"已不是主权国家的名称,而只是"地理名词"!话是尖锐了些,可是一个主权国家又怎能容许"租客"胡作非为到这个地步呢?"弱国无外交"、"落后就挨打",这才是强权拥有者的"公理"。

再说国家四分五裂,也确实是使外侮有机可乘和稳操胜算的依据,同时也是爱国的有志之士奋发图强的严重障碍。曾有一个时期,军阀混战频仍,几无宁日。形象的说法如:"去年两个打一个,今年两个互相打,不打不得烂,打给外人看。"真是一目了然,不用另加解释。还有一些情况,表明不统一要发展也难。如省际铁路交通,有过宽轨与窄轨之间出入需要换车;有的省有本省通行的货币;以及诸如此类,不一而足。中国人曾被笼统地看作"一盘散沙",一般人对公益活动的积极性不高,只有"五分钟热度"。其实皆大谬而不然。看看后来在中国共产党领导下的革命运动,既团结一致,又轰轰烈烈,而且愈挫愈猛,不获全胜决不罢休。这很不难作出对比和发人深思!

另外一个例子,可以从一个侧面,看到当时政治腐败、百业萧条、民生困苦。中国人又曾被称为"东亚病夫",可不是么?国弱民贫,哪里还顾得上发展体育卫生事业,结果是这么一个大国,奥运会却只能抱着一个"大鸭蛋"(零分的形象说法)回来!而今天的中国,早已金牌成堆,正在世界体坛争雄。从"病夫"到健将是偶然的吗？其他各条战线生动的例子还很多，这里暂且打住。

二、孙中山的雄心壮志遭到背叛

作为推翻清王朝的辛亥革命这一震惊全世界的重大历史事件领导人的孙中山，其雄心壮志是想建立一个崭新和强大的新中国，前已述及，他对徒有虚名的"民国"是深感遗憾和急求转变的。在武昌起义已经历十多年后，他在广州下大决心，创办文武两校，即黄埔军校和广东大学（后改称中山大学）以培养新军人和新知识分子，去对付旧军阀和旧官僚并取而代之。这是为举行北伐所做的积极准备工作。他对当时的国际和国内形势，已经胸有成竹。在国际上，他对领导俄国十月社会主义革命的列宁非常佩服和尊重。在国内，他看到刚成立不久的中国共产党朝气蓬勃，是很可以信赖的合作共事的新生力量。他除了重新解释他的三民主义认定民生主义就是共产主义之外，还极其郑重地宣布：中国国民党应执行联俄、联共、扶助农工这著名的三大政策。他所采取的实际行动之一，便是邀请一些共产党的领导人和重要成员（包括毛泽东等）出席在广州举行的中国国民党第一次全国代表大会，并担任要职。史称第一次国共合作。

可是，不幸的是孙中山不久就去世了。大权落在北伐军总司令蒋介石的手里。蒋介石是黄埔军校校长，但该校领导成员和教官骨干以及优秀学员中不少是共产党员如周恩来、叶剑英等。北伐军的节节胜利，是同共产党员的积极奉献分不开的。蒋介石对此虽然心知肚明，却悍然不顾孙中山的遗志，在短短的三年之后，就在上海公开采取消灭共产党的野蛮、残酷手段，要把共产党人斩尽杀绝。接下去的是十年内战。这里暂且话分两头，后面还有关于新中国成立前后的艰苦历程这个专题，不妨先仍继续谈谈蒋管区的情况。

蒋介石在大举"清党"以后，表面上还在到处悬挂孙中山的遗像、"革命尚未成功，同志仍须努力"的对联和"总理遗嘱"全文，以示他仍是孙中山的"信徒"。除三民主义外，孙中山还有五权宪法，蒋介石也照样在形式上实行五院制，即中央政府分设立法、司法、行政、考试、监察五院，并在每星期一举行"总理纪念周"，等等。其实完全是在耍他的一套假把戏。他是实行军事独裁的军事委员会的委员长，平时用得最普遍的称呼就是"蒋委员长"。以他为首的"四大家族"是垄断官僚资本的主力，他最醉心的是法西斯统治。到处在传：信仰领袖的言论要达到迷信的程度，服从领袖的命令要达到盲从的程度。后来掩盖不住了，当然是经过默许的是很多地方以"领袖肖像"代替了孙中山遗像。令人不解的是有关单位还在出国人员的行李里塞进成沓的"领袖肖像"。说穿了，正是法西斯化已搞到无孔不入。

"领袖"只顾反共，外敌入侵就越来越凶。一个"九一八"事变，东北三省便在"不抵抗"中被轻易占领。接着又成立伪"满洲国"、"国际联盟"组团调查，也只是走走过场。华北不久就"特殊化"，要不是"西安事变"逼蒋介石上路，便不可能实现中国共产党全民抗战的主张。而蒋介石还是记恨，在抗日战争期内继续大搞"摩擦"。汪精卫到敌占区组织汉奸政府，只有他们自己最清楚是什么鬼名堂！日本无条件投降后，蒋介石又在争抢胜利果实的同时，把矛头指向共产党。他们一路发财，不管是国难财、战争财，还是胜利财，就是不管人民死活，致原沦陷区的同胞有这样的顺口溜："望中央（指国民党中央）、盼中央，中央回来更遭殃。"到全面垮台前夕，仅恶性通货膨胀就把老百姓闹得不知所措。原来叫"法币"的纸币不行了，跟着发金圆券、银圆券、关金券，早晚时价不同，早晚可能差若干倍。当时人们一拿到纸币，就去换成银圆或外币、实物等才能保值。常见有人提着一大捆钞票，也不用担心被抢，因为那钱太不值钱。说起来可能是几百万一个月，其实不够维持小家庭的生活费。记得"国民政府"南迁广州时，"教育部"就设在中山大学旧校区。教授们生活困难，曾在该"部"门口扯起"国立中山大学教授活命大拍卖"的横额，在下面摆摊子出卖衣物，真是极大的讽刺。

中华人民共和国于1949年10月1日成立，广州是10月14日解放的。在解放前夕，市民莫不坐以待旦。结果是没有响一枪，电灯也没有熄，第二天一大清早，解放军就进入市区受到热烈欢迎了。原来反动派是想破坏广州的，后来因为解放军来得太快，已经兵临城下，若不逃跑就来不及。再有搞破坏遇上工人护厂，电厂被护住了，所以电灯照常亮，最后仅炸了海珠桥。说这些没有别的意思，只想说反动派他们破坏的是人民的财产，是与人民为敌，自绝于人民！"得人心者得天下，失人心者失天下。"事实证明，他们逃脱不了这条规律。不过，他们是绝对不会自动退出历史舞台的。人民的胜利必然经过艰苦奋斗的历程。

三、新中国成立前后的艰苦历程

"没有共产党就没有新中国。"这是早已为历史所证明和世人所周知的事实。但话说来只有11个字，而新中国成立前后的艰苦历程是说来话长更一言难尽的。新中国得有今天，确确实实是来之不易。我们世世代代都应当把这段历史牢牢地记在心上。中共党史和中国革命史是每个中国人的必修课。知道新中国成立前后的艰苦历程后，实干兴邦就会干得更对劲、更来劲、更起劲。

前面已经提到，反动派在完全和彻底背叛孙中山的遗愿以后，出于其反共、反人民的本质，将罪恶嘴脸暴露无遗。除发动和进行全面、长期内战外，还保持经常性的"白色恐怖"。对共产党人及其同情者实施屠杀、迫害。反动头子散布过"宁可错杀三千，不可放走一个"这样狠毒的"誓言"，可见他们已达到何等疯狂的程度！在"安内攘外"的问题上，他们坚持的是"攘外必先安内"，面对外敌入侵不去抵抗，却将全力投入内战。后来还是经过"西安事变"，在深明大义的共产党人原则精神鼓舞下，才开始全民抗战的。有关情况前已述及，不再重复。

还是把话再说回来，在上面刚谈到的"白色恐怖"时期。除了凶残、恶毒之外，也有显示其愚昧无知的一面。众所周知，中国共产党人是以马克思主义为指导思想的。反动派也知道这一点。但他们莫名其妙地患上了反"马"、恐"马"症，致有人因带着《马氏文通》这本古书而被捕并准备问"罪"，结果当然是一场大笑话。他们又常称共产党为"赤党"、"赤祸"，甚至"赤匪"。赤者红也，于是他们又患上了恐"红"症。曾有人因在公开场合"亮"出一本引人注目的红皮书而受到跟踪和强制"检查"，原来是一本《三民主义读本》，"自家人不认得自家人了"。那据说也显然是故意捉弄的闹剧，证明反动派真的如此浅薄！

可是，不管反动派是多么处心积虑和穷凶极恶，全面内战的胜利仍终于属于人民：人民期待已久的新中国——中华人民共和国在1949年10月1日正式宣告成立了。这是一个震惊世界的崭新时代的开始，反动派及其支持者的帝国主义侵略势力总是按照失败、捣乱，再失败、再捣乱的规律行事的。于是在新中国成立伊始，内有猖狂的反革命活动需要镇压，外有抗美援朝的紧迫重任不得不担承，还有什么封锁、禁运之类，被强加的压力不一而足。这些便都是新中国成立后所面临的困境。回想起来，我们能从胜利走向胜利，确实不易。而且，如何治理、建设和发展好新中国是没有经验的。正如邓小平所说的一句很形象的话："摸着石头过河。"既要小心谨慎，又要大胆敢闯，在探索、试验中前进。应当认为，出现某些偏差、缺点、错误是难免的和正常的，及时改正就好。从总体上来看，历史生动地证明了星星之火果能燎原。但这必须是顺应时代潮流和符合人民心愿之火，也就是正义之师。中国得有今日,我们不能不更加增强道路、理论和制度自信。与此同时,我们也更能理解:为什么世人公认,20世纪中国的三大伟人是孙中山、毛泽东和邓小平。正是他们在不同的历史阶段,为了开创、建设和发展新中国各自贡献了特有的突出的丰功伟绩。

四、实干兴邦承先启后继往开来

历史的对比有目共睹:新中国从一穷二白转向和平崛起取得显著成效所经历的时间,比过去一般类似的具体实例,要快得以若干倍数计。这都是无数先烈、前贤和广大干部及基本群众为了建设自己的国家,长期实干出来的结果。最重要的是为我们国家更加兴旺发达打下了坚实的基础和准备了有利的条件。因而能否承先启后和继往开来,就完全要看后辈的实际行动了。

非常令人欣慰和足可寄予厚望的是:历史已经证明和正在证明并将继续证明,中华儿女是能够坚持和发扬"实干兴邦"这一光荣传统和祖传法宝的。没有一代不如一代的迹象,却有一代强过一代的倾向。最有说服力的根据,在于国家实力和国际地位的不断提升,以及在许多领域,早已开始和陆续实现赶超世界先进水平。尤其是在创新方面,更是捷报频传和喜讯时有所闻。可见"苟日新、日日新、又日新"[①] 的古训,仍在新的实践之中。

不过,我们也不能只报喜而不报忧。毋庸讳言和不可否认的是,还有那么一号人的表现是属于负面的。其中有的安于现状,不思进取;有的是身在福中不知福,还发牢骚、讲怪话;有的是自己萎靡不振,消极怠工,在混日子;有的甚至利令智昏,干起贪腐贿赂危害国家、社会的勾当。尽管不正常的情况大不一样,严重的程度也有很大的差异,但都与"实干兴邦"的要求格格不入,直至起破坏作用。对此,我们不能熟视无睹和听之任之。对策在于加强教育和厉行法治。

先说加强教育。曾经有人认为,教育不是万能的。可不管怎么说,不重视教育却是万万不能的。人非生而知之,所以自古以来对于"不教而诛"都不以为然。说到"实干兴邦",也应该从注意加强爱国主义教育入手。家庭教育、学校教育、社会教育,直到终身教育,都不能忽视这一重要方面的内容。尤其是中国近现代的历史,若不认真学习,怎么可能了解新中国是在什么历史

---

① 《礼记·大学》。

背景下登上世界政治舞台的？她又将沿着什么道路前进，达到什么目标？对接班人的要求如何？如此等等，无一不是进行教育的重点内容和教育工作者的重要责任。目的正在于使受教育者十分明确"实干兴邦"是每个公民所应尽的义务和应负的责任。

再说厉行法治。这就需要建设健全的社会主义法制体系，逐步和全面做到有法可依。还要力求实现有法必依、执法必严和违法必究。如果把必依、必严和必究中的三个"必"字变成三个"不"字，那么厉行法治也就会变成一句空话。现在新的说法是科学立法、严格执法、公正司法、全民守法。对于不守法的人，特别是对于那些有严重违法乱纪行为的人，不及时严加惩处，便将助长歪风邪气，而致有亡党亡国之虞。这绝不是危言耸听，刚过去不久的历史中已出现过这样的事例。最近，正在大张旗鼓地开展着的"老虎"、"苍蝇"一起打，是一项极得人心的法治举措。它既使罪有应得的一批大小败类受到应有的惩处，也大大鼓舞了尽忠职守的"实干兴邦"者们更乐于并努力去大显身手。由于事关社会风气，也影响国家形象，所以不可等闲视之。要走好群众路线，就必须为政清廉，才能有可信度和说服力。

第二节　必须有力得力是实干的基础

关于要兴的是怎样的邦，我们虽然在大体上已经明确，但仍有不少相关情况和问题，后面还有机会继续进行讨论。这里试先就兴邦需要实干，而实干必须有力、得力，否则干不起来或无从、无法言干说起。这是常识所能理解的事，不用多加说明。因此，我们认定：有力、得力是实干的基础。徒有"实干兴邦"的设想、理念、愿望，而缺乏身体力行、实事求是的实践能力，结果只能是原封不动、寸步难移、依然故我。也就是说，既没有干，又何来兴？

说到有力、得力，就有许多关于"力"的问题有待探讨。有力、得力还有出于主观或客观原因投入即用力程度的差异。力更要看怎么用，是否得当、适宜，以免过犹不及。最后要用成效来检验，通过"实干"达到"兴邦"的目的，才算是成了"正果"。

一、兴邦必须实干，实干才能兴邦

"实干兴邦"这四个大字，本来言简意赅，已经把事情说得一清二楚。这里又翻来覆去，变换说法，岂非太过啰苏，甚至像是完全多余的废话？其实不然，而是事出有因。虽然有许多人确是深刻理解和说到做到了，可在实际上，人云亦云者有之，被当作老生常谈只挂在嘴上的口号者有之，让别人去干自己只是一边站、一边看者有之，自己不干而对实干者评头论足、说长道短、苛求责备者有之。尤有甚者，便是那些前面已经谈到的害群之马，不是不干，而是干到反面去了。在表面上，后者未尝不装模作样，给人以"正人君子"的印象。而实质上已经蜕化堕落，成为犯罪分子。

可见，这里并非没有话说而在找话来说，原来可以说和应该说的话很多，那就再接着试试。还是说"实干兴邦"，人人会说，但对某些工作任务，大家是否真心诚意地想干、愿干或肯干，并自觉要求好好干和一定要干好呢？答案可能是多种多样的。因为在实际生活中，我们常接触到如下一些现象：有的事成为很多人争着干的热门，也有的事少人或无人问津。有的人勉强从事某种业务，其实并不安心，更谈不上用心、专心，而是在骑驴找马，一有机会便"跳槽"。结果往往是"挑三拣四"，这山还望那山高，到了那山没柴烧，一事无成，满腹牢骚。至于跳"对"了的，不能绝对说没有。可是想想在跳来跳去那段被浪费掉的时间和精力是社会整体的损失，似仍有待重视和研究。

接着的一个问题是对想干、愿干的事是否能干、会干，即具有胜任的能力。这可不是只凭主观感觉所能判断的，而是有客观标准的。有的人不自量力，自以为是。总认为别人能干，自己也行。俗话说："看人挑担不吃力，上得肩来才觉沉（重）——（或作'嘴要歪'）。"通常不能干、不会干的是不会让其干下去的，以免误事。不过在公共事务中，有时出现虽不称职却仍在位的现象。可以肯定，那是不正之风。白拿工资不干工作叫尸位素餐。有的还搞瞎指挥，以致成事不足，败事有余。还有用假名吃空额的，不少积弊都必须清除。"实干兴邦"不兴利除弊不行。至于如何改善和提高工作能力，我们还将另行讨论。

说到能干、会干，还有一个敢干的问题。因为事不仅有难易之分，难度也有大有小，而且有些事情还存在一定的风险。这就需要实干者在投身于这类工作时有胆有识，有攻坚克难的决心和勇气，达到大无畏的精神境界。这就是既愿干，又能干，更敢干的最完美的"实干兴邦"者的典型。这里所说的"敢"，不只是一般所指的简单的胆子大，更不是那种粗野无文的莽撞之举，而是有理想、有信念、有决心、有勇气的敢闯、敢创。新中国就是"实干兴邦"者们闯出来和创起来的。在我们的国家继续建设和发展过程中，会面临很多困难和遭遇各种竞争、挑战，敢于和善于创新是最具优势的力量源泉，也是实现我们民族伟大复兴的可靠依据。

二、实干必须具有全面综合实力

兴邦大业非同小可。一个现代化国家的事务，用"千头万绪"已不足以形容，更不用说我们是一个历史悠久和幅员辽阔的大国了。何况即使是个小国，也是"麻雀虽小，五脏俱全"的。单就社会职业分工而言，旧说三百六十行、七百二十行早已不能概括。学科分类方面，习惯的说法如有文、史、哲、政、经、法的文科，有数、理、化、天、地、生的理科，还有工、农、医、师（教育）、管、社，以及层出不穷的新兴学科，并且还都是大类。若再细分，如一级、二级、三级学科等，恐怕一时还难计其数。在实际工作中，大项都不可缺。如人们常说的有党、政、军、工、青、妇，还有根据具体国情而存在的民族事务、特区事务、侨务，等等。细分起来，同样是非常复杂的。正因为是这样，所以要做好工作、完成任务、达到目标，必须具有全面综合实力。

换句话说，"兴邦"是一项总的巨大的系统工程，其中包含了许多分门别类的系统工程。全面逐一讨论没有必要，也没有可能，这里只打算举两个例子。

一是军事。常识告诉我们，一般有陆、海、空军之分，其实现代化的兵种更多。总的要求不外训练有素和技术先进，能抗强敌、打胜仗。话虽说来简单，但仔细想想，要能做到做好，实非一朝一夕之功。因为对人、财、物的需求，不仅要保证经常和及时供应，而且最好能优先和优质。这就直接涉及各种资源的支撑和配合，像人才培养、经济发展和物资储备等的现实状况。倘若有一项跟不上，问题即随之而来。人才短缺，难以创新；财政困难，无法更新；物资供应也与人、财有关。有些先进装备价格昂贵，有些机密性的物品人家不卖，有钱也买不着，只有靠自力更生，即自己有创新人才了。由此可见，在实干兴邦过程中，人才问题占多么重要的地位！

第二个例子是新型城镇化。自改革开放以来，中国城镇人口和城镇数量增长很快，成为和平崛起的显著标志之一。新型城镇化重视城乡关系一体化，要使城镇化健康、合理发展，需要特别重视以人为本。这也是实干兴邦中的应有之义，不可掉以轻心。在计划、建设、管理等方面，都大有"文章"可做，而且必须做好，以免留下"后遗症"。仅就城镇应当宜居而言，便是一个带根本重要性的话题。联系到基础设施的建设、完善等，这又关系到一系列的人、财、物的事项。目前全世界都在议论"智慧城市"，表明城市科学不断有新的发展。但不少老问题包括被称为"城市病"的那些，也仍有待认真妥善治理。

垃圾处理便是一种较为普遍的常见"病",别的就不一一列举了。

上述二例已足以表明,一项分工或一个地区的事情已经如此庞杂,何况一个大国呢?再回顾一下历史,我国古代早已有"野无遗贤,万邦咸宁"① 之说,那就是需要优秀的人才来安邦。真是自古已然,于今为甚了。要治理和发展好一个现代化的大国,"群贤毕至"岂非理应出现的美景?

三、有力得力还要努力出力用力

有力得力是一回事,努力出力、用力则是另外一回事。只有两者紧密联系和结合起来,才能发挥作用和相得益彰。否则,便会出现"英雄无用武之地"或有地无用武之人的怪现象。还有用错了地方的,也大有人在,或不乏其人。于是我们可以看出,这里分明存在一个工作态度和作风问题。正确的、踏实的、顺顺当当的,应属常态。错误的、发生偏差的,便会有另外的各种"表演"。有的是经常迟到、早退、借故缺勤;有的是出工不出力,拖拖拉拉,敷衍了事,不是在干,而是在混;有的干脆是在"磨洋工"、"泡蘑菇"。不是有过"一杯茶,一支烟,一张报纸看半天"的说法吗?看报可能多少还像是在关心时事,过去听说在欠发达地区居然有人在上班时间打麻将,这才真叫岂有此理!认真推敲起来,必然还将涉及许多其他因素。

回到实干要努力出力、用力这个主题上来:为什么曾有群众对某些政府机关部门兴"门难进、脸难看、话难听、事难办"之叹呢?门难进终于进了,脸难看可以不看,话难听忍着点儿,要害还在于事难办。是真的难办吗?非也。有的是慢条斯理惯了,有的喜欢打官腔、摆官谱,也有的是故意为难,甚至还可能存在某些不可告人的"潜规则"。旧社会流传过"官府衙门八字开,有理无钱莫进来"这句话,没有想到现在有的地方也有过"不给钱不办事,给了钱乱办事"的说法。那当然是非法的,必须严禁严惩,不能让"有钱能使鬼推磨"、"钱能通神"之类的陋规恶俗在新的历史条件下"还魂"、"复活"。

另外,客观环境和条件变化的影响也不可低估。人们记忆犹新的是,在改革开放初期,"下海"大潮曾可谓极一时之盛。"十亿人民九亿商,还有一亿未开张。"那来势瞧有多猛!看到别人"发财",自己也心动、眼红、头脑发

---

① 《尚书·大禹谟》。

热,何不大胆试试?工农兵学商,商成了众望所归。跑深圳,下海南,似乎都想摇身一变,立马变作"大款"、"财神"。下文如何,不用说了。"胜败兵家常事","商家"又何尝不是如此!反正十分"热闹"了一阵,不久便逐渐清醒。据当时媒体报道,尝到小甜头的少,吃了大苦果的多。在赚不来、赔不起之际,有人因血本无归寻短见了。原来却是一门有相当难度的专业能手,只因不甘"寂寞"而见异思迁,造成悲剧!这种有幸有不幸的情况,在很大程度上表现为劲往何处使的明智抉择。

这可不能只看作个人问题。有关的政策、制度也应该通盘考虑、研究,以求改革和适应整体发展。倘若经商成为唯一的"香饽饽",不说千军万马过独木桥是什么光景,且看没有各行各业的全面配合,整个社会如何发展?又如大家都在"见钱眼开"、"唯利是图"、"利欲熏心"、"无利不起早"、"认钱不认人"、"跑部'钱'进"、"一切向'钱'看",那么,社会风气将怎样设想呢?

四、努力出力用力贵能得当适宜

在努力出力、用力的过程中,我们在前面指出过不足之处。那是消极怠工,既浪费了时间,又延误了工作。一般来说,对某些事项如果人力、财力、物力的投入太少,也会难以按预期的各种要求去完成任务。不过这并不等于说,凡事投入愈多愈好,即所谓多多益善。不,那是过犹不及。我们所认为的贵能得当适宜,实际上是一个如何掌握好"度"的问题。事分轻重缓急,处理起来必须区别对待。诸如投入的力度、保持的热度、进行的速度、涉及的幅度,以及重视的程度和考量的尺度等,都最好能心中有数,不可错乱。对于经常性的工作和应急措施,应建立切实可行的行之有效的规章制度,作为基本保障。

以上说来说去,均属方法论的范畴。也就是说,方法得当适宜,便可事半功倍,否则事倍功半,甚至劳而无功,更糟糕的会是适得其反,帮了倒忙。那样一来,不只是白干了,还要费大劲去收拾残局。我们这就需要好好想想:哲学上的根本问题是讲世界观和方法论,表明要正确地认识世界和改造世界,没有正确的世界观和方法论不行。马克思主义哲学所讲的辩证唯物主义和唯物主义辩证法正是我们研究"实干兴邦"所要学习的第一门和最根本的必修课。这里谈到方法问题,首先即须重温唯物辩证法的基本原理。

关于唯物辩证法,详细说来可能话长。长话短说的办法似可仅述其要,如基本规律和基本范畴等。作为我们讨论实干方法的指导,首先它认为物质世界是普遍联系和不断运动变化的统一整体；辩证规律是物质世界自己运动的规律；主观辩证法或辩证的思维是客观辩证法在人类思维中的反映。其三个基本规律是：对立统一规律、质量互变规律和否定之否定规律。基本范畴则有：现象与本质、原因与结果、必然与偶然、可能与现实、形式与内容等，核心是对立统一规律。这是最全面、最丰富、最深刻的发展学说。这是宇宙观，又是认识论和方法论。列宁视之为马克思主义的"活的灵魂"、"根本的理论基础"。[①]

相信读者不会忘记，至少还会有点印象：本书在第一章的第一节里，已提到过要批判脱离实际的教条主义和偷梁换柱的修正主义。这里在简介唯物辩证法之余，很有必要再次提醒对教条主义和修正主义保持高度警惕的必要。特别是在研讨实干怎样才能得当适宜之际，更应对基本规律和基本范畴加深领会，才能更有助于力求实事求是。

回顾实干兴邦的过程已经经历了许多不同的历史阶段，环境、条件的变化常不一样或大不一样。顺利进行还是受到挫折是与应对的举措密切和直接相关的。取得进步和胜利总离不开按唯物辩证法办事这一条最重要的因素。结果，全世界看到的是：以马克思主义为指导思想的中国共产党，认真和善于理论联系实际，结合中国具体国情，创造性地掌握、运用和发展了马克思主义，不断从胜利走向新的胜利。

第三节　应有实效才算实干干对干好

世界媒体关于中国的报道，不仅早已时有所闻，而且频率愈来愈高，内容非常具体，常见褒多于贬。2014年7月发布的《2014年联合国千年发展目标报告》称：按照联合国大会在2000年通过的千年发展目标，全球极度贫困人口已经减少了一半。"这些成就主要归功于中国。中国的极端贫困人口比例已经从1990年的60%下降到2010年的12%。"[②] 联合国可不是一般的国际组织，这样的评论不是随意和轻易发出的。这也是对我们"实干兴邦"所反映的事实做出的一种描绘。

[①] 据上海辞书出版社《辞海》2009年版（彩图本），第4册，第2357页。
[②] 见《极度贫困减少——多亏中国崛起》（德国《每日镜报》网站2014年7月7日报道），载《参考消息》2014年7月9日第4版。

因此，对所有实干者来说，一定要时刻和牢牢记住：实干应见实效才是干对和干好了的明证。贫困人口在相当短的历史时期内能有这样大量的减少是一件很不容易的事。

一、实践是检验真理的唯一标准

对于实干，可能有人认为，干就是了，说那么多干吗？不错，当然要干。但是否应该想想：干得对不对和好不好呢？怎样才算对和好？自夸不行，得有客观标准。前面已经不断谈到这一点。由于某些相同或相近的意思，常通过不同的说法来表达，有助于加深认识和得到更多的印证。本节所述各点，都主要是这方面的内容。

在这方面，人们讲得最多的莫如理论必须联系或结合实际、一定要从实际出发之类。常被挂在口边的"实事求是"这四个字，就是说应在实际工作中，正确对待和处理问题，以求得正面的答案或结果。没有"实事"便是空口说白话，"求是"自无从谈起，而所求的"是"虽存在标准问题，但这个标准又只有"实事"才能检验。要是所求的"是"指"真理"，那么，"实践是检验真理的唯一标准"这句话，便完全说清楚和可以理解了。

回忆在毛泽东逝世后，中国曾有过关于如何检验真理的争论。历史性的结论当然是：实践是检验真理的唯一标准。其实，作为马克思列宁主义者的毛泽东本人，早就在其最重要的哲学著作之一的《实践论》中阐明了实践是理论的基础和认识的来源，以及发展的动力、目的和检验其真理性的标准。这样的理论又转而为实践服务。它同另一本重要哲学著作《矛盾论》一起，对形成中国共产党的思想路线和思想方法提供了重要的理论依据。我们研究"实干兴邦"，当然必须好好学习这两部哲学著作。

顺便说说，在前面提到的"实事求是"一语，原出于我国古书中的"修学好古，实事求是"①。注释为："务得事实，每求真是也。"就是根据实证，求索真理的意思。可见古人智慧已早对这方面有所接触。毛泽东注意到这一点，还对它的含义作过新的解释："'实事'就是客观存在着的一切事物，'是'就是客观事物的内部联系，即规律性，'求'就是我们去研究。"② 后来，这样理解的实事求是，已成为马克思主义、毛泽东思想和邓小平理论的精

---

① 《汉书·河间献王传》。
② 《改造我们的学习》，《毛泽东选集》第 3 卷，人民出版社 1991 年版，第 801 页。

髓和中国共产党的思想路线。在具体使用的过程中，又常常与解放思想相提并论，即二者是统一的：实事求是要解放思想，反之亦然。

再说，"实事求是"这句话的普及率很高，除党和国家各届领导人经常说到外，广大干部和群众也会在许多场合的发言中脱口而出，显得非常自然。这就充分表明，实事求是已成为公认的行为准则和处世精神。又对刚刚提到的实事求是与解放思想的统一，要补充说明的是：解放思想才能更好地实事求是，直到高度自觉地实行自主创新。后者正是克服困难、解决问题、应对挑战所需要的活力源泉。这也是健康发展和进入新时代的迫切要求。"实干兴邦"所兴的，不是一个古老的旧邦，"民族复兴"所复兴的也不是当年的老样子，而是同时代相匹配、适应的崭新面貌。换句话来说，这个"兴"与那个"新"有直接和必然联系。不创新只能守旧，因而实干必须创新。不解放思想不行。

二、真正有最后发言权的是实效

紧接着"实事求是"来讲，这个所求的"是"可以引申到最后的实际效果。这里说的真正有最后发言权的是实效，正是此意。与"名不副实"和"循名责实"不同，那是名和实对不上号，要求"名副其实"而已。"实事求是"则是通过实际行动过程，去争取达到正确目标或圆满结局。倘若"求"到的不是"是"，而是"非"，便证明"实事"没有成功，是白费劲。因此，只有以实效来衡量实事，才是合乎科学的评价。

我们正在建设的是中国特色社会主义。大家都知道或至少曾听说过，早期的社会主义有空想社会主义与科学社会主义之分。二者的根本区别，即在于能否最后实现。还有过被马克思和恩格斯讽刺为"真正的"社会主义，那是19世纪40年代德国小资产阶级社会主义流派。后来又不断出现过各种骗人的冒牌货。大家心中有数，因为实效是明摆着的。尽管说得天花乱坠或大搞花样翻新，在像"照妖镜"一样的实效面前无不原形毕露。

虽然应当看重实效，但同时也会想想，实效并非凭空而至。它有一个如何取得的过程，前面已经或多或少地谈到与这方面有关的情况，这里不妨集中归纳一下。常言道："万事起头难。"凡事总得有个开头，那就让我们从"头"说起。

作者认为，开好头、带好头（领导）和用好头（思考）很重要。前人强调做事要有始有终、慎始慎终、善始善终。有始是必然的，慎始、善始就会有不同程度的差异。西方谚语有"好的开始是成功的一半"之说，这与慎始、善始的意思相近或相同。怎样才算"好的开始"呢？总离不开对目标、计划、方法等要设想得周到一些，以免发生偏差、失误。假如头没有开好，指望得到预期成效，岂不落空？

即使头开得很好，亦非万事大吉，因为仍属初步。如果后继无人，或不能持续努力干对干好，则有可能出现薄弱环节，甚至发生中断，对实效的有无高低便要大打问号。这好有一比，像是体育运动中的接力赛跑。接棒人须个个精干，要接得利索，跑得飞快，早达终点。否则，拖拖拉拉、慢慢吞吞、嘻嘻哈哈，就不像是在比赛，而是逗趣搞笑了。可见，在开好头之后，必须持之以恒，才能做到善始善终。

前人留下不少宝贵的经验之谈，我们大可实行古为今用。这里只是酌举数例，很难尽述。因为通俗易懂，一般就不用多解释了。

"磨刀不误砍柴工。"花时间学习、培训、研修，有助于改进工作，提高水平。

"漏缸一条缝，沉船一个洞。"要注意防微杜渐，以免影响正常全局。

"路是人开的，树是人栽的。"创业精神可贵，创新潜力应充分发挥。

"喊破嗓子，不如做出样子。"榜样的力量是无穷的，领导者须起示范作用。

"趁热好打铁。"务必抓紧时机。

"前事不忘，后事之师。"善于总结经验。

"牵牛要牵牛鼻子。"抓住关键解决问题。

"到什么山上唱什么歌。"按实况办。……

三、事实胜于雄辩何惧不烂之舌

"事实胜于雄辩"这句常用语，相信许多人都知道，并可能引用过去说明有关情况和问题。实干和实效都实有其事，是任何"巧妙"、"高明"的言辞所改变不了的。这也就是说，事实是最有说服力而无可辩驳的。可是，偏偏是在与此同时，却早有"以三寸之舌，强于百万之师"[1]、"今以三寸之舌为帝者师"[2] 等说法。"三寸之舌"、"三寸舌"又作"三寸不烂之舌"，如"凭三寸

---

[1] 《史记·平原君虞卿列传》。
[2] 《史记·留侯世家》。

不烂之舌，说南北两军互相吞并"①、"凭三寸不烂之舌，说得他们入伙"②，等等。这些都是人们长期以来喜闻乐道的故事，是不是与"事实胜于雄辩"有"矛盾"呢？那就要看怎么理解了。

如果把"雄辩"与"三寸不烂之舌"等同起来，"矛盾"是明摆着的，也很容易朝这方面想。因为"三寸舌"也是形容有能言善辩的口才的。可为什么后者能"强于百万之师"，而"雄辩"却要在事实面前打败仗呢？作者认为，只要弄清二者具有不同的实质性内容，问题便将迎刃而解。"雄辩"败于事实是由于它脱离和无视实际情况，只是高谈阔论、夸夸其谈，或者叫摇唇鼓舌，一味耍嘴皮子、耍贫嘴之类。而"三寸舌"通过语言技巧所表达的必然是对环境、局势、错综复杂的关系、各方可能采取的对策，以及利弊得失等全面分析和合理预测的内容，有很强的针对性和可信度。它不仅没有成为事实的对立面，而且完全或尽可能从实际出发，把事实真相说明说透，于是有说服力。试想，参与其事者不都是笨蛋，各方都有"智囊"、"高参"，"三寸舌"确实是更高明些，其以理服人之理正是事理。既然如此，事实胜于雄辩与"三寸不烂之舌"之间，不仅不存在矛盾，而且有着直接密切的内在联系。

这里很自然地让人联想到口才的重要性。有两个问题需要先明确一下：一是强调实干，口才还用不用得着？二是口才是否就是能说会道，只靠一张嘴？其实归纳起来还是一个总的说和干或言和行的关系，这既是一个古老的话题，也是现实生活中常碰到的议论。在本节的下一个专题里，还将继续研讨。由于正在谈"事实胜于雄辩"，所以对上述两个问题，还是提前明确一下较好。

先说实干并非只干不说，要看说什么和怎么说。这在前面早已说过了。既然说还是少不了的，那就是说要说对，说好，说得有助于更好地实干和干出更多更好的成效来。口才不光是还用得着，并且需要在这方面下些功夫。注意培养、挑选可用之才。这种才能不只是口头技巧，而是与知识准备、认识、思考、观察、分析等能力相联系的。这已进入第二个问题答案的内容：口才不是单靠一张嘴，而是要有切身的领悟、体会、经验，才能说得中肯和令人信服。因此，最好是实干家能有较强的表达能力。一般来说，没有任何专题都能讲得好的演说家。若专业人士都有语言和文字一样的较好表达能力，无论对长期的传承和传播，以及及时的互利和互动，均将助益不浅。

---

① （明）罗贯中：《三国演义》第42回。
② （明）施耐庵：《水浒传》第15回。

四、立言列"三不朽"并非崇尚空谈

接触过古籍的人大概会知道,我国古代曾有立德、立功、立言为三不朽之说。原文是:"太上有立德,其次有立功,其次有立言。虽久不废,此之谓三不朽。"① 后来还有不少书提到,这表明古人对立德、立功、立言非常重视。也有只讲立德立言,② 或立言立德③的。不妨注意一下,把立言列入"三不朽"已经不简单了,在次序安排上,从三到二到一都有,更不是随意之举。立言指的是著书立说,也就是重要言论的文字记录。不难设想,所立之言肯定不是一些无关宏旨的内容,而是与立德和立功密切相关的事项和问题。我们在讨论实干应有实效的过程中,也有考虑如何立言的必要。事实上,前面早已开始在有关意见中谈到关于这方面的情况,不必再作过多的重复。

例如,前已述及实干兴邦所需之力是全面综合多方面的,则立言自非独沽一味,可想而知。但若逐一谈论实无可能,而提出共性要求大有必要,如立言原则、内容、性质、环境、条件、设施等。有些流传已久的古语,至今仍常在使用的,就不再注明出处了。像言本应是心声,即不可言不由衷。言听计从的核心是计,言是对计的说明,从的是被认为可以采纳的计。仅据此类常言,已可略窥言的意义、内容和作用的一斑。

关于言的常言很多,大可借此机会好好清理一番,以定取舍。如言必当理、言必可行、言不苟出、言不在多(在于当理)、言过其实(不可大用)、言近旨远、言之有物、大言不惭、言者有意、言之无文(行而不远)、言忠信(行笃敬)、言之太甘(其中必苦)、忠言逆耳、君子一言(快马一鞭)、君子言先不言后、言重九鼎、言清行浊、言简意赅、言而有信、言不及义、言归正传、言必有中等。还有带"说、话、语、口、句"之类字眼的,如说得好听、话不投机、语重心长、出口成章、三句不离本行等,对实干立言都有参考价值。

关于立言的环境、条件等也应努力建设、创造,包括予以提倡和鼓励。首先要重视的是广开言路,这可是个关乎治乱的大事。前人从对历史的观察后指

---

① 《左传·襄公二十四年》。
② 《红楼梦》第 115 回。
③ 《北齐书·文苑传赞》。

出:"言路开则治,言路塞则乱,治乱者系乎言路而已。"[1] 后人为了强调开言路的必要性和重要性,特再加个"广"字,表明对这一论断非常认可。我们所坚持的走群众路线,便一定要虚心倾听群众意见,于是,与此直接和紧密联系着的一条便是:不以人废言,不能由于发言人的地位不高或曾经犯过什么错误、存在某些缺点等,就把他说的正确意见也不听进去而予以废弃了。这可能造成的损失难以估计。原话是:"君子不以言举人,不以人废言。"[2] 历代有许多名人著作中引用、复述此语,可见影响很深。至于立言需要的条件,则常见的有创办各种报刊,改进新旧媒体,繁荣出版事业,组织专业论坛,进行课题调研,举办有关座谈或讲座等。一句话,要使立言之风劲吹,大家都积极活跃,而不是冷冷清清,有话不说或没处说。

---

[1] (宋)范祖禹:《唐鉴》。
[2] 《论语·卫灵公》。

总 论

第三章　实干兴邦与现代管理诸要素

放眼全球，尤其是在中国，"实干兴邦"完全可以毫不夸张地说，是一项复杂、庞大无比的系统工程。它有长远的伟大目标、全面的政策规划、严密的组织体系、完备的政治制度……不用一一列举，也难以尽举无遗。总而言之，现代国家的治理职能应有尽有，现代管理诸要素无一缺位。尤其难能可贵的是，根据自己的国情，实行自主创新，在许多重要领域形成旗帜鲜明的中国特色，受到全世界的瞩目和关注。其中最集中的一点，莫如我们正在建设的是中国特色社会主义。这当然是就整体而言的，但无疑将具体表现于各有关方面。本章所讨论的关于现代管理诸要素的问题，也不例外。

第一节　实干过程亦即现代管理过程

人类社会的实践活动古已有之，实践需要管理，有一个从自发到自觉的发展过程。从原始社会进入有国家组织的阶段以后，国家的兴衰、安危、存亡，都与人民能否安居乐业、避免流离失所，甚至处于水深火热有直接联系。于是先贤大讲"修（身）、齐（家）、治（国）、平（天下）"之道。实际上或实质上，这已经是把治理或管理提上重要议事日程。韩国有位学者认为："《论语》、《孟子》是行政学教科书。"[①] 不失为一家之言。我国宋代已开始流传"半部《论语》治天下"之说。现在时代不同了，虽仍在实行"古为今用"和"洋为中用"，但更应重视自主创新和突出并发扬自己的特色。凡此均须在实干兴邦过程中得到充分体现。

一、管理学科的出现是时代要求

人类的管理实践存在已久，并随之而有相关论述和各种观点，但一直没有形成专门的独立学科。在历史悠久、文化发达的中国，也只是有大体上的分

---

① ［韩］李文永：《〈论语〉〈孟子〉和行政学》，宣德五等译，东方出版社2000年版，"序"第1页。

类，没有细化，西方在资本主义发展过程中，逐步感到有分别建立各门新学科以利于发展的需要。于是在近现代以来，新兴学科纷纷出台，极一时之盛。其中就包括管理学科，首先从科学管理很快受到经济领域的重视转入企业（或工商）管理。因为这是关系到资本主义经济发展的关键因素之一。当然，这并不是大家在一开始便有一致的认识，但一经实践证明可信，就很快成为热门。这也表明，一门新学科的出现，是否确属时代要求和能否得到世人公认，要经历时间的考验。有的已近或逾百年的，至今仍有争论也不足怪。

还是说回企业（工商）管理吧。据传，这门学科是在某发达的资本主义国家兴起的。几十年后，到"二战"胜利前夕，仍有不少外国同行对它将信将疑。为了弄清真相，另一老牌资本主义发达国家的工商界名流、大亨组织了考察团到那个国家去进行实地参观访问。原来在"二战"期内，战争需要的物资损耗很大、很快，而该国却补充得很及时，并且品种齐全，质量良好。考察团成员很了解有关国家的情况，觉得各国生产设备、技术、材料、投资等大体相同，不知为何该国能独胜一筹。经过认真考察以后，才终于口服心服：管理上的优势确实明显存在。从此大兴研究与改善管理之风，连当时一向在学术文化方面持谨慎态度的苏联，也坐不住了，而于20世纪50年代中后期注意和引进这门学科，并派人出国学习。

说到这里，有一段与我们有关的小插曲不妨简单说说。新中国于1949年10月1日成立，大规模经济建设没有经验，要向苏联"老大哥"学习，聘请了不少苏联专家当顾问。有一段时间，顾问根据其本国的情况和经验出主意，致有令人难以索解的事情发生。例如，高教改革中的学科存废问题，即按当时苏联模式办。有趣的是上述引进学科的事，我们不可能没有觉察，但仍一切照旧。直到实行改革开放，邓小平发出"赶紧补课"的号召，才解放思想走上新路。详情就不用多说。

用了不少篇幅谈关于发展经济的学科，是因为继之而起的行政管理学、公共管理学正是在企业界的积极和大力推动下出台的。由于管理改善，经济发展也随之加快步伐。但在发展过程中总不免有经常与政府部门打交道的事，而后者仍是旧的一套，致难以配合。企业界代表人物反映情况，提出建议，政治学界认为合理，又一门新学科——行政学问世了。其英文原名为 Public Administration，Administration 乃多义词，可译为行政或管理，因当时学科从政府管理研究入手，故中日文译为行政学，略去"公共"二字。后来学科内容拓宽，及于非政府公共管理，改称公共管理为宜。中国的处理办法是定公共管理为一级学科,将行政管理列为所属的二级学科。英语仍按原习惯运作。有人认为,Administration 是行政,Management 才是管理,对此应当慎重。如 Business Administration 和 Public Administration 的 Administration 都译为管理,英文也有用 Management 来代替的,除习惯外,还可能有学派的因素。一般并无严格、固定的区分,倘若有特殊情况,稍加说明即可。

二、实干兴邦过程需要有效管理

凡事无论大、小、公、私,都需要干对、干好。检验的共同标准是能够达到预定的目标,即表明管理是有效的。最好是有效、高效、长效,有的还要见速效。在实干兴邦过程中,当然应该注重有效管理。话是这么说的,我们更要看清的是实际情况使然。如广大人民群众的期待、开展工作的要求、有责任心的实干者的感悟,以及大环境和客观形势的紧逼,等等,管理低效、失效、无效,甚至出现负效,不啻自甘落后,最终难免被淘汰出局。历史的见证早已让世人看得一清二楚!

在人民群众方面,自古以来,"得人心者得天下,失人心者失天下"已成为争"天下"者的铁律。民心向背的最敏感因素当在民生,从眼前和长远来看,利害损益之分无法掩盖。工作若无成效,等于白干,糟过不干,因为浪费了人力、物力、时间和经费。稍有责任心的实干者也会对未见实效感到愧疚。至于大环境中的竞争形势,就更不待言。关于这些方面的资料极多,下面只略举几则。

一是实干兴邦的最高当局对此十分看重。"掌握工作制胜的看家本领"①一语已说得非常明白。其中讲的主要就是关于科学的思想方法和工作方法,这里难述其详,从几个专题可略观其要:①学习和掌握马克思主义哲学。②提高战略思维、历史思维、辩证思维、创新思维、底线思维能力。③调查研究是一项基本功。④发扬钉钉子精神。⑤依靠学习走向未来。

二是正在实干的一位基层领导干部深有所感地发出《努力打造高效办事政府》②的呼吁:"强化为民、惠民、便民意识,提高服务能力,……打通服务群众'最后一公里'。"要建设服务型政府、效率型政府、透明型政府和廉

---

① 《习近平总书记系列重要讲话读本》连载之十三,载《光明日报》2014 年 7 月 17 日第 7 版。

② 郭大为:《努力打造高效办事政府》,载《光明日报》2014 年 7 月 18 日第 11 版。

洁型政府。"要讲求效率，……向不作为、慢作为亮剑，向低效率、低效能开刀。"说得都很中肯。

三是在国际竞争中，创新能力处于突出地位。从这个方面即循着这条线索去观察和验证一个国家或地区的发展实效，是最灵敏和切实的公认手段。在实干兴邦中，我们是在努力创新的，并已取得不少可喜的成果，这又继续鼓励我们为创新给力、加油。先从总体上看，《"中国式创新"定义全球竞争新模式》① 这篇报道有代表性。大意为："中国"与"创新"的关系正在发生变化，已从"追随者"转变为"创新者"、中国企业实践挑战传统创新模式、中国政府重视创新是重要因素。再从专项上看，《全球能效排行榜中国居第四 德国称冠 美国靠后》② 这也是一大重要进步。再如，人民币正逐渐被全球接纳、中国出境游客2014年破亿、印度打造百座"智能城市""赶超中国"等消息都与我们各种工作实效有关，相信关心时事的人可能已看到，便不作更多介绍。不过有进步固然可喜，一自满就到此为止和不进则退了。何况我们还存在不少薄弱环节和后进地区、部门或单位有待加强和提高，一句话：要继续努力！

三、除公共管理外还有其他管理

管理科学是研究各种管理的统称。实干兴邦所面临的管理实际上几乎可以说是无所不包的，但首当其冲和经常全面接触的是公共管理。因此，当我们在主要和着重讨论公共管理的同时，也不要淡忘还有其他管理的改进、创新对公共管理的影响及其积极配合、支持作用。正如本节所用标准为：实干过程亦即现代管理过程，便是这个意思。

前面在简介管理学科出现的时代背景时已经提到，我国将公共管理列为管理类的一级学科。这门学科的最大特点是它的公共性，管理范围可大可小，可以大到全世界、全人类的公共事务。其跨学科的程度，也明显和远远超过其他管理学科，甚至经常和普遍出现"你中有我，我中有你"的难解难分的实况。兴邦大业所要求的管理何止千头万绪，古人已用"日理万机"来形容，现在更不用说了。仅以一个省、市、自治区而论，要实现、保持和更加兴旺发达，可不那么简单容易。通过比较，差距是明显存在的。俗话说："麻雀虽小，五

---

① 《中国社会科学报》驻波士顿记者褚国飞报道，见该报2014年7月18日A3版。
② 据《今日美国报》网站2014年7月17日报道，见《参考消息》2014年7月19日第4版。

脏俱全。"一个普通的市、县，其基本和主要管理职能、任务大致相同。要做到人民安居乐业真正能够造福一方，则除有负责任的和有效的政府管理之外，还要有较好的非政府组织、非营利组织等共同参与、配合、支持的社会管理。我们所说的公共管理的全面性正在于此。

但这并不是说，政府工作不那么重要，可以轻松一些了，当然不是！政府更应该做好本职工作，只是对原不宜由政府包揽又包揽不了的事情要放手、放权，使凡事各得其所。公共管理的目的和原则是：进行公共服务、谋求和维护公共利益。近期日趋热议和开始普遍试行推行的合作治理，最重视的是"合作"二字。不仅政府部门之间要合作，政府与非政府组织、非营利组织之间也要合作。连私营机构和个人亦可参与其事。如"购买"公共服务和志愿者的活动日益广泛，确是很值得及时总结研究的事关公共管理的新项目。

再说这里提出除公共管理外还有其他管理的意思，并非公共管理包罗万象，成为一个大杂烩。这在本专题开始时虽已有所说明，但仍须切忌和避免的误会是：公共管理既不是一把无所不能的钥匙，也不可能代替别的管理去干越俎代庖的事。通过合作去更好地克服困难、解决问题，才是正道、大道。刚才上面已经谈到可以合作的有关方面，需要进一步补充提醒的是：在合作过程中应当注意的一些问题。为了使合作顺利、愉快和取得预期的成效，首先是对作为合作者须平等相待，依法办事，签订协议或合同，共同遵守。相对优势的一方不可居高临下，盛气凌人，强加于人，甚至仗势欺人。其次是不可通同作弊、损公肥私。某些重大工程中的偷工减料致质量未能保证的案例已敲警钟。再次是不在保密范围的信息应公开发表，以利于开展公平竞争。最后，要及时认真总结经验、汲取教训，以便在后续的工作中收到更好的成效。不因小挫而顾忌多端，不因小成而自满自足。

四、管理不是一切但是非常重要

西方流行过一句口号，叫作"管理就是一切"。时间是 20 世纪 70 年代末或 80 年代初，在一次较为大型的关于管理的国际研讨会上，一幅大字的横额就是："Management Is Everything!"此为作者亲眼所见。当时、后来、至今总觉得这话未免过于夸张。不过，管理的重要性是不可低估的。可不是么？我国农谚中早已有"三分种，七分管"的说法。那是农作物从种下去到收获，要在田间经历一个相当长期的生育过程。若是种而不管，则作物将受到草、旱、病、虫等的侵害，而致生长受阻、发育不良，产量就高不起来。这对我们很有启发。与此相联系的农谚还有如"寸草不生，五谷丰登"。原来杂草是栽培作物的大敌之一，彻底清除杂草，才能保证丰产、丰收。可见这是田间管理的一项重要工作。上述第一则农谚是把"种"和"管"分开的，其实在现代农业管理中，"种"中也有"管"，包括种什么、怎么种，以及选种子、选土壤、选肥料等，高层管理者都得认真考虑。

农业如此，各业皆然，在有些领域或部门尤甚。随着时代的进步，对管理的需求不仅没有减弱，而且有日益增强的趋势。从粗放到精细，从零散到整体，从就事论事到远见卓识，等等。近期的热门话题之一的顶层设计，也是大家共同感兴趣的事。试以对一门管理学科研究顶层设计的设想为例，亦可借窥一斑。

问题可以从深化改革后更加重视顶层设计和总体规划开始。学科顶层设计有其目的和依据，要从学科来源、学科性质决定设计取向，并涉及有关传统智慧。然后据学科研究现状一起讨论设计问题，考虑改革的优先顺序、重点任务，以及设计中关于学科研究的前景提出预期等。必须看到，此类顶层设计是时代的要求。在新任务、高要求面前，出现了对学科发展大有可为的历史机遇。关于这些具体内容，因已另有专文讨论，① 这里仅述其要，不再详及。可以肯定的是：在全面深化改革中，共同遵循国家规划建议的精神原则，开展顶层设计活动，是实干兴邦中的一大创新之举。

说管理非常重要完全是实话实说。现实生活的反映确确实实是这样：随时、随地、随人、随事都少不了、离不开各种形式和内容的管理服务。随时是不分昼夜、寒暑、工作时间或业余时间。随地是不分四面八方，包括陆地、天空和海洋。随人是不分老幼男女、种族、民族。随事是不分大小和轻重缓急。管理服务又有直接的、间接的、看得见的、看不见的、预防的、善后的等之分。让我们认真和仔细想想：在现代社会的个人生活中，从生到死、从早到晚，无论是谁无不在接受或有时甚至可说是在享受各种管理服务。最简单的例证是日常生活，食、衣、住、行，真正、完全、彻底"自理"得了吗？因为平常所谓的"自理"只是指支付费用和自己动手做部分事务而已。像自己驾驶自己所拥有的车，要想想车即使是自己亲手设计制造的，也有各种材料是怎么来的，自己的知识、技术又是怎么来的等问题。

---

① 参阅夏书章：《行政管理学科研究顶层设计问题刍议》，载《中国行政管理》2011年第8期。

第二节　管理要素与实干情况的关系

既然管理非常重要，实干兴邦过程就是现代管理过程，除公共管理外，还有其他各种管理等，那么，紧接着的便是管什么和怎么管的问题。关于管什么，一般都各有其专业性的事务，如党、政、军、工、青、妇、内政、外交、财经、政法、文教、科技、医药、工、农、商……各条战线、各个领域、各行各业，应有尽有，并且在不断增加新的门类，为前所未有。这些都需要分门别类分别去学习、研究。其中也有相对共性的业务，如对人、财、物等的管理。后者将在关于怎么管的答案中得到安排。也就是说，对怎么管在通常情况下和很大程度上有较为普遍适用的考虑。因此，这里试从管理要素入手，阐明它与实干过程的密切关系。

一、实干需要管理，管理要抓要素

既然实干过程亦即现代管理过程，除公共管理外还有其他管理，上面已经开始谈到管什么和怎么管的问题，就管理而论，首先要考虑的是如何才能管理起来，管得住、管得好。倘若主其事者随随便便，爱管不管，似管非管；或马马虎虎，敷衍一番，应付了事；或勉勉强强，头痛医头、脚痛医脚，不能真正解决问题；或小心翼翼，不求有功，但求无过；或大而化之，满不在乎，不当回事；或察察为明，捡了芝麻，丢了西瓜；等等，那当然是管不好的。不过，凡事过犹不及，要是一律非常呆板，也会妨碍参与其事者积极性的发挥。管理科学，也是艺术，做到大方得体、从容适度、通力合作、共襄其成，确实不易。

说到这里，有一个也许是多余的插曲，想想还是说一说：我国古代道家的政治主张是"无为而治"。一般的解释是指顺其自然，不求有所作为而天下便得到治理。按照这个说法，管理还有什么必要？不用管理自然会收到实效。但究竟应如何理解，看看原文似乎还有思考的余地。原文之一是："为无为，则无不治。"[①] 后来有人认为："人无为则治，有为则伤；无为而治者载无也，为者不能有也；不能无为者，不能有为也。"[②] 古代儒家也有这种政治主张，指

---

① 《老子》三章。
② 《淮南子·说山训》。

任人以贤，以德化人，不重刑罚，使天下达到治理。也有指不要改变前代制度的。原文之二是："道常无为而无不为。"① 原文之三是："为学日益，为道日损，损之又损以至于无为。无为而无不为。"② 后人也有很多议论，总的背景是道家在政治上反对变革，希望社会还要有任何作为，天下自然会稳定。这里不再多说了。

回到我们讨论的主题上来：做好管理工作历来有很多比譬。对某些高明的、成熟的管理者尤其是领导骨干，人们常称赞为能够举重若轻的人。由于平素工作认真，似乎举轻若重，因而积累了经验，储备了能力。同样的表现又如战时像平时不急不慌，是因为平时像战时练得紧张。再有一比，如名角登台演出，没有台下十年功，哪来台上几分钟？既有聪明才智，又能勤学苦练，一个有心人就功到自然成了。总而言之，无论是科学上还是艺术上的成就，都离不开自身的努力。更何况现代管理是要在实践中见高低的。当然，实践绝非盲目的行动，不能只顾拉车而不看路。要有明确的目标和达到目标的最佳路线、方法等的设想，包括工作重点、要害、上下左右、前后内外各种关系的处理，以及在正常情况中和紧急状态下的应对之方等，均须预为之计。于是，管理要抓要素便提上议事日程来了。

说到管理要素，其实就是习惯上说的那个"纲"字，要"提纲挈领"，才能"纲举目张"指的正是事物的最主要部分，是管理的纲领、纲要。也就是说，通过各要素去开展管理，才能全面落实见效。除了"纲"字，还有一个"谱"字，也可以用来形容要素。平常一说"离谱"、"不靠谱"，大家就摇头了，因为没有"谱"便不成腔调。管理要素近似管理乐谱，保证奏出动听的管理乐章来。

二、管理要素不拘多少但须适当

在管理实践中，管理要素是早已客观存在的事实，即早在学科问世之前已与管理实践同在。随着社会的发展，管理要素也有日益增多的趋势。不难设想，在最原始的状态下，最简单的应是个人行动。至少有想和做两个要素：想做什么就按想的做了。集体行动也是如此。接着就出现第三个要素：检查或核对，了解所做的是否符合所想。跟着检查结果若不符合需要便须改正。于是形

---

①② 分别见《老子》第37章、第48章。

成了古典的四要素循环说：P（planning 即计划）、D（doing 即执行）、C（checking 即核验）和 A（acting 即核验后举措，如改进、纠正）。

关于要素的说法很多，从四、六、七到十五个以上等都有，有的数目相同而内容各异，不拟一一介绍。这里且举三个例子：

一是美国古立克（Luther Gulick）提出的 POSDCORB 七要素说流传较广和较久。其中的 P 是 planning 即计划，O 是 organizing 即组织，S 是 staffing 即人员，D 是 directing 即指挥或领导，CO 是 coordinating 即协调，R 是 reporting 即报告含检查督促，B 是 budgeting 即预算指财务。后来渐受重视的因素如决策、法规、信息、应急等尚未反映。

二是中国张金鉴以十五个 M 说明行政管理的意义与内涵：aim（目标）、program（计划）、man（人员）、money（金钱）、materia（物材）、machinery（组织）、method（方法）、command（指挥）、communication（沟通）、motivation（激励）、morale（士气）、time（时间）、room（空间）、harmony（和谐）、improvement（改进）等①，虽有新意和项目较多，但含 m 还有相关的字不少，也不宜为 m 所限。

三是有海外学者在文章中提到"美国许多人把中国今天的成就和中国悠久文明联系起来。中国延续数千年可以归功于'一大四小 A'，'大 A'是 Ability（能力），四个'小 A'是 accumulation ability（积累能力）、assimilation ability（吸收能力）、accommodation ability（包容能力）和 adaptability（应变能力）"。认为这是"中国学问"，并且是"经世处世之学"。② 这就不能不联系到中国公共管理要素问题了。

看来，管理要素不拘多少，但须适当。过少恐难以概括，太多也可能失之繁杂。"适当"实不易掌握，可试的办法似可兼收并蓄各家之长为我所用，针对实际情况有所创新。在项目数量方面采取大小分类相结合，即在一个大类下酌分几个小类，在运用时可大可小。根据这一思路，最基本的要素为 36 项：环境和形势、目标、预测、计划、谋略、决策、组织、人事和人才、培训、领导、授权、执行、协调、监控、财务、后勤、法规制度、道德文化、心理分析、信息、沟通、咨询、公共关系、服务对象、宣传教育、办公室（电子政务）、改革、创新、效率、标准、方法、知识、绩效、研究、总结、应急。大

---

① 《云五社会科学大辞典》第七册《行政学》，台湾商务印书馆 1976 年版，第 3 页。
② 谭中：《要把"中国学问"发扬光大》，载新加坡《联合早报》2007 年 10 月 5 日。

类未定，可按性质归类。估计也不过六七个。

三、要素之间是分工合作的关系

上述36项，很有过细了一点的可能。原因是有的应有内容常被忽视，有必要强调、突出提醒。例如，环境与形势、预测都是决定目标应该考虑的内容，强调一下有助于做出更好的决定。又如计划、谋略、决策本来性质相近或属同一范畴，都注意了，可能更加强策划的坚定性和灵活性。组织与人事工作没有不安排培训的，在中国也极为重视，单列显得突出，符合客观要求。授权是领导的事，因在这方面常被忽略，或不当、欠妥，有认真改进的必要。其余还有不少类似之处，均无非旨在引起应有的重视。像管理服务进行心理分析，了解服务对象是有积极意义的。信息不灵常常是沟通上出了毛病。改革创新是时代要求，尤其是在今天的中国。效率与绩效不可混为一谈，等等，都力求适应发展趋势。

必须指出的是：各个要素之间是分工合作的关系，决不可各自为政。大家都在为大局服务，一定要顾全大局。总目标的实现，有待共同努力。否则，再好的前程美景也只是空想、空话。没有共同目标，大伙儿就成了乌合之众，或迷失方向，或误入歧途，后果可想而知。这种分工合作是全面的和经常的，不是局部的和一时的。每个要素有自身的任务，但与别的要素发生相互的影响。若不留心配合、支持，有时会出现牵一发而动全身的效应。一旦存在薄弱环节或空白、死角、缺位，那将使整套"机器"失灵，或成为"故障"。要素之要，即在于此。

在现代化的大规模企事业中，不合作或合作得不好的弊端是显而易见的。在国际关系和国际事务中，现在也有争取合作的大趋势。合作是由于有分工，不分工行不行呢？当然不行。要是能行早就实行了，这是常识所能理解的。对稍大还不说特大规模的现代企事业，个人、少数人或某个单位无法包办，更不可能办成、办好。何况是兴邦大业！只有众志成城，才能众擎易举。人多事杂，有分工是势在必行的。一窝蜂、一阵风不成，分工也有讲究，要分得科学合理、适宜妥当。前面曾将要素比作"纲"和"谱"，分工正是以要素为依据，然后有设机构、定职能等具体安排，也不是一成不变，而继以改革创新。

可是，分工不是"分家"，分工以后最关键的是要密切合作。分工可以调整，合作是经常的和全面的，不可中断并须及时纠偏。在剧烈的竞争中，合作得好是一大优势。人们津津乐道的以小胜大、以少胜多、以弱胜强的故事，古今中外实有其例。其中"奥妙",合作的情况和程度如何是公开的核心"秘密"之一。说来也很简单,是合作得力创造了"奇迹"。一方虽小、少、弱,但高度集中了力量,真正做到心往一处想、劲往一处使;另一方虽大、多、强,却人心涣散,各谋私利,结果被各个击破,直到彻底败北,岂非应有的下场?新中国成立以前的燎原星火,不就是这样燎起来的吗?同心协力还要贯彻始终,才不致像太平天国那样功败于已成,比功败垂成更可惜。

四、管理实效出自各要素的作用

讨论了要素之间是分工合作的关系之后,我们明确了合作的重要性。紧接着的一个重要问题是合作的各方必须具备较好的素质、较强的能力和胜任本职工作,以及能够敬业、乐业。这样通力合作起来,效果才能更好和可以得到保证。若是参差不齐,甚至都很差劲,则很难指望合作出较高水平的局面。因此,说管理实效出自各要素的作用,便是循着这一思路而来。我们都知道众擎易举,可是无力或有力不用之众,就举不起来。"众人拾柴火焰高",假如有人偷懒,少拾或不拾,火焰也高不起来。同样的情况如"集思广益",不思、少思或远离主题另有所思,则"广益"必大打折扣,甚至无从说起。

例子不用再举了。把话说回来,就是各要素的作用要正常发挥,各就各位,各展所长,才能织成有效的"网络"和奏出和谐的"乐章"。这些可不是一日之功,而是功夫练在平常。要勤奋学习知识、努力提高能力、积累工作经验都不在话下,最重要的是真正有志于实干兴邦,全神贯注和全力以赴地为建设中国特色社会主义作贡献。这就要坚定不移地树立和践行社会主义核心价值观(后面还将另设专章讨论),以及对我们所走的道路、指导我们的理论和实行的制度有高度自信。

说到这些,从过去到现在,正面、侧面、反面看问题和发议论的都有。有所不同的是:现在正面的更理直气壮,侧面的纷纷转正,反面的恶声渐低,显得零落罕见,偶有所闻,语气和腔调的变化也很大。手边有个现成的例子,似已足以说明此类现象。2014 年在台湾媒体的一则报道中,提到美国《外交政策》杂志网站在 2012 年底评选了当年十大最糟糕的预测,名列其中的有《中国即将崩溃》一书。[①] 原来该书 2001 年在台湾出版,作者当时预测,少则 5

[①] 庞建国:《两岸关系不该摸着石头过河》(台湾地区《旺报》2014 年 7 月 24 日文章),载《参考消息》2014 年 7 月 25 日第 13 版。

年多则10年，中国大陆一定会出大乱子，导致社会动荡，政权垮台。结果，10年过去了，"中国大陆不仅平安度过，还在全球金融海啸的洗礼下，展现出和美国分庭抗礼的气势"。综观该文主旨在于"台湾应对'唱衰大陆'说不"。其实，唱衰全属主观愿望，无情的事实总是常常给闭着眼睛在唱者当头一棒！唱衰不成，还一个"中国威胁论"的调子，也正在面临同样的下场。常言道："谣言的腿不长"、"谣言止于智者"。在铁的事实面前还想造谣惑众，简直是厚颜无耻。

在这方面，极有可信度和说服力的资料还多得很。这里只再举一例：美媒文章明确指出"中国威胁"是一个谬论①。作者斥责《纽约时报》一再提出并编造了中国是侵略者的谬论，认为"中国的克制被忽视"、"不实之论充满偏见"、"不公平、不真实，最终对美国而言是危险的"。人们常说"是非自有公论"、"公道自在人心"、"邪不敌正"等，可谓至理名言。公道和霸道对比鲜明，昧着良心说瞎话，是过不了公正这一关的。我们完全有信心在正确的道路上继续阔步前进。

第三节　从公共管理向公共治理演进

本章第一、二节已经讲了实干过程亦即现代管理过程和管理要素与实干情况的关系，以及各要素之间的分工合作和每个要素都要充分发挥自身应有的作用才能收到预期的实效。本节要讨论的内容，则是关于从公共管理向公共治理演进和中国在继续实干兴邦过程中必须建立现代治理体系。

由于公共管理原是一门引进学科，对于别国的有益观点和成功经验虽可参考借鉴，但毕竟我们有自己的国情，加强本土化研究非常必要和重要。为此，本节特安排一个专题，研讨如何形成具有中国特色的公共管理、公共治理，从而为建设中国现代治理体系提供学理方面的准备。

一、实干面临的主要是公共管理

让我们先了解一下公共管理这门学科问世以后在世界各国家应用和发展的

---

① ［美］斯蒂芬·哈纳：《〈纽约时报〉的"中国威胁"谬论、"重返亚洲"政策以及奥巴马的外交政策遗产》（美国《福布斯》双月刊网站2014年6月22日文章），载《参考消息》2014年6月24日第15版。

概况，对于讨论这个专题将会有所启发和参考价值。学科诞生不久，即开始有专业学位试点，那就是后来日益扩展至今仍然兴旺的 MPA（Master of Public Administration），我们译作公共管理硕士专业学位。在经历约半个世纪的发展之际，美国中高级公共管理人员中拥有这一学位的人数占总体的 5%～10%，表明其对任公职是有用、管用的。重视文官制度曾经仿效中国科举考试的英国，较早引进了这门学科。不仅为学人文社会科学的大学本科生和研究生开设这门课，而且还为理工科大学本科生和研究生编这门课的教科书。这可以看出在英国的高等教育中对公共管理知识的重视和普及的程度。这种情况的出现并非偶然，因为高校毕业生（包括理工科在内）有很多会参加公共管理（包括政府）部门工作，即使不进入文官行列，或不参与准行政机构和国营企事业单位的工作，仅作为受过高等教育的公民，了解一些公共管理方面的理论和实际情况，也将有助于行使民主权利和实行民主监督。更何况，从事各种专业活动也很难完全和始终不同政府当局或公共组织打任何交道，有所准备则大有裨益。学好公共管理知识对提高水平的作用，由此可见。在 20 世纪 80 年代中期，联合国组织对发展中国家和欠发达国家资助的项目中，关于公共管理教育的项目已达 100 个以上，也算得是上述情况的一个重要旁证。

在中国，自古已有重视公共管理的传统，前面已讲到了。这门新兴学科的传入也较早，那是 20 世纪 30 年代初或更前些时的事。不过，最大的一个问题是理论严重脱离实际，仅在为数不多的几个大学的政治学系开设课程，当时译作行政学。也有书刊出版，但都只是纸上谈兵。因为反动政府醉心于独裁政治，连资产阶级民主都怕，课堂上讲的，文章里写的，根本没有可能付诸实践，充其量只是装装门面而已。不久又进入抗日战争，甚至一度不让社会科学研究人员出国学习。说到装门面的事，很可笑的如在抗日战争胜利前夕，几乎是同时成立了两个"学会"，一个叫"中国行政学会"，一个叫"中国行政学学会"。前者是官员的组织，后者是学者的组织。一个是只说不做或不说不做挂牌了事，一个是说了难做或无法去做说说而已。而在同一个时期，中国共产党领导的革命根据地、抗日根据地和后来的解放区，公共管理状况是另外一番光景。国民党统治区的民主人士到延安参观访问后，都深感耳目一新，自然是两相对照的结果。在延安的革命院校中，已有行政学院，表明对公共管理的重视。应该注意，它与国统区大学讲授行政学的最大区别在于是否学以致用。前面也曾提到在新中国学习苏联方面的曲折和在"文革"后改革开放前夕邓小平号召"补课"的事。其中恢复和发展最快的学科之一，当数行政学即行政管理学或公共管理学。现在有公共管理学院的高校超过百所，有此学科的更多，MPA 硕士专业学位的培养单位近 200 家，还有博士点、博士后工作站、百所重点研究基地中有公共管理，以及全国和各省市设行政学院，中央和省市委党校也开设专题课程或讲座。此外，专业书刊与报刊专栏也常见公共管理。总之，在各方面可以说已应有尽有。那么，各有关方面如此重视公共管理，岂非恰好说明在各种管理之中，实干首先、主要和经常面临的是公共管理吗？

二、对引进学科进行本土化研究

这应该是一项普遍的要求，即对别国的理论和经验参考借鉴不可照抄照搬，而须根据本国的实际情况进行研究，然后采纳、吸收才不致"水土"不服或"消化"不良。古今中外，这方面正反的例子不胜枚举。我们所说的洋为中用和古为今用，绝非囫囵吞枣，更不能削足适履。即使是普遍真理，也需要作本土化研究。全世界越来越清楚地看到，马克思主义在中国的胜利，是其精神实质在中国本土化成功的结果。中国特色社会主义正是由此而来。其他学科尤其是人文社会科学方面，各有特色也很自然。这里谈的主要是公共管理，在讲过的管理要素中，仅目标一项，就各不相同和大异其趋。其余不必细说。

前面曾谈到英国对公共管理学科研究开展较早，根据手边资料，其理论结合实际的特点就非常突出。因为这是一门应用学科，不如此反倒不可思议。在一本名为《英国公共管理》（*Public Administration in Britain*）①的教科书中，就没有离开英国的具体情况而专门发空议论。若仅停留于罗列事实或堆砌现象，会变成一本"流水账"。著者贵能边叙边议、叙中夹议、叙有所据、议有所指，随时进行分析、比较，陈述利弊得失，阐明应兴应改。这样对读者的好处是：既对历史和现状及其演变过程有明确的印象，又对如何改善和发展前景引起思考。可以这么说：应用学科脱离实际固然谈不上应用，而仅仅就事论事也不成其为学科。此书著者能直言不讳，如实反映，是治学态度认真、坦率、忠诚的一种表现。例如，官场争经费、争"地盘"、机构臃肿、效率不高、互相扯皮、抵制改革等是通病。以文官制度著称的英国尚且如此，其他可想而知。"家家都有一本难念的经"，看来国家也是这样。英国的行政管理相当复杂，研究的难度也因而较大。著者不仅没有回避这种情况，而且在论述和分析

---

① ［英］约翰·格林伍德、戴维·威尔逊合著，汪淑钧译，商务印书馆 1991 年据 1984 年版译出，当时书名译为《英国行政管理》。

时尝试达到力所能及的广度和深度，还很有针对性地及时提出一些有趣的和值得深思的问题等。此书的英国特色较为明显，得到的评价较高。著者具有多年教学经验同时参加社会实践，因而他们的论述非单纯的"书生之见"。光在校园内、课堂上、书斋中研究这门学科，不接触或少接触实际，是注定研究不出什么名堂来的。

在中国，我们对引进学科的研究从来是强调要理论结合实际的，也在相当大的程度上得到基本共识。虽然受不良传统影响的"学究"式人物仍难免出现，但上述主流实际上已经形成，总的情况是好的或比较好的。最近有学者提出"公共管理本土化研究是重要飞跃"的论断。其主要依据是："中国改革开放以来的每一步前进，都不仅仅是经济改革的成功，同时也是行政放权、减负、政策支持、人事改革和制度改革的综合结果。"[①] 面对改革开放的新形势，公共管理本土化研究又怎能依然故我？更不用说还在食洋不化了。必须牢牢记住的是：中国特色的最大优势，在于不断创新。

三、治理是管理的拓宽、深化、发展

作为引进学科的公共管理，其英文原名为 public administration，我们将 administration 译为管理。不久以前，国外流行常以 governance 代替 administration，汉语译作治理。但管理并未完全停止使用，因为治理是管理的拓宽和加深，可以视为一种新的发展。现在讲各方面治理的人与日俱增，如公共治理、社会治理、城市治理、环境治理、地方治理，等等，无非指望能有更好的秩序和成效。尤其是在中国共产党十八届三中全会以后，提出了全面推进国家治理体系和治理能力现代化的战略目标，大家对加强和改善治理的印象更深。不过，与此同时，公共管理作为学科名称截至目前尚未改变，这与研究治理现代化的任务并行不悖。

这里顺便说一点无关宏旨但不无趣味的文字上的小意思。说的是治理比管理更容易被识汉字的人所理解和乐于采用。先说"政治"两个字，治就是行政、治理。另外构成的词语很多，如治国安民、治病救人、天下大治、治标、治本、治安、治假、治水、治穷等，有主动、负责、积极克服困难、解决问题、完成任务的含义。治学则指研究学问。治理比管理的广度和深度似都显有

[①] 蓝志勇：《中国公共管理学：回答建立现代治理体系的历史性课题》，载《中国社会科学报》2014年6月20日第B01版。

提高，这很有可能是大家说和用起来比较顺的一个文字因素。

不过，如果说文字因素还是小意思的话，"治理"一词转变的由来，却是关系重大的背景问题。前已述及，我们一般是认为从管理向治理转型。而专业人士都知道，西方原意从统治（governing）向治理（governance）转型。这在背景上存在很大的差异。因为我们已经是人民真正当家做主的社会主义国家，是为人民服务的国家，要求和实行善治完全一致。从统治到治理的转型要复杂得多，其中既有发达国家也有发展中国家和欠发达国家。要求和实行善治的环境、形势各不相同，要应对不同的挑战。对此，我们应有所了解，既可以参考借鉴，也可以增强信心。

现在研究治理理论和实践的资料极多，很难全面掌握。大体而言，有认为是一种新的管理方法，可以在不同的含义上使用。美国国务院的定义是："治理问题关乎政府发展一套具有效率和效益的公共管理程序的努力……（那意味着能够）提供基本的服务。"联合国发展署将治理界定为："治理是在所有层次上运用经济、政治和行政权威来管理一国事务的实践，也是国家用于提升社会凝聚力和整合程度，确保其人民的福祉的方法。它涵盖了所有用于配置权力和管理公共资源的方式，以及塑造政府和执行政策的各类组织。"世界银行对治理的定义是："运用权力去管理一国的经济和社会资源的手段。"① 在发达国家与发展中国家之间，由于条件不同，又存在各种考虑。我国虽仍属发展中国家，但在建设中国特色社会主义的前提下，以人为本，统筹兼顾。人民政府与各族人民都以大局为重，政府与非政府组织的各种关系，可以通过民主协商妥善处理。因此，中国特色的治理完全能够调动和发挥所有参与其事者的自觉性、积极性和创造性，以达到不断提高水平的善治。

四、治理体系与治理能力现代化

治理实践不是一个说干就干和不管是谁随便怎么干的问题，而是应有适应时代要求的治理体系和治理能力作保证的，中国共产党十八届三中全会提出"推进国家治理体系和治理能力现代化"问题，非常及时和具有极强的针对性。以此作为全面深化改革的总目标，也很明确和恰当。事实正是这样：没有相应的体系和能力，治理便难以达成预期的效果。专家学者们对此都高度重

---

① 见［美］A. Halachmi：《在发展中国家培育治理——挑战及可能的解决方案》，聂勇浩、张照译，载《公共行政评论》2008 年第 6 期。

视，于是议论纷纷。其中颇多值得共识共勉和有助于思考的内容，谨随选数则，以供参考。

对于全面推进国家治理体系和治理能力现代化这一战略目标，有人责无旁贷地认为是"为中国公共管理学者提出了新的历史任务。……构建现代治理体系这一历史性任务，正是公共管理的学科使命。……也是中国现代社会科学研究在中国现代化过程中建功立业的重要契机"①。

在关于治理体系与治理能力现代化的实现路径问题上，有人理解是要做到四个统一、三个结合：党和政府的领导与多元主体参与公共事务管理的统一，法治与德治的统一，管理和服务的统一，常态管理与非常态管理的统一；坚持解放思想、解放和发展社会生产力、解放和增强社会活力相结合，顶层设计与摸着石头过河相结合，推进治理制度创新、发挥市场和社会在资源配置中的决定性作用与更好发挥政府作用相结合。四个统一是管理主体上的实现路径，三个结合是管理方法上的实现路径。治理能力现代化是把治理体系的体制和机制转化为一种能力，发挥治理体系功能。二者是结构与功能、硬件与软件的关系。②

从国家治理过程观察国家治理体系，有人认为至少应包括规划和决策体系、支持体系、评估体系和监督体系，认为实现有效治理最重要的能力是合法化能力、规范能力、一体化能力、危机响应和管控能力。上述能力的建设则表现为国家与社会之间的不断包容与互动。③

在讨论国家治理与制度建设的关系时，有人引述早期某些学派学者的研究，说明国家兴衰与国家治理能力密切相关，指出国家治理能力实际上就是国家制度供给的能力。制度建设的任务在于实现国家的长治久安，核心在于构建现代官民关系。在文章的结论中引用邓小平曾说中国社会主义的最大优越性是集中力量办大事。认为确实中国能办大事，也办了好多别人办不了的大事。但由于种种因素干扰，这种制度优势尚未充分展现。对于民主法治这一系统工程

---

① 蓝志勇：《中国公共管理学：回答建立现代治理体系的历史性课题》，载《中国社会科学报》2014年6月20日第B01版。

② 高小平：《国家治理体系与治理能力现代化的实现路径》，载《中国行政管理》2014年第1期。

③ 戴长征：《中国国家治理体系与治理能力建设初探》，载《中国行政管理》2014年第1期。

需要落到实处，也需要大家达成广泛共识，以积极态度投入制度改革与建设的过程。①

  我们非常清楚和高兴地看到，事实已经证明，并将更加证明，全国上下已把治理作为热门话题，而且正在逐步升温。现在研究机构成立了，专题会议不断举行，译著、专著、文集陆续出版，专辑、专栏、专文在报刊已经常和普遍出现。上面引述的几份资料，因限于篇幅，只能略述其要，可能有挂漏和失当之处。有兴趣的读者最好阅其全文。这里是从实干过程与公共管理的关系，说到治理，不是专题讨论，仅是点到为止。需要再明确一下的是，我们随时随地都要把着重开展本土化的研究放在心上。建设中国特色社会主义的具体表现，就在于在各个关键和要害部门或事项上都显示出中国特色来。当然，事在人为，实干、治理都离不开人的因素，我们便紧接着在下一章安排了关于人力资源的讨论。

---

① 燕继荣：《现代国家治理与制度建设》，载《中国行政管理》2014 年第 5 期。

第四章　实干兴邦与人力资源的开发

在以上各章的讨论中，实际上已经常接触到人力资源问题。它对实干兴邦的前提和基础来说，真可谓事关重大，重大到直接影响共同事业的盛衰成败。历史常识告诉我们，古今中外的大小公私事务，莫不皆然。这方面的例子，多到不胜枚举。仅就接班人而言，最好是能够一代强过一代，而不是一代不如一代。后继无人、乏人或德才不济常令人遗憾和无可奈何。过去子承父业是老规矩，出了败家子也只有任其挥霍无度和坐吃山空。后来有人改弦易辙，在知道其子女不肖以后，宁愿划出部分资产让这种后辈去乱花，也不由他们接管有相当规模的产业，而是用重金礼聘另请高明来经营管理。从这一小小的侧面，可见人力资源的重要性。

第一节　实干兴邦中的人力资源问题

无论干什么，人力资源的重要性是众所周知的，似乎不必再多强调了。但是，对于理所当然的事，有时竟会疏忽大意，发生原不应有的灾祸，造成巨大损害，不也时有所闻吗？例如，安全生产早已是老生常谈，近期却又出现工厂大爆炸的事件，调查结论，正是安全措施和设备违规所致。因此，关于重要性、必要性之类的问题，仍须经常提醒直到检查督促，才能防止至少是减少事故。就实干兴邦伟业而言，保证提供大量优质人力资源是各项任务中的重中之重。它是对实干兴邦的全局和全过程最具有决定性影响的重要因素，完全可以说怎样强调也不为过分。自动化、机器人确实代替了不少人的工作，可是又有谁不知它们还是由人设计、制造和操控的？

一、实干兴邦所需人力数量很大

对于任何一个国家即使是最小的国家来说，国家的事总是大事。在我们这样的大国议论实干兴邦，则所兴之邦其大可知。前面已经谈到国家大事是千头万绪几乎是包罗万象的事，这里接着讨论的是要振兴我们的国家所需人力数量是很大、很大的。

说到这方面的情况，人们一般首先或主要想起的是公职人员，包括文职的、武职的（连同士兵）、政府的（内政的、外交的）、国有和公有的企事业单位，又分中央的、地方（包括省、直辖市、自治区、行政特区、经济特区、地级市、县级市、县、镇、乡、村等）的，还有党组织、工会、共青团、妇联等社会团体。仅以人们所熟知的教育系统为例，从遍及全国的小学、中学到仍在增加的大专院校（包括各级党校和行政院校等）就是一个相当可观的大数，不用说更难以尽举的其他类别和项目了。大体估算，这个"吃公家饭"的总数，会大得惊人，举世无与伦比，不在话下。

可是，与实干兴邦有直接和密切联系的人力资源还远不止于此。我们国家的现实情况是：党、政、军、国营、国有处于主导地位，但仍有非公有的社会团体、私营、私有企事业、自耕农和个体户等存在。就国家总体实力来说，即使后者的实力微不足道，也不应置之不理。何况实干兴邦本是全民的伟业，后者可以而且应该为兴邦尽力，这关系到公民的权利和义务。无论是不是国营厂场的工人、农民的劳动生产率如何，产品都是"中国制造"或"中国创造"的。个体手工业者的小商品在国际上受到欢迎，大家都称赞那是"中国货"。获得国际奖的专家学者，也是在为国争光。凡此种种或诸如此类，无一不是实干兴邦的大小亮点。

由此可见，实干兴邦所需人力资源，面广量大。各个领域、各条战线、各行各业，直到每个公民的思想言行，都存在与实干兴邦相联系的可能性。不难设想，若各方面在重视人力资源问题的同时，将眼光提到实干兴邦的高度，便会把上述的可能性变成进一步做好本职工作的自觉性。这就把爱国与敬业结合起来，大大扩展、充实和加强全国各种人力资源的积极作用。在依法治理和经营的条件下，也有利于体现富强、民主的共同愿望，从而同心协力共奔前程。

本专题主要讨论的是数量问题，刚才谈到自觉性和共同愿望等已进入质量要求，容在随后的一个专题去继续讨论。这里仍就如数量短缺会有什么影响，进行观察与思考。但要说明一下的是，关心数量短缺，并非数量过多就好，那是浪费，必须反对。说的是在实干兴邦的全局和全过程中，倘有短板、缺位、薄弱环节、中断等情况出现，则将对兴邦大业起延迟、阻滞的作用。例如，滥竽充数的"数"即不可取。真正算数的应当是能胜任、称职、人适其位、位得其人的数，而不是尸位素餐、吃干饭不干活或干得不好甚至很差的数。瞧，这又把质量因素提上来了。其实这不是混为一谈，而是密不可分。单纯的数只有数学上有，具体有所指的数总是从质量来区分的。所谓一个顶俩、顶三或不怕不识货就怕货比货、为什么能顶和比什么，不都是质量在起决定性作用吗？

什么干部出数字、数字出干部，那更是经不起检查的事。

二、实干兴邦者的素质越高越好

数量和质量的关系非常明确，因而人的素质普遍得到关注和重视。在谈到有关问题时经常会接触到这一点，于是难免有某些交叉、重叠之处，这里集中讨论此事，主要是看有些什么基本要求或经过努力可以达到的标准。总的印象是希望素质越高越好，但也深知"金无足赤，人无完人"，难以求全。果能在这方面有共识，能互勉，不断进步，便是共同事业的大幸。

根据个人多年的学习研究和观察体验，大致归纳为六个方面，又各有五个要点。

（1）有心。常言道："天下无难事，只怕有心人。"或者说："天下无难事，只怕心不专。"做有心人很重要，有心就会立志把事情做到做好。有心就会关心环境人事和是何原因，可以用五个字来表述：天、地、人、事、因。要是对这些最基本的情况都毫无兴趣，漠不关心，指望解决问题、克服困难、有所成就，岂非空想、妄想？对于实干兴邦更必须胸怀大志，力求踏踏实实，完成任务。而缺此一条，则在尽心尽力上将大打折扣。

（2）固本。一般最简要的说法是德才兼备，也有认为应加强德、智、体"三育"的，但德、智、体、美、群"五育"似更全面。这是对一个人比较普遍的要求，如果这些"本"都很牢固，那就是实干者具有很好的基础，建功立业，大有可为，也大有希望。若此"本"不固，问题可多了。"缺德"是常被用来骂人的话，"德薄能鲜"也不妙，体格差不能吃苦耐劳自不待言，若没有正确的审美观念和群众观点，在待人接物和为人处世中也会经常别扭。

（3）守恒。一时一事干得起劲不难，使应坚持的成为常态是一种基本功。如能把志、能、信、精、新的考虑成为习惯，可望持续受益和不断进步。志是指凡事总有个目标或想达到的目的，才不致搞无效或无益劳动。能力应注意不断提高。信是讲对人对己都说话算数，有高度的责任心，有自信和得到别人的信任。精是说不可粗心大意，要精益求精，还有就是重视和实行创新。"日日新，又日新"的古训已被外国管理专家作为座右铭了。

（4）循序。开展工作须循序渐进，不打乱仗。既分轻重缓急，又看先行后继，如此方能有条不紊和卓有成效。这里借用《中庸》关于学、问、思、辨、行的说法："博学之，审问之，慎思之，明辨之，笃行之。"不仅列出了从学到行的顺序，而且加强了语气，很值得我们牢牢记取。学习领域不能太狭窄，要认真提问思考，明白无误地分清是非，是真善美还是假恶丑，最后付诸实践，见诸行动，一个"笃"字，表明了不干则已，干就得扎扎实实地干。

（5）重养。要重视个人的修养。平常所说的涵养、素养也非一日之功。在实干兴邦过程中最重要的莫如公、谦、勤、慎、清这五个字。凡事公字当头，出于公心，公私分明，决不以私害公。谦虚使人进步，骄傲使人落后，也必然脱离群众，难以合作共事。勤俭是传统美德，懒散、偷懒、"混日子"都会成事不足，而败事有余。保证和保持清廉更是可贵的品质，这与公心有紧密联系。目前坚定不移地大举反腐深得人心，表明人民群众对贪腐深恶痛绝。

（6）观效。即重视实效、绩效，是对工作结果是否达到标准和目标，或达标程度的评估。用五个字来描述是：真、正、实、在、灵。合起来的意思是工作果然很好："真正实在灵"了。分别来看，则是几点评价。真而不假，正而不邪，实而不虚，在而不缺，灵而不呆（板）。具体而言，便是所取得的成绩是真的；工作过程中保持正大光明，没有邪门歪道；效验是实实在在的，没有弄虚作假，胡编乱造；灵是信息灵敏、方法灵活、效果很灵。汉语里这个"灵"字很传神，实干兴邦的实干就是要灵，要真正实在灵！

三、实干兴邦伟业必须后继有人

关于这个问题，在本章开始部分已曾举例说明其重要性。这里作为一个专题来讨论，我们应当更进一步提高认识和加深印象：必须后继有人，还要得人，即在数量上能适应需求和素质上能承先启后、继往开来，在新时代创新发展，使我们的共同事业出现新局面，不断上新台阶。前人有云："青出于蓝而胜于蓝，冰出于水而寒于水。"后继者为"青"、为"冰"是完全有可能的。但与此同时，也不能排除适得其反的可能性。因此，我们必须经常注意和早为之计，略如防患于未然。

过去有个说法，叫"创业维艰，守成不易"。此语并非凭空而发，是有历史事实为根据的。一部中国历史记载着历代兴亡，其中间或出现过中兴之主，但终于免不了改朝换代，总是末代王朝不成气候，为别姓所取代。这完全是个接班人的问题，其中有的虽历时较久，也逃不了这条"规律"。而且这里说的只是"守成不易"还没有指望将原创之业发扬光大，使之更兴旺发达像我们现在对实干兴邦所指望的那样。换句话说，我们的事业对接班人的要求更高，符合要求的难度也更大。

民间还有一个"富不过三代"的说法，意思与上述说法相同，但是把时限说得很死，当然也话出有因。主要是坐享其成的后生大有人在，"前人种树，后人乘凉"、"前人起屋，后人享福"，只顾"乘凉"、"享福"的后人不管树死屋倒，"不过三代"也差不多。如果挥霍无度，时间还有可能更短一些。不要以为这些都是往事、故事，在现实生活中，不也正有这类"节目"在"上演"吗？所谓"拼爹"、"啃老"、"学好数理化，不如有个好爸爸"，等等，搞的是些什么"名堂"呢？当父母的应该好好想想：把爱下一代变成害下一代的可能为始料所不及。已不再是少年儿童的青年人也很有必要进行深刻反思：这样"拼爹"实为"坑爹、害爹"，让爹出丑？这样"啃老"实为损老，让老人不安？此辈已成为依附、寄生的社会资源消耗和浪费者，连实干兴邦后备人员凑数的边也沾不上。不过还得教育争取，使之从负转正。

应当看到，继续实干兴邦者的主流是好的和比较好的。在全面深化改革中，教育和人事等部门的改革都是重要方面。随着教育的普及和提高，人力资源的源头所提供的实干者后备力量素质总体上将有所提升。人力资源的开发、运用和管理的制度和方法（随后将另有专节讨论）的改进，也是一个重要的有利条件。最近一个时期以来的最美或最好的某一方面人员的活动，使全社会的注意力集中到优秀工作者身上。不言而喻，这些优秀人员正是大家认可和学习的榜样。同时，这类活动也对争取做好工作的社会风气起积极作用。

最重要的是：必将家喻户晓和深入人心的建设中国特色社会主义的"中国梦"和社会主义核心价值观（将在本书结论中分别以专章讨论）对移风易俗、扶正祛邪所具有的巨大精神力量。实现伟大的民族复兴成为全民的共同心愿，就会团结一致，对任何负面影响或消极因素齐声说不。对于走过的路、引用的理论和采取的制度，我们满怀信心。前辈们艰苦创业，从黑暗的前天、昨天，闯出明亮的今天，希望后辈们能继续稳步、健步前进，开创更加光明的明天、后天。后辈们肯定会接过接力棒奋勇向前的。

四、实干兴邦中的国际互助合作

一个国家，无论有多么强大，尽管人才济济、人才辈出了，也还有可能存在或缺或弱之处。我国古代的所谓"客卿"，便是在本国当官的来自其他诸侯国的人。古代如此，至今犹然。我们现在所说的"洋为中用"，其较广的含义，就不仅是外国的有益观点和成功经验之类，也包括人才在内。外国也在实行"中为洋用"，其理相同。不仅如此，犹忆"二战"攻克柏林后，一个胜利大国忙于抢运先进装备，另一胜利大国则按名单调集专家。一个重物，一个重人，真是各取所需。现在有的国家甚至明白标榜以吸引优秀人才为其国家发展添力。所谓"技术移民"有同"投资移民"一样的明文规定，而且主要是比较发达的国家。有的国家发生的人才流失的现象，即由此而来。某个发达国家的高科技发展区内，集中了较多的外国专家学者，表明了在人才流动中实际上有人才争夺性质的发展趋势。有一个吓人的名词叫"猎头"的，其实是专门特色人才的中介组织。另一个说法叫借用"外脑"，意思不言自明。只要借得到和用得上，重酬也在所不惜。于是又有如何引得来和留得住的考虑和设计。至于当事者个人何去何从，那又当别论。也有在特殊待遇面前不为所动的。中国就有很多这样的卓越人士，一心报效祖国，鄙弃物质引诱，在实干兴邦的艰苦历程中有他们的光辉身影。

上述的最后一种情况充分表明：无论是人才流动、人才流失、人才争夺，都取决于人心所向。在国际关系中如此，在国内地区之间也是一样。当年从反动统治区投向革命根据地的，很多是优秀青年和进步知识分子，连加拿大的名医白求恩大夫也心甘情愿到生活非常简朴的延安去为革命的军民服务。这又充分表明：正义事业的吸引力不可低估。人生在世，各有各的活法，关键在于有怎样的人生观、世界观和价值观。其中差距之大，很难比拟。我们有鉴于此，在国际人才交流中强调互助合作。双方是平等的、友好的、自愿的、互利的，待遇是公平的，报酬是合理的。由于互相尊重，所以合作愉快。有的任职时间很长，已成为老朋友了。这是在改革开放以后和平崛起以来的状况。现在正在筹划新型智库的建设，自不免有这方面的内容。

说到平等、友好等原则，还要注意主客关系，主不可盛气凌人，客不得喧宾夺主，均不去强加于人，而是各得其所、各得其宜。补充说这些，是因为我们有难忘的教训，或者叫痛苦的和不愉快的经验。回忆一下，可以觉今是而昨非和有助于提高警惕。这里只说两点，一是新中国成立前的，在江西苏区反"围剿"的后期。本来在毛泽东的指挥下已不断取得胜利，后来却在"来头"大的洋顾问的瞎指挥下节节败退，还让毛泽东"靠边站"，红军只好被逼开始长征。直到贵州遵义会议以后，毛泽东终于复出，才扭转当时和后来的局势。二是新中国成立初期，我们缺乏经验，向苏联学习，来了不少顾问。可很多是没有什么经验的，也指手画脚，乱出主意。我们为了表示谦虚谨慎，传下（未见书面）通知，不让对"专家"反驳："无理三扁担，有理扁担三"，反正是"专家"有理。许多人受了闷气，后来赫鲁晓夫还以"撤退专家"作威胁，真太缺自知之明了。

第二节　人力资源的开发运用和管理

既然人力资源的重要性怎样强调也不为过分，那么，研讨如何去开发、运用和管理，就自然和必然要提上重要的议事日程。因此，随着管理学科的出现，便没有任何一门不讨论有关人力资源问题的内容的。过去已有相对独立的人事行政学、人事管理学专著，继之而起的是关于人力资源管理的论述，并作为一门必修课程和编有教材出版，内容丰富多彩。以下只能略述其要，难及其详。

注意邓小平曾说："现在我们国家面临的一个严重问题，不是……路线、方针对不对，而是缺少一大批实现这个路线、方针的人才。道理很简单，……没有大批的人才，我们的事业就不能成功。……急需培养、选拔一大批合格的人才。"[1] 真是语重心长！实干兴邦正有此急需，那就让我们好好从研讨培养、选拔开始吧。

一、普及教育是培养人才的基础

人事管理或人力资源管理有不少相关学科，或者叫交叉学科。教育学应该算是其中之一。但一般比较集中体现的，只是在关于培训的内容方面。其实直接有关系和影响的是教育和学习的全部和全过程。这就要从普及教育是培养人才的基础说起。因为受教育就是学习，所以教育与学习是结合在一起的。有时又把教育和学习说成读书，那是由于教育和学习通常都有教材或课本，进学校又说去读书，教师又称为教书先生。

中国自古重视教育，目的当然在于提高人的素质。进行教育的场所公学私学都有，早已形成了"尊师重教"的传统，有"一日为师，终身为父"的说法和"一字师"之称。孔子曾对不学儒家经典的人说有"六蔽"，即六种偏弊："好仁不好学，其蔽也愚；好知不好学，其蔽也荡；好信不好学，其蔽也贼；好直不好学，其蔽也绞；好勇不好学，其蔽也乱；好刚不好学，其蔽也狂。"[2] 后来就把不学无术称为"六蔽"，可见学习的重要，要求还蛮高。

自有近现代新的教育制度以来，我们现在共有小、中、高三级，中学有初

---

[1] 《邓小平文选》第 2 卷，人民出版社 1994 年版，第 220 页。
[2] 《论语·阳货》。

中和高中两段，高等教育即大学或学院则有本科和研究生两段，后者又有硕士和博士两个高级学位。"博士后"只是研究项目，而不是学位。这些都与人才培养有联系。平常所说的普及教育，存在不同的情况。是普及小学、初中还是高中？甚至是普及大学专科或本科（要补充说明一下：国外已有两年制的社区学院，相当于专科，而一般大学本科为四年）？各国发展程度不同，有不同的普及层次。

我国在普及小学之前，有一个扫除文盲的任务，然后随着国民经济发展状况逐步提升，教育经费在国家预算中所占的比重很能说明问题。而教育经费的开支，又关系到学校的基本建设、图书设备、师资待遇等项目。收费也要考虑到国民收入，尤其是在广大的农村地区，有时为了增加家庭收入，对免费教育也有选择放弃的，因为可能把孩子看作劳动力。有的人还有重男轻女的思想，不把女孩子上学与否当回事。在农村，还有地区分散、家庭与学校距离较远的问题。城市也有择校的竞争，致有乱收费的现象，屡禁不止。从"明码实价"的按"规定"交费到改头换面、巧立名目，叫什么"自主赞助"之类，真是钞票照收，你奈我何？又在新型城镇化的引领下，城乡一体化中普及教育是重要内容之一。这也不大好办或很难办。因为环境和条件还存在较大的差异，安心在农村执教的师资不多。凡此种种，无不需要做具体、细微、深入的教育工作。这又涉及深化教育改革。

既然和毕竟普及教育是培养人才的基础，在增加投入方面还是大有希望的。现在大举反腐倡廉，提倡勤俭节约，仅本来可能被浪费掉的开支总数便相当可观。"办法总比困难多"这句话，并非是说得好听的豪言壮语，而是富有启迪、积极鼓励、实事求是的警句。在争取增加教育经费的同时，一向以"清水"单位自评或自诩的教育系统，一方面要坚持清除败坏门风的败类；另一方面也得精打细算、统筹兼顾，真正"把钢用在刃上"，科学合理地支出得来不易的人民血汗钱，务求应急需和见实效。

二、专才的培养与高等教育改革

按照约近百年来的教育体制，普通中小学都属于基础性的教育，通过各门课程学习基础性的知识。到了高等教育，才有不同院系之分。开始时院系内涵还比较宽，后来便有越来越细的倾向，连中学也受到影响。例如，除职业学校外，一般中学是不分科的，后来就有文理科之分。在高校方面，西方老校至今还有保存文理学院的。我国是早就分开了，甚至已出现扩系为院的现象，如历史学院、物理学院，等等。早期高校的基层是到系为止，后来在系内再分专业，也是愈分愈细。于是由一门课程变专业，原专业变系，系变院，院变大学，纷纷扩升，非常"热闹"。近来已有不少人在议论：如此这般，究应如何评价？主要是对专业人才的培养怎样保证质量和满足学科发展的需要进行讨论。

这是一个重要问题，很值得研究、讨论。根据实际情况，大家似乎都言之成"理"，都在据"理"力争。焦点集中到对专业人才的培养和成长是否有利，也涉及高校毕业生就业与所学专业的关系。认可者认为，这样很好，是"顺其自然"发展起来的，不用"走回头路"。怀疑者表示，"一阵风"未必妥当，应深思熟虑，作一些比较分析，也不宜光是就事论事。持异议者指出，高层次的专业人才，基础要宽广厚实，过早、过细、过狭对正常发展不利。各说各的，各有实例。改乎，不改？改，怎么改？不改，后果如何？需要认真研究，先多听听各有关方面的意见好了。

就中学分文理科，主张维持和改变的都有。无非着眼于有利与不利之争，但对专业人才的理解又有所不同。看来，让有关老专家们作为"过来人"谈谈切身体会可能更有参考价值。另外，从教育行政部门的角度来观察，中学与高等教育相连接，在具体设计安排上，不可能截然分开来考虑。过去中学尚未分科，某些名牌大学对已录取的入学新生还要举行甄别考试，其中就有"国文"。如果通不过，就要上不计学分的"补习国文"课，说明对"国文"的重视。那时有个规定，文科学生一定要选一门自然科学的课程，理工科学生一定要选一门人文社会科学的课程。至于现在的思想政治教育课程，显然属于文科性质。这些往事和现状，给人以文理兼顾的印象。

"科学无国界，科学家有。"也有人提到这个观点。诚然，科学家是有所属国家和民族的，也有自己的人生观、世界观、价值观。前述科学家不为物质利益所动，毅然决然报效祖国的例子，正十分明确地显示了这一点。事实上，在庞大无比的实干队伍中，多的是专家学者、能工巧匠，他们都是兴邦大业中的志士贤人、英雄豪杰。

再说高校的专业设置，也很有必要加以研究。总的要求当然是实事求是，排除脱离实际、巧立名目、"因神设庙"、不自量力、只顾跟风等弊端。有些层次较高的专题，可以提到研究生阶段作为专业中的"方向"去安排。研究生的数量和质量问题，人们也有些议论。在高教改革中，诸如此类的问题最好都认真回顾、总结一番，以利于高级专业人才、合格人才的培养。

三、适才适用是人才选用的准则

常识告诉我们：在人才选用方面，最好是工作岗位的需要和任职人员的专长完全对口。也就是人适其位和位适其人，简言之为适才适用。要是对不上号，则工作既做不成或做不好，当事人也会很为难和很不愉快。怎样才能做到做好适才适用？首先要求各级尤其是直接领导者和人事主管能够知人善任，不瞎指挥、乱弹琴。这可不是一件很容易的事。因为光看书面资料，并不能真正和完全解决问题。通过笔试、口试、操作演示等环节，虽可以得到一定的有关印象，但特别难以准确判定的是心志或精神状态。"挽弓当挽强，用人须用长。"用人之长本可知其长而用之，可又存在主观能动性和积极性能否调动、发挥和保持等情况。例如，有人只有五分能力，全力以赴地干了；另有人有八九分能力，却仅出了两三分力。对比之余，做何感想？当然，考核可以起把关作用，一段时间工作上的损失已无可挽回。因此，让知人善任的准确率提高、提前是个好主意。那就是人力资源管理专业要培养一批这方面合格人才的任务。

中国自古即有重视人才的传统，已有不少关于识别人才的论述和经验。作为一门新兴学科的人才学首创于中国也很自然。回忆在中国改革开放初期，报刊登载了关于人才问题的讨论和建立人才学这个新学科的建议。此事很快引起了国外学者的注意，翻译了上述讨论和建议。有一个研究人类潜能的机构对此特别感兴趣，因一时找不到适当的译名，便干脆以汉字"人才"的音译介绍给读者。我因亲历其事，至今记忆犹新。在讨论适才运用之际，因而联想到人事工作与人才学、教育学、心理学等学科颇多交叉、渗透之处。人才学可能对知人、识才很有帮助。

一般来说，才有通才、专才，也确是有一专多能的。不过，对于加引号的"通才"，则多嘲为"空才"。那是"样样'精通'，样样稀松"，什么都"懂"一点点，其实一窍不通。这种人连打杂也未必能称职，更不用说稍有分量的职务了。有的爱夸夸其谈，并无真才实学，却善于见人说人话，见鬼说鬼话，察言观色，投其所好，混混而已，干正经活不行。让一个沉默寡言、爱静不好动的人去搞交际应酬，或者让一个喜欢热闹、坐不住的人去干需要冷静思考才能办好的事也都不对路。其余依此类推。

适才适用不排除一开始基本适合，而还不能完全适应的情况，不妨采取若干辅助措施，以加快更加适应的过程。例如，对工作任务的加深理解，向领导坦陈希望指点之处，与同事积极开展互动，等等。领导也应当主动关心新手可能有的困难或疑虑，并在有适当机会时予以鼓励，使之更自觉地鼓劲、加油。若工作上出现欠妥或失误，则须尽快补救和改正，查明原因，总结经验教训，力求把以后的工作继续做好。实践证明：才用两适固然远好过不适，但仍不能绝对保证不出差错，万无一失，不可因噎废食，要分析错误性质和影响大小酌情处理为好。由于工作在发展，环境与条件在变化，及时调研、培训也很有必要。

四、用绩效评估看人才是否合格

绩效评估是在工作经历一定的时间（如周、月、季、年）或告一段落、完全结束以后，对成绩和效果的评估。无论怎么说，这多少总有点"事后诸葛亮"的味道。可又必须得这么做，因为任何预测，都还得由事实来证明。所谓"书到用时方恨少，事非经过不知难"，就是这个理。索性把话说开些，"事前诸葛亮"又能怎样呢？"三国戏"里有著名的三出"连台戏"（现在叫连续剧），可能很多人都知道的，即"失、空、斩"（"失街亭"、"空城计"、"斩马谡"的简称）。其中诸葛亮是主角，说的是诸葛亮误派马谡去镇守街亭，失去以后，诸葛亮不得已在西城上演了空城计，事后马谡问斩，诸葛亮自请降职三级。凡此都是始料所不及，所以成败要看结局。

说回绩效评估，也不是一件很简单的事。由于事关事业的成败利钝和个人的功过奖惩，必须公平、公正，有既定的科学合理的标准和规章制度，以及切合实际和有效可行的方法。评估贵能及时，"老账"该算的，也要"老账新账一起算"。最重要的是落实，无论功过都不可夸大或缩小，特别注意分清责任，以免冒功领赏和代人受过。评估工作也要清除积弊和不断创新。积弊不少，难以和不必细说，有弊即除就好。不过，利弊分明的好办，若是缠夹不清，便须郑重其事，在具体掌握上拒弊保利，以免像倒洗澡水连洗澡的小孩都倒掉，或在利的幌子下作弊。例如，领导的意见当然要听，如果是明显的偏见，则另当别论；群众的意见也必须听，若与事实不符，则不可信以为真。这里有一个评估工作的透明度问题，与开头所说的公平、公正有联系，即公开（法定保密事项除外）。对此可能有不同意见。可以讨论。但既然是正大光明之举，公开或在一定范围内公开有何不可？暗箱操作而称公平、公正，其可信度如何？

创新是普遍要求，绩效评估工作也不例外。现在，国际上对绩效评估工作都很重视，不乏新的研究成果可以参考借鉴。在这方面，我们也正在努力。除评估工作本身注意创新外，将创新能力和绩效纳入评估项目亦具有创新性质。我们有很大的有利条件，即在全国践行社会主义核心价值观之际，其基本内容是众所周知的。实干兴邦的共同要求完全一致，因而评估人才合格与否，有了明确、具体、公认的尺度，大家均将口服、心服。我们的思路和服务不能偏离已卓有成效的建设中国特色社会主义这条光辉的历史道路。这是不容稍亏的大节，不要把注意力分散、转移到小节上去。

对接受评估的个人来说，也应该有些正确的思想准备，抱着端正的态度做好与有关各方面配合的工作。这实际上也是一种考验。既要谦虚谨慎，又要实事求是。最好保持心平气和，避免剑拔弩张。争功透过往往争不来和透不掉，反而十分尴尬。批评别人与自我批评应掌握的是基于原则精神的分寸，而非过犹不及，或流于庸俗世故。由于事关个人的发展前途，倘有不实不平之处，说明、申诉都是允许的。但最忌的是无理取闹和胡搅蛮缠，不仅会当场出丑，而且会加深负面印象。主事者对于申诉，则当虚心听取，认真核对，或进行新的调研，以免错、假、冤案的发生和存在。

第三节　特殊急用人才的储备与征集

人们常说的"人力、财力、物力"三大资源，各有其特点，不能完全等同，但亦有其相似和相通之处，可以作一定程度的类比。这里谈到的特殊和急用人才，为了说明是怎么一回事，不妨先就"财力、物力"关于这方面的情况有所了解，便不难借知其状。例如财力，在一般正常开支之外，会有未曾预计到的特殊项目有待应付。常用有备的办法，是以"其他"列项，届时不致苦无对策，得以从容解决问题。又如物力，有时偶见储备大量一时肯定少用或无用的物资，还很有可能被怀疑为无端"积压"。及至事到临头，方知果然有备无患，立即派上用场。这是长期经验教训使然，不如此将十分被动，虽忙乱不堪亦无济于事。有的物资临时有钱也买不着，虽有物资缺钱仍不能到手。满足特殊应急人才的需要，难度更大，岂能不深思熟虑！

一、实干兴邦中的特殊人才问题

特殊的意思，大家都明白，就是与众不同。但这不是固定的，常是比较和相对而言的。在不同的时间、地点、环境、条件之下，特殊与一般可能发生变化，即在此时、此地是特殊的，而在彼时、彼地成为一般的了。举例来说，在文盲充斥的地区识得几个字的便显得特殊，反之亦然。不过，说到特殊人才，往往是就高不就低的。即那些识得几个字的算是特殊人才，反之则少数文盲只能看作特殊人物或特殊的人。这是常规，或者叫习惯。实干兴邦所需要的特殊人才也应如此理解。

回忆在"步枪加小米"的年代，我们的武器装备显然同反动军队有很大的差距。但是我们常打胜仗，得到的新装备都是那位作为"运输大队长"的反动头子无偿地"送"过来的。有时俘获到坦克车，一时不会使用，只好炸掉，以免敌人再用来作恶。像在这种情况下，能开坦克车的便是一种特殊人才。等到我们已有坦克部队，那就不再特殊了。其他新的工种在开始和普及以后的情况大体上都是这样。海军、空军的从无到有、从弱到强，也经历了相似的过程。时代在前进、社会在发展、科技和各方面的创新不断涌现，所以特殊人才也在新陈代谢。即原来的特殊人才一般化后，又有新的更高的要求，如此循环往复永不休止，而不是一次过解决了事。

为了解决什么是特殊人才，上面举的那个关于坦克车的例子是件具体小事。试用历史眼光考察世界各国和中国所发生的重大变化，无不有较大、很大的特殊人才在起决定性作用。顺、逆历史潮流而动的正、反两面莫不如此。让我们先来看两段反面的一中一外、一前一后的史实：孙中山领导了推翻中国最后一个封建王朝的辛亥革命，建立了民国。他的继承人却实行了反共反人民的反动统治。斯大林在"二战"中取得保卫苏联的重大胜利，他的继承者们却在和平演变中使苏联解体。再看正面的，只说咱们自己的就足够了：没有毛泽东的正确领导，就没有中国人民革命的伟大胜利，也不会有保家卫国壮举的成功。没有坚持走中国特色社会主义道路、作为改革开放总设计师的邓小平，就不会有今天的中国。这都是全中国和全世界人民看到的和公认的。我们把毛泽东和邓小平看作最大的特殊人才，应该说是非常恰当的。

不过，光有顶层的特殊人才固然极其重要，而若没有或缺少各个层次和各个方面特殊人才的配合和支持，也难成气候。2014年在一篇"社论"中看到这么一段话："今日的中国已非'大刀向鬼子们头上砍去'的中国了，而是发射洲际飞弹（即导弹——引者注）的中国了；今天的中国已不是血肉长城的中国了，而是核子长城的中国了。"① 果如此说，便是其他有关特殊人才作出

---

① 台湾地区《海峡评论》2014年8月1日第284期社论。

贡献的明证。这里想起"共产党人是特殊材料制成的"这个说法,特殊在于能苦干实干,尽心尽力为人民服务,为实现共产主义奋斗到底。与此同时,另一种"特殊"也令人难忘,即刚说过的苏联解体的重要原因之一是党员脱离群众,大搞生活特殊化。我们所说的此特殊,当然绝非彼特殊,性质相反,不容混淆。对于后者,我们应坚决反对,不许沾边的。

二、实干兴邦中的急用人才问题

顾名思义,急用人才是已经在等待或急不可待地要用的人才。其中可能包括也可能没有特殊人才。凡事带上个"急"字,总不宜慢慢吞吞,而必须赶快、加紧,最好能及时解决。于是应急管理成为管理学尤其是公共管理学中不可或缺的一章和各级主管的必修课。

说到应急管理,首先当然是要避免"急惊风遇到慢郎中",你急他不急。但也不可"病急乱投医",用错了"药"会更加添乱。急用人才既然还是人才,就不能随便拉夫,搞滥竽充数。结果有的可能把好事办坏,糟过不办。有的可能是背上包袱,"请客容易送客难"。所以在积极筹措的同时,还得冷静思考,郑重其事,以免后患主要是后遗症和副作用。

因此,对于有关主管来说,这将使他们面临一次考验。办法随后再议,让我们着重讨论一下问题的前因后果及其性质和对实干全局、全过程的影响。倘若无关宏旨,大可不必过于紧张。如果关系重大,则必须认真对待,以求得及时和妥善解决。这些,一个负责的主管者应该是成竹在胸、心中有数的。事关本身的具体业务,谈起来常常是头头是道,如数家珍。要是在这方面竟然"当局者迷",那也不大可能"旁观者清"。在"一问摇头三不知"或所答不实的情况下,最高明的顾问也帮不了什么忙。更不像话的是一本糊涂账,问题的真相还弄不清楚。如原有人员的积极性没有调动起来和发挥出来,或因水平不高或难以胜任,致使工作拖延、积压,等等。不是我们尽朝坏处想,而是过去和现在确曾出现过的种种弊端,不可不防。

话又说回来,在正常情况下,问题提了出来,既不能掉以轻心,满不在乎,不当回事,又不必慌做一团,手忙脚乱,光干着急,而需要打起精神,抓紧核实、研讨,共商对策,以求善解一时之急。相信绝大多数的主管会是这样做的,并且通常已有一定的思想和具体准备。问题在于,也有个别少数喜欢耍小聪明而不走正道的人,一事当前,总先考虑怎样对自己有利。下面且举两个与本专题有关的例子。

一个是拒重担。上级下达了一项与本单位业务相类或相近的紧急任务，编制、预算等照增，就是急用人才难找。单位领导如汇报有困难请帮助自无可非议，若表示无法接受实际上是怕麻烦拒重担，就成问题了。上级诸多鼓励，仍不买账，只好摊牌：上级因任务紧急，不容"泡蘑菇"或推三阻四，结果是自讨没趣，下文不用细说。

另一个是撂挑子。原是本单位业务的组成部分，由于各种原因，致人力显得紧张，若不采取措施，即将难以为继，于是出现急用人才问题亟待解决。本单位领导对此本属责无旁贷和义不容辞，但有人却打起歪主意，借机撂挑子，即停止或转移这项业务，当然不能得逞，只会落下个不负责和以邻为壑的恶名。说到底，这是自欺欺人。

很有意思的是上述二例的托词中，常少不了"巧妇难为无米之炊"一语，言下之意为没有人干不了活，你们要帮我找人来。妙就妙在以"巧妇"自居。其实这句俗话是有毛病的，原来没有米竟把"巧妇"难住，可见其"巧"有限，只是精于、善于"炊"而已，不能统称"巧妇"。真正的"巧妇"还应能找米来"炊"才是。

三、特殊和急用人才的储备工作

根据长期以来的历史经验和教训，人才成长非一日之功。不重视人才储备工作和没有采取实际行动满足对人才的需要，只能是悬而不决和无法落实的问题。说到人才储备，可不像筹一笔现金存在银行，或将一批物资放进仓库。人才有一个长期培育的过程，作为一个活人，还要"先除童年后除老，不断学习不断考。中间光景不多时，还有折腾和烦恼"。就算能够成才，可"储存"的时间有限，能"保鲜"的期限更短。若不及时动用，转眼便将"报废"了。

人才储备首先是培育问题。前面已谈过学校教育，实际上还有家庭教育、社会教育、自我教育（自学成才），等等。这些都是带基础性的，并在这些基础上继续发展提高，直到走上工作岗位以前，都可以看作储备阶段。而这样的储备，并不专属于某个国家、部门和单位，或者可以说是广义的储备。因为用人单位未定，大有流动的余地。狭义的储备则难度较大，除设有专属或附属教育培训机构外，仅能在内部调整和提升。这样一来，当对特殊和应急人才另有需要时，便不得不在广义储备的范围内进行竞争。那已进入我们后面所要讨论的"征集"的范畴。

一般来说，关于特殊和应急人才的储备工作大体上是广义的，是社会化的，甚至是国际化的。但是对较大、很大、最大的正面特殊人才而言，其储备工作所循的是各有特色的特殊轨迹。他们与众不同，很早就志存高远，把针对性放在国家民族、国计民生方面。在他们所受的教育中，社会教育非常突出，包括国内和国际的社会状况，都有深刻了解和体会。他们以毕生的心血和自己的生命为国为民，决不稍懈。像孙中山，他洞悉国际形势、国际关系和中国的处境，在 1894 年 6 月他曾有《上李鸿章书》，对清朝还抱改革希望，而在同年 11 月 24 日，时在甲午战争失败后，便在檀香山成立兴中会誓言要推翻清廷了。他本是学医的，是个好医生。正如古书所说："上医医国，其次医人。"他较早弃医从政，领导推翻中国最后一个封建王朝的辛亥革命。还有像大家都更了解的毛泽东、邓小平等，都不必再一一细说。他们之所以能成为最大的特殊的人才，应该说是时代的培育和自主、自觉的自我储备。在决心从事中华民族伟大复兴事业以后，读书、学习和干什么都念念不忘为这一伟大崇高事业多多奉献。他们都成功了，中国人民永远尊重他们、热爱他们和纪念他们，世界人民也知道他们。

说到时代培育和自我储备，对我们也很有启迪。只要我们知道历史和认清时代，具有爱国和敬业精神，并使之不断增强和提高，真正做到干一行爱一行，努力精益求精，不断创新，岂不也同样是进行自我储备吗？特殊人才不是天上掉下来的，急用人才不是地下冒出来的。储备就是要随时准备着，各人自强不息亦即时刻在准备前进和上升的条件，成为某一方面的特殊人才或急用人才。

这样说可能很难令人信服。因为在现实生活中正在明摆着一边是就业难，另一边是用工荒的事实。这是就业同用工对不上号，不是小有出入，而是大相径庭。何以至此？值得研究。前面已曾提到专业设置与人才市场的需要应大体适宜的问题。其中包括教育部门与有关部门如计划部门等的联系，以免脱节、脱轨、失调、失控。对选择专业的指导和思考，以免盲目性和主观随意性。如趋热避冷，或只求能入高校不顾专业志愿之类。总之，在正常而不是反常的情况下，真正的自我储备才有积极意义。否则，茫然无序，一团混乱，怎能避免怪现象呢？

四、特殊和急用人才的征集工作

特殊和急用人才告急，不管有什么问题需要研究、改进，都是以后的事情。当前急务是要想方设法找到他们。除了有什么要保密的，通常首先是发布信息。对于主动找上门来的当然欢迎,但非一律来者不拒,而须有些"把关"举措,以便确定是否符合要求。饥不择食、渴不择饮的可能性应当排除,否则将留后患。但也不能要求过高,以免使颇具潜能者失去发展机会。因此,主其事者最好是有经验的专家学者和领导成员。除主动上门者外,热心人的推荐也要同样欢迎,但"看人情"、"给面子"不好。虽是至亲好友,仍一定要"货真价实",不能让"伪劣商品"扰乱"市场"。当然,严肃负责的推荐则是另一码事,不能一概而论。后者若是行家里手,更常已"过滤"一道了。

如果需要补充的数量较大和质量较高,比较普遍的做法是通过招考选录。这个方法古已有之,而且始创于中国。中国的科举制度就是经历从地方到中央的层层考试选拔人才的。(这里讲的是方法,考试内容又当别论。)世界各国文官制度史的研究者,大概无有不知此事的。实际情况是:近现代不少国家采取公开竞争考试选拔文官,便是从中国科举制得到启发。回想在1983年上半年的一件往事,即与此有关。那是一位联合国的专家、美国籍的艾伦·K.坎贝尔博士(原资料未注明外文姓名)在北京举办的"比较文官制度研究班"讲课时,一开头有这么几句话:"当我接受联合国的邀请,来向诸位讲文官制度时,我是感到非常惊讶的。因为在我们西方所有的政治学教科书中,当谈到文官制度时,都把制度的创始者归于中国。"① 我国的科举制度存在共1300多年之久,已被学校教育制度所代替。尽管考试的方法至今我们仍在用,但考试内容早已彻底改变。抛弃了形式死板、没有自由发挥余地、束缚应试者思想、作为维护封建统治工具的八股文体,而代之以能反映真实的理论、知识、经验、思想等水平的答卷。不过,还得提高警惕,以免出现变相的"新八股"和过分看重表面文章,致使擅长舞文弄墨、夸夸其谈之徒有得逞的机会。还有必须严禁考试作弊,包括泄露试题、现场作弊,甚至冒名顶替等违法行为,做到公正严明,弊绝风清。

职业考试如此,学历、资格等考试也是一样。这是一个事关人品的诚信问题,不可熟视无睹、见惯不惊。考风不正,必多幸进,最后还是公共事业蒙受损失。没有想到,坊间在十余年前已有一本叫《作弊的文化》的书问世。其中除考试作弊外,还有很多其他作弊的内容,真令人惊叹不已。在"大家都在作弊"这个开宗明义的第一章里。也曾提到:"中国古代的科举制度也经

---

① 夏书章:《人事管理》,人民出版社1985年版,第6-7页。

常出现作弊的现象。有的应试人在衣物中另缝小抄袋,有的则想出别具创意的作弊手法。特别令人侧目的是,尽管作弊失手便会面临处决的命运,作弊的歪风却持续不断。"① 著者也许还不知道,现在考试作弊的手法已用上高科技了。应当认定:正在建设中国特色社会主义的中国,必须逐步做到弊绝风清。古代有的弊端今后不许有,外国有的弊端中国不让有,在那个作弊的"大家"中我们应该缺位。否则,彼此彼此,大家一样,特色何在?

---

① [美]戴维·卡勒汉:《作弊的文化》,宋瑛堂译,文汇出版社 2007 年版,第 15 页。原著(*Cheating Culture*)2004 年出版。

第五章　在毛泽东思想中的有关论述

对于实干兴邦的有关论述，在毛泽东思想中是非常丰富的，这里也只能略举其要。毛泽东思想的形成和成熟，就是同实干兴邦的大计紧密结合在一起的。因为毛泽东思想是：以毛泽东为主要代表的中国共产党人，根据马克思列宁主义的基本原理，对中国革命和建设实践中的一系列独创性经验做出理论概括而形成的科学思想体系。是关于中国革命与建设的正确的理论原则和经验的总结，是中国共产党和人民实践经验与集体智慧的结晶，是中国共产党长期坚持的科学的指导思想。其丰富和发展了马克思列宁主义的独创性理论有：关于新民主主义革命、关于社会主义革命和建设、关于统一战线、关于人民军队建设和军事战略、关于党的建设、关于思想政治工作和文化工作、关于国际战略和外交政策。其活的灵魂是实事求是、群众路线、独立自主。① 这些都无不与实干兴邦的理论和实践直接相关。我们必须认真学习和加深领会，使我们更加心明眼亮，奋勇向前。

第一节　实干就要敢于斗争、敢于胜利

人们很有可能经历过、遭遇过或听说过想干而不敢干的事情。结果没有去干，当然无法知道能否干成。后来看到别人干得很好，已经迟了一步或几步，甚至悔之晚矣。这里有一个不可忽略的重要问题，那就是到底该不该干？不该干的，即使很容易也不去干是对的。干了便犯错误。而对该干、必须干的，有困难、有危险，也要鼓足勇气、坚决去干，以求达到目标，完成任务，取得最后胜利。否则，对原有的不良状况，不仅不会有丝毫改善和创新，并且可能继续恶化到不可收拾。处于水深火热之中的旧中国人民，不在中国共产党的正确领导下起来革命行吗？毛泽东思想正是鼓励我们在实干兴邦的过程中敢于斗争、敢于胜利的思想。中国革命和建设不断有新胜利，便是斗争得来的。

---

① 参阅《辞海》（第六版缩印本），上海辞书出版社 2010 年版，第 1271 页。见词条"毛泽东思想"的注解。

一、要有勇气，不怕困难，敢于战斗

这里和随后不打算过多地引用原著，而是适当地引用一些，主要是学习毛泽东思想中有关论述的精神。在一处讲的内容常具有普遍意义，如本专题所说要有勇气，不怕困难，敢于战斗，是贯彻实干兴邦的始终的。过去如此，现在如此，将来仍然如此，才能从胜利走向胜利，取得更大的胜利。这也是一条极其宝贵的实践经验，不仅适用于中国人民革命和建设事业，也足以鼓励全世界人民同侵略者及其一切走狗作坚决的斗争。

大约在半个世纪以前，在为了支持非洲国家反对侵略而发表的声明中，毛泽东说："全世界人民要有勇气，敢于战斗，不怕困难，前赴后继，那末，全世界就一定是人民的。一切魔鬼通通都会被消灭。"① 若是出于别人之口，这话的可信度可能不会很高，但毛泽东这样讲的底气很足，因为全世界都早已清楚地看到，中国革命的胜利和保家卫国战争的胜利，都是在敌强我弱的形势下取得的。没有大无畏的勇气和敢于战斗的胆识，又害怕困难和不能坚持到底，本来可以取得的胜利也就失去机会了。

在新中国成立前几年，反动派挑起内战，和谈没有诚意，仍想借武力削弱和击败共产党。毛泽东指出："如果他们要打，就把他们彻底消灭。事情就是这样，他来进攻，我们把他消灭了，他就舒服了。……中国的问题是复杂的，我们的脑子也要复杂一点。人家打来了，我们就打，打是为了争取和平。"② 一点也不错，"打是为了争取和平"。因为我们虽要和平，"他们"却来进攻，真像"树欲静而风不止"。怎么办？彻底消灭之是上上策。要不然他们还会继续捣乱。

关于这个问题，毛泽东在将近一年以后，又说："就我们自己的愿望说，我们连一天也不愿意打。但是如果形势迫使我们不得不打的话，我们是能够一直打到底的。"③ 可不是么？"形势迫使我们"是把战争强加于我们，不打则对方会更加穷凶极恶和得意忘形，也正是他们所希望的，被压迫的广大人民群众

---

① 《支持刚果（利）人民反对美国侵略的声明》（1964年11月28日），《全世界人民团结起来打败美国侵略者及其一切走狗》，人民出版社1964年版，第14页。
② 《关于重庆谈判》（1945年10月17日），《毛泽东选集》第4卷，人民出版社1991年版，第1159页。
③ 《和美国记者安娜·路易斯·斯特朗的谈话》（1946年8月6日），同上书，第1192页。

的处境也必将更糟。

以上是针对国内反动派挑起的内战而言，在国际方面，也同样要有这种精神。1953年2月7日，《在中国人民政治协商会议第一届全国委员会第四次会议上的讲话》① 中，毛泽东是这样讲的："我们是要和平的，但是，只要美帝国主义一天不放弃它那种横蛮无理的要求和扩大侵略的阴谋，中国人民的决心就是只有同朝鲜人民一起，一直战斗下去。这不是因为我们好战，我们愿意立即停战，剩下的问题待将来去解决。但美帝国主义不愿意这样做，那么好罢，就打下去，……一直打到中朝人民完全胜利的时候为止。"这段引文较长，实在是句句中肯，欲罢不能。后来还是对方愿意罢手了。还记得那场战争在开始应战前后，国际国内曾有过不同的疑虑。主要是看表面上的实力悬殊，怕招架不住，连应该帮助我们的有关方面也犹豫不决，不大放心。但经毛泽东的高瞻远瞩、果敢坚决地号召要保家卫国，全国热烈响应的情景，至今记忆犹新。"雄赳赳，气昂昂，跨过鸭绿江"的歌声响遍全国。很难设想，要是当年没有顶住，还有后来和直到今天的发展吗？虽然敢于战斗还要善于战斗，但若不敢战斗，则善于战斗也没有用武之地。因此，为了兴邦的实干，首先要有敢干的精神。

二、清醒地估计国际国内的形势

敢于战斗，敢于胜利不是盲目的。"中国共产党依据马克思列宁主义的科学，清醒地估计了国际和国内的形势，知道一切内外反动派的进攻，不但是必须打败的，而且是能够打败的。当着天空中出现乌云的时候，我们就指出：这不过是暂时的现象，黑暗即将过去，曙光即在前头。"② 这一点非常重要。估计国内和国际形势的工作，大家都在做，内外反动派也在做。但是真正能够科学地、清醒地做出正确估计的，是马克思列宁主义者。内外反动派的共同特点或局限性在于：自恃大权在握，财大气粗，拥有现代化装备数量大、质量高等，均为进步和革命势力所望尘莫及。他们是不会相信"星星之火，可以燎原"的，总以为"星星之火"可以随手扑灭，或根本不堪一击。于是，"任凭风浪起，稳坐钓鱼船"的反动派，自命不凡、夸下海口，自以为必操胜算了。及至屡战屡败，常致溃不成军，大批人员和装备被俘，反动头子成为革命阵营

---

① 见1953年2月8日《人民日报》。
② 《目前形势和我们的任务》（1947年12月25日），《毛泽东选集》第4卷，人民出版社1991年版，第1245－1246页。

的"运输大队长"。这才惊慌失措,仍不肯放下屠刀。提出"分江而治"是假,苟延残喘、准备卷土重来是真。等到"百万雄师过大江"了,确是兵败如山倒。虽然硬着头皮打了几仗,但在排山倒海的强大压力面前,再也顶不住和支持不下去。形势急转直下,为了避免全军覆没,保留一点"实力"作最后的老本,只有夹住尾巴赶快逃跑。结果像华南最大的城市广州,一夜之间电灯未灭、一枪未响,第二天一大早,便欢迎解放军进城,和平解放了。

此种奇迹的出现,根本原因在于这是人民军队的人民战争。人民战争是革命战争,"革命战争是群众的战争,只有动员群众才能进行战争,只有依靠群众才能进行战争"①。这是人民战争的最大优势,使反动派始终和完全陷于孤立。毛泽东关于这方面的论述很多,如真正的铜墙铁壁是群众、战争的伟力之最深厚的根源,存在于民众之中等,这里不再多引了。

关于人民军队,毛泽东指出:"这个军队之所以有力量,是因为所有参加这个军队的人,都具有自觉的纪律;他们不是为着少数人的或狭隘集团的私利,而是为着广大人民群众的利益,为着全民族的利益,而结合,而战斗的。紧紧地和中国人民站在一起,全心全意地为中国人民服务,就是这个军队的唯一的宗旨。……没有一个人民的军队,便没有人民的一切。"② 这就最明确地回答了人民军队为什么能取得人民战争的胜利和巩固、扩大胜利。人们所熟知的"三大纪律"、"八项注意"早已和久已为世人称颂。他们不仅不扰民,而且还尽力帮助人民群众救灾、重建家园、恢复生产,等等,是地地道道的人民子弟兵。群众都很感谢他们是最可爱的人。尤其是在近期以来几次重大的地震灾害,中国救灾及时、得力、有序已经为全世界所公认。其中的主力之一,便是人民军队的积极参与和作出重要贡献。这是中国人民军队的光荣传统和鲜明特色。人民军队人民爱,人民军队爱人民,军民一家诚非虚语。还有中国人民军队参加的联合国维和部队也受到当地人民群众的热烈欢迎,也不是偶然的。

三、不为现象迷惑,看清问题实质

在清醒地估计国际国内形势的同时,不为现象迷惑看清问题实质是敢于斗

---

① 《关心群众生活,注意工作方法》(1934年1月27日),《毛泽东选集》第1卷,人民出版社1991年版,第136页。

② 《论联合政府》(1945年4月24日),《毛泽东选集》第3卷,人民出版社1991年版,第1039–1074页。

争、敢于胜利深入下一步的保证。为什么反动派的进攻是必须和能够打败的呢？答案就在这里："在人类历史上，凡属将要灭亡的反动势力，总是要向革命势力进行最后挣扎的，而有些革命的人们也往往在一个期间内被这种外强中干的现象所迷惑，看不出敌人快要消灭，自己快要胜利的实质。"① 外强是现象，中干是实质，被迷惑了就会做出错误的判断，等于上当受骗。事实正是这样，敌人惯会借装腔作势掩盖其既虚且弱的本质。所以，"绝对不要被反动派的其势汹汹所吓倒"②。这里说的是"绝对不要"，可见关系重大。被迷惑已经会误事，被吓倒便更糊涂也太可笑。倒转来则是看穿了"西洋镜"，揭开了假面具，真正被动可笑的应该是反动派。

除了迷人的"外强中干"和吓人的"其势汹汹"等说法外，毛泽东的一个最形象、最生动、最深刻的比喻是：帝国主义和一切反动派都是纸老虎。他说："一切反动派都是纸老虎。看起来，反动派的样子是可怕的，但是实际上并没有什么了不起的力量。从长远的观点看问题，真正强大的力量不是属于反动派，而是属于人民。"③ 还有关于两重性的问题，它们既是活老虎、铁老虎、真老虎，终究转化成纸老虎、死老虎、豆腐老虎等说明，这里不再详述。但与此相联系的一个十分重要的概念必须明确，那就是："为了同敌人作斗争，我们在一个长时间内形成了一个概念，就是说，在战略上我们要藐视一切敌人，在战术上我们要重视一切敌人。……打仗只能一仗一仗地打，……这叫做各个解决，军事书上叫做各个击破。"④ 原文举了许多生动的例子，令人印象深刻。

关于"纸老虎"的这种说法是前所未有的，毛泽东在同外国记者谈到它时，译员曾试图用"稻草人"去代替。那是农民安装在田间吓唬鸟类的，英文为 scarecrow。毛泽东学过英语，听了感觉不是味道、不对劲儿，便脱口而出：paper tiger! 外国记者一听就懂，大为赞赏。从此这个新词便走向世界，据说已收入英语大词典。这段小插曲也表明，毛泽东是敢于战斗，敢于胜利，也敢于创新的。

---

① 《第二次世界大战的转折点》（1942年10月12日），《毛泽东选集》第3卷，第884页。
② 《中共中央关于同国民党进行和平谈判的通知》（1945年8月26日），《毛泽东选集》第4卷，第1153页。
③ 《和美国记者安娜·路易斯·斯特朗的谈话》（1946年8月6日），同上书，第1193页。
④ 《在各国共产党和工人党莫斯科会议上的讲话》（1957年11月18日），《毛泽东同志论帝国主义和一切反动派都是纸老虎》，人民出版社版，第25页。

本专题所讨论的要看清问题实质，还涉及许多方面。例如，战争就有正义的和非正义的之分。进步的战争是正义的，阻碍进步的战争是非正义的。共产党不反对前者，但反对后者。这些在毛泽东著作中都有全面的论述。又如关于矛盾和斗争，也要因矛盾的性质不同而有不同的解决方法，即斗争的形式。毛泽东在《关于正确处理人民内部矛盾的问题》这本专著中，就对这个问题的方方面面说得非常清楚和透彻，主要是敌我之间的矛盾和人民内部的矛盾是性质完全不同的两类矛盾及其对抗性与非对抗性等。总之，看清问题的实质至关重要。敢于斗争、敢于胜利并非简单的胆子大，而须在明大义、识大体、顾大局的前提下去坚持斗争，取得胜利。绝对不是没有理性单靠个人逞强的那种匹夫之勇。

四、必须肃清内部软弱无能思想

敢于斗争、敢于胜利的反面是缺乏勇气、胆小怕难、软弱无能的思想。毛泽东强调指出："我们应当在自己内部肃清一切软弱无能的思想。一切过高地估计敌人力量和过低地估计人民力量的观点，都是错误的。"[①] 他已经把软弱思想的根源同时点出来了，其实都还是没有看清问题的实质，有被迷惑和被吓倒的可能。对症下药，仍在纠正错误的观点。

除了上述两个错误的估计外，还有一个很重要的错误观点，即对帝国主义及其走狗的本性认识有误。关于这一点，毛泽东曾经在一次重要声明中指出："被压迫人民和被压迫民族，决不能把自己的解放寄托在帝国主义及其走狗的'明智'上面，而只有通过加强团结，坚持斗争，才能取得胜利。"[②] 声明中所指的是国内外的大小反动派互相勾结，一边是侵略别国，一边是出卖本国，还一起屠杀本国人民。这种情况外国有，中国也有，过去有，现在还有。看看世界各地正在打内战的，不都依然是这类"模式"吗？与此同时，垄断资本中的大军火商为了获取超额利润，贪得无厌，越多越好。只要军备竞赛继续升温，战火接连不断，他们便更是财源滚滚。"大炮一响，黄金万两"成了反动军阀匪徒们的信条。但你屠杀人民，人民怎能不反抗？"官逼民反"，不得不反，软弱无能的思想就得转变。否则，永远抬不起头，翻不了身。敢于斗争、

---

① 《目前形势和我们的任务》（1947年12月25日），《毛泽东选集》第4卷，第1260页。
② 《反对美国——吴庭艳集团侵略和屠杀越南南方人民的声明》（1963年8月29日），第6页。

敢于胜利是形势使然。我们和世界各国人民都需要和平。"渴望战争,不要和平的,仅仅是少数帝国主义国家中的某些依靠侵略发财的垄断资本集团。"① 半个多世纪过去了,这种基本情况并没有什么改变。

在第二次世界大战结束十一二年的时候,世界各国的人们都在谈论着会不会打第三次世界大战。毛泽东当时说过:"对于这个问题,我们也要有精神准备,也要有分析。我们是坚持和平反对战争的。但是,如果帝国主义一定要发动战争,……第一条,反对;第二条,不怕。"② 因为要是反对不了,怕有何用?我们不怕,是由于我们深信不疑的是:"捣乱,失败,再捣乱,再失败,直至灭亡——这就是帝国主义和世界上一切反动派对待人民事业的逻辑,他们决不会违背这个逻辑的。……斗争,失败,再斗争,再失败,再斗争,直至胜利——这就是人民的逻辑,他们也是决不会违背这个逻辑的。"③ 这两条都是马克思主义的定律,并且已经得到历史的证明。

同样已经得到历史证明的是敢于斗争、敢于胜利的思想。它不是随便说说、信口开河的豪言壮语,而是真心诚意,出自肺腑的斗志豪情,是以理论和实践为依据的理性勇气,与一般常见的"打气"、"鼓劲"、"壮胆"、"助威"、"造势"有本质的不同。毛泽东自己就是以身作则带头这么干的,虽然出过偏差、失误,但不是主流,党组织已经作过历史结论了。

为了肃清内部可能存在的软弱无能思想,继续发扬敢于斗争、敢于胜利的精神,加强这方面的宣传仍很有必要,毛泽东的下面这几句话永远不会过时:"世界是在进步的,前途是光明的,这个历史的总趋势任何人也改变不了。我们应当把世界进步的情况和光明的前途,常常向人民宣传,使人民建立起胜利的信心。"④ 与此同时,我们在取得胜利后,也不可放松斗志和有轻敌思想。

---

① 《中国共产党第八次全国代表大会开幕词》(1956年9月15日),《中国共产党第八次全国代表大会文献》,第8页。
② 《关于正确处理人民内部矛盾的问题》(1957年2月27日),人民出版社版,第35页。
③ 《丢掉幻想,准备斗争》(1949年8月14日),《毛泽东选集》第4卷,第1486-1487页。
④ 《关于重庆谈判》(1945年10月17日),同上书,第1163页。

第二节　关于领导、干部和学习的论述

已经不止一次地说过，我们实干兴邦的队伍是极其庞大的。作为一支队伍，总是由各级领导和众多干部组成的。这些领导和干部，在走上工作岗位之前，当然都受过一定的教育和训练。但是随着时间的推移和工作的进展、变化，必然会不断有新的情况和要求，因而无论是领导还是干部，为了做好工作和适应新的需要，有必要经常学习，包括自学和集体学习制度。还有按规定安排定期或临时脱产集中进修、提高的。这是一个行之有效的办法，有时还提供到外地或国外参观、访问、调查、研究的机会，有助于业务上观念和方法等方面的改进和更新。不过，对于后者，也有人借机作弊的。如假借学习之名，行旅游之实，浪费公款和时间，实在很不应该。不正之风不可助长，但也不能因噎废食，正常的、健康的、经得起考核的学习活动还是会继续开展的。

一、领导与方针政策和工作方法

"没有共产党就没有新中国"这个历史事实是举世周知的。因而毫无疑问，领导我们事业的核心力量是中国共产党。谈到领导工作，首先和主要是党委领导。谈到党委领导，又必须了解什么是党委制。对此，毛泽东有专题说明："党委制是保证集体领导、防止个人包办的党的重要制度。"① 其中还提到集体领导和个人负责，二者不可偏废等注意事项。

具体来看，领导有领导什么和怎么领导的问题。毛泽东也有专题论述："领导工作不仅要决定方针政策，还要制定正确的工作方法。有了正确的方针政策，如果在工作方法上疏忽了，还是要发生问题。"② 其中述及书记要当好"班长"，注意向"一班人"作宣传和组织工作，善于处理好自己和委员之间的关系，把会议开好，把"一班人"指挥好，以求动作整齐去作战和建设等。

关于领导工作的问题很多，难以尽举详说。这里仅就方针政策和工作方法相对集中一些讨论。毛泽东说："政策和策略是党的生命，各级领导同志务必充分注意，万万不可粗心大意。"③ 从这句话的用词和语气来看，我们就应该

---

① 《关于健全党委制》（1948年9月20日），《毛泽东选集》第4卷，第1340页。
② 《党委会的工作方法》（1949年3月13日），同上书，第1440页。
③ 《关于情况的通报》（1948年3月20日），同上书，第1298页。

领会其极端重要性了:"党的生命"、"务必充分注意"和"万万不可粗心大意"!原来,"政策是革命政党一切实际行动的出发点,并且表现于行动的过程和归宿。……所谓经验,就是实行政策的过程和归宿。……在每一行动之前,必须向党员和群众讲明我们按情况规定的政策"①。要自觉地实行正确的政策。政策又有总路线和总政策与各项具体工作路线和各项具体政策之分,不可只记住后者而忘记前者:"如果真正忘记了我党的总路线和总政策,我们就将是一个盲目的不完全的不清醒的革命者,……就会迷失方向,就会左右摇摆,就会贻误我们的工作。"②

关于工作方法,毛泽东的有关论述很多。例如,号召党委的领导同志必须学好"弹钢琴",即十个指头都动作。比喻既要抓紧中心工作,又要围绕中心工作,同时开展其他方面的工作。又如,对主要工作不但一定要抓,而且一定要"抓紧"。抓而不紧,等于不抓。还有,要胸中有"数",否则不能不犯错误。开会要事先通知,如出"安民告示",早作准备。没有准备,就不要急于开会。"精兵简政",讲的写的都应简明扼要,会也不要弄得太长。注意团结意见不同的同志一道工作,力戒骄傲。要划清两种界限:一是革命还是反革命;二是在革命队伍中,要划清正确和错误、成绩和缺点、主要和次要,采取分析研究的态度。在组织上,厉行集中指导下的民主,并有明确路线,等等。这些除最后一项见于另文③外,其余都是《党委会的工作方法》中谈到的内容。

显然,工作方法是同思想方法相联系的。毛泽东在谈到思想方法时常对工作方法很有启发。例如,《实践论》、《人的正确思想是从哪里来的?》、《在延安文艺座谈会上的讲话》、《在晋绥干部会议上的讲话》、《星星之火,可以燎原》、《矛盾论》、《关于正确处理人民内部矛盾的问题》、《在中国共产党全国宣传工作会议上的讲话》、《学习和时局》、《关于农业合作化问题》、《关于重庆谈判》、《论反对日本帝国主义的策略》、《论持久战》、《中国农村的社会主义高潮》、《关心群众生活,注意工作方法》、《关于领导方法的若干问题》、《中国革命战争的战略问题》等著作中都有反映,可见毛泽东是非常重视思想方法和工作方法的。从一个小例子也可以看到这一点:他在《季节包工》一文的按语(1955年)中写道:"不要等到问题成了堆,闹出了许多乱子,然后

---

① 《关于工商业政策》(1948年2月27日),《毛泽东选集》第4卷,第1286页。
② 《关于情况的通报》(1948年3月20日),同上书,第1316页。
③ 《关于纠正党内的错误思想》(1929年12月),《毛泽东选集》第1卷,第91页。

才去解决。领导一定要走在运动的前面,不要落在它的后面。"①

二、领导互通情报,还要"不耻下问"

集体领导总有一个领导"班子",即全体领导成员。就算是常见的领导正职与副职(一个或不止一个),也都要处理好成员之间的关系,以求在合作共事中能够协调一致,取得较佳成效。否则,若在领导层已发生不正常现象,便难以设想工作如何开展,被领导者也将不知所措或无所适从,形成僵局、乱局和以败局告终后,等待上级来收拾"烂摊子"了。

为此,毛泽东提出:"'互通情报'。就是说,党委各委员之间要把彼此知道的情况互相通知、互相交流。这对于取得共同的语言是很重要的。有些人不是这样做,而是像老子说的'鸡犬之声相闻,老死不相往来',结果彼此之间就缺乏共同的语言。"②"互通情报"也就是要保持正常的信息沟通,以免没有共同的语言而各说各的,在干部和群众中产生不良影响,怀疑领导层是否团结,工作也很难办,不知听谁的好。

与此相联系的是:"要把问题摆到桌面上来。不仅'班长'要这样做,委员也要这样做。不要在背后议论。有了问题就开会,摆到桌面上来讨论,规定它几条,问题就解决了。……谅解、支援和友谊,比什么都重要。"③ 根据"互通情报"的原则,会上不说,会外乱说也是不对的。关于领导工作,毛泽东非常重视。在谈到有关问题时,凡与领导有关之处,无不予以强调。

在领导工作中,有一个如何正确对待所属下级的问题。毛泽东明确指出:"不懂得和不了解的东西要问下级,不要轻易表示赞成或反对。……我们切不可强不知以为知,要'不耻下问',要善于倾听下面干部的意见。先做学生,然后再做先生;先向下面干部请教,然后再下命令。……听了以后要加以分析。对正确的意见,必须听,并且照它做。……对下面来的错误意见也要听,根本不听是不对的;不过听了而不照它做,并且要给以批评。"④ 这个"不耻下问"可不那么简单容易地做到、做好,因为有些领导者常放不下架子,要保持领导者的"尊严",致使"强不知以为知"者大有人在。有的只是随便听

---

① 《中国农村的社会主义高潮》下册,人民出版社1956年版,第1159页。
② 《党委会的工作方法》(1949年3月13日),《毛泽东选集》第4卷,第1441页。
③ 同上书,第1440–1441页。
④ 同上书,第1441–1442页。

听而不很认真,以示自己的"开明"。那是装装样子,很不诚恳,也就说不上会有什么实效。遇到有些"乖巧"的下级,也擅于察言观色,拣好听的说,以便给领导者一个"好印象"。真正能做到"不耻下问",必然是由衷的、谦虚的和自然的,下级才会毫无顾虑,有啥说啥,不怕说错话被抓"小辫子"或"秋后算账"。事关领导风格,群众也常能"眼睛雪亮"和"心中有数"。这就要求领导者自觉地提高自己的素养,不要让人背后议论"此人官不大,架子不小"。关于作风问题,随后另设专题议论,这里暂不多说。要补充几句的是:下级对于上级是服从而非盲从,信任而非迷信。在上级提问的面前,应该实话实说,说错了受批评,总比自以为是地在工作上犯错误使共同事业受到损害强。更不用说弄虚作假或违心地搞投其所好了。大家都以实事求是负责任的态度相处,才是正道。

三、新老干部合作事业不会中断

干部(广义来说包括各级领导干部)有一个新老交替的问题,也就是要后继有人,即培养和造就大量合格接班人的问题。毛泽东认为应具备的条件是:"他们必须是真正的马克思列宁主义者,……全心全意为中国和世界的绝大多数人服务的革命者,……能够团结绝大多数人一道工作的无产阶级政治家。……党的民主集中制的模范执行者,必须学会'从群众中来,到群众中去'的领导方法,必须养成善于听取群众意见的民主作风。……必须谦虚谨慎,戒骄戒躁,富于自我批评精神,勇于改正自己工作中的缺点和错误。……是在群众斗争中产生的,是在革命大风大浪的锻炼中成长的。应当在长期的群众斗争中,考察和识别干部,挑选和培养接班人。"[①]

毛泽东早就认定:"政治路线确定之后,干部就是决定的因素。因此,有计划地培养大批的新干部,就是我们的战斗任务。"[②] 在同一篇文章中,还具体谈了党的干部政策和爱护干部的方法。"必须不断地提拔在斗争中产生的积极分子,来替换原有骨干中相形见绌的分子,或腐化了的分子。"[③] 老干部应

---

① 转摘自《关于赫鲁晓夫的假共产主义及其在世界历史上的教训》,《人民日报》1964年7月14日。

② 《中国共产党在民族战争中的地位》(1938年10月14日),《毛泽东选集》第2卷,第526页。

③ 《关于领导方法的若干问题》(1943年6月1日),《毛泽东选集》第3卷,第898页。

该欢迎新干部，彼此尊重，互相学习，取长补短，团结一致，进行共同的事业。另外有很重要的一点是："不但要关心党的干部，还要关心非党的干部。党外存在着很多的人材，共产党不能把他们置之度外。去掉孤傲习气，善于和非党干部共事，真心诚意地帮助他们，用热烈的同志的态度对待他们，把他们的积极性组织到抗日和建国的伟大事业中去，这是每一个共产党员的责任。"①

新干部中有很多青年，很多青年也将成为新干部，毛泽东对青年的关注是相当突出的。他对青年们所说的几句名言给人们的印象很深："世界是你们的，也是我们的，但是归根结底是你们的。……希望寄托在你们身上。……世界是属于你们的。中国的前途是属于你们的。"② 他指出："青年是整个社会力量中的一部分最积极最有生气的力量，他们最肯学习，最少保守思想，在社会主义时代尤其是这样。希望……注意研究如何特别发挥青年人的力量，不要将他们一般看待，抹杀了他们的特点。"③ 至于看一个青年是不是革命的，"只有一个标准，这就是看他愿意不愿意，并且实行不实行和广大的工农群众结合在一块"。这是在《青年运动的方向》（1939年5月4日，见《毛泽东选集》第2卷）一文中谈到的。《在接见青年团第二次全国代表大会主席团时的指示》（1953年6月30日，见1953年7月3日《人民日报》）中提到："新中国要为青年们着想，要关怀青年一代的成长。"

还有作为"半边天"的妇女，在新老干部和青年中都有，毛泽东也都很重视和关怀。他当然是主张社会性别平等的，他号召："团结起来，参加生产和参加政治活动，改善妇女的经济地位和政治地位。"④ 又说："中国的妇女是一种伟大的人力资源。必须发掘这种资源，为了建设一个伟大的社会主义国家而奋斗。"⑤ 他多次强调提醒，对妇女劳动者一定要实行同工同酬。这是在经济上男女平等的重要体现。

---

① 《中国共产党在民族战争中的地位》（1938年10月14日），《毛泽东选集》第2卷，第526—527页。
② 《在莫斯科会见我国留学生和实习生时的谈话》（1957年11月17日），《毛主席在苏联的言论》，人民日报出版社1957年版，第14—15页。
③ 《中山县新平乡第九农业生产合作社的青年突击队》一文按语（1955年），《中国农村的社会主义高潮》下册，第959页。
④ 为《新中国妇女》杂志的题词，1949年7月20日该刊创刊号。
⑤ 《发动妇女投入生产，解决了劳动力不足的困难》一文按语（1955年），《中国农村的社会主义高潮》中册，第674—675页。

四、我们经验不够必须善于学习

学习在毛泽东思想中占极受重视的地位。大家都知道，中国自古就有劝学名言广泛流传，如"少年不知勤学早，老大方悔读书迟"。现在从儿童起，都讲"好好学习，天天向上"，还有"终身学习"和"学习型"组织、城市，等等，已经"学习、学习、再学习"了，仍然是"活到老，学到老，还有三分学不到"。可见"学海无涯"、"学无止境"，不学无术，不认真学习不行。

毛泽东一贯重视学习，关于为什么要学习和怎样学习的论述很多，也很难一一引证。在不同的历史时期和面临重要任务之际，总会提出要善于学习的问题。例如，在1936年12月的《中国革命战争的战略问题》一文中，他说："读书是学习，使用也是学习，而且是更重要的学习。从战争学习战争——这是我们的主要方法，……革命战争是民众的事，常常不是先学好了再干，而是干起来再学习，干就是学习。……说学习和使用不容易，是说学得彻底，用得纯熟不容易。……用得着中国一句老话：'世上无难事，只怕有心人。'入门既不难，深造也是办得到的，只要有心，只要善于学习罢了。"① 这段引文稍长，真有欲罢不能之感。因为说得全面、透彻、令人信服，比一般讲学习的说法，要灵活、生动和容易领会得多。那些学了不干，或干不好的人，不仅是不善于学习，而且是根本没有懂得学习的真谛。

1937年7月，毛泽东在《实践论》中肯定："如果有了正确的理论，只是把它空谈一阵，束之高阁，并不实行，那末，这种理论再好也是没有意义的。"② 接着，在1938年10月，他在《中国共产党在民族战争中的地位》一文中，明确强调指出："学习的敌人是自己的满足，要认真学习一点东西，必须从不自满开始。对自己，'学而不厌'，对人家，'诲人不倦'，我们应采取这种态度。"③ 在这同一篇文章中，在讲这几句之前，已指出应将马克思列宁主义看作革命的科学和行动的指南，不能当作教条看待。不是只学习一些词句，而应学习观察问题和解决问题的立场和方法。

1942年2月1日，毛泽东在《整顿党的作风》一文中说："对于马克思主义的理论，要能够精通它、应用它，精通的目的全在于应用。……有工作经验

---

① 《毛泽东选集》第1卷，第181页。
② 同上书，第292页。
③ 《毛泽东选集》第2卷，第535页。

的人，要向理论方面学习，要认真读书，然后才可以使经验带上条理性、综合性，上升为理论，然后才可以不把局部经验误认为即是普遍真理，才可以不犯经验主义的错误。"① 这里，我们应该特别注意的是：精通的目的和免犯经验主义的错误。

1949年3月5日，《在中国共产党第七届中央委员会第二次全体会议上的报告》中，毛泽东指出："我们能够学会我们原来不懂的东西。我们不但善于破坏一个旧世界，我们还将善于建设一个新世界。"② 事实正是如此，但仍必须继续学习。事隔3个月，即同年6月30日，他在《论人民民主专政》一文中强调："我们必须向一切内行的人们（不管什么人）学经济工作。拜他们做老师，恭恭敬敬地学，老老实实地学。不懂就是不懂，不要装懂。"③ 让我们切实理解，善于学习是多么重要。

1956年9月15日，在《中国共产党第八次全国代表大会开幕词》中，毛泽东再次强调："要把一个落后的农业的中国改变成为一个先进的工业化的中国，我们面前的工作是很艰苦的，我们的经验是很不够的。因此，必须善于学习。"④ 不过，对于那些不但不善于学习，而且自以为是、自命不凡、骄傲自满的人，毛泽东也提出了严正的批评。如1957年3月12日的《在中国共产党全国宣传工作会议上的讲话》中，他就直言不讳："有些人读了一些马克思主义的书，自以为有学问了，但是并没有读进去，并没有在头脑里生根，不会应用，阶级感情还是旧的。还有一些人很骄傲，读了几句书，自以为了不起，尾巴翘到天上去了，可是一遇风浪，他们的立场，比起工人和大多数劳动农民来，就显得大不相同。前者动摇，后者坚定，前者暧昧，后者明朗。……学习马克思主义，不但要从书本上学，主要地还是要通过阶级斗争、工作实践和接近工农群众，才能真正学到。"⑤ 我们完全应该认真对待，"有则改之，无则加勉"，以利于共同事业的发展、成功。

这里，极其自然地把学习与批评和自我批评联系在一起。毛泽东在这方面的论述很多，我们也只能略举其要。例如说："我们有批评和自我批评这个马

---

① 《毛泽东选集》第3卷，第815－819页。
② 《毛泽东选集》第4卷，第1439页。
③ 同上书，第1481页。
④ 《中国共产党第八次全国代表大会文献》，第9页。
⑤ 《在中国共产党全国宣传工作会议上的讲话》，人民出版社版，第6－9页。

克思主义的武器。我们能够去掉不良作风,保持优良作风。"又如:"有无认真的自我批评,也是我们和其他政党互相区别的显著标志之一。"还有:"因为我们是为人民服务的,所以,如果我们有缺点,就不怕别人批评指出。"由于引文不长,未一一注明出处,以免注释长过引文。毛泽东引用的格言、成语等也是人们所熟知的,如"流水不腐,户枢不蠹"、"知无不言,言无不尽"、"言者无罪,闻者足戒"、"惩前毖后"、"治病救人"等。

第三节 坚持群众路线和为人民服务

相信比较熟悉汉语的人大概都知道,"群众"一词早有所闻。但是,作为一种重要观点,即"群众观点"和一条基本路线,即"群众路线",则是从中国共产党开始和非常重视的。并且,这不只是一般说说的口号,而是必须动真格地见诸行动坚持和落实的事。远的暂且不说,即以近期正在开展的践行群众路线的活动而论,不难想见其由来已久,也在毛泽东思想中占重要地位。

与坚持群众路线有密切联系的为人民服务,是在新中国成立前的旧社会里也曾经出现过的一种说法。但那完全是有名无实的,甚至是适得其反的,因为反动派的倒行逆施已使民不聊生到了官逼民反的地步。只有在新中国成立以后,真正的为人民服务才让人民深有感受。这在毛泽东思想中与群众路线占有同样重要的地位。

我们试稍留意想想,这"人民群众"四个字,实在是每个字都在人们的心目中有不可忽视的分量。人:要以人为本、事在人为、人定胜天、"得人心者得天下,失人心者失天下"……民:民为邦本、民贵君轻、民心向背、民意不可侮、民不聊生、民怨沸腾……群:群策群力、群情鼎沸、群威群胆、群起而攻之……众:众志成城、众擎易举、众口铄金、众望所归……

一、人民群众具有无限的创造力

毛泽东认为:"人民群众有无限的创造力。他们可以组织起来,向一切可以发挥自己力量的地方和部门进军,向生产的深度和广度进军,替自己创造日益增多的福利事业。"① 这是完全有事实根据的。其实,他早就有另外一种说

---

① 《多余劳动力找到了出路》一文按语(1955年),《中国农村的社会主义高潮》中册,第578页。

法，那就是："群众是真正的英雄，而我们自己则往往是幼稚可笑的，不了解这一点，就不能得到起码的知识。"① 这是一个很重要的基本观点，坚持群众路线应当从此出发。

当年农民运动的兴起，是一个极大的问题。在很短的时间内，有几亿农民起来，"其势如暴风骤雨，迅猛异常，无论什么大的力量都将压抑不住。他们将冲决一切束缚他们的罗网，朝着解放的路上迅跑"②。后来在1948年4月2日的《对晋绥日报编辑人员的谈话》中说："我党二十几年来，天天做群众工作，近十几年来，天天讲群众路线。我们历来主张革命要依靠人民群众，大家动手，反对只依靠少数人发号施令。但是在有些同志的工作中间，……不懂得发挥被领导者的积极性和创造力。……要解决这个问题，根本上当然要从思想上进行群众路线的教育，……"③ 这段话至今仍很有现实意义。紧接在这段话的后面，还有很值得引起我们注意和警惕的几句："当着群众还不觉悟的时候，我们要进攻，那是冒险主义。群众不愿干的事，我们硬要领导他们去干，其结果必然失败。当着群众要求前进的时候，我们不前进，那是右倾机会主义。"④

不过，实际上，约在上述讲话发表的三年之前，毛泽东已经就这方面作过经验总结。他说："二十四年的经验告诉我们，凡属正确的任务、政策和工作作风，都是和当时当地的群众要求相适合，都是联系群众的；凡属错误的任务、政策和工作作风，都是和当时当地的群众要求不相适合，都是脱离群众的。教条主义、经验主义……骄傲自大的工作态度等项弊病之所以一定不好，一定要不得，如果什么人有了这类弊病一定要改正，就是因为它们脱离群众。"⑤ 可见，养成好习惯和改正老弊病均须长期努力。别说三年，就是三十年或更长时间，还得经常提醒。前已提及，现在正在大力倡导践行群众路线可为明证。毛泽东的有关论述并未过时，依旧很值得我们认真学习。

"要联系群众，就要按照群众的需要和自愿。……凡是需要群众参加的工作，如果没有群众的自觉和自愿，就会流于徒有形式而失败。……这里是两条

---

① 《〈农村调查〉的序言和跋》(1941年3月、4月)，《毛泽东选集》第3卷，第790页。
② 《湖南农民运动考察报告》(1927年3月)，《毛泽东选集》第1卷，第13页。
③ 《毛泽东选集》第4卷，第1318–1319页。
④ 同上书，第1320页。
⑤ 《论联合政府》(1945年4月24日)，《毛泽东选集》第3卷，第1095页。

原则:一条是群众的实际上的需要,而不是我们脑子里头幻想出来的需要;一条是群众的自愿,由群众自己下决心,而不是由我们代替群众下决心。"① 光凭个人的良好愿望不行。

"我们的代表大会应该号召全党提起警觉,注意每一个工作环节上的每一个同志,不要让他脱离群众。"② 在同篇论述中,还指出在一切工作中,超过群众觉悟程度的命令主义和落后于群众觉悟程度的尾巴主义都是错误的。在1943年6月1日的《关于领导方法的若干问题》中,毛泽东认定:"从群众中集中起来又到群众中坚持下去,以形成正确的领导意见,这是基本的领导方法。"③ 因限于篇幅,我们的引文有限。建议对某些专题较有兴趣和有进一步学习愿望的读者能查阅全文,可能获益更多。最好的办法莫如通读原著则无挂漏。

二、群众中蕴藏的社会主义积极性

我们正在建设中国特色社会主义。"中国共产党是全中国人民的领导核心。没有这样一个核心,社会主义事业就不能胜利。"④ 这是肯定无疑的。"我们应当相信群众,我们应当相信党,这是两条根本的原理。如果怀疑这两条原理,那就什么事情也做不成了。"⑤ 这里已经把党和群众同社会主义事业紧密地联系和结合在一起。党是有马克思列宁主义的理论武装的党,而马克思列宁主义是要实现社会主义和共产主义的。再说党的名称已经体现了这一点。那么,群众方面呢?在毛泽东思想中的具体答案是:"群众中蕴藏了一种极大的社会主义的积极性。那些在革命时期还只会按照常规走路的人们,对于这种积极性一概看不见。他们是瞎子,在他们面前出现的只是一片黑暗。他们有时简直要闹到颠倒是非、混淆黑白的程度。这种人难道我们遇见得还少吗?这些只会循着常规走路的人们,老是对于人民的积极性估计过低。……这种人老是被

---

① 《文化工作中的统一战线》(1944年10月30日),《毛泽东选集》第3卷,第1012-1013页。

② 《论联合政府》(1945年4月24日),同上书,第1095页。

③ 《毛泽东选集》第3卷,第900页。

④ 《在接见出席中国新民主主义青年团第三次全国代表大会的全体代表时的讲话》(1957年5月25日),《新华半月刊》1957年第12号,第57页。

⑤ 《这个乡两年就合作化了》一文按语(1955年),《中国农村社会主义高潮》中册,第587-588页。

动，……"① 那是在农业合作时期说的。当时的实际情况是："目前农村中合作化的社会改革的高潮，有些地方已经到来，全国也即将到来。这是五亿多农村人口（1955年数字，当时总人口为6亿。——引者注）的大规模的社会主义的革命运动，带有极其伟大的世界意义。……运动中免不了要出些偏差，这是可以理解的，也是不难纠正的。"② 这里谈的主要是群众的社会主义积极性，至于因缺乏经验，而出些偏差和在方式方法等方面有些变化则是另一码事。正是由于群众始终具有社会主义的积极性，才能有今天在建设中国特色社会主义大道上阔步前进。

人们不会忘记，"没有共产党就没有新中国"和"只有社会主义才能救中国"这两句早已被历史证实了的群众语言。旧中国原处于半封建半殖民地的地位，所以："中国共产党领导的整个中国革命运动，是包括民主主义革命和社会主义革命两个阶段在内的全部革命运动；这是两个性质不同的革命过程，只有完成了前一个革命过程才有可能去完成后一个革命过程。民主主义革命是社会主义革命的必要准备，社会主义革命是民主主义革命的必然趋势。而一切共产主义者的最后目的，则是在于力争社会主义社会和共产主义社会的最后的完成。"③ 中国人民群众在民主主义革命过程中对中国共产党有了较好的认识和较强的信任，因而对转入社会主义革命、激发了社会主义的积极性也很自然。为了国家富强、民族振兴、人民幸福，又怎能不积极、主动、自觉、尽力作奉献呢？

不管怎么说，毛泽东的信念是有客观根据的："我们必须相信：①广大农民是愿意在党的领导下逐步地走上社会主义道路的；②党员是能够领导农民走上社会主义道路的。这两点是事物的本质和主流。"④ 因为这是针对农业合作化而言，所以仅指"广大农民"。对社会主义有积极性的群众当然要广泛得多。同时，那是20世纪50年代的事。可是到了20世纪60年代初期稍后，经济困难刚稍舒缓，就爆发了"史无前例"长达10年的"文革"。主旨似在反对修正主义和防止和平演变，但造成全国动乱，罪恶的"四人帮"趁机搞鬼，

---

① 《这个乡两年就合作化了》一文按语（1955年），《中国农村社会主义高潮》中册，第587-588页。
② 《关于农业合作化问题》（1955年7月31日），人民出版社1955年版，第1-2页。
③ 《中国革命和中国共产党》（1939年12月），《毛泽东选集》第2卷，第651-652页。
④ 《关于农业合作化问题》（1955年7月31日），人民出版社1955年版，第21页。

致出现工人不做工、农民不种田、学生不读书、国民经济濒于破产边缘的局面。若非及时扭转即拨乱反正，后果将更不堪设想。本来，用中断社会主义建设甚至有所破坏的办法去反修防变，已经很值得深思，倘若还坚持"造反有理"，就不知究竟是造什么反和造谁的反了。

三、全心全意地为中国人民服务

"我们应该谦虚，谨慎，戒骄，戒躁，全心全意地为中国人民服务，……"① 这是1945年4月23日，毛泽东在《两个中国之命运》中说的。第二天（即同年4月24日）在《论联合政府》中，他又说："全心全意为人民服务，一刻也不脱离群众；一切从人民的利益出发，而不是从个人或小集团的利益出发；……"② 1957年2月27日在《关于正确处理人民内部矛盾的问题》中谈到国家机关实行民主集中制说："国家机关必须依靠人民群众，国家机关工作人员必须为人民服务。"③ 毛泽东不仅在许多地方谈到为人民服务的问题，而且还有《为人民服务》的专题演讲，其中一开头就强调指出："我们这个队伍完全是为着解放人民的，是彻底地为人民的利益工作的。"④ 在谈到《一九四五年的任务》时，他说："我们一切工作干部，不论职位高低，都是人民的勤务员，我们所做的一切，都是为人民服务，我们有些什么不好的东西舍不得丢掉呢？"⑤ 在毛泽东思想中，这些关于全心全意为中国人民服务的论述，有一个共同的鲜明特点，即语气十分肯定、满怀热忱地表达由衷之意，使人感到这个全心全意也是真心诚意，还特别提醒应该注意不要傲慢、粗心，以免有损人民的精神状态和物质利益。尤其是在面对"两个中国之命运"时和在"论联合政府"等文字中，用词都加重了语气，如"一刻也不"、"一切"、"必须"、"完全"、"彻底"，等等，大大加深了人们的印象和亲切感。像"不论职位高低，都是人民的勤务员"这种说法，出自最高领导人之口，又说得那么自然，这就立即缩短了与广大人民群众之间思想感情的距离。

不仅如此、真正、彻底地全心全意为人民服务，还将生死置之度外，甚至

---

① 《毛泽东选集》第3卷，第1027页。
② 同上书，第1094－1095页。
③ 《毛泽东选集》第5卷，人民出版社1977年版，第366页。
④ 《毛泽东选集》第3卷，第1004页。
⑤ 延安《解放日报》1944年12月16日。

贡献出自己的生命。毛泽东在中共中央直属机关为追悼张思德同志而召集的会议上所作的演讲《为人民服务》中说："人总是要死的，但死的意义有不同。……'人固有一死，或重于泰山，或轻于鸿毛。'为人民利益而死，就比泰山还重；替法西斯卖力，替剥削人民和压迫人民的人去死，就比鸿毛还轻。张思德同志是为人民利益而死的，他的死是比泰山还要重的。……要奋斗就会有牺牲，死人的事是经常发生的。但是我们想到人民的利益，想到大多数人民的痛苦，我们为人民而死，就是死得其所。不过，我们应当尽量地减少那些不必要的牺牲。"①

在1939年12月21日的《纪念白求恩》中，毛泽东对一位来中国帮助抗日战争的加拿大共产党员不幸以身殉职的事，给以极高的评论："一个外国人，毫无利己的动机，把中国人民的解放事业当作他自己的事业，这是什么精神？这是国际主义的精神，这是共产主义的精神，每一个中国共产党员都要学习这种精神。……白求恩同志毫不利己专门利人的精神，表现在他对工作的极端的负责任，对同志对人民的极端的热忱。每个共产党员都要学习他。……一个人能力有大小，但只要有这点精神，就是一个高尚的人，一个纯粹的人，一个有道德的人，一个脱离了低级趣味的人，一个有益于人民的人。"②

《愚公移山》本是在中国共产党第七次全国代表大会上的闭幕词。毛泽东以古代"愚公移山"的寓言作比喻，将帝国主义和封建主义比作要挖掉的两座山，中国共产党人与全中国的人民大众一起来挖一定可以挖平。"我们宣传大会的路线，就是要使全党和全国人民建立起一个信心，即革命一定要胜利。首先要使先锋队觉悟，下定决心，不怕牺牲，排除万难，去争取胜利。但这还不够，还必须使全国广大人民群众觉悟，甘心情愿和我们一起，去争取胜利。要使全国人民有这样的信心：中国是中国人民的，不是反动派的。"③ 在实干兴邦的全过程中，北山愚公的精神仍在起作用。

四、我们的责任就是向人民负责

在全心全意地为人民服务的过程中，都必须向人民负责。"全心全意地为人民服务，……向人民负责和向党的领导机关负责的一致性；这些就是我们的

---

① 《毛泽东选集》第3卷，第1004页。
② 《毛泽东选集》第2卷，第659-660页。
③ 《毛泽东选集》第3卷，第1101-1102页。

出发点。"① 前面已经谈到，毛泽东曾盛赞白求恩同志对工作的极端的负责任。什么叫向人民负责？毛泽东的回答是："我们的责任，是向人民负责。每句话，每个行动，每项政策，都要适合人民的利益，如果有了错误，定要改正，这就叫向人民负责。"② 这就是说，凡事应适合人民的利益和有错必纠。如对人民不利或有损人民利益的事干不得，错也包括思想感情和方式方法等方面的错，不改正不行。因此，为了做到做好向人民负责，必须全面深入了解人民的利益所在和认真听取人民的意见和批评，以免不知情或误解，有时甚至还可能自以为是和好心办坏事。

怎么办？通过切实认真的调查研究，尽可能掌握与服务工作和服务对象有关的真实情况很有必要。在这方面，毛泽东的名言是："没有调查就没有发言权。"他说："一切实际工作者必须向下作调查。……'没有调查就没有发言权'，这句话，虽然被人讥为'狭隘经验论'的，我却至今不悔；不但不悔，我仍然坚持没有调查是不可能有发言权的。……除了盲目的、无前途的、无远见的实际家，是不能叫做'狭隘经验论'的。"③ 他认为，那些没有经过周密调查而乱发议论者是无知妄说，确实很有道理。在《改造我们的学习》中，他对"实事求是"的解释，也很简明易懂："'实事'就是客观存在着的一切事物，'是'就是客观事物的内部联系，即规律性，'求'就是我们去研究。……从其中引出固有的而不是臆造的规律性，即找出周围事变的内部联系，作为我们行动的向导。……凭客观存在的事实，详细地占有材料，在马克思列宁主义一般原理的指导下，从这些材料中引出正确的结论。"④

在毛泽东思想中，关于调查研究的论述很多。前面说过欲罢不能，这里也同样如此。他说理清楚，又非常生动，给人以深刻的印象。他把不调查研究却夸夸其谈的人比作"闭塞眼睛捉麻雀"、"瞎子摸鱼"，是一种极坏的作风，还说什么为人民服务、向人民负责呢？为了解决问题，毛泽东说得直截了当："你对于那个问题不能解决么？那末，你就去调查那个问题的现状和它的历史吧！你完完全全调查明白了，你对那个问题就有解决的办法了。……只有蠢

---

① 《论联合政府》，《毛泽东选集》第 3 卷，第 1094 – 1095 页。
② 《抗日战争胜利后的时局和我们的方针》（1945 年 8 月 13 日），《毛泽东选集》第 4 卷，第 1128 页。
③ 《〈农村调查〉的序言和跋》（1941 年 3 月、4 月），《毛泽东选集》第 3 卷，第 791 页。
④ 《改造我们的学习》（1941 年 5 月 19 日），同上书，第 801 页。

人,……不作调查,而只是冥思苦索地'想办法'、'打主意'。须知这是一定不能想出什么好办法、打出什么好主意的。……调查就是解决问题。"① 我们实在完全应该把做好调查研究作为我们为人民服务和向人民负责的一项十分重要的基本功来看待和践行。否则,不是从客观的真实的情况出发,而只是从主观的愿望出发,亦即不对周围环境做系统的周密的调查和研究,单凭热情,甚至热情都没有去工作,那就无论是怎样的高谈阔论和美妙无比的诺言,也只能是无法兑现的大话、空话。

当然,真正做好调查研究工作,也不是一件很简单容易的事。首先是要明确应该提出一些什么问题,然后是面对大堆资料怎样去进行分析和得出合乎或满足要求的结论。这里最关键的一点,在于应用马克思列宁主义的理论和方法,把革命气概和实际精神结合起来,我们实干兴邦正是这样,不断从胜利走向胜利的。毛泽东、邓小平及其接班人们所形成的思想体系和理论观点,都是马克思列宁主义在中国创造性地应用和发展的成果。我们必须努力学习和传承下去。

---

① 《反对本本主义》(1930 年 5 月),人民出版社版,第 2 - 3 页。

第六章 在邓小平理论中的有关论述

　　2014年，全中国和全世界都知道，为了纪念邓小平同志诞辰110周年，中国举行了一系列的纪念活动。许多发言、讲话、文章经各种媒体刊载、报道，成为一时最热门的话题。其中无不突出邓小平理论对指导中国建设和发展的决定性巨大作用。国外媒体也有评论，如新加坡有学者认为："中共高调纪念邓小平包含坚持深化改革政治宣示。"① 俄国专家撰文题为《改革家邓小平的诞辰成为鼓舞士气之源》②。美媒文章：中国缅怀邓小平坚持走自己的路③。

　　特别引人注目的，应该是习近平《在纪念邓小平同志诞辰110周年座谈会上的讲话》④。作为总书记的党中央领导，对邓小平理论的学习必然更全面、系统、扎实、深刻。细读全文，确有此感。大家都看到了，不必过多引证。这里只打算与我们要讨论的内容有关的方面，复述几个要点。首先是："邓小平同志留给我们的最重要的思想和政治遗产，就是他带领党和人民开创的中国特色社会主义，就是他创立的邓小平理论。……邓小平同志最鲜明的思想和实践特点，就是从实际出发、从世界大势出发、从国情出发，始终坚持我们党一贯倡导的实事求是、群众路线、独立自主。"

　　还有就是："我们纪念邓小平同志，就要学习他对共产主义远大理想和中国特色社会主义信念无比坚定的崇高品格。……对人民无比热爱的伟大情怀。……始终坚持实事求是的理论品质。……不断开拓创新的政治勇气。……高瞻远瞩的战略思维。……坦荡无私的博大胸襟。……邓小平同志曾经嘱托全党：'从现在起到下世纪中叶，将是很要紧的时期，我们要埋头苦干。我们肩膀上的担子重，责任大啊！'"这些都是我们在研讨实干兴邦之际，要认真学习邓小平理论中有关论述的主要内容。

---

　　① 《学者：中共高调纪念邓小平包含坚持深化改革政治宣示》（新加坡《联合早报》2014年8月19日报道），载《参考消息》2014年8月20日第1版。
　　② 俄新社莫斯科2014年8月22日电，载《参考消息》2014年8月25日第14版。
　　③ 美国詹姆斯敦基金会网站8月22日文章，载同上。
　　④ 见《光明日报》2014年8月21日第2版。

第一节　关于建设中国特色社会主义

　　人们常说很重要的事是重中之重，那么，很大的事情也就可以说是大中之大了。关于建设中国特色社会主义，对中国共产党和全中国人民来说，真是头等重大的事，因为它关系到国家的长远目标和前途命运，也就是实干兴邦所兴何邦的重大问题。前面刚谈到的习近平讲话中所说："邓小平同志留给我们的最重要的思想和政治遗产，就是他带领党和人民开创的中国特色社会主义，就是他创立的邓小平理论。"接着的就是："我们纪念邓小平同志，就要学习他对共产主义远大理想和中国特色社会主义信念无比坚定的崇高品格。"这里再复述一遍，旨在加深我们的印象，并作为本节开头应予强调的重点。面对建设中国特色社会主义，每个中国人都要念念不忘和全神贯注与全力以赴地作出积极贡献。

一、完整准确地理解毛泽东思想

　　关于《历史转折中的邓小平》这部48集的电视剧，国外媒体报道，有的说它："讲述了邓小平从政治荒野回归后，推行改革让中国变为经济巨人的故事。"① 有的说它："首次披露了这位改革派领导人在毛泽东执政期间所遭受的磨难。"② 不了解具体情况的外国读者看了这类报道后，有可能以为邓小平会对毛泽东心存芥蒂。其实大谬而不然，邓小平的党性极强，正如前已述及的习近平讲话中所说的那样拥有坦荡无私的博大胸襟。对于毛泽东思想，他既是忠诚的尊崇者，又是坚强的捍卫者。在毛泽东逝世前后，都是一贯如此。在习近平讲话中多处提到，他是毛泽东同志的亲密战友，坚决执行党中央和毛泽东同志的战略决策，强调实事求是毛泽东思想的精髓，解决了科学评价毛泽东同志的历史地位和毛泽东思想的科学体系，坚决顶住否定毛泽东同志和毛泽东思想的错误思潮，等等。

　　远的且不去说，仅从1975年1月开始，他在谈到军队好传统时就说："从井冈山起，毛泽东同志就为我军建立了非常好的制度，树立了非常好的作风。……我们要遵照毛泽东同志关于安定团结的指示，整顿军队。……在抗日

---

①　英国《卫报》网站2014年8月16日报道，载《参考消息》2014年8月20日第1版。
②　《印度时报》网站2014年8月18日报道，载《参考消息》2014年8月20日第1版。

战争时期，毛泽东同志向全党全军提出要克服山头主义倾向。"① 他在讲《全党讲大局，把国民经济搞上去》中谈到被派性迷了心窍的人时指出："打几年派仗打昏了头，马克思主义不见了，毛泽东思想不见了，共产党也不见了。"② 还有好多类似的陈述，这里不再一一列举。如果说这些都还是毛泽东逝世前的事，那么后来的情况更足以表明他未改初衷，并挺身而出勇敢地捍卫毛泽东思想。

毛泽东逝世后，有些人制造"两个凡是"的舆论。即1977年2月7日《人民日报》、《红旗》杂志、《解放军报》社论《学好文件抓住纲》中提出："凡是毛主席作出的决策，我们都坚决拥护，凡是毛主席指示，我们都始终不渝地遵循。"邓小平严正指出："'两个凡是'不行……毛泽东同志自己多次说过，他有些话讲错了。……毛泽东同志说，他自己也犯过错误。……马克思、恩格斯没有说过'凡是'，……毛泽东同志自己也没有说过'凡是'。……今年四月十日我给中央写信，提出：'我们必须世世代代地用准确的完整的毛泽东思想来指导我们全党、全军……'，这是经过反复考虑的。"③

关于完整地准确地理解毛泽东思想，邓小平在党的十届三中全会上的讲话中有较多的说明："林彪否定毛泽东思想，说'老三篇'就代表了毛泽东思想。林彪还把毛泽东思想同马克思列宁主义割裂开来。这是对毛泽东思想的严重歪曲，极不利于我们的党和社会主义事业，极不利于国际共产主义运动。……要对毛泽东思想有一个完整的准确的认识，要善于学习、掌握和运用毛泽东思想的体系来指导我们各项工作。只有这样，才不至于割裂、歪曲毛泽东思想，损害毛泽东思想。……毛泽东思想是个体系，是发展了的马克思主义。……把列宁的建党学说发展得最完备的是毛泽东同志。……毛泽东同志倡导的作风，群众路线和实事求是这两条是最根本的东西。当然民主与集中的关系，自由和纪律的关系，都是很重要的。"④ 讲话还指出"四人帮"歪曲和篡改毛泽东思想等事实，这里都不再引述。我们已足以看出，邓小平是主张高举毛泽东思想的伟大旗帜和把毛泽东的建党学说、党的作风实行传帮带并要带好

---

① 《军队要整顿》（1975年1月25日），《邓小平文选》（1975—1982年），人民出版社1983年版，第1-2页。
② 《全党讲大局，把国民经济搞上去》（1975年3月5日），同上书，第6页。
③ 《"两个凡是"不符合马克思主义》（1977年5月24日），同上书，第35-36页。
④ 《完整地准确地理解毛泽东思想》（1977年7月21日），同上书，第39-42页。

的。建设中国特色社会主义也正是毛泽东的社会主义革命和社会主义建设思想的传承和发展。

二、我们必须从中国的实际出发

1978年9月16日，根据邓小平同志在听取吉林省委常委汇报工作时的部分谈话形成的《高举毛泽东思想旗帜，坚持实事求是的原则》一文中，提出了怎么样高举毛泽东思想旗帜、什么叫高举等大问题。说理非常透彻，答案也极有说服力。前面说过的"两个凡是"不仅不是高举，而且搞下去会损害毛泽东思想。因为："毛泽东思想的基本点就是实事求是，就是把马列主义的普遍原理同中国革命的具体实践相结合。毛泽东同志在延安为中央党校题了'实事求是'四个大字，毛泽东思想的精髓就是这四个字。毛泽东同志所以伟大，能把中国革命引导到胜利，归根到底，就是靠这个。"①

在上述谈话中，邓小平是针对毛泽东在世时和现在的条件不同，如果只是毛泽东讲过的才能做，岂非马克思主义和毛泽东思想都不要发展而僵化？何况"社会主义制度优越性的根本表现，就是能够允许社会生产力以旧社会所没有的速度迅速发展，使人民不断增长的物质文化生活需要能够逐步得到满足。……什么叫高举？这是我们要回答的问题。现在中央提出的方针、政策是真正的高举。下这样大的决心，切实加速前进的步伐，是最好的高举。离开这些，是形式主义的高举，是假的高举"②。

在1982年9月1日的中国共产党第十二次全国代表大会的开幕词中，邓小平说："这次代表大会将是党的第七次全国代表大会以来的一次最重要的会议。……我们的现代化建设，必须从中国的实际出发。无论是革命还是建设，都要注意学习和借鉴外国经验。但是，照抄照搬别国经验、别国模式，从来不能得到成功。这方面我们有过不少教训。把马克思主义的普遍真理同我国的具体实际结合起来，走自己的道路，建设有中国特色的社会主义，这就是我们总结长期历史经验得出的基本结论。"紧接着又说："中国的事情要按照中国的情况来办要依靠中国人自己的力量来办。独立自主，自力更生，无论过去、现

---

① 《高举毛泽东思想旗帜，坚持实事求是的原则》（1978年9月16日），《邓小平文选》（1975—1982年），第121页。

② 同上书，第123页。

在和将来，都是我们的立足点。"① 他在开幕词中还谈到我们坚定不移地实行对外开放的政策和在平等互利的基础上积极扩大对外交流等内容，并着重指出作为核心任务的经济建设是解决国际国内问题的基础。

邓小平早就说过："我们是一个马克思主义的大党，我们自己不重视马克思主义的研究，不按照实践的发展来推动马克思主义的前进，我们的工作还能够做得好吗？我们讲高举马列主义、毛泽东思想的旗帜，不就成了说空话吗？"② 关于现代化，邓小平郑重说明："我多次解释，我们搞的四个现代化有个名字，就是社会主义四个现代化。我们实行开放政策，吸收资本主义社会的一些有益的东西，是作为发展社会主义社会生产力的一个补充。"③ 这可不能把资本主义现代化与社会主义现代化混为一谈。他讲上面这段话的历史背景是当时有一种资产阶级自由化思潮，主张把资本主义一套制度都拿过来，似乎那才算真正搞现代化，也就是要把我们引导到资本主义方向上去，即走资本主义道路。所以他又说："我们要坚持的东西，他们反对，他们希望我们改变。我们还是按照自己的实际来提问题，解决问题。"④ 这叫作针锋相对。我们必须排除干扰，从中国的实际出发，才能实现实干兴邦。

三、我们必须一心一意地搞建设

在邓小平理论中，谈关于搞建设的内容很多。早期有关建设的论述全部从略，这里打算从党的第十二次全国代表大会以后的情况说起。那是 1982 年 9 月 1 日至 11 日的事。大会报告的题目是《全面开创社会主义现代化建设的新局面》。大会根据建设有中国特色的社会主义的指导思想，制定了全面开创社会主义现代化建设新局面的纲领和方针政策，确定了从 1981 年到 20 世纪末的 20 年，争取工农业的总产值翻两番的战略目标和具体步骤。⑤ 在大会结束后的第 7 天，邓小平在同外宾谈话中曾说："十二大以后，我国政治形势更加稳定，可以更好地一心一意搞建设了。……我在东北三省到处说，要一心一意搞建设。国家这么大，这么穷，不努力发展生产，日子怎么过？我们人民的生活如

---

① 《中国共产党第十二次全国代表大会开幕词》（1982 年 9 月 1 日），《邓小平文选》（1975—1982 年），第 370 - 372 页。
② 《邓小平文选》第 2 卷，人民出版社 1994 年版，第 181 页。
③④ 《邓小平文选》第 3 卷，人民出版社 1993 年版，第 181 - 182 页。
⑤ 同上书，第 386 页注 5。

此困难，怎么体现出社会主义的优越性？'四人帮'叫嚷要搞'穷社会主义'、'穷共产主义'，胡说共产主义主要是精神方面的，简直是荒谬之极！……社会主义必须大力发展生产力，逐步消灭贫穷，不断提高人民生活水平。……因此，我强调提出，要迅速地坚决地把工作重点转移到经济建设上来。……从十一届三中全会到十二大，我们打开了一条一心一意搞建设的新路。"① 这里讲的主要是为什么必须一心一意搞建设，至于怎么搞才能搞对、搞成、搞好，逐步达到既定目标，还有待继续不断地关注和努力。

在如何搞好建设方面，邓小平理论中的相关论述很多，这里也只能举一些例子。首先是长远规划问题："现在要聚精会神把长远规划搞好，长远规划的关键，是前十年为后十年做好准备。准备有个抢时间的问题，不能不认真对待。……真想搞建设，就要搞点骨干项目，没有骨干项目不行。……社会主义同资本主义比较，它的优越性就在于能做到全国一盘棋，集中力量，保证重点。缺点在于市场运用得不好，经济搞得不活。计划与市场的关系如何解决？解决得好，对经济的发展就很有利，解决不好，就会糟。"② 其中还谈到人才问题，因已另有专节暂不讨论。

接下来，为了搞好建设，还有不少带原则性的问题或事项需要明确。例如争取和平："在争取和平的前提下，一心一意搞现代化建设，发展自己的国家，建设具有中国特色的社会主义。……总之，我们诚心诚意地希望不发生战争，争取长时间的和平，集中精力搞好国内的四化建设。"③ 又如大家都要服从大局，邓小平在《军队要服从整个国家建设大局》中指出："现在需要的是全国党政军民一心一意地服从国家建设这个大局，照顾这个大局。……军队各个方面都和国家建设有关系，都要考虑如何支援和积极参加国家建设。无论空军也好，海军也好，国防科工委也好，都应该考虑腾出力量来支援国民经济的发展。"④

在搞好建设中，有一个重要问题必须明确。那就是："社会主义和市场经济之间不存在根本矛盾。问题是用什么方法才能更有力地发展社会生产力。……社会主义优越性最终要体现在生产力能够更好地发展上。……所以我

---

① 《邓小平文选》第3卷，第9－11页。
② 同上书，第16－17页。
③ 同上书，第57页。
④ 同上书，第99页。

们吸收资本主义中一些有用的方法来发展生产力。……总之，我国当前压倒一切的任务就是一心一意地搞四化建设。我们发挥社会主义的固有特点，也采用资本主义的一些方法（是当作方法来用的），目的就是要加速发展生产力。"①

除前已述及的争取和平外，对内来说，"中国要实现四个现代化，摆脱落后状态，必须有一个安定团结的政治局面，必须有领导有秩序地进行建设。闹事就使我们不能安心建设，我们已经有'文化大革命'的经验教训"②。在建设中，还有一个与生产力直接有关的重要观点："依我看，科学技术是第一生产力，……马克思讲过科学技术是生产力，这是非常正确的，现在看来这样说可能不够，恐怕是第一生产力。"③ 总之，要对生产力有充分认识和高度重视："革命是解放生产力，改革也是解放生产力。……过去，只讲在社会主义条件下发展生产力，没有讲还要通过改革解放生产力，不完全。应该把解放生产力和发展生产力两个讲全了。……抓住时机，发展自己，关键是发展经济。"④

四、建设有中国特色的社会主义

关于建设有中国特色的社会主义，前面已经常提及。这里是再最后集中一下作为本节的综合。在纪念邓小平同志诞辰110周年座谈会上的讲话中，习近平同志对邓小平同志的"全称"是："全党全军全国各族人民公认的享有崇高威望的卓越领导人，伟大的马克思主义者，伟大的无产阶级革命家、政治家、军事家、外交家，久经考验的共产主义战士，中国社会主义改革开放和现代化建设的总设计师，中国特色社会主义道路的创立者，邓小平理论的主要开创者。"我们引述这些，意在表明这一系列的称号之间，存在着密切的、深刻的内在有机联系。即以"中国特色社会主义道路的创立者"而论，没有丰富和深厚的理论素养和实践经验是不可能开创这条崭新的历史道路的。

前已述及，邓小平在党的第十二次全国代表大会开幕词中宣布：建设中国特色社会主义是总结长期历史经验得出的基本结论。后来，他经常谈到这方面的问题。例如，在谈农业时，他也提醒大家："总之，各项工作都要有助于建

---

① 《邓小平文选》第3卷，第148-149页。
② 同上书，第208页。
③ 同上书，第274-275页。
④ 同上书，第370-375页。

设有中国特色的社会主义,都要以是否有助于人民的富裕幸福,是否有助于国家的兴旺发达,作为衡量做得对或不对的标准。"① 在以《建设有中国特色的社会主义》为专题的谈话中,又一次重申:"要坚持马克思主义,坚持走社会主义道路。但是,马克思主义必须是同中国实际相结合的马克思主义,社会主义必须是切合中国实际的有中国特色的社会主义。……总的来说,这条道路叫做建设有中国特色的社会主义的道路。我们相信,这条道路是可行的,是走对了。"②

邓小平也不讳言:"坦率地说,我们过去照搬苏联搞社会主义的模式,带来很多问题。我们很早就发现了,但没有解决好。我们现在要解决好这个问题,我们要建设的是具有中国自己特色的社会主义。"③ 在另一个场合,他又说:"别人的经验可以参考,但是不能照搬。过去我们中国照搬别人的,吃了很大苦头。中国只能搞中国的社会主义。"④ 邓小平的信心十足,认为:"中国搞社会主义,是谁也动摇不了的。我们搞的是有中国特色的社会主义,是不断发展社会生产力的社会主义,是主张和平的社会主义。只有不断发展社会生产力,国家才能一步步富强起来,人民生活才能一步步改善。"⑤ 因此,"中国坚持社会主义,不会改变。……什么威胁也吓不倒我们。……现在我们总比过去好得多。只要中国社会主义不倒,社会主义在世界将始终站得住"⑥。

退休以后,邓小平仍然对经济发展和增长速度非常关注,指出:"要最终体现到人民生活水平上。生活水平究竟怎么样,人民对这个问题感觉敏锐得很。我们上面怎么算账也算不过他们,他们那里的账最真实。……最根本的因素,还是经济增长速度,而且要体现在人民的生活逐步地好起来。人民看到稳定带来的实实在在的好处,看到现行制度、政策的好处,这样才能真正稳定下来。不论国际大气候怎样变化,只要我们争得了这一条,就稳如泰山。"⑦ 直到《邓小平文选》最后一篇最后一小段的第一句话,仍然是:"我们要在建设

---

① 《邓小平文选》第 3 卷,第 23 页。
② 同上书,第 63 – 66 页。
③ 同上书,第 261 页。
④ 同上书,第 265 页。
⑤ 同上书,第 328 页。
⑥ 同上书,第 345 – 346 页。
⑦ 同上书,第 355 页。

有中国特色的社会主义道路上继续前进。"① 真已到了念念不忘的程度!

第二节　要坚持改革开放和开拓创新

在邓小平理论中,所有专题都是互相有联系的。因而在分别讨论的过程中,难免有交叉、重复之处。例如,建设中国特色社会主义与改革开放、现代化、开拓创新等之间,随时有可能谈到有关内容。这是无法回避也不必回避的,只是要注意有所侧重就是了。略如在你中有我、我中有你的情况下,你我还是可以分得清的。这里将要开展讨论的要坚持改革开放和开拓创新这个专题所涉及的面也很广,但都有一些共性的问题需要回答或解决,诸如为什么要坚持改革,改革什么,如何改革,等等。开放和开拓创新也是如此。也就是说,不是为改革而改革,为开放而开放,为开拓而开拓,为创新而创新。维持或安于现状为什么不能持续?是一动不如一静还是一静不如一动?是乱搅和、瞎折腾,还是得心应手,顺理成章?是无理取闹,还是理直气壮?是盲人瞎马,还是头头是道?是夸夸其谈,还是实事求是?这些都有比较和能分析,邓小平理论正好给我们作了最好的示范和深刻的启迪。

一、改革开放与现代化总设计师

邓小平是中国社会主义改革开放和现代化建设的总设计师,是举世周知的事。作为总设计师,当然是最顾全大局的。在1975年3月5日,他就讲到《全党讲大局,把国民经济搞上去》。把国民经济搞上去是大局,他听说有人只敢抓革命,不敢抓生产,"说什么'抓革命保险,抓生产危险'。这是大错特错的"②。话说得很重,是大错特错,而非一般的小错,可见发展国民经济在邓小平心目中的分量!在上述讲话的结尾,他又强调:"要从大局出发,解决问题不能拖。拖到哪一年呢?搞社会主义怎么能等呢?"③ 这也反映了他对发展国民经济的基本态度。在同年9月27日、10月4日的谈话《各方面都要整顿》中,他所说"整顿"、"调整",实际上就是要改革:"现在问题相当多,要解决,没有一股劲不行。要敢字当头,横下一条心。这半年来,我讲了多次

---

① 《邓小平文选》第3卷,第383页。
② 《邓小平文选》第2卷,第4页。
③ 同上书,第7页。

话，中心是讲敢字当头。有个'老大难'单位，过去就是老虎屁股摸不得。后来下了决心，……一摸，就见效了。"① 说的是改革要敢于碰硬，否则，解决不了问题，"老大难"会变得更严重。

事实上，改革的含义很广。不仅拨乱反正、改邪归正、改过自新、有所改进、改善、改正、改变等属于改革范畴，而且对闭关锁国实行开放、对因循守旧进行思想解放和现代化，以及破旧立新、开拓创新等，也具有改革性质。作为改革开放与现代化总设计师的邓小平就是从强调认真改革入手的。在强化和深化改革的过程中，开放、现代化、创新等要求便一一应运而生和被提上议事日程。1978年10月10日在《实行开放政策，学习世界先进科学技术》的谈话中，有这么一段话："我们过去有一段时间，向先进国家学习先进的科学技术被叫作'崇洋媚外'。现在大家明白了，这是一种蠢话。……关起门来，固步自封，夜郎自大，是发达不起来的。……你们问我们实行开放政策是否同过去的传统相违背。我们的作法是，好的传统必须保留，但要根据新的情况来确定新的政策。……社会主义制度，社会主义公有制，那是不能动摇的。……我们引进先进技术，是为了发展生产力，提高人民生活水平，是有利于我们的社会主义国家和社会主义制度。"② 在1983年7月8日《利用外国智力和扩大对外开放》的谈话中，邓小平觉得："要扩大对外开放，现在开放得不够。……中国是一个大的市场，许多国家都想同我们搞点合作，做点买卖，我们要很好利用。这是一个战略问题。"③ 在1984年2月24日《办好经济特区，增加对外开放城市》的谈话中说："我们建立经济特区，实行开放政策，有个指导思想要明确，就是不是收，而是放。……特区成为开放的基地，不仅在经济方面、培养人才方面使我们得到好处，而且会扩大我国的对外影响。"④ 在1984年10月10日《我们把改革当作一种革命》的谈话中讲到全面的改革时，更明确指出："无论是农村改革还是城市改革，其基本内容和基本经验都是开放，对内把经济搞活，对外更加开放。"⑤ 在1985年3月28日《改革是中国的第二次革命》的谈话中，说得更明确和坚定了："两个开放，即对外开放和对内

---

① 《邓小平文选》第2卷，第35页。
② 同上书，第132-133页。
③ 《邓小平文选》第3卷，第32页。
④ 同上书，第51-52页。
⑤ 同上书，第81-82页。

开放,这个政策不会变,我们现在进行的改革是两个开放政策的继续和发展。改革需要继续开放。……我们的方针不是收,而是继续放,也许今后要放得更大。"①

关于现代化的问题,在1985年8月28日《改革是中国发展生产力的必由之路》的谈话中,邓小平着重指出:"在改革中坚持社会主义方向,这是一个很重要的问题。我们要实现工业、农业、国防和科技现代化,但在四个现代化前面有'社会主义'四个字,叫'社会主义四个现代化'。我们现在讲的对内搞活经济、对外开放是在坚持社会主义原则下开展的。"② 还有关于改革开放使中国真正活跃起来、改革的步子要加快、思想更解放一些、改革的步子更快一些、形势迫使我们进一步改革开放、改革开放政策稳定、中国大有希望等论述,都是我们的总设计师对他所设计的方方面面作出的基本总结和评估,很值得我们认真学习和深刻领会。

二、改革被当作中国第二次革命

这要从1978年12月18日至22日在北京举行的中国共产党第十一届中央委员会第三次全体会议说起。会议的中心议题是讨论全党工作重点转移的问题。全会批判了"两个凡是"的错误方针,充分肯定必须完整地、准确地掌握毛泽东思想的科学体系;高度评价关系实践是检验真理的唯一标准问题的讨论,确定了解放思想、实事求是、团结一致向前看的指导方针;果断地停止使用"以阶级斗争为纲"这个不适用于社会主义社会的口号,作出把工作重点转移到社会主义现代化建设上来的战略决策;制定了关于加快农业发展的决定;提出了健全社会主义民主和加强社会主义法制的任务;审查和解决了党的历史上一批重大冤假错案和一些重要领导人的功过是非大问题。全会还增选出中央领导机构的成员。这些在领导工作中具有重大意义的转变,标志着党重新确立了马克思主义的思想路线、政治路线和组织路线。十一届三中全会是新中国成立以来中国共产党历史上具有深远意义的伟大转折。③

在1984年10月10日《我们把改革当作一种革命》的谈话中,邓小平首先指出:"中国现在发生的变化主要是从1978年底开始的,我指的是我们党的

---

① 《邓小平文选》第3卷,第113-114页。
② 同上书,第138页。
③ 同上书,第387页,注9。

十一届三中全会。那次全会总结了历史经验，决定了一系列拨乱反正的政策。……过几天我们要开十二届三中全会，这将是一次很有特色的全会。前一次三中全会重点在农村改革，这一次三中全会则要转到城市改革，包括工业、商业和其他行业的改革，可以说是全面的改革。……十二届三中全会的决议公布后，人们就会看到我们全面改革的雄心壮志。我们把改革当作一种革命，当然不是'文化大革命'那样的革命。"① 其实，拨乱反正在1975年已经开始，当时邓小平主持中央党政工作，一系列的整顿工作非常见效。但触怒了"四人帮"，又一次被轰下台。粉碎"四人帮"后两年，又因当时中央主要领导人搞"两个凡是"，继续肯定"文化大革命"，直到十一届三中全会才重大转变。将近6年的时间，变化确实比预料的好。

在1985年3月28日，邓小平又一次谈到《改革是中国的第二次革命》。他在会见外宾时说："现在我们正在做的改革这件事是够大胆的。但是，如果我们不这样做，前进就困难了。改革是中国的第二次革命。这是一件很重要的必须做的事，尽管是有风险的事。……我们的方针是，胆子要大，步子要稳，走一步，看一步。……改革能否成功，再过几年就能看清了。……对于开放可能带来的消极影响，我们的头脑是清醒的，不是盲目的。……外国有的评论家说，中国的现行政策是不可逆转的。我认为这个看法是正确的。"② 现在已经过了三十余年了，当然看得很清楚和更清楚。那位外国评论家也确是很有眼光的。现在，在早已成为世界第二大经济体的新的历史条件下，我们的全面深化改革正在继续开展。邓小平理论的原则精神和指导作用也正在继续发挥、发扬。高规格隆重纪念邓小平诞辰的活动已充分证明了这一点。还有，《历史转折中的邓小平》这部电视连续剧受到观众的热烈欢迎，也从一个侧面说明了这一点。真是永远的邓小平！

三、勇敢地打开对外开放的大门

勇敢地打开对外开放的大门，要从实现四化，要利用世界上一切先进技术、先进成果说起。在1978年5月7日的谈话中，邓小平说："粉碎'四人帮'，全国人民都高兴。……实现四个现代化，我们清醒地看到这是一件艰巨的事情，但是是能够做到的。……要利用世界上一切先进技术、先进成果。在

---

① 《邓小平文选》第3卷，第81－82页。
② 同上书，第113－114页。

'四人帮'时期要这样做是不允许的,他们说这是洋奴哲学。科学技术本身是没有阶级性的,资本家拿来为资本主义服务,社会主义国家拿来为社会主义服务。中国古代有四大发明,世界各国后来不是也利用了嘛!现在世界上的先进技术、先进成果我们为什么就不能利用呢?我们要把世界一切先进技术、先进成果作为我们发展的起点。"① 真是说得太好了,怎么能不开放呢?

在1978年9月18日,邓小平在讲话中又指出:"世界在发展,我们不在技术上前进,不要说超过,赶都赶不上去,那才真正是爬行主义。……引进先进技术设备后,一定要按照国际先进的管理方法、先进的经营方法、先进的定额来管理,也就是按照经济规律管理经济。一句话,就是要革命,不要改良,不要修修补补。"② 这就意味着开放的广度和深度还不够。过去说过的不多重复,关于利用外资也有必要:"现在搞建设,门路要多一点,可以利用外国的资金和技术,华侨、华裔也可以回来办工厂。"③ 还有利用外国智力同扩大对外开放也有密切关系。办好经济特区,增加对外开放城市,无疑都是重视开放的重要措施。本来,改革开放就是很大的试验,是书本上所没有的。在1985年8月1日,邓小平谈道:"我们的整个开放政策也是一个试验,从世界的角度来讲,也是一个大试验。总之,中国的对外开放政策是坚定不移的,但在开放过程中要小心谨慎。我们取得了一些成绩,但一定要保持谦逊态度。"④ 改革开放使中国活跃起来是事实。"开放是对世界所有国家开放,对各种类型的国家开放。……我们的对外开放采取了多种形式,包括搞经济特区,开放十四个沿海城市。……我们正在搞一个更大的特区,这就是海南岛经济特区。海南岛和台湾的面积差不多,那里有许多资源……好好发展起来是很了不起的。"⑤ 这些话是1987年6月12日讲的,1988年6月3日讲得更清楚了:"我们是在一个贫穷的大国里进行改革的,这在世界上没有先例。……光凭自己的经验和教训还解决不了问题。中国要谋求发展,摆脱贫穷和落后,就必须开放。开放不仅是发展国际间的交往,而且要吸收国际的经验。"⑥ 在1989年9月4日邓

---

① 《邓小平文选》第2卷,第111页。
② 同上书,第129-130页。
③ 同上书,第156页。
④ 《邓小平文选》第3卷,第133页。
⑤ 同上书,第237-239页。
⑥ 同上书,第266页。

小平退休前讲话中的最后一句话是:"改革开放政策稳定,中国大有希望。"①

1990年3月3日,邓小平在《国际形势和经济问题》的谈话中提醒我们:"我们可利用的矛盾存在着,对我们有利的条件存在着,机遇存在着,问题是要善于把握。……现在要特别注意经济发展速度滑坡的问题,我担心滑坡。……世界上一些国家发生问题,从根本上说,都是因为经济上不去。……生活水平下降,长期过紧日子。……人民现在为什么拥护我们?就是这十年有发展,发展很明显。假设我们有五年不发展或者是低速度发展,……会发生什么影响?这不只是经济问题,实际上是个政治问题。……只靠我们现在已经取得的稳定的政治环境还不够。……最根本的因素,还是经济增长速度,而且要体现在人民的生活逐步地好起来。……中国能不能顶住霸权主义、强权政治的压力,坚持我们的社会主义制度,关键就看能不能争得较快的增长速度,实现我们的发展战略。"② 这些都是实事求是非常中肯的分析,对我们提高和加深关于实干兴邦之道的认识和理解很有帮助。

四、改革开放现代化要开拓创新

中国共产党的历史就是一部开拓创新的历史。从正式成立前的共产主义小组起,即旨在开创一个新时代的新中国。新中国成立以后,便从事社会主义革命和建设。虽然由于缺乏经验等原因有过一些曲折,但自改革开放以来,包括改革开放本身和建设中国特色社会主义等,无一不在经历着开拓创新的过程。我们完全可以这么说:整个邓小平理论,都离不开和少不了有关开拓创新的内容。

如此说来,我们不可能引证全部邓小平理论,而只能像以上的情况一样,酌举数例了。不过,为了证明所言不虚,我们试先从《邓小平文选》第一卷第一篇和第三卷最后一篇来看,则梗概立见。先说第一篇,那是1938年1月12日(2月12日发表)的事,讲的是关于新兵的工作。当时动员新兵的工作存在困难,原因在于:①历史上"好子不当兵"的传统观念尚未克服;②过去对民众缺乏民族的教育特别是抗日的教育;③征调壮丁的方式还不无强迫的错误;④对抗日军人家属的困难未切实实行优待办法。仅此四端,已可见都是有待以新代旧的事。再说最后一篇,那是1992年1月18日至2月21日之间

---

① 《邓小平文选》第3卷,第321页。
② 同上书,第354-356页。

的事，是在几个城市的谈话要点。原文较长，共分六个部分。总的来说，是一片崭新的气象。在广东："八年过去了，这次来看，……发展得这么快，我没有想到。看了以后，信心增加了。……在这短短的十几年内，我们国家发展得这么快，使人民高兴，世界瞩目，这就足以证明三中全会以来路线、方针、政策的正确性，……"深圳的重要经验"就是敢闯。没有一点闯的精神，……走不出一条新路，就干不出新的事业。……对的就坚持，不对的赶快改，新问题出来抓紧解决。……这样好嘛，就是要有创造性"。关于要抓住机会，"我就担心丧失机会。不抓呀，看到的机会就丢掉了，时间一晃就过去了。我国的经济发展，总要力争隔几年上一个台阶。……发展才是硬道理。……经济发展得快一点必须依靠科技和教育。我说科学技术是第一生产力。……我们自己这几年，离开科学技术能增长得这么快吗？……搞科技，越高越好，越新越好"。关于要坚持两手抓，"事实证明，共产党能够消灭丑恶的东西。在整个改革开放过程中都要反对腐败"。关于关键在人和作风问题因为另有专题，这里从略。最后是社会历史发展不可逆转的总趋势，"社会主义经历一个长过程发展后必然代替资本主义。……从现在起到下世纪中叶，将是很要紧的时期，我们要埋头苦干。我们肩膀上的担子重，责任大啊"！

此外，与开拓创新有关的论述实在太多，这里也只能略举数例。

"以八路军这样窳劣的武器，四年来没有得到一个铜板一颗子弹的接济，而能战胜各种困难，与强大的敌人进行短兵相接的斗争，这不能不是一个奇迹。究竟它的秘诀在什么地方呢？如人所共知的，我们有一个毛泽东的战略战术指导原则。"① 不言而喻，这个战略战术指导原则必然是创造奇迹的新法宝。

"我们搞四个现代化，不开动脑筋，不解放思想不行。……是指在马克思主义指导下打破习惯势力和主观偏见的束缚，研究新情况，解决新问题。"② 只有开动脑筋，解放思想才能开拓创新。

"世界上有许多争端，总要找个解决问题的出路。我多年来一直在想，找个什么办法，不用战争手段而用和平方式，来解决这种问题。……一个中国，两种制度。……总要从死胡同里找个出路。……找条新的路子来解决。……有好多问题不能用老办法去解决，能否找个新办法？新问题就得用

---

① 《邓小平文选》第1卷，人民出版社1994年版，第77页。
② 《邓小平文选》第2卷，第279页。

新办法。"①

"我们现在干的事业是全新事业。……要摆脱贫穷，就要找出一条比较快的发展道路。贫穷不是社会主义，发展太慢也不是社会主义。……我们提出要搞建设，搞改革，比较快的发展。"② 较快的发展过程，也就是开拓创新的过程。

第三节 关于行政理论人事人才思想

在关于实干兴邦的讨论中，除了有像目标、任务、计划、方针、政策、制度、法规之类的要求外，还有普遍和经常的管理，以及具有根本重要性和不可或缺的一个共性大问题，即人力资源问题。说到管理，首先是关系到政府如何正常和有效运作的行政管理，然后扩展到包括行政管理在内有非政府组织、非营利组织等社会团体参与其事的公共管理。这在邓小平理论中已经受到高度重视，尤其是在行政理论方面颇具特色，是完全按照建设中国特色社会主义的原则精神去实事求是的。对人事人才的重视在邓小平理论中显得更加突出。道理虽很清楚和简单，"天时不如地利，地利不如人和"。事在人为，似乎大家都懂，但要做对做好可不那么容易。人力资源在哪里？人才如何培养、选拔、使用？怎样调动、保持、发挥人的积极性和挖掘潜力？诸如此类的考虑，已经见于人事管理学或人力资源开发与管理、人才学等新兴学科之中。邓小平理论在这方面也有其独到的见解。

一、管与不管、善管与否大不一样

邓小平理论最重视实事求是，总是寄希望于有效的管理，把事情办对、办好，从而实现顺利发展。在不同的历史时期有适应当时环境和条件的做法。如《党与抗日民主政权》是一篇较长的文章，说的是中国共产党在抗日战争时期的统一战线政权政策：三三制。即在抗日民主政权中人员的分配，共产党员、左派进步分子、中间分子和其他分子各大体占三分之一。邓小平指出："确切地说，党的优势不仅在于政权中的适当数量，主要在于群众的拥护。民主政治斗争可以使党的主张更加接近群众，可以使群众从自己的政治经验中更加信仰

---

① 《邓小平文选》第3卷，第49–50页。
② 同上书，第254–255页。

我党。所以，只有民主政治斗争，才能使我党取得真正的优势。由此可见，三三制政权的实质是民主问题。党在领导政权工作时，必须贯彻民主的精神。"①这种民主的精神，当然也体现于民主管理。

《根据地建设与群众运动》也是一篇较长的讲话。其中谈到政府对群众运动的正确态度，并在最后专门提及村级工作，邓小平认为："一切工作的基础在村，……各级党必须继续研究与解决村的工作问题。我们在简政中，把行政村扩大，固然增加了工作上的一些困难，但不如此会增加人民很多负担，所以不必改变，而要注意于讲究在大村条件下，如何进行领导工作的方式。"②这里体现了重视群众运动和关心人民负担的精神，并提及简政问题。

在《在西南局城市工作会议上的报告提纲》中指出："在管理城市和建设城市许多重大问题上，我们还只有一些零碎的经验，还没有系统的经验。从中央局起，我们还没有系统地研究城市工作的经验，并加以普及和提高，特别是工厂管理和学校教育这两个最重要的方面，我们的经验更差。这种情况必须改变。"③提纲内容丰富，问题也很具体，中心和重点均在管理和建设。随后还不止一次地谈到财政工作。

关于《民主和法制两手都不能削弱》，对管理来说非常重要："要加强民主就要加强法制。没有广泛的民主是不行的，没有健全的法制也是不行的。……民主要坚持下去，法制要坚持下去。这好像两只手，任何一只手削弱都不行。"④还有，"注意工作方法，克服官僚主义。这也是摆在我们面前的一个迫切问题。克服官僚主义，首先还是要着重研究体制的改革，但是，工作方法不改也不行，更不能因等体制改革就无所作为。工作方法总要适应四个现代化的要求，改得好一点、快一点嘛。……上下都要讲究工作效率"⑤。

关于《精简机构是一场革命》，仅看这个标题，即充分表明精简机构所受重视的程度。因为机构臃肿似已成为一种通病和顽症："精简机构是一场革命。精简这个事情可大啊！如果不搞这场革命，让党和国家的组织继续目前这样机构臃肿重叠、职责不清，许多人员不称职、不负责，工作缺乏精力、知识

---

① 《邓小平文选》第1卷，第9页。
② 同上书，第76页。
③ 同上书，第173页。
④ 《邓小平文选》第2卷，第189页。
⑤ 同上书，第281–282页。

和效率的状况，这是不可能得到人民赞同的，包括我们自己和我们下面的干部。这确是难以为继的状态，确实到了不能容忍的地步，人民不能容忍，我们党也不能容忍。……当然，这不是对人的革命，而是对体制的革命。这场革命不搞，让老人、病人挡住比较年轻、有干劲、有能力的人的路，不只是四个现代化没有希望，甚至于要涉及到亡党亡国的问题，可能要亡党亡国。……精简是革命，选贤任能也是革命。"话说得够重的，真可谓语重心长。

还有很多问题与本专题密切相关，如没有安定的政治环境什么事都干不成、压倒一切的是稳定、中国不许乱、保持艰苦奋斗的传统、国家的主权和安全要始终放在第一位、中国永远不许别国干涉内政等，都是我们必须牢记的。

二、关于人力资源的开发与管理

这是一个极其普通的常识：事在人为，事情要人去干，任务要人去完成，畜力、工具的利用和机器人的动作，都是由人主导和设计的。因此，关于人力资源的开发与管理是一个普遍和永恒的课题。在邓小平理论中几乎随时可以接触到这方面的有关内容。我们仍试从头来看，便不难得到确实如此的印象。

例如，我们在前面提到过的新兵，即兵源问题，这是事关国防的重要人力资源项目，在邓小平理论中颇受重视。我们可以从自愿参军由新兵成为合格的革命军人看到此项人力资源开发和培育的过程。仅以抗日战争时期的动员工作为例，已可窥其一斑。那时动员较好的区域显示出一些可贵的经验是："进行了充分的宣传鼓动工作。……民众的抗日热情很快地激发起来，自动加入军队的踊跃，是远远超过强征的效果。……进行了团结抗日积极分子与在群众中有信仰的分子（不是投机想升官发财的那些人）的工作，经过他们去进行招募，常常收效极大。……进行了抗日军人家属中的工作，……创造了不少妻子送丈夫、父母送儿子、哥哥送弟弟参加军队的新模范。……动员了政府和民众团体，来协同地进行这一工作，……驻扎的军队，首先起到了模范的作用。……军队中已动员了自己的战士去进行招募工作。……甚至在可能的时机，在不妨害与削弱游击战的开展之条件下，还可动员一些游击部队加入正规的军队。"[①] 至于参军后的教育训练，那就不用说了。

整风对于提高干部素质有重要作用。邓小平说："如果我们所有的同志都

---

① 《邓小平文选》第1卷，第3-4页。

把歪风去掉，那我们党不知要增加多大的力量！整风运动是我们建党的百年大计，每个同志都要自觉地参加。……只要我们有改造自己、改造工作的决心，就一定能够收到很大的效果。"① 为了培养干部，必须办好学校。在这方面，邓小平理论是很重视的。"现在我们搞建设，干部已成为决定性的因素。我们干部的状况是，一方面不够用，另一方面又有浪费。要充分发挥现有干部的作用，同时要培养大批各方面的建设人才。……办好学校，培养干部，才是最基本的建设。"② 关于干部问题，还有很多论述，值得学习研究。

邓小平在《老干部第一位的任务是选拔中青年干部》中讲得好："……选拔培养中青年干部这个问题太大了，……这是个战略问题，是决定我们命运的问题。……我们最大的事情是什么？国家的政策，党的方针，我们当然要过问一下，但是最大的事情是选拔中青年干部。……我希望在座的同志，凡是超过六十岁的同志，都把这个问题当作第一位的任务来解决。这个事情太大了。"③ 一再强调这个问题（事情）太大了，很值得我们深思。

《把教育工作认真抓起来》是邓小平理论的重要组成部分，后面将要讨论的人才问题也离不开这一点。总体而言："我们国家，国力的强弱，经济发展后劲的大小，越来越取决于劳动者的素质，取决于知识分子的数量和质量。……中央提出要以极大的努力抓教育，并且从中小学抓起，这是有战略眼光的一着。如果现在不向全党提出这样的任务，就会误大事，就要负历史的责任。……我们不是已经实现了全党全国工作重点的转移吗？这个重点，本来就应当包括教育。……忽视教育的领导者，是缺乏远见的、不成熟的领导者，就领导不了现代化建设。各级领导要像抓好经济工作那样抓好教育工作。"④ 关于领导问题，后面还另有专题。但在讨论其他问题的过程中，总会接触到领导因素，可见事关全局。

三、人才得失事关事业盛衰成败

在人力资源中，当然包括人才资源。这里作为专题单列，无非意在引起注意。在邓小平理论中也常提到人才问题，给我们留下深刻的印象。古语有

---

① 《邓小平文选》第 1 卷，第 86 – 93 页。
② 同上书，第 209 页。
③ 《邓小平文选》第 2 卷，第 384 – 388 页。
④ 《邓小平文选》第 3 卷，第 120 – 121 页。

"得人才者得天下，失人才者失天下"之说。又曰人才难得，而且易失。这一得一失之间，形成很大差距。难怪时至今日，人才竞争愈演愈烈，致西方发达国家出现了"猎头公司"。"猎头"乍听有点骇人听闻，其实"头"指头脑，即聪明才智之士之意。社会主义现代化与资本主义现代化虽然性质不同，但建设需要人才则仍属常规。根本差异则在于我们所需的是愿意为社会主义事业作贡献的各种人才。

在《尊重知识，尊重人才》中，邓小平指出："靠空讲不能实现现代化，必须有知识，有人才。没有知识，没有人才，怎么上得去？……对这些人的政治要求要适当。他们在政治上要爱国，爱社会主义。接受党的领导。……一定在党内造成一种空气：尊重知识，尊重人才。……不论脑力劳动，体力劳动，都是劳动。从事脑力劳动的人也是劳动者。"① 在谈到科学和教育工作时又说："科研是靠教育输送人才的，一定要把教育办好。……毛泽东同志是尊重人才的。……好的教师就是人才。要珍视劳动，珍视人才，人才难得呀！……他们可能有缺点，……不要求全责备。毛泽东同志说过，要打破'金要足赤，人要完人'的形而上学思想。"② 对人才的有关情况，也注意到了。

发现人才很重要。邓小平在讲到《教育战线的拨乱反正问题》时说："要注意发现人才。现在有些人的成就外国人都公认，我们反而不了解，说明我们的一些制度有缺陷，不能发现人才，要认真改进。……教育方面有好多问题，归根到底是要出人才，出成果。"③ 在全国科学大会开幕式上，他又说："在人才的问题上，要特别强调一下，必须打破常规去发现、选拔和培养杰出的人才。这是被'四人帮'搞乱了的一个重大问题。"④ 在讲到改革经济体制时，他还说："最重要的、我最关心的，是人才。改革科研体制，我最关心的，还是人才。……要创造一种环境，使拔尖人才能够脱颖而出。改革就是要创造这种环境。"⑤

对于人才资源的前景，邓小平是很乐观的。他曾说："一个十亿人口（1985年5月19日讲的——引者注）的大国，教育搞上去了，人才资源的巨

---

① 《邓小平文选》第2卷，第40-41页。
② 同上书，第50-51页。
③ 同上书，第70页。
④ 同上书，第95页。
⑤ 《邓小平文选》第3卷，第108-109页。

大优势是任何国家比不了的。有了人才优势,再加上先进的社会主义制度,我们的目标就有把握达到。"① 他还记得,在"文化大革命"期间,知识分子被排在地、富、反、坏、右、叛徒、特务、"走资派"之后,称为"老九"或"臭老九",他主张:"要把'文化大革命'时的'老九'提到第一,科学技术是第一生产力嘛,知识分子是工人阶级的一部分嘛。"② 他的预见也很准确,在1990年4月7日,就说过:"中华人民共和国在不长的时间内将会成为一个经济大国,现在已经是一个政治大国了。……中国人分散开来力量不大,集合起来力量就大了……下个世纪中国是很有希望的。"③ 可不是么?中国已成为世界第二大经济体了。在《总结经验,使用人才》的谈话中,他是把这两点作为向中央提出的正式建议的。他说:"一个人才可以顶很大的事,没有人才什么事情也搞不好。……我们现在不是人才多了,而是真正的人才没有很好地发现,发现了没有果断地起用。……要放手地用人。总的看,我们对使用人才的问题重视不够。我建议中央总结一下用人的问题,尊重人才,广开进贤之路。"④

四、领导有方事业才能顺利发展

在现代公共管理领域,领导是管理要素之一。因而在管理研究中,总被列为重要课题。在国家发展问题上,领导的正误、强弱,关系和影响更大。中国共产党采取集体领导的方式,通过坚决走群众路线,实行民主集中制,从而集中起来和坚持下去,力求不出或少出差错和有错即改。对领导工作必须经常清醒和提高警惕,在不断总结、改进中前进,邓小平理论在这方面的论述很多,这里也只是试举几个例子。

在《根据地建设与群众运动》中,邓小平说:"有人会问:武装、政权、群众、党四种力量如何联系与配合呢?首先是党的领导问题,党是领导一切的核心。在没有党的地方,革命队伍的责任是建立党与发展党。根据地的党的责任是要善于掌握几种力量的联系与配合,根据不同条件去决定自己注意的中心

---

① 《邓小平文选》第3卷,第120页。
② 同上书,第275页。
③ 同上书,第358页。
④ 同上书,第369页。

方向，在解决这一中心工作时要求得其他工作的配合。"① 关于党的领导的意义和作用，已经说得非常清楚。在根据地如此，其余也可想而知。

为了维护、保证、促进党的正确领导，运用批评和自我批评进行整风，是很有重要意义的事。邓小平认为："整风运动是我们建党的百年大计，……使党在思想上更好地武装起来、一致起来，顺利地领导中国革命走向胜利的方针。……我们也有好几次挫折和失败的教训，……都是学风、党风、文风三风不正占统治地位的领导所形成的恶果。"②

在《共产党要接受监督》中，邓小平指出："党要受监督，党员要受监督，……我们大量的干部居于领导地位。在中国来说，谁有资格犯大错误？就是中国共产党。犯了错误影响也最大。因此，我们党应该特别警惕。……监督来自三个方面。第一，是党的监督。……第二，是群众的监督。……第三，是民主党派和无党派民主人士的监督。……总之，共产党的领导够不够格，决定于我们党的思想和作风。"③

在中央党、政、军机关副部长以上干部会上的报告《高级干部要带头发扬党的优良传统》是一篇较长的报告。题目非常鲜明，主要是讲三个问题：生活待遇、选拔接班人和关心群众生活。其中点到不少要害之处，如："最近一个时期，人民群众当中主要议论之一，就是反对干部特殊化。要讲特殊化，恐怕首先表现在高级干部身上。……我们必须恢复和发扬党的艰苦朴素、密切联系群众的优良传统。……为了整顿党风，搞好民风，先要从我们高级干部整起。……选拔接班人更和高级干部有直接的关系。……老同志现在的责任很多，……第一位的事情是要认真选拔好接班人。……密切联系群众，是我们党的一个优良传统。……现在需要全国的干部，首先是高级干部起模范带头作用。"④ 随后还有党和国家领导制度的改革、精简机构、废除领导职务终身制等内容。

在经常性的领导工作中，遇有重要环节方面的缺失之处，邓小平也会及时指出。例如，在《把教育工作认真抓起来》中，有这么几句："还有相当一部分同志，包括一些高级干部，对于发展和改革教育的必要性，认识不足，缺乏

---

① 《邓小平文选》第 1 卷，第 66 页。
② 同上书，第 87 页。
③ 同上书，第 270–274 页。
④ 《邓小平文选》第 2 卷，第 216–229 页。

紧迫感，……如果只抓经济，不抓教育，那里的工作重点就没有转移好，或者说转移得不完全。忽视教育的领导者，是缺乏远见的，是不成熟的领导者，就领导不了现代化建设。"①

俗话说，凡事都要头头抓和抓头头，也就是要层层负责、层层落实的意思。但是无论怎么说，领导一贯正确、全面正确是不可能的。在这一点上，邓小平实事求是地认为："深圳的重要经验就是敢闯。没有一点闯的精神，没有一点'冒'的精神，没有一股气呀，劲呀，就走不出一条好路，走不出一条新路，就干不出新的事业。不冒点风险，办什么事情都有百分之百的把握，万无一失，谁敢说这样的话？一开始就自以为是，认为百分之百正确，没那么回事，我就从来没有那么认为。每年领导层都要总结经验，对的就坚持，不对的赶快改，新问题出来抓紧解决。……就是要有创造性。"② 这段引文较长，主要是为了说明领导层在敢闯的同时要注意总结经验。这是领导有方的一个极其重要的方面。注意总结还要善于总结。不是徒具形式，而要动真格，重实质。

---

① 《邓小平文选》第3卷，第121页。
② 同上书，第372页。

第七章　必须体现"三个代表"重要思想

《在纪念邓小平同志诞辰110周年座谈会上的讲话》中,习近平同志曾经指出:"党的十八大以来,党中央团结带领全国各族人民,全面贯彻党的十八大和十八届三中全会精神,高举中国特色社会主义伟大旗帜,坚持以马克思列宁主义、毛泽东思想、邓小平理论、'三个代表'重要思想、科学发展观为指导,统筹国内国际两个大局,全面深化改革,推动经济持续健康发展,全面加强作风建设,努力开创中国特色社会主义事业更加广阔的前景。"在本章和下一章,我们将分别就"三个代表"重要思想和科学发展观安排学习讨论。

关于"三个代表"重要思想的具体内容,江泽民同志说:"总结我们党七十多年(讲话时间是2000年2月25日——引者注)的历史,可以得出一个重要结论,这就是:我们党所以赢得人民的拥护,是因为我们党在革命、建设、改革的各个历史时期,总是代表着中国先进生产力的发展要求,代表着中国先进文化的前进方向,代表着中国最广大人民的根本利益而不懈奋斗。……在新的历史条件下,我们党如何更好地做到这'三个代表',是一个需要全党同志特别是党的高级干部深刻思考的重大课题。"[①] 这是他在广东省考察工作时讲话的一部分,主要是针对加强党的建设而言的。

在《始终做到"三个代表"是我们党的立党之本、执政之基、力量之源》这篇讲话中,江泽民同志提出的三点意见是:一是关于加强新时期党的建设的重要性和紧迫性;二是关于按照"三个代表"要求切实加强党的建设;三是关于把"三个代表"要求贯彻落实到党的全部工作中去。这个"全部工作"包括:第一,党的路线、方针、政策;第二,党的各项工作;第三,建设一支高素质的干部队伍;第四,从严治党。[②] 有关创新和其他方面的论述,几乎莫不与"三个代表"重要思想有或多或少,或直接间接的实质性联系。

---

① 《江泽民文选》第3卷,人民出版社2006年版,第2页。
② 同上书,第6–31页。

第一节　中国先进生产力的发展要求

"三个代表"重要思想的第一个代表是：中国共产党"总是代表着中国先进生产力的发展要求，……所以全党同志的一切奋斗，归根到底都是为了解放和发展生产力，党的一切方针政策都要最终促进生产力的不断发展，促进国家经济实力的不断增强；……"① 在新的历史时期，关于发展生产力的问题已出现新的情况："以信息科技、生命科技为主要标志的现代科学技术，为生产力和社会的发展开辟了新的广阔前景，……西方学者称之为'新经济'的发展主要是依靠高新技术特别是信息技术的进步。在高新技术推动下，知识成为创造和积累财富的重要要素，促使劳动生产率大幅度提高。"② 紧接着，为了现阶段进一步解放和发展我国社会生产力和调动广大人民群众的积极性，说明了一系列的必然要求。显然，这正是邓小平理论的传承和发展。"第一生产力"之说给人们的印象深刻，真可谓记忆犹新。在"三个代表"重要思想中排列居首，令人心领神会和甚佩高明。因为若是没有这一条，则将根本无从体现社会主义制度的优越性。

一、加快发展经济促进四化建设

发展经济是一个全面和整体的问题。在 1993 年 3 月 17 日《全面正确把握形势，保持国民经济发展的好势头》的讲话中，江泽民同志说："工农业生产是国民经济的根本，要切实下功夫抓好。我们一定要进一步加强农业这个基础，切实解决农业生产比较效益下降、发展后劲不足和农民负担过重等问题，积极引导农民发展商品生产，走向市场经济。"③ 重视根本和基础很有必要，因为只有这样，才能真正得力地促进四化建设。

为了加快发展经济促进四化建设，固然要解放思想和敢想敢闯，但与此同时，做好经济发展风险的防范工作，也不失为保持清醒之道。江泽民同志在1996 年 8 月 6 日的讲话中指出："进行经济风险防范研究，是新形势下的一项重要任务。提出经济风险防范问题，是为了保证国家经济安全。这项工作主要

---

① 《江泽民文选》第 3 卷，人民出版社 2006 年版，第 199 页。
② 同上书，第 9 页。
③ 《江泽民文选》第 1 卷，人民出版社 2006 年版，第 296 页。

是从宏观、全局和长远战略的高度，观察、预测、分析我国经济发展可能遇到的风险，并提出相应对策。……我国经济发展中确实存在着一些值得重视和研究的关系全局的突出矛盾和问题。对这些矛盾和问题，必须认真对待，否则，就会形成某些风险和隐患。……从根本上说，还是要坚持解放思想、实事求是，扎扎实实推进改革开放，既快又好地发展经济，统筹考虑和正确处理改革、发展、稳定的关系。只有这样，才能有效缓解矛盾，化解风险因素，增强抵御风险的能力。"① 后来在顶住一场国际金融风波之余，又强调做好经济工作，增强承受和抵御风险的能力。②

1999年6月17日，在《不失时机地实施西部大开发战略》的讲话中，江泽民同志指出："逐步缩小地区之间的发展差距，实现全国经济社会协调发展，最终达到全体人民共同富裕，是社会主义的本质要求，也是关系我国跨世纪发展全局的一个重大问题。"③ 在发展经济促进四化的全过程中，时刻不忘本质要求和发展全局是应有之义。

国际、国内的最新形势，也是发展经济促进四化过程中应予密切注意的重要方面。对此，在《目前形势和经济工作》的讲话中，江泽民同志指出："只有了解天下大势，才能谋好国内大局，集中力量把自己的事情办好。……要准确把握国际国内形势，紧密围绕我们的战略目标，……做好经济工作，任务艰巨，责任重大，意义深远。"④

关于巩固和加强社会主义的经济基础问题，江泽民同志说："经济基础决定上层建筑，上层建筑又反过来对经济基础发生作用，这是马克思主义的基本原理。古往今来，任何国家政权都是建立在一定的经济基础之上的。……我们社会主义国家政权要有效运行，也必须掌握一定的经济和物质力量。……没有国家经济为核心的公有制经济，就没有社会主义的经济基础，……"⑤ 与此同时，也要积极引导非公有制经济健康发展。中共十五大提出："公有制为主体、多种所有制经济共同发展，是我国社会主义初级阶段的一项基本经济制度。"在这种情况下，"个体、私营等非公有制经济的发展，有利于充分调动

---

① 《江泽民文选》第1卷，人民出版社2006年版，第537–545页。
② 《江泽民文选》第2卷，人民出版社2006年版，第100页。
③ 同上书，第340页。
④ 同上书，第421–449页。
⑤ 《江泽民文选》第3卷，人民出版社2006年版，第70–71页。

和利用社会资源，有利于增强整个国民经济的活力，它是社会主义市场经济的重要组成部分。这两个方面的要求，必须全面把握，全面贯彻落实。不能只讲前者而不讲后者，也不能只讲后者而不讲前者，否则都会脱离社会主义初级阶段的实际，都不利于社会生产力的发展。"①

在发展经济促进四化建设方面，可以和应该研究的课题很多，难以列举无遗。于是，必须高度重视哲学社会科学发展的问题便被及时提出："建设有中国特色社会主义这项前无古人的伟大事业，要求我们必须建设一支强大的哲学社会科学队伍，……我们一定要办好中国社会科学院。……那种认为搞现代化建设只要掌握自然科学知识就可以了，社会科学知识可有可无的想法和看法，是片面的、错误的，必须加以纠正。"②

二、认真消除社会分配不公现象

关于这个问题，江泽民同志比较集中讨论和论述的有两处：一是1989年6月16日在《求是》杂志1989年第12期上发表的文章的主要部分，后来即以这个题目收入《江泽民文选》第一卷。二是2002年11月8日在中国共产党第十六次全国代表大会上的报告，以《全面建设小康社会，开创中国特色社会主义事业新局面》的标题收入《江泽民文选》第三卷。其中在"经济建设和经济体制改革"部分，有"深化分配制度改革"这个专题。此外，在其他有关问题的论述中，也有提到分配之处，就不用多说了。

这里先说1989年的那篇专文。该文共有两个部分，一是"正确认识当前分配不公的两种表现"，二是"在促进效率提高的前提下体现社会公平"。对于"两种表现"的存在及其产生，文章作了全面分析，提出应有清醒的判断，从而正确认识和对待。"什么是分配中的公平？这是一个认识上的难点。从理论上讲，以平等权利为基础的社会公平要受到社会经济文化发展的制约。在不同发展阶段，社会公平的内涵也会不同。衡量社会公平的标准必须看是否有利于社会生产力发展和社会进步。……一般来说，由于人的能力和贡献的差别是有限的，实行按劳分配不可能导致贫富悬殊。而平均主义反对拉开差距，这是分配不公的一种表现。……少数人靠非法手段，……捞取不义之财。这是当前分配不公的另一重要表现，也是人们议论较多的。以上两种分配不公现象是怎

---

① 《江泽民文选》第3卷，第205页。
② 同上书，第490-491页。

样产生的？先看平均主义。首先，在我国，小农经济的平均主义观念源远流长，……其次，我国正处在社会主义初级阶段，在生产力水平还很低的情况下，体现社会公平，……由此强调公平、忽视效率的平均主义倾向往往容易滋长。再次，贯彻按劳分配原则，前提是机会均等。但是，受旧管理体制、价格政策等制约，……劳动者在竞争中缺乏同等的机遇。……很容易造成劳酬不符，……由此而形成的收入差距显然是不合理的。由于国家尚未建立有效的收入调节体系，于是在国家直接控制收入分配的范围内，……往往会出现收入平均化的趋势。再看收入差距悬殊。这不是党和国家的政策直接导致的，而是少数人违法乱纪或钻政策空子的结果。……搞得不好，会影响社会安定。对此，我们必须提高警惕。……平均主义的分配不公和收入差距过大的分配不公相互影响、互为依存，这两者都必须引起我们足够的重视。另外，严重的通货膨胀是当前分配不公矛盾激化的直接诱因。通货膨胀具有再分配的效应。……党的十三大报告指出：'我们的分配政策，既要有利于善于经营的企业和诚实劳动的个人先富起来，合理拉开收入差距，又要防止贫富悬殊，坚持共同富裕的方向，在促进效率提高的前提下体现社会公平。'……总之，我们要坚决保护合法收入、合理调节过高收入、严厉取缔非法收入。……必须建立和完善社会保障体系。这不是一下子能解决的，但应该向这个方向努力。"①

再说2002年党的十六大报告中的有关内容。在"深化分配制度改革，健全社会保障体系"这个专题下，指出："理顺分配关系，事关广大群众的切身利益和积极性的发挥。调整和规范国家、企业和个人的分配关系。确立……分配的原则，完善……的分配制度。坚持效率优先、兼顾公平，既要提倡奉献精神，又要落实分配政策，既要反对平均主义，又要防止收入悬殊。初次分配注重效率，……再分配注重公平，……调节差距过大的收入。……取缔非法收入。以共同富裕为目标，扩大中等收入者比重，提高低收入者收入水平。建立健全同经济发展水平相适应的社会保障体系，是社会稳定和国家长治久安的重要保证。……发展城乡社会救济和社会福利事业。有条件的地方，探索建立农村养老、医疗保险和最低生活保障制度。"②

---

① 《江泽民文选》第1卷，第48-55页。
② 《江泽民文选》第3卷，第550-551页。

三、建立社会主义市场经济体制

1992年6月9日,江泽民同志在中共中央党校省部级干部进修班上讲话的一部分,以《关于在我国建立社会主义市场经济体制》为题,选入《江泽民文选》第一卷。他根据邓小平同志的重要谈话精神,对这个社会主义的新经济体制展开论述,最后集中和着重指明这一新经济体制的主要特征和必须抓紧解决好几个关键性问题:"主要特征应该有这样几个:一是在所有制结构上,坚持以公有制经济为主体,个体经济、私营经济和其他经济成分为补充,多种经济成分共同发展;二是在分配制度上,坚持以按劳分配为主体,其他分配方式为补充,允许和鼓励一部分地区、一部分人先富起来,逐步实现共同富裕,防止两极分化;三是在经济运行机制上,把市场经济和计划经济的长处有机结合起来,充分发挥各自的优势作用,促进资源优化配置,合理调节社会分配。要加快新经济体制的建立,当前必须抓紧解决好几个关键性问题。一是转变政府职能,切实实行政企职责分开。……二是抓紧企业特别是国有大中型企业经营机制的转换,真正推动企业走上市场,使它们成为市场竞争的主体,成为真正的法人实体,真正实现自主经营、自负盈亏、自我发展、自我约束和自担风险,达到责权利相统一。……三是适应商品经济和价值规律的要求,切实更新计划观念,转变计划管理职能和方式,使计划能够真正反映市场的供求变化。……四是大力培育和发展市场,建立统一的完备的社会主义市场。……五是加强经济法规和经济运行所必需的其他基础设施建设。"① 在《经济特区要增创新优势,更上一层楼》中,多处提到社会主义市场经济,如:"随着全国改革开放的深入,社会主义市场经济体制的建立和现代化建设的发展,经济特区的特色也要相应地随之发展。……经济特区要为全国加快建立社会主义市场经济体制和运行机制,继续积极探索和创造更多的经验。……中央希望经济特区在建立社会主义市场经济体制方面走在前面,在全国继续起到深化改革的试验作用。……对于促进全国统一的社会主义市场经济的发展,……具有深远的历史意义。……随着深化改革、扩大开放和发展社会主义市场经济的向前推进,经济特区也面临着许多新矛盾新问题。"②

在《正确处理社会主义现代化建设中的若干重大关系》的讲话中,除了

---

① 《江泽民文选》第1卷,第203–204页。
② 同上书,第375–382页。

提到"经济体制转轨"和"市场机制"之外，也常谈到社会主义市场经济体制，如："全党要提高对转变经济增长方式重大意义的认识，通过深化改革，加快建立有利于提高经济效益的社会主义市场经济体制和运行机制。……充分发挥市场机制的作用和加强宏观调控，都是建立社会主义市场经济体制的基本要求，两者缺一不可，绝不能把它们割裂开来，甚至对立起来。……我国社会主义市场经济体制是同社会主义基本制度结合在一起的，既可以发挥市场经济的优势，又可以发挥社会主义制度的优越性，……要使我国经济富有活力和效率，必须充分发挥市场机制的作用，这是改革开放以来所积累的重要经验。"① 随后还有不少有关论述，党的十六大报告中的这句话就很有代表性："只要全党和全国各族人民同心同德，艰苦奋斗，我们就一定能够建立完善的社会主义市场经济体制，在新世纪新阶段继续保持国民经济持续快速健康发展。"②

四、不断创新和创新的关键在人才

在倡导"三个代表"重要思想的同时，经常强调创新的例子，真可谓不胜枚举。这里仅说说一些见于标题的有关论述。按时间顺序，让我们先看看《不断创新，与时俱进》这段讲话中所说："过去有许多做法和经验已经不适用了，要根据新的实践要求，重新学习，不断创新，与时俱进。"③ 在《经济特区要增创新优势，更上一层楼》的讲话中指出："在这一点上，看来还需要一个观念的更新。"④

在《创新的关键在人才》的讲话中说："迎接未来科学技术的挑战，最重要的是要坚持创新，勇于创新。我说过，创新是一个民族进步的灵魂，是一个国家兴旺发达的不竭动力。今天我还要说，科技创新已越来越成为当今社会生产力解放和发展的重要基础和标志。……而创新就要靠人才，特别要靠年轻英才不断涌现出来。"⑤

在《加强技术创新》的讲话中，江泽民同志说："全面实施科教兴国战略，加速全社会的科技进步，关键是要加强和不断推进知识创新、技术创

---

① 《江泽民文选》第 1 卷，第 462–467 页。
② 《江泽民文选》第 3 卷，第 552 页。
③ 《江泽民文选》第 1 卷，第 256 页。
④ 同上书，第 375 页。
⑤ 《江泽民文选》第 2 卷，第 132–135 页。

新。……如果不能创新，一个民族就难以兴盛，难以屹立于世界民族之林。……我们必须把以科技创新为先导促进生产力发展的质的飞跃，摆在经济建设的首要地位。……推动科技进步、技术创新，关键是人才。"①

《在全党全社会大力弘扬科学精神和创新精神》的讲话中，江泽民同志说："必须加紧推进科技进步和创新，为社会主义现代化建设不断提供强大的科技支持。这就是我国当代科技工作者的历史使命。……面对世界经济、科技发展的新形势，我们必须在全国兴起一个科技进步和创新的高潮。……科学精神的内涵很丰富，最基本的要求是求真务实、开拓创新。……历史反复证明，推进科技发展，关键是要敢于和善于创新。……希望我国广大科技工作者，牢记自己的历史使命，坚持创新、创新、再创新！……马克思主义是最讲科学精神、创新精神的。"②

在《不断根据实践的要求进行创新》的讲话中，江泽民同志指出："创新，包括理论创新、体制创新、科技创新及其他创新。"③ 在《科学的本质就是创新》的谈话中，又对这个专题作多方面的论述。④ 在《要鼓励原始性创新》这个专题中，也是如此。⑤

关于《不断推进教育创新》的讲话集中和着重阐明了："各国之间的竞争，说到底，是人才的竞争，是民族创新能力的竞争。教育是培养人才和增强民族创新能力的基础，必须放在现代化建设的全局性、战略性的重要位置。……教育创新与理论创新、制度创新、科技创新一样，是非常重要的，而且教育还要为各方面的创新工作提供知识和人才基础。……进行教育创新，首先要坚持和发展适应国家和社会发展要求的教育思想。……关键是通过深化改革不断健全和完善与社会主义现代化建设要求相适应的教育体制。……根本目的是要推进素质教育，全面提高教育质量。……必须充分利用现代科学技术手段，大力提高教育的现代化水平。……必须面向现代化、面向世界、面向未来，加大教育对外开放的力度。……希望我们的教师志存高远、爱国敬业。……为人师表、教书育人。……严谨笃学、与时俱进。……百年大计，教

---

① 《江泽民文选》第 2 卷，第 392 – 399 页。
② 《江泽民文选》第 3 卷，第 34 – 37 页。
③ 同上书，第 64 页。
④ 同上书，第 101 – 106 页。
⑤ 同上书，第 261 – 263 页。

育为本。教育大计，教师为本。中华民族素有尊师重教的优良传统。……全党全社会都要满腔热情地关心和支持教育工作。……使中华民族尊师重教的优良传统不断发扬光大。"①

第二节 中国先进文化的前进方向

"三个代表"重要思想的第二个代表是：中国共产党"代表着中国先进文化的前进方向……所以，全党同志必须始终坚持以马克思主义为指导，努力继承和发扬中华民族的一切优秀文化传统，努力学习和吸收外国的一切优秀文化成果，从而不断创造和推进有中国特色社会主义文化，使社会主义物质文明和精神文明协调发展，使社会全面进步；……"② 文化创新关系到："建设社会主义精神文明，为不断提高全民族的思想道德素质，为现代化建设提供强大的精神动力和智力支持。……人民享有接受良好教育的机会，基本普及高中阶段教育，消除文盲。形成全民学习、终身学习的学习型社会，促进人的全面发展。……文化的力量，深深熔铸在民族的生命力、创造力和凝聚力之中。……大力发展先进文化，支持健康有益文化，努力改造落后文化，坚决抵制腐朽文化。……在五千多年的发展中中华民族形成了以爱国主义为核心的团结统一、爱好和平、勤劳勇敢、自强不息的伟大民族精神。"③

一、继承发扬民族优秀文化传统

中华民族优秀文化传统内容丰富，我们也仍然只能略述其要。首先，"中国人历来是讲民族气节的，是不畏强暴的"④。这一点非常重要。对于有损民族自尊和丧失爱国心者，会极受鄙视。在《爱国主义和我国知识分子的使命》这篇专题讲话中，江泽民同志说："邓小平同志指出：'中国人民有自己的民族自尊心和自豪感，以热爱祖国、贡献全部力量建设社会主义祖国为最大光荣，以损害社会主义祖国利益、尊严和荣誉为最大耻辱。'这是对我国现阶段

---

① 《江泽民文选》第3卷，第499－503页。
② 同上书，第2页。
③ 同上书，第534－559页。
④ 《江泽民文选》第1卷，第73页。

爱国主义特征的精辟概括。"① 在《进一步学习和发扬鲁迅精神》这篇专题讲话中，江泽民同志谈道："鲁迅精神是中华民族民族精神的结晶。……要进一步学习和发扬鲁迅的爱国主义精神。……要进一步学习和发扬鲁迅坚韧的战斗精神。……要进一步学习和发扬鲁迅博采众长、勇于创新的精神。……毛泽东同志把鲁迅没有丝毫的奴颜媚骨，称为殖民地半殖民地人民最可宝贵的性格。"② 在《讲学习，讲政治，讲正气》的讲话中，江泽民同志指出："我们这个国家和民族，自古以来就以重视学习、讲究学问之道而著称于世。……抵制封建主义、资本主义腐朽思想文化的侵蚀，都是政治。……讲正气，是中华民族也是我们党的一个优良传统。……我们党的宗旨是全心全意为人民服务，这就是全党同志首先是各级领导干部必须坚持树立和发扬的最大的正气。"③ 在《大力发扬艰苦奋斗精神》的讲话中，江泽民同志谈道："中华民族历来以勤劳节俭、不怕艰苦著称于世。……物质贫乏不是社会主义，精神空虚也不是社会主义。……要在全党全社会大力提倡高尚的社会主义思想道德和发扬中华民族的优良传统，以艰苦奋斗、勤俭朴素为荣，以铺张浪费、奢侈挥霍为耻。"④

在《提高全民族的科学素质》一文中，江泽民同志指出了很重要的一点："我国历史上虽然有着伟大而丰富的文明成果和优良的文化传统，但相对说来，全社会的科学精神不足也是一个缺陷。鉴往开来，继承以往的优秀文化，弥补历史的不足，是当代中国人的社会责任。"⑤ 在谈到青年志愿者行动时，他认为："是当代社会主义中国一项十分高尚的事业，体现了中华民族助人为乐和扶贫济困的传统美德，是大有希望的事业。"⑥

关于要谈点历史的问题，江泽民同志是这样讲的："不读点历史，不了解中国历史和外国历史，不知道历史和现实的联系，不掌握中外历史上的成功和失败、经验和教训，怎么治理社会、治理国家啊？……很多问题，从历史的角度看，就可以看得更清楚。……希望大家多学点历史知识，目的就是为了认识

---

① 《江泽民文选》第 1 卷，第 121 页。
② 同上书，第 169－173 页。
③ 同上书，第 483－485 页。
④ 同上书，第 620－621 页。
⑤ 《江泽民文选》第 2 卷，第 491 页。
⑥ 同上书，第 508 页。

历史发展和社会兴亡的规律,更加自觉、更加紧迫地做好我们自己的工作。"①

关于反腐倡廉,江泽民同志牢牢记得:"一九八九六月,邓小平同志当面对我们讲,在抓改革开放的同时,要首先抓反腐败的问题。"这是在一篇重要和较长讲话的开头说的,他接着谈了几点重要认识和经验:"第一,党风廉政建设和反腐败斗争关系党和国家的生死存亡。……第二,反腐倡廉工作具有长期性、艰巨性、复杂性。……第三,反腐倡廉工作要贯穿改革开放的全过程。……第四,反腐倡廉是全党全社会的大事。……第五,实行标本兼治、综合治理。……第六,始终坚持党要管党、从严治党。……当前,反腐败斗争应该逐步加大治本的工作力度,努力从源头上预防和治理腐败现象。"②

二、学习吸收外国优秀文化成果

在关于先进生产力的发展方面,有学习外国先进科技成果的内容。在中国先进文化前进的过程中,也是如此。"对西方的一切先进科学技术、科学管理经验和优秀文化成果,我们不仅不反对,而且要学习。"③ 这是江泽民同志在说到反对资产阶级的一切腐朽思想时说的。在谈到爱国主义时,他说:"我们所提倡的爱国主义,决不是狭隘的民族主义。中国的发展和进步,离不开世界各国的文明成果。我们的社会主义现代化建设,需要继承和发扬中华民族的优秀文化传统,也需要学习和吸收世界各国人民包括在资本主义制度下创造的优秀文明成果。这种学习,应该立足于中国实际,立足于增强中华民族自力更生的能力。"④

在谈到学风问题时,江泽民同志强调:"对马克思主义经典作家著作的学习和运用,不能搞照抄照搬的教条主义、本本主义;对国外包括西方国家东西的学习和借鉴,也要采取分析的实事求是的态度,也不能搞照搬照抄的教条主义、本本主义,一切都要从我国国情出发,从建设有中国特色社会主义的实际出发。"⑤

在讲到中俄关系时,江泽民同志说:"加强文明交流,增进中俄人民友

---

① 《江泽民文选》第 3 卷,第 13 – 14 页。
② 同上书,第 173 – 178 页。
③ 《江泽民文选》第 1 卷,第 71 – 72 页。
④ 同上书,第 124 页。
⑤ 《江泽民文选》第 3 卷,第 132 页。

谊。中俄两国都具有悠久的历史和灿烂的文化，都为人类文明进步作出了巨大贡献。两国文明的交流源远流长。……我们应进一步拓宽中俄两国文化交流的渠道，使俄罗斯文明和中华文明相互借鉴，相互促进，让中俄友好之树更加枝繁叶茂。"①

在谈到人才工作时，江泽民同志说："要适应当今人才竞争具有国际化趋势的特点，借鉴国外人才资源开发的有益经验，拓宽工作渠道，创新工作手段，扩大工作覆盖面，形成更为灵活的人才管理体制。"② 他对中国青年说："只有全面了解中国和世界发展的历史、现状和趋势，才能更好地把握现在和未来。只有用人类创造的一切文明成果努力充实自己，才能具备与世界上任何一个民族的青年相媲美的素质。"③ 对于中国学者，他希望："我们的学者不仅要善于相互开展活跃的学术活动，而且要善于同国外同行开展有益的学术交流，既增进对国外哲学社会科学发展趋势和最新成果的了解，又积极展示当代中国哲学社会科学的风采，……我国哲学社会科学事业的发展，需要造就一批用马克思主义武装起来、立足中国、面向世界、学贯中西的思想家和理论家，……这样才有希望创造出对民族振兴和人类文明发展有深远影响的鸿篇巨制。"④

很有理论根据和指导意义的是江泽民同志两篇文稿的节录《和而不同是人类各种文明协调发展的真谛》，全文不足千字，但是言简意赅，确实已表明了"真谛"："和谐而又不千篇一律，不同而又不相互冲突。和谐以共生共长，不同以相辅相成。和而不同是社会事物和社会关系发展的一条重要规律，也是人们处世行事应该遵循的准则，是人类各种文明协调发展的真谛。……我们主张，世界各种文明、社会制度和发展模式应相互交流和相互借鉴，在竞争比较中取长补短，在求同存异中共同发展。……各国文明的多样性，是人类社会的基本特征，也是人类文明进步的动力。……各国应当在政治上互相尊重，经济上互相促进，文化上互相借鉴。这将有利于世界的和平与发展。"⑤

---

① 《江泽民文选》第3卷，第310–311页。
② 同上书，第319–320页。
③ 同上书，第485页。
④ 同上书，第493–495页。
⑤ 同上书，第522–524页。

三、创造中国特色社会主义文化

在关于先进文化前进方向的讨论中,除了继承发扬民族优秀文化传统和学习吸收外国优秀文化成果外,更重要和主要的是在于创造中国特色社会主义文化。我们所说的"古为今用"和"洋为中用",也正是用在这里。那就让我们先看看中国特色社会主义的理论是怎么来的,江泽民同志在1988年3月10日的一次关于理论工作的讲话中指出:"党的十三大最重要的理论贡献是阐述了社会主义初级阶段理论。这一理论作为建设有中国特色的社会主义这个总理论的重要的基础的组成部分,是从党的十一届三中全会重新确立解放思想、实事求是的思想路线而来的,是从研究国情、探索中国式的现代化道路而来的,是从拨乱反正、总结历史经验教训而来的,是从全面改革、寻找最根本的理论支柱而来的。"① 显然,没有建设中国特色社会主义这个总理论,创造中国特色社会主义文化问题便无从谈起。

文化建设要重根本。江泽民同志说:"坚持马克思列宁主义、毛泽东思想的指导地位,是我们立党立国的根本,也是社会主义文化建设的根本,决定着我国文化事业的性质和方向。只有这样,我们的文化建设才能沿着正确的道路健康发展,抵制和消除一切落后的腐朽的思想文化影响,不断创造出先进的健康的社会主义崭新文化,培养出适应社会主义现代化建设需要的有理想、有道德、有文化、有纪律的新人。……引导亿万人民共同建设有中国特色的社会主义。我们的文化必须坚持为人民服务、为社会主义服务,……激发人民建设社会主义的积极性。"②

文化涉及的面很广,根据中国特色社会主义理论的主要内容来思考创造中国特色社会主义文化,可能有更好的针对性。江泽民同志说:"建设有中国特色社会主义理论的主要内容是:在社会主义的发展道路问题上,强调走自己的路,……在社会主义的发展阶段问题上,作出了我国还处在社会主义初级阶段的科学论断,……在社会主义的根本任务问题上,指出社会主义的本质是解放生产力,发展生产力,消灭剥削,消除两极分化,最终达到共同富裕。……在社会主义的发展动力问题上,强调改革也是一场革命,也是解放生产力,是中国现代化的必由之路,……在社会主义建设的外部条件上,指出和平与发展是

---

① 《江泽民文选》第1卷,第23页。
② 同上书,第158-159页。

当代世界两大主题，必须坚持独立自主的和平外交政策，为我国现代化建设争取有利的国际环境。……在社会主义建设的政治保证问题上，强调坚持社会主义道路、坚持人民民主专政、坚持中国共产党的领导、坚持马克思列宁主义毛泽东思想。……在社会主义建设的战略步骤问题上，提出基本实现现代化分三步走。……在社会主义的领导力量和依靠力量问题上，强调作为工人阶级先锋队的共产党是社会主义事业的领导核心，……必须依靠广大工人、农民、知识分子，必须依靠各族人民的团结，必须依靠全体社会主义劳动者、拥护社会主义的爱国者和拥护祖国统一的爱国者的最广泛的统一战线。党领导的人民军队是社会主义祖国的保卫者和建设社会主义的重要力量。在祖国统一的问题上，提出'一个国家、两种制度'的创造性构想。……还有其他许多内容，还要……继续丰富，完善和发展。"①

在2000年5月14日的讲话中，江泽民同志谈道："按照党的十五大确定的改革和发展目标，……在文化上，……建设民族的科学的大众的社会主义文化，努力提高全民族的思想道德素质和科学文化素质。"② 目标非常明确。

四、物质文明精神文明协调发展

这是一个非常重要的问题。中共十四届六中全会是一次很重要的会议。它集中全党同志的智慧，听取和吸收党外人士和专家学者的意见，制定了《关于加强社会主义精神文明若干重要问题的决议》。决议确定了新形势下加强精神文明建设的指导思想、目标任务、基本方针和重要措施，是指导精神文明建设的纲领性文件。江泽民同志在会上讲话的一部分以《努力开创社会主义精神文明建设的新局面》为题选入《江泽民文选》第一卷。原文近17页，约11000字，分别就关于加强精神文明建设的重要性和紧迫性、关于正确认识物质文明和精神文明的关系、关于精神文明建设的指导思想、关于加强爱国主义教育、关于加强党对精神文明建设的领导开展论述。

由于论述比较全面、系统和集中，这里不拟另外引用分散的有关言论。以下引文均属同一来源，也不分别加注，而只在最后统一注明出处。

"这次六中全会从全国实现跨世纪宏伟目标的要求出发，专门研究精神文明建设的若干重要问题。……强调在把物质文明建设搞得更好的同时，把社会

---

① 《江泽民文选》第1卷，第218-221页。
② 《江泽民文选》第3卷，第10页。

主义精神文明建设提到更加突出的地位。……邓小平同志一直非常关注和重视社会主义精神文明建设，提出了一系列重要思想。……坚持两个文明一起抓，两手都要硬，是他一贯强调的基本方针。……从邓小平同志的重要指示中，从十多年来改革和建设的实践经验中，我们应该得到一些什么重要启示呢？

"第一，社会主义的根本任务是发展生产力。……经济建设、物质文明建设不是孤立的，而是同其他社会事业的发展紧密联系、互相促进的。

"第二，……社会主义现代化建设事业是物质文明和精神文明协调发展、相辅相成的事业，缺少任何一个方面，都不成其为有中国特色的社会主义。

"第三，社会主义精神文明是社会主义社会的重要特征。……精神文明对物质文明建设起巨大的推动作用，并且保证它的正确发展方向。

"第四，社会主义精神文明建设的根本任务是培养有理想、有道德、有文化、有纪律的社会主义公民。……树立崇高的理想和正确的世界观、人生观、价值观。

"第五，……要始终坚持解放思想、实事求是，始终坚持党的基本路线不动摇。

"第六，处理物质文明和精神文明的关系，……必须始终注意把握它们的内在联系，增强全面性，克服片面性，……我们加强社会主义精神文明建设，必须思想、道德、教育、科学、文化一起抓。

"……实践证明，两个文明紧密联系而又有各自发展的规律，它们互为条件、互为目的。物质文明为精神文明的发展提供物质条件和实践经验，精神文明又为物质文明的发展提供精神动力和智力支持。……社会文明既包括物质文明也包括精神文明，缺少任何一个方面，社会就是畸形的，也不可能健康地向前发展。……

"在当代中国，建设社会主义精神文明，必须始终坚持以马克思列宁主义、毛泽东思想、邓小平建设有中国特色社会主义理论为指导。……爱国主义教育是精神文明建设的一个重要内容。……加强党对精神文明建设的领导，必须抓好队伍建设。精神文明建设是群众性的事业，没有群众广泛参与，是不可能搞好的。同时，一定要有一支专门从事精神文明建设的高素质的宏大队伍。"[①]

---

① 《江泽民文选》第1卷，第569－585页。

第三节　中国最广大人民的根本利益

"三个代表"重要思想的第三个代表是：中国共产党"代表着中国最广大人民的根本利益，……全党同志的一切工作都是全心全意为人民服务的，都是为了实现好、维护好、发展好人民的利益，任何脱离群众、任何违反群众意愿和危害群众利益的行为都是不允许的"①。"改革开放以来，我们坚持以邓小平理论和党的基本路线为指导，坚定地推进社会主义改革开放和现代化建设，使社会主义在中国的发展充满了新的活力，大大改善了全国人民的物质文化生活，人民群众真心诚意地拥护我们党。人民群众的拥护和支持，是我们党执政的坚实基础，也是党和国家事业不断发展的强大动力。"② 因此，对于任何不符合甚至违背党的先进性和人民利益的问题，必须保持清醒和高度警惕。

一、关于最广大人民的根本利益

用一个具体的例子来说明问题似可一试。说的是时任中共上海市委副书记、上海市市长的江泽民同志，他有一篇原题为《人民政府为人民，扎扎实实办事情》，后来用《人民政府要为人民办实事》这个题目选入《江泽民文选》第一卷的文章③。其中从头至尾，都讲的"为人民办实事"，首先对于上海的成绩指出："这些成绩都是在党中央、国务院领导下，在全国各兄弟省区市大力支持下，依靠全市人民团结奋斗得来的。"请注意有"全市人民"。谈到存在许多令人忧虑的问题时，有："忽视改善人民群众的生活环境和提高人民群众的生活质量，致使城市基础设施十分薄弱，欠账过多。"例如，住房条件很差，交通拥堵，环境污染，工业布局不合理，影响居民休息和身心健康，等等。"这些问题的存在和日趋严重，给人民生活环境的改善和上海经济的发展带来了一系列困难和障碍。"请注意未忘"人民生活"。接着是："尽快改变上海的城市面貌和市民生活环境……也是上海人民的强烈愿望。人民政府应该把完成这项任务作为自己的神圣使命。对于一个市长来说，更是责无旁贷。"请注意，是"神圣使命"和"责无旁贷"。"重点是加强城市基础设施建

---

① 《江泽民文选》第3卷，第2-3页。
② 同上书，第14页。
③ 同上书，第12-19页。

设。……这个问题不解决，就谈不上吸引外资和提高人民生活质量。因此，市政府决定'七五'期间要把加强城市基础设施建设，改进投资环境和人民生活环境，作为努力办好的三件大事之一。"面对人民群众大量实际困难亟待解决。"心里就感到深深不安。人民群众是我们国家的主人，我们是人民的公仆，有责任为他们解除后顾之忧。因此，在规划方案批下来之前，我们决定在目前国家财力有限的情况下，本着实事求是的精神，积极想办法，每年扎扎实实为人民群众办几件看得见、摸得着、群众又急需解决的实事。"在办实事的过程中，还注意处理好治标与治本、全局与局部、数量和质量、原则性与灵活性的关系，并着重抓了明确责任制、抓质量抓进度、及时组织协调和开展重点工程立功竞赛活动四个环节。"经过全市人民的共同努力，……居民反应良好，……调查表明，人民群众要求政府为人民办更多更好的实事，……"

通过上述实例，我们可以举一反三和见微知著。当然，一个直辖大市已不能称"微"了，只是同全国相比而言。最广大人民的根本利益不是抽象的，经常表现于生活环境和生活质量。无论是在城市还是在农村，都是看得见、摸得着的。江泽民同志强调"三个代表"重要思想中的最后一条，实际上是先进生产力和先进文化，即物质和精神的集中体现，也就是人的全面发展达到更高质量的水平。在谈到真正无愧于共产党员的称号时，他认为："就必须始终坚持共产主义的最高理想。……就必须坚持改革开放。……就必须坚持把党和人民的利益放在第一位，为了党和人民的利益甘愿自觉牺牲个人的利益。……就必须坚持刻苦学习马克思主义，学习科学文化，努力提高觉悟，精通本行业务……就必须坚持随时随地维护群众利益，勇于同一切不正之风和违法犯罪活动作坚决斗争。"① 非常清楚，这里没有一条不关系到最广大人民的根本利益。

二、为人民服务是共产党的宗旨

实际上，在前面的有关问题中，早已不断接触到这一点："全心全意为人民服务，是党的根本宗旨，是我们共产党人一切言行的出发点。在新的历史时期，共产党员要坚持把党和人民的利益摆在高于一切的地位。……共产党员在改革中要有吃苦在先、享受在后的高尚思想境界，做到克己奉公，不与民争利。……共产党员既要有为人民服务的愿望和决心，又要不断提高为人民服务

---

① 《江泽民文选》第1卷，第38－40页。

的本领；……"① 江泽民同志提出的衷心希望是："大家处处以党和人民的利益为重，以人民群众为本，抛弃一切官僚主义、形式主义的不良习气，真正在领导方法和工作方法方面取得新的进步，在全心全意为人民谋利益方面创造出新的气象。"② 他认为："共产党员特别是领导干部都要忠心耿耿、任劳任怨地为党和人民而工作而奋斗，有了这种精神，就一定能够在工作中作出成绩。党和人民也不会忘记你，对你取得的工作成绩一定会有公正评价的。"③

在谈到反腐倡廉时，江泽民同志指出："我们党和政府的宗旨是全心全意为人民服务，这就决定了各级领导干部必须清正廉洁，始终同人民群众同甘共苦、息息相通。不解决好反腐倡廉的问题，改革发展稳定就没有坚强的政治保证，党和政府就会严重脱离群众，就有亡党亡国的危险。"④ 对于这种极端危害性和危险性，应该有充分认识而不可掉以轻心。

在《保障工人阶级和广大劳动群众的权益是党和国家一切工作的根本基点》的讲话中，江泽民同志有这样一段话："保障工人阶级和广大劳动群众的经济、政治、文化权益，是党和国家一切工作的根本基点，也是发挥工人阶级和广大劳动群众积极性和创造性的根本途径。各级领导机关和领导干部，都要从坚持党的全心全意为人民服务的宗旨、巩固党的执政地位、维护国家长治久安的高度，坚持贯彻全心全意依靠工人阶级的方针，切实加强同广大职工群众的联系，关心他们的疾苦，倾听他们的呼声，实实在在地为他们说话办事，尤其要千方百计为遇到困难的职工排忧解难，努力把工人阶级和广大劳动群众的物质文化利益实现好、维护好、发展好，把他们的积极性和创造性引导好、保护好、发挥好。"⑤

关于树立正确的权力观问题，非常重要。江泽民同志在一篇专题讲话中谈到了其重要内容是："第一，我们党在革命战争时期是代表人民并领导人民去夺取政权的，革命胜利以后则要代表人民并领导人民掌握和行使好国家的各项权力。第二，我国是社会主义国家，人民是国家的主人，中国共产党的执政地位、社会主义国家的一切权力都是来自于人民的，领导干部手中的权力说到底

---

① 《江泽民文选》第1卷，第39－40页。
② 同上书，第364页。
③ 《江泽民文选》第3卷，第5页。
④ 同上书，第175页。
⑤ 同上书，第245页。

都是人民赋予的。第三，领导干部必须运用人民赋予的权力为国家的发展、富强、安全服务，为人民群众的团结、富裕、安宁服务，一句话，必须始终用来为国家和人民谋利益，而绝不能把它变成牟取个人或少数人私利的工具。第四，一代一代领导干部都必须始终信守为人民掌握和行使权力的正确原则，同时要始终自觉接受党和人民对自己行使权力的监督。"① 共产党为人民服务的宗旨极其明确，必须彻底破除"官本位"意识自不在话下了。我们所兴之邦，正是人民之邦。

在《就业是民生之本》这篇专题讲话中，江泽民同志讲得很中肯，也很全面，既指出充分认识就业再就业工作的极端重要性，又表示集中力量做好下岗失业人员再就业工作和全面做好扩大就业的各项工作。"我国有近十三亿人口（2002年9月12日讲话时的情况——引者注），就业问题比任何一个国家都复杂，扩大就业的任务比任何一个国家都繁重。就业是民生之本。就业工作，历来受到党和政府的高度重视。……当前及今后一个较长时期内，我国就业形势仍十分严峻。"② 这些都是事实，但在高度重视之下，工作是认真在做的。

三、坚持群众观点和走群众路线

中国共产党代表着最广大人民的根本利益和以为人民服务为宗旨外，还特别尊重、相信和依靠群众，坚持群众观点和走群众路线。在谈到始终保持党同人民群众的血肉联系时，江泽民同志说："全心全意为人民服务，密切联系群众，是我们党区别于其他任何政党的一个显著标志。我们党是在同人民群众密切联系、共同战斗中诞生、发展、壮大、成熟起来的。党离不开人民，人民离不开党。我们党执政以后，一方面取得了更好地服务人民的条件，另一方面也增加了脱离群众的危险。……要在全党范围内进行马克思主义唯物史观的教育，批判各种否定、贬低人民群众在社会发展中的地位和作用的历史唯心主义观点，牢固树立推动历史前进的决定性力量是人民群众的科学观点。我们要在全党形成坚决相信群众，紧紧依靠群众，一切以人民群众的利益为重，事事向人民负责，老老实实向人民群众学习的良好风尚。……群众路线是党的根本工作路线，是我们党根据党的性质和马克思主义认识论创造的一种科学领导方法

---

① 《江泽民文选》第3卷，第420页。
② 同上书，第504—505页。

和工作方法。……真正学会运用党的群众路线，需要经历一个端正立场、改造世界观、锻炼工作方法和工作作风的长过程，要下一番苦功夫才能做到。我们还要结合建设和改革新的实践，创造新的经验，丰富和发展党的群众路线。"①

在《以人民群众为本》的讲话中，江泽民同志说："一切事情，都要顺应人民群众的要求和愿望去做，才能取信于民，我们的工作才能步步主动、节节胜利。这个历史真理任何时候都不能忘记。……各级干部一定要牢记，联系群众、宣传群众、组织群众、团结群众为实现自己的利益而奋斗，这是我们党的根本力量和优势所在，也是我们各项工作的取胜之道。我们衷心希望大家处处以党和人民的利益为重，以人民群众为本，抛弃一切官僚主义、形式主义的不良习气，真正在领导方法和工作方法方面取得新的进步，在全心全意为人民谋利益方面创造出新的气象。"②

关于新闻工作，江泽民同志认为："要打好群众观点根底。新闻工作、党报工作，说到底，也是群众工作，是我们党联系群众的重要纽带。密切联系群众，是新闻工作者的必修课和基本功。大家要牢固树立群众观点，同广大人民群众同呼吸、共命运，善于做调查研究工作，紧扣时代的脉搏，倾听群众的心声……"③ 这对其他工作也很有启发。

在关于领导的问题上，江泽民同志指出："各级领导干部必须善于动员和组织群众一道奋斗。领导干部对党和人民的事业负有重要领导责任。所谓领导，最根本的就是要把党的理论和路线方针政策贯彻到群众之中，为群众所掌握，从而实现对群众的领导。而离开对群众艰苦细致的思想工作、宣传工作、组织工作，就不可能把群众真正动员和组织起来，实现对群众的领导也就会成为一句空话。……各级领导必须坚持走群众路线，始终与群众同甘共苦，一切为了群众，一切依靠群众，从群众中来，到群众中去，这条群众路线是我们的事业不断取得胜利的重要法宝，也是我们党始终保持生机和活力的重要源泉。"④

关于贯彻群众路线问题，江泽民同志把它提到核心问题的高度，他说："加强和改革党的作风建设，核心问题是保持党同人民群众的血肉联系，更好

---

① 《江泽民文选》第1卷，第98-100页。
② 同上书，第363-364页。
③ 同上书，第566页。
④ 《江泽民文选》第2卷，第141-146页。

地团结和带领人民把我们的事业不断推向前进。……把群众路线坚持好、发扬好，这是我们党始终立于不败之地的根本保证。……坚持群众路线，必须解决好深入群众、深入实际这个大问题。我们共产党人，必须心系最广大群众。"①

四、人民群众拥护共产党的领导

历史已经充分和生动地证明：没有受人民群众热烈拥护的共产党的领导，是不可能有今天的中国的。而人民群众之所以热烈拥护共产党的领导，"三个代表"重要思想已经回答了这个问题。没有先进生产力，何来物质基础？没有先进文化，何来精神文明？为最广大人民谋根本利益，以为人民服务为宗旨，以及坚持群众观点和走群众路线就更不用说了。正如江泽民同志所说："历史已经证明了这样一条颠扑不破的真理：没有共产党，就没有新中国！历史还必将证明：在中国共产党领导下，中华民族在九百六十万平方公里的国土之上一定能够建成一个富强、民主、文明的社会主义现代化国家！"②

人民群众拥护党的领导是有原因的，江泽民同志的这几句话就说得非常清楚："各级领导同志要善于分析和处理各种人民内部矛盾，必须把思想政治工作和其他相应的工作做在前面，做细做实，使群众感到入情入理，感到党和政府是真心诚意维护群众利益、关心群众疾苦的。这样，群众也就会真心诚意拥护我们，积极帮助和配合我们处理好各种矛盾和问题，不断巩固和发展安定团结的大好局面。"③

在党的第十五次全国代表大会上的报告中，江泽民同志又一次提及："百年巨变得出的结论是：只有中国共产党才能领导中国人民取得民族独立、人民解放和社会主义的胜利，才能开创建设有中国特色社会主义的道路，实现民族振兴、国家富强和人民幸福。"④ 这也就是说，人民拥护党的领导由来有之，绝非偶然。

正因为党的领导太重要了，所以必须对党的领导坚持、加强和改善。"要把十几亿人的思想和力量统一和凝聚起来，共同建设有中国特色会主义，没有中国共产党的统一领导是不可设想的。……在新的历史条件下，党必须认真研

---

① 《江泽民文选》第3卷，第327-328页。
② 《江泽民文选》第1卷，第37页。
③ 同上书，第363页。
④ 《江泽民文选》第2卷，第3页。

究自身建设中遇到的新情况新问题，善于学习和提高，善于改进和加强领导。"① 这样与时俱进，才能继续得到人民的拥护。关于这一点，江泽民同志是很注意和经常提到的。

在中共中央纪律检查委员会的一次全体委员会上，江泽民同志指出："当今中国的事情办得怎么样，关键取决于我们党，取决于党的思想、作风、纪律、组织状况和战斗能力、领导水平。党的性质、党在国家和社会生活中所处的地位、党肩负的历史使命，要求我们治国必先治党，治党务必从严。治党始终坚强有力，治国必会正确有效。"②

情况正是如此："改革开放以来，我们坚持以邓小平理论和党的基本路线为指导，坚定地推进社会主义改革开放和现代化建设，使社会主义在中国的发展充满了新的活力，大大改善了全国人民的物质文化生活，人民群众真心诚意地拥护我们党。人民群众的拥护和支持，是我们党执政的坚实基础，也是党和国家事业不断发展的强大动力。……现在，党的建设同新形势新任务不相适应的地方还相当不少，……只有解决好这个问题，我们党才能永远得人民的衷心拥护并带领人民不断前进。"③ 应该注意的是："影响党的群众路线贯彻落实最突出的问题，就是形式主义、官僚主义。……二者都是严重脱离群众、为群众所痛恨的不良工作作风和领导作风。……官僚主义引发形式主义，形式主义助长官僚主义。这已成为影响我们事业发展的一大祸害。"④ 现在重视群众路线教育实践活动是完全必要的。

---

① 《江泽民文选》第 2 卷，第 262–263 页。
② 同上书，第 496 页。
③ 《江泽民文选》第 3 卷，第 14–15 页。
④ 同上书，第 328 页。

第八章 用科学发展观指导实干兴邦

在前面已经谈到的习近平同志在纪念邓小平同志诞辰 110 周年座谈会上的讲话中，人们注意到有这么一段话："邓小平同志离开我们 17 年来，……在以江泽民同志为核心的党的第三代中央领导集体、以胡锦涛同志为总书记的党中央领导下，……坚持以马克思列宁主义、毛泽东思想、邓小平理论、'三个代表'重要思想、科学发展观为指导，统筹国内国际两个大局，……努力开创中国特色社会主义事业更加广阔的前景。"我们这里，也紧接着"三个代表"重要思想之后，讨论关于用科学发展观指导实干兴邦的问题。

人们记忆犹新，媒体曾经报道过一则美国官员到清华大学参加科学发展观研讨班的新闻。据分析，此事与探讨"中国和平崛起"即和平发展获得成功的主客观因素有关。看来，中国的科学发展观竟能引起外国官员的兴趣，应该不是偶然的。

第一节 发展是硬道理，必须坚持发展

"发展是硬道理"这个说法，可能很多人都知道，是邓小平同志已经响遍全球的一句名言。正因为是这样，那么，说"发展不是空道理"，也就可以成立和理解了，因为发展是实实在在的具体行动，虽有美妙无比的目标，但若只是坐而言，而非起而行，则永远不能达到或实现。再说发展还有一个怎么发展的问题，在发展过程中，发展的情况和水平、速度和质量以及所收到的效果等，都是一目了然和可以测算的。"硬道理"究竟能不能"硬"得起来，就要看在发展实践中的所有步骤、环节和各有关方面是否能够"过硬"了。其中的焦点或关键，则在于有没有正确的发展观进行指导。发展观不正确，可能如俗话所说叫作"吃力不讨好"，或顾此失彼，甚至误入歧途。因此，用科学发展观来指导发展，便显得特别和格外重要。

一、对发展与不发展的利弊比较

在人类社会，从个人到集体，对于发展还是不发展，发展得快些还是慢

些，为什么去发展，发展什么，以及如何发展等一系列的问题，都会有各自的思考和选择。仅就发展与不发展而论，即可试作比较，见其利弊。

先以个人为例。比较常见的是遗产较多的继承者，包括现在的所谓"啃爹"族。此辈娇生惯养，饭来张口，衣来伸手，一切坐享其成，安于现状，不思进取，根本不知道也不想知道什么叫发展和为什么还要去发展。结果往往是坐吃山空，成为不出众人所料的败家子和寄生虫。旧社会的"富不过三代"之说，即由此而来。其实，对于这类人来说，不发展只是指不向正面积极发展，而沦入负面消极的深坑，亦即不健康成长反而腐败堕落。刚才讲到的那个"啃爹"族，有的还成为"坑爹"族，就是这样来的。对国家和社会的正常发展而言，这些人是成事不足，败事有余的。

再说集体方面，在国际竞争、社会竞争日趋激烈的总形势下，一个国家、地区、行业，直到各种分门别类的单位、部门、团体，等等，都在各自的发展中你追我赶和力争上游。"落后就要挨打"已成历史共识，不进则退，终于败下阵来，甚至被淘汰出局的结果，也并不罕见。这种现象表明：不发展不行，大家都必须发展，连发展得慢些、差些或晚些，都对比分明，差距显著。兴衰成败，随之而定。"发展是硬道理"，岂不正"硬"在这里吗？读历史，见兴替，当然还有为什么发展和怎样发展一类的问题，我们随后再议。

"空谈误国，实干兴邦"是一个最好的例证。"空谈"不管谈得怎样，若完全脱离发展实际，总会失时（错过时机）误事（不能达到发展目标），在国家层面就是"误国"；而"实干"才是真正努力从事发展实践去完成"兴邦"的任务或使命。这也就是发展与不发展之间最明显的根本区别。具体来看，长远的历史过程且不去说，仅从中国共产党成立之日说起，至今还不到百年，"兴邦"大业已可见其取得决定性成功的大势所趋。一句话，没有中国共产党领导的革命和建设的发展，就不可能有今天的新中国。

说来话长，中共党史也就是中国共产党领导中国人民创建和建设新中国的历史。在前面开头部分已经谈到过的内容，不再重述。这里只是简单说说改革开放这件在新中国发展史上堪称重中之重的特等大事。当时正在破坏性很大的"文革"之后，新中国处于国民经济濒于破产边缘的险境，不赶紧拨乱反正，积极恢复正常发展，说得严重些是死路一条也不为过。"发展是硬道理"这句名言，并非凭空而来，显然是有所感而发的。闭关锁国不行，率由旧章不行，需要敢闯、敢创。建设中国特色社会主义的道路可取，发展社会主义市场经济可行，办好经济特区可试，加入国际贸易组织（WTO）

可谈，以及诸如此类的发展内容和方式，至今仍属进行时，发展成效也是客观存在的。

二、没有发展观的发展不可思议

发展不是为发展而发展，发展不是说发展就发展，可以闭目塞听，不加思索，随便或胡乱去行动的。发展总要有其最重要、最根本的战略目标和指导思想等所形成的发展观。没有发展观所普遍、经常、积极发挥的重大和深远作用，便难以或无法做到深谋远虑和统筹兼顾，甚至会顾此失彼、矛盾百出、困难重重，不是头头是道，而是格格不入，更不用说在总体上和长期内有不断接近和实现目标的可能了。由此可见，发展离不开、少不了正确的发展观。正如我们处世、为人、学习、工作等要有正确的世界观、人生观、价值观、幸福观等一样，任何发展都要在正确的发展观指导下，才能顺利、健康、继续发展下去，能够及时和妥善地克服各种困难，解决可能会发生的矛盾和问题，逐步去达到既定的目标和完成预计的任务。中国和平发展取得巨大成功的深层次原因之一，正在于此，随后我们还要继续讨论。不过，这里我们已经不难得出一个可以明确肯定的结论，那就是：没有发展观的任何发展，都是不可思议的。

本来，按照一般现象来观察，各个不同领域的发展，无不存在各有其可以互相区别的个性特点。但是在与此同时，又存在具有大体上一致相同、近似的共性要求。前者即个性特点方面，如经济发展、教育发展和再细分的如工业发展、农业发展、高等教育发展、中等教育发展，等等，尽管它们的内在联系或者总目标相同，可是在彼此之间的专业分工上，有着明显的差异。后者即共性要求方面，如无论是哪一种专业的发展，都不是，也不可能是为发展而发展，都一定有一个为什么而发展的问题，即前已述及的发展目标；又都不可能独自孤立地去发展，总需要同其他有关方面的发展互相配合和支持，才能发展得起来，否则难度极大，勉强行动也难以持久。

试仍以中国的改革开放为例。我们的和平发展所取得的成就被称为中国和平崛起是铁的事实，世界对此议论纷纷和大举探讨其原因也很自然。早在十年以前，这方面的有关议论已日益增多，记忆犹新的几个信手拈来的事例如：一是"中国"是2004年达沃斯经济论坛上提到的最多的一个即频率最高的一个词。"中国更是亚洲关注和羡慕的焦点。"① 二是"现在身为中国人很酷"②。三是全世界"汉语热"不断升温。③ 四是"整个欧洲都处在中国热当中"④。五是"我有幸看到中华民族真正站起来"⑤。类似的例子不胜枚举,莫不归结于中国和平崛起这一历史巨变。当时,纵向与自身的往日相比:"在过去25年中,中国国内生产总值增长了六倍,数亿人的生活发生了翻天覆地的变化。"⑥ 这是历史的概括。横向与别国或地区相比:"基础设施、住房、商业建筑等领域发展的速度、规模和质量,使得世界其他任何地方的发展都相形见绌。"⑦ 这是现实的素描。单项成就和综合实力比,前者难以尽列,后者也有绝对数和平均数之别,但总体有明显巨大增长:"中华人民共和国不仅仅确立了自己是国际社会一个稳定且负责任的成员的地位。中国的政治制度及其人民的聪明才智和能量已经产生了举世瞩目的成就,绝大多数人的生存条件和日常生活大大改善。"⑧ 现实水平正在提高,发展趋势良好,潜力中有巨大的"软件优势"⑨。我们要注意的是"发展趋势"和"软件优势",这就无可避免地涉及发展观和人的因素。

三、发展观正确与否的不同效果

我们可以通过发展的具体情况和实际效果以及有关评论、表述,来判断是怎样的发展观及其是否正确。例如,在"中国和平崛起"面前叹为"奇迹"的早大有人在,对于思得其解颇感兴趣极其自然。在这方面的说法很多,有代表性的像"自有走活经济棋局硬道理"六条:一是在把握经济发展宏观调控的策略上具有预见性和科学性。二是造就投资推动经济增长的新格局。三是工业指导经济增长明显。四是不断推进结构调整拓展了新的增长领域。五是出口

---

① 见《世界名人看中国和平崛起》,载《参考消息》2004年2月10日第16版。
② 詹姆斯·胡克韦:《现在,身为中国人很酷》,载美国《亚洲华尔街日报》2004年3月16日。
③ 张利:《韩国劲吹"中国风"》,载《参考消息》2003年7月10日第9版。
④ 《令人兴奋的世界工厂》,载德国《明镜》(周刊)2004年4月26日。
⑤ 王光荣,胡其峰:《我有幸看到中华民族真正站起来》,载《光明日报》2004年4月21日A2版。
⑥⑦⑧ [英]杰弗里·豪:《中国之路》,载英国《今日世界》(月刊)2004年1月号。
⑨ [美]查博拉·戴维斯:《中国的"人力软件"将让经济保持繁荣》,载新加坡《海峡时报》网站2003年9月19日。

拉动经济增长突出。六是内需消费拉动经济增长明显。① 有趣的是：这篇载于中国香港刊物的文章题为《中国经济持续稳定快速发展之谜》。对于这个"谜"，作者没有乱"猜"，而是有相当水平的，既肯定是"持续稳定快速发展"，又考虑到"宏观调控"、"预见性和科学性"，以及"投资推动"、"工业指导"、"结构调整"、"出口"、"内需"，都是"走活经济棋局的硬道理"。

又如，认为中国是"秩序井然的国家"②，意思是在稳定有序中发展。也有归纳中国成功的公式是："社会主义＋中国民族传统＋国家调控的市场＋现代化技术和管理。"③ 诸如此类的说法，莫不言而有据。某些情况已经接触到本质、核心问题，但仍意有未全、不足之处，有待进一步深入探讨。

我们不难回忆，就在那一段时间里，关于中国和平崛起的要义，温家宝总理曾经指出：一是充分利用世界和平时机，努力发展和壮大自己，又以自己的发展维护世界和平。二是基点主要放在自己的力量上，独立自主，自力更生。三是坚持对外开放政策、平等互利，与一切友好国家发展经贸关系。四是需要很长时间，要多少代人的努力奋斗。五是不会妨碍任何人，也不会威胁任何人，中国现在不称霸，将来即使强大了也永远不称霸。④ 中国和平发展的全貌已经在大体上说得很清楚了。

不过，一点也不奇怪，对世界大事的评论，常会由于看问题的立场、动机、角度等的不一样而有差异，甚至截然不同、完全相反。也就是说好说坏的都有，我们可以在比较中去鉴别，做到兼听则明。那些对中国怀有敌意者看到中国没有"和平演变"而是"和平崛起"，当然大失所望。于是什么"威胁"论、"破产"论之类也接踵而至。等到大家都看清不是那么一回事，他们的狂呼乱叫也就逐渐低落、消失了。我们应保持清醒，抱着实事求是的科学态度，正确对待。

应该肯定的是：发展观正确与否的效果不同。举一个略有文字游戏意味的例子：中国历史上民间流行语中，有过"不怕官，只怕管"这么一句话。是

---

① 韦章尧：《中国经济持续稳定快速发展之谜》，载香港《镜报》（月刊）2004 年 3 月号。

② 贾杨塔·罗伊：《中国及其引人瞩目的进步——我们可以从这个秩序井然的国家学习很多东西》，载印度《金融时报》2004 年 4 月 1 日。

③ 《俄共领导人贝加诺夫访华之后——当俄罗斯当局埋葬社会主义的时候，社会主义中国正在赶超美国》，载《苏维埃俄罗斯报》2004 年 4 月 29 日。

④ 见《光明日报》2004 年 3 月 15 日 A1、A3 版。

真的不怕"官"么？非也。原来怕"管"仍是怕有权"管"老百姓的"官"。因为当时"管"得野蛮、残暴、压迫、敲诈，只是为统治者谋私利，不顾人民的死活，常致民不聊生，很多家破人亡。所以怕"管"是道出了怕的实质。现在情况根本不同了，人民当家做主，为人民服务是共产党的宗旨。管理就是服务，领导也是服务，公职人员都是为人民服务，说"不怕管（服务），只怕官（官僚主义、官僚作风）"倒也说得通。实际上是欢迎和接受服务，厌恶和反对官僚习气。发展的目标和性质不同，作用和效果自不一样，也都是与不同的发展观直接联系着的。

四、科学发展观逐步形成的过程

我们所说的科学发展观，不是从来就有的，也不是忽然出现的，它经历了一个逐步形成的过程。回顾在长期的革命斗争和建设实践中，前人不断获得许多宝贵的经验和难忘的教训，并为之付出了高昂的代价。经过历史的检验，特别是改革开放以来所进行的各种新的尝试，不断总结、筛选、提高，终于使逐渐趋于成熟的科学发展观得以顺利诞生、奠定、树立，得到广大中国特色社会主义建设者们的热烈欢迎和接受，并且坚定不移地为落实科学发展观而努力奋斗。它统领经济社会发展全局，是继续和平发展的指针。对此，我们心明眼亮，至少在重大决策方面，可能减少走或不走弯路的可能性。

具体来看，我们所理解的科学发展观，其基本内涵，那是以胡锦涛同志为总书记时，在中国共产党第十六届三中全会上明确提出的："坚持以人为本，树立全面协调、可持续的发展观，促进经济社会和人的全面发展。"它既是我国实行改革开放以来各项建设事业的理论和经验的总结，又是在新的历史时期所提出的新要求的反映，以及中共中央所一贯坚持的解放思想、实事求是、与时俱进的思想路线和"三个代表"重要思想的结晶，成为我们行动的指南。它可以保证我们正确评估成绩，注意克服困难和平稳顺利向前迈进。科学发展观首先和全在落实于和平崛起的全过程。中国和平崛起的深层次原因，正在于有正确的发展观——科学发展观的正确指导。宝贵的经验增强了我们的信心，某些交了"学费"的教训也不可在白白交了以后就忘记得一干二净。以人为本还是重物轻人或见物不见人？全面协调还是各自为政或各行其是？可持续发展还是昙花一现或热闹一时？全面发展还是出现畸形或一枝独秀？大家不难根据实际情况，做出明智的选择。

科学发展观本身除上面已经述及的经历了由酝酿到正式宣告形成的发展过

程外，仍经历着不断发展的过程，即在继续实践中不断拓宽、深化和提升。伴随着科技发展和经济社会的进步，科学发展也与时俱进。因而其内容也更加丰富多彩，其原则精神亦随之更具有生机活力。拓宽指的是它的接触面更广，面向全国、全世界、宇宙空间，扩大新视野，开辟新领域，不断创新。深化是把工作做得更精、更细，尤其在以人为本方面，力求做到体贴入微和关怀备至，努力建设学习型社会。至于提升，即逐步提高各项有关标准、要求，不再以浪费资源、牺牲环境、置安全于不顾为代价，去满足一些形式上的所谓"成就"。在提升物质文明、精神文明、政治文明程度的同时，重视生态或环境文明。

让我们把科学发展观的基本内涵再以主要基本点的说法来加深印象：一是发展要以人为本。这一点是前提，是基础，非常重要。实干兴邦者必须牢牢记住，丝毫不可掉以轻心，万万不可忘本。二是要注意全面发展。考虑、分析、研究问题要避免片面性。三是要强调协调发展。随时、随地解决各种矛盾，尤忌问题积少成多、积重难返和矛盾激化。四是要保证能实现可持续发展。高瞻远瞩，继往开来，凡事要有战略思维，绝不因小失大、顾近忘远。五是旨在谋求经济社会的不断进步和人的全面发展。这最后一条，正是以人为本的必然回应，是全面协调可持续发展的目的所在。

科学发展观应引领发展全局，有关部门和全体人员均须有此共识，做到明大义、识大体、顾大局，实践证明，此乃客观规律，合之则成，悖之则败。若说科学发展观的作用是立竿见影的也不为过，最重要的区别，在于自觉与自发之间。科学从来不是自封的，我们一贯坚信：实践是检验真理的唯一标准。对待科学发展观也是一样。

第二节 以人为本，全面协调，统筹兼顾

关于科学发展观的基本内涵和主要基本点以及相关的总体情况，已在第一节里谈了不少。本节和第三节将要讨论的，是分别就其具体内容作进一步比较细化的观察。由于一个国家的发展项目总是千头万绪、面广量大的，尤其是像我们这样一个历史悠久、幅员辽阔、人口众多的大国，事情和问题就更多和更复杂了。所以说"比较细化"也只能是极其初步地略述其要而已，更远远说不上分门别类地又专、又精、又深了。也就是说，仍然还只是停留在属于原则性的范畴或层面。虽然各个领域、各个行业和从业人员，对于如何在科学发展

观的指引下发展好自己的专业,有各自的思考和体会,但是对科学发展观的认识和理解有待加深,则可以肯定是共同兴趣和愿望所在。

一、以人为本必须是一切为了人

在科学发展观的战略思维中,以人为本是列于首位的基本内涵。其最终目的,正在于促进经济社会和人的全面发展。从马克思列宁主义、毛泽东思想、邓小平理论,到"三个代表"重要思想,都无不着重和集中考虑这一点,也真正和完全是一脉相承的。这个以人为本贯穿于从最初的出发点到最后归宿的全过程。无论是什么时候、什么地方、什么事情,如果出现了诸如"目中无人"、忽视人的因素的情况,偏差就一定会如影随形般地发生。尤其需要十分清醒地注意和高度由衷地强调的是必须认真落实人文关怀,切忌让人们的物质和精神方面不断增长的需求完全落空。我们随后还要谈到,这里暂不详及。

人们最常见的现象是在发展过程中,有许多工作是直接面对财、物和具体事务的,还有如规章制度、文件资料,等等,并经常同它们打交道。这就很容易在有意无意之中,程度不同地有见物不见人的倾向,结果是不能真正地把工作做好。"目中无人"原是用来形容一个人的狂妄自大的,即自以为了不起而看轻别人的,这里借用于见物不见人,情况要严重得多。因为凡事若是与人失去了正常联系,便会偏离甚至是背离服务对象的根本和长远利益,难以及时满足后者的正当和合理要求,有违为广大公众服务的宗旨。因此,发展必须坚持以人为本,就需要经常心中有人。

"以人为本"如此重要,似乎一说就懂。为什么还要一再和突出强调呢?因为懂有真懂假懂之分,也有不懂装懂或误解、曲解的,所以很有必要从其原意来看得一清二楚,以免有人浑水摸鱼和混淆视听。"以人为本"中的人是指广大公众,其中当然包括个人,但绝非仅限于个人。"一切为了人"的人,也是一样。"人人为我,我为人人"的说法是体现了人我关系的。某些自私自利者用损害公众利益的手法去自肥,就直接违背了"以人为本"之本。因而认真惩治贪污腐败是彻底维护广大公众长远根本利益之举,是固本之道。有的人不好好做工作,不好好服务,却一天到晚,处心积虑地去搞人事"关系"。拉拉扯扯,乱七八糟,竟死皮赖脸地歪曲和丑化"人定胜天"、"以人为本",真令人难以置信会有这样的败类!

话又得说回来,邪门歪道总是见不得人的。现在,关于科学发展观中以人为本的严正意义已经深入人心。但另有一点应该指出,即有些明显抱有好意的学者，认为中国自古就有重民的传统，如"民为邦本，本固邦宁"、"得人心者得天下，失人心者失天下"之说可为明证。从字面上来看，似乎确有其事，可是结合历史背景加以分析，实不宜与今日的以人为本等量齐观。因为过去的"邦"和"天下"，是君主政治的"邦"、封建统治的"天下"，要宁的"邦"和"天下"的得失，都不具有今天人民真正当家做主的性质。因而那些说法至少有很大的历史局限性，不能同今天的以人为本混为一谈，何况，过去认识到"民为邦本"和要"得人心"的，只限于少数"明君"，而虐民、残民，闹得民不聊生，直到官逼民反的事则史不绝书。可见，历史上的"重民"思想与今天的"以人为本"岂可同日而语？

二、以人为本必须坚信事在人为

以人为本除发展是为了人之外，还坚信事在人为，即发展要依靠人。为了发展得更好，必须尽最大努力去调动人的积极因素。这里既指参与发展的全体从业人员，也包括全社会的广大公众，都要千方百计地去调动和发挥他们的积极性，以及挖掘他们的潜能、潜力，共同用于创新型国家和现代化小康社会的建设和发展。在以人为本的条件下，认真调动人的积极因素不仅是必要的，而且是可能的，因而是大有可为的。由于事关切身的根本和长远利益，在情况正常、方法适当的气氛中，大家都会踊跃参与、积极从事、乐观其成和共襄其成的。

这里说到要依靠人，有一个要解决的问题是：对人的能力应该怎么估计？当然，人不是万能的，而发展没有人却是万万不能的。不错，现在科学技术更加发达，不少工种已开始使用各种各样的机器人，令人兴"巧夺天工"之叹。但是不可忘记，这些科技成果不是天上掉下来的，是由活生生的人们长期研究开发出来的，机器人不也是人造出来的吗？记得人们常说"人为万物之灵"和"人是高等动物"，其实灵和高都在人的头脑，前人把心当作思维器官，故有"心之官则思；思则得之，不思则不得也"（《孟子·告子上》）这一说法。毛泽东认为："他对脑筋的作用下了正确的定义。"（《学习和时局》）这个"思"字的结构也很有意思，从"田"，从"心"，是"心"上的"田"或"田"在"心"上，可以努力"耕耘"，可有重大"收获"。倘若思得高明、巧妙，就会大做"文章"。难怪"人才难得"，早有"得人才者得天下，失人才者失天下"的经验之谈。现在人才争夺愈演愈烈，"智囊"、"智库"相当时髦、吃香，听来吓人的"猪头"公司也出现了，于是普遍重视人才培养。对于要想发展卓有成效，急需各种人才的实际情况，也由此可以窥见一斑。

关于调动人的积极性从事实干兴邦，包括愿干、肯干和能干、会干两个方面。愿干而不能干，能干而不愿干都无济于事。因此，在调动起来的积极性中，应该有勤学苦练的积极性，以不断提高发展所需要的技能、有关的新知识和创新的本领。领导者在调动人们积极性的同时，不仅要保护好这种积极性，还要为积极性的落实和发挥提供良好的环境和条件。即以学习的积极性为例，就要计划安排好学习的机会。只顾使用，忽视培养、提高不可取。从长远来看，那将对发展不利。要不断上新台阶、达到新水平、出现新局面、制造新产品等，知识、能力、思想、眼界还是老一套怎么行呢？特别是在进入信息社会、知识经济时代以后，一切率由旧章很快就会落伍、掉队，甚至有被淘汰出局之虞。这绝不是危言耸听，各行各业皆不乏其例。前面说过在商品流通中，有这么一个有点小趣味的小"插曲"，不妨再说一次，说的是："人无我有，人有我廉，人廉我优，人优我转。"转就是改，有创新之意。要努力创新已成共识，这不是偶然的。

说到培育人才，不能不关心教育事业。从基础教育到高等教育的整个教育体系，既关系到发展所需人才，又是人的全面发展中的一个重要方面。现在关于深化教育改革的课题已经提上议事日程，这是具有基础性的一件大事，希望能从以人为本的角度和高度来研究问题。

三、只有全面协调才能和谐安定

科学发展观的基本内涵在紧接着以人为本之后，就是发展必须全面协调。先说全面吧，全面的反面为片面，不是全而是偏，不是整体而是零散、各部。发展的启动虽然可以有先有后，但必须把全面带动起来，及于全面，实现总体发展，共同提高、共同进步。这是时刻不可忘记的发展真谛。否则，出现和存在盲区、死角、空白点、薄弱环节、失控地段之类，便难以协调。另外一种常见的情况是表面上已经掌握了全面，但主事者注意得不够，仍然会发生不协调的现象。所谓不协调，无非是各部分之间差距渐大、过分悬殊，不能互相适应配合，而是"顶牛"、"扯皮"，对彼此和全局的发展有消极影响，难以和谐安定，更说不上长治久安了。对此不可掉以轻心，最好是能防微杜渐，不让不协调的因素从小变大、从少变多、从暂时变长久，成为"老大难"问题，结果积重难返，将误大事。

说得更具体些，片面发展是全面发展的对立面。片面发展的趋势是必将出现畸形，而终结的后果则很有可能是孤立、悬殊、冲突、停滞，导致整体衰败，一般发展如此，大国发展尤甚。各自为政、各霸一方、各有其"势力范围"和"后台老板"的旧中国军阀们所"演"过的历史丑剧已远超过"四分五裂"这个形容词。外国侵略者乘机入侵，"堂堂大国"又怎能不变成殖民地、半殖民地、次殖民地呢？现国耻已雪，只有全面协调的新中国才能顶住狂风恶浪。

面对某些不够全面协调的事情，我们必须认真对待。应当注意，在全面发展中，必须凸显出总体与各部分的关系和各部分之间的关系，发现或遇有不协调或不够协调处，要使之协调才能照常顺利发展。要强调协调发展是全面发展中不可或缺的主题，也就是一定要归结为能够在发展中协调和在协调中发展。试仍以前面提到过的情况为例，如盲区、死角必须清除，空白点必须填补，薄弱环节必须加强，失控地段必须恢复正常，工作应做得及时，以免背上"包袱"或成为隐患。为此，应先进行普遍深入的调查研究，以便弄清真相和采取有效的对策。事实证明，其中既有由于平时大意、忽视而易于改观的，如卫生死角之类；也有长期积累下来而终于成为"老大难"问题的，如封建迷信和愚昧恶习等。这在很大程度上，也包括科普、普法和移风易俗的任务，涉及物质文明、精神文明、政治文明、生态文明建设等内容。

在发展过程中所面对的各种关系，可谓错综复杂，难以列举。大体看来，诸如内外（包括外交与国际活动）、上下（从中央到基层各级领导与被领导关系）、左右（同级单位、地区和人员）、前后（前任与继任、历史与现状）、各部门、各领域、各行业、公与私、公共关系和人际关系，等等，怎样把它们都给摆正和理顺，可是个经常性的，有时会感到很"头痛"的问题。但又不能不随时注意要处理好，因为在发展实践中非常需要各有关方面的大力配合和支持，关系正常或异常、积极或消极，效果可大不一样。不过，协作是共同的需要，没有互利的协作也就没有共同的进步。只顾利己，也只能是一厢情愿和孤掌难鸣。现在国际上流行一种"双赢"的说法，其所包含的内容并非都是赚钱那么简单，有时是实行优势互补，显然有助于共同发展。为了繁荣经济和长远利益，一方提高服务水平和提供优惠条件，也会进行双方满意的协作。可见协作方式是灵活多样的。

和谐是个非常令人向往的境界。和谐社会就是全面协调的社会。建设全面协调的和谐社会，说到底，要从各个社会"细胞"做起，具体到每个家庭、单位、团体。共同的特征是成员当中都具有较强的向心力和凝聚力，推广到整个社会也是如此。实现全面协调完全是可能的。

四、只有统筹兼顾才能全面协调

我们说实现全面协调完全是可能的，并不是说可以漫不经心不做任何努力就能实现。促其实现最重要的举措，非统筹兼顾莫属。倘若既不统筹又不兼顾，听任其分散、自流，必致矛盾百出，纠缠不清，沦于混乱。对一个国家来说，势难和谐、安定。因此，统筹兼顾应是国家各级领导人最重要的历史任务。

国家如一个整体，"四肢发达，头脑简单"不行，"头痛医头，脚痛医脚"也不行，"急惊风遇到慢郎中"不行，"药不对症"更不行。说这些是因为想起"上医医国"这句古语。而中国传统医学是讲究统筹兼顾的，不妨作比。据说，最高明的医生是治"未病"，大概属于预防医学的范畴，或者在刚有点"苗头"的时候，就在"萌芽状态"给控制住了。还有一说叫"倒霉的医生看病头，走运的医生看病尾"。其实看病头的医生是对的，已经"对症下药"。但是病人性急，不能马上见好，便另找医生。而后者在前者用药逐渐有效的基础和趋势下，继续再开点药很快痊愈，于是病人称"神"。再说"对症下药"才能"药到病除"，需要有"辨证施治"的能力，而"辨证"又必须有"望、闻、问、切"的基本功。这就是对病情、病史进行调查研究的本领。凡此种种，我们在其他业务工作中不也可以参考？

说回发展必须统筹兼顾。除前面已提到的情况和问题外，主要是采取有针对性的有效对策。为了开创新局面，试点先行有所突破和设置重点带动全面都很有必要。但对长期和严重发展不平衡的状况，应及时抓紧扭转，以免在问题成堆以后，更难妥善解决。例如，实施让少数人先富起来的政策，其初衷在于将其作为共同富裕的过渡。但不能听任两极分化愈演愈烈。"三农"问题亟待认真妥善解决，是另一个具有重大意义的例子。还有构建学习型、节约型社会，以及胡锦涛同志于2006年3月4日提出"八荣八耻"的荣辱观等，都颇有现实针对性。

其他的暂且不说。这个社会主义的荣辱观可关系重大。"八荣八耻"本是一般的简称，其具体内容为："以热爱祖国为荣，以危害祖国为耻；以服务人民为荣，以背离人民为耻；以崇尚科学为荣，以愚昧无知为耻；以辛勤劳动为荣，以好逸恶劳为耻；以团结互助为荣，以损人利己为耻；以诚实守信为荣，以见利忘义为耻；以遵纪守法为荣，以违法乱纪为耻；以艰苦奋斗为荣，以骄奢淫逸为耻。"这是社会主义倡导的人们对荣誉和耻辱及其关系的明确认识和根本态度，也是社会主义道德价值观的集中体现。这与我们随后就要讨论的可持续发展与人的全面发展，有直接和密切的联系。因为人的全面发展所充分反映的，当然是十足的光荣美好和无懈可击的正能量，而彻底排除丑陋可耻和损害群体的负能量。也就是说，要发展、保存、积累积极因素，而拒绝、防止、消灭消极因素。因此，从这个意义上来看，胡锦涛同志提出的"八荣八耻"的荣辱观，是对科学发展观的重要补充。

前面说到要有重点地开展工作，那在工作方法中本来是很正常的事。但应注意点面结合，以点带面。选点也事关全局，属于决策性质。关于决策，不能不慎之又慎。决策有缺点、错误，一定要赶紧改正、补救。失策即没有统筹兼顾好则往往要付出很大的代价和蒙受很大的损失。再说工作应忙而不乱，要有序地进行。失序所造成的不良影响给人以恶劣的印象，轻重不分、缓急颠倒、穷于应付、招架不住、窘态毕露，完全流于被动。又在出现危机之际，需要镇定善处，不可惊慌失措而致局势失控，那也是在发展中的大忌。无论是失策、失序、还是失控，其根源在于失察，即仍未谙统筹兼顾之道。当然，有些事情是人们始料所不及的，如天灾人祸等突发事件。可是，我们为什么又能处之泰然、应付裕如，不止一次地得到国际公认的好评呢？原来我们早已和久已安不忘危、治不忘乱和防患于未然了。亦即防灾、救灾已在统筹兼顾之列，加上以人为本的军民团结，更可速见事功。可不是么？在中国共产党全心全意为人民服务根本宗旨的感召和鼓舞下，"一方有难，八方支援"是这样说的，也是这样做的；"人民军队人民爱，人民军队爱人民"是这样说的，也是这样做的。

第三节 可持续发展与人的全面发展

在科学发展观基本内涵的最后部分，是可持续的发展观，促进经济社会和人的全面发展。显然，这正是以人为本的根本所在，是全面协调可持续发展的目的。如果比作"画龙点睛"，这个"睛"就在这里。也就是以人为本的最终体现。但是，必须明确认定，没有经济社会的不断进步，人的全面发展是不可能的。换句话说，人们在积极努力从事各种现代化建设和保证经济社会可持续发展为自身的全面发展创造了条件。因为若缺乏相应的物质、精神、政治、生态等文明，人的全面发展便有很大的局限性，甚至无从说起。不说别的，仅就"一穷二白"的状况倘不根本改变而论，广大公众的生计已成问题，难怪其他都顾不上和谈不到了。我们大概不会忘记："贫穷不是社会主义！"

一、可持续发展关系到国家兴亡

可持续发展是件大事。若仅仅满足于"一时之盛",那就糟了。科学发展观非常重视可持续发展,坚持以人为本和发展要全面协调,就是要最后落实到这一点上。昙花一现、一曝十寒,"三天打鱼,两天晒网",打打停停,断断续续都不行,要的是稳定、平衡、持久,一直顺利发展下去,直到全面建成中国特色社会主义现代化小康社会以后,还要马不停蹄地继续前进、前进、再前进。对于任何"饮鸩止渴"、"饥不择食"、为近忘远、因小失大,以及"竭泽而渔"、"断子绝孙"的事,必须高度清醒和十分敏感地有所警惕。像以大量浪费、损耗资源、能源和牺牲环境、破坏生态平衡、置人身安全于不顾,以及以之为代价所造成的劳民伤财、殃及子孙后代、很少或毫无实质性价值和意义的所谓"形象工程"、"面子工程"之类的"业绩",便都是触目惊心和言之痛心的例证。尤有甚者,在二十多年以前,一个好不容易屹立于世界的社会主义大国,在被"和平演变"的进程中,最后的近因之一,竟是对应付暂时的经济困难采取一种"休克疗法",即让经济发展中断,从此一蹶不振,不但没有"起死回生",而是从此呜呼哀哉,改变了国家的颜色和性质。我们说可持续发展关系到地区的盛衰和国家的兴亡,绝非无稽之谈。由此可见,保证可持续发展,对一个国家来说,真是太重要了。因为如果不能做到这一点,就完全意味着已无法再继续生存下去。这可不是夸大之词或故作惊人之语。

本来,保证可持续发展是对发展有战略眼光和思维,就是能认真考虑到长远的发展前景。那种只顾眼前的人,说得不好听叫鼠目寸光。也许有可能一时看上去还比较红火、热闹,似乎一切都很妥当,似乎平安无事。可是仅仅安于现状是远远不够的。还既要居安思危,又要认真想想来日方长,将何以为继?"到时候再说"的苟且偷安、得过且过的观念存在很大的风险。应该对"可以预见的未来"提前有所准备,以免发展难以持续甚至出现中断。习惯上有"思前想后"之说。"思前"在于总结过去的经验和吸取已有的教训,"想后"则在于谋划将来,都是为了维护、促进正常、健康的可持续发展和能发展得更好。

在保证可持续发展的过程中,国家层面有一个要不要和怎样与国际接轨的问题。一般来说,与国际接轨原是一种通行的国际惯例。它的原则精神是国家之间互相尊重、平等互利、自愿参与、共同遵守包括权利和义务的有关规则。因此,接轨是有条件的,不是凡轨皆接或遇轨必接,乱接一气。必须考察是什么样的轨，接还是不接，要接又在什么时候接为宜，等等。必须审时度势，谨慎从事。如果不是真正的平等互利和具有实质性的意义，贸然接轨，可能结果是得不偿失并受制于人。有人曾用汉语近音和同音字调侃说，那就不是接轨，而是"见鬼"了。不过我们似乎还没有碰上那样尴尬的场面，例如，曾经有某国际组织要弄"两个中国"的阴谋伎俩，我们就坚决揭穿、抵制。尽管如此，提醒注意还是很有必要的。又如在正常情况下，我们仍然要坚持既与国际接轨又不忘突出中国特色。我们正在建设稳定团结、兴旺发达的和谐中国，也希望与亚洲和世界各国人民携手，建设持久和平的和谐亚洲、和谐世界。

关于究竟是否有必要强调中国特色的问题，我们的回答是肯定的。事物普遍存在特性和个性，国家也不例外。历史早已证明，学习别国长处，不能全盘照搬；保留自己的传统，亦非永远不变。在适应自身所处的环境和不断改革、调整、创新的漫长过程中，逐步形成不同于别人和区别于过去的特色，是常有的事。这种特色不仅不妨碍沟通、交流、合作、共处，而且常借以显示本身所特有的优势和活力。试以"民族性"、"国民性"的研究为例，我们不难得到很多有趣的启示，更不用说地方特色了。所以，接好轨和有特色的没有矛盾，不仅可以并行不悖，还可相得益彰。既能发挥所长，又能优势互补，形成共同发展的格局。其中也有为共同发展服务的因素。

二、保护环境才能保持生态平衡

毫无疑问，可持续发展总是在一定的环境中进行的。环境，一般大概主要指的是自然环境，应该和必须加以确实有效的保护，以保持生态平衡。但是，人文社会环境如"精神污染"之类，也要予以重视，如果欠佳，同样会对发展不利。尤其是在人才培养和发挥积极作用方面，有显著的影响。以自然环境而论，各种污染和破坏，就直接关系到物质生产和人们的日常生活、生存条件。食物不用说了，仅在"宜居"这个概念中，便包含了许许多多与自然环境直接或间接有关的重要因素。毋庸讳言，环境恶化必将是可持续发展的重大障碍。我们既不可若无其事地视而不见，那是麻木不仁；也不可惊慌失措，不知如何是好，那是庸懦无能。正确的态度和对策应是当机立断、痛下决心，在弄清前因后果和来龙去脉等具体情况后，积极采取有效的行动，去有针对地解决问题。这是十分清醒和对人民负责的高度责任心的表现。对那些揣着明白装糊涂、避重就轻、能拖则拖、把"包袱"推给别人的耍小聪明者，应轻则严肃批评，重则绳之以法。

关于环境污染问题，现在绝大多数人已经知道它的普遍性和危害性并经常纷纷议论。但是，也有个别人不知是故意在说怪话，还是为污染制造者作辩解，或真的自以为是那么一回事，而说什么环境污染之事，古已有之，不必过于紧张。这话没有"市场"，是肯定的。可也不能听之、任之，让它混淆视听。不错，前人确有"在山泉水清，出山泉水浊"之喻。然而现在的污染何止只是"浊"的程度！其中有毒、有害的化学成分岂容低估！回想当年，在湖光山色之中，荡舟湖上，曾经是："湖上买鱼鱼最美，煮鱼便是湖中水。"现在还行吗？已不得而知和难以置信了。要承认这种变化和差别，才不致掩盖和拖延问题，从源头上去及早解决。这是重要的共识，是我们要确保可持续发展所要具有的基础条件之一：生态平衡。

环境污染破坏生态平衡当然不只是水污染。空气污染现在也在日益加重地困扰着我们。在这方面，除全球性的影响因素外，我们自己所造成的污染已开始受到应有的注意和关注。以烟煤为燃料的工厂和冬季取暖所带来的空气污染，似已采取了一些有效措施和得到适当的控制。可是，雾霾这个大怪物，闹得很多城市居民莫奈它何。有时浓度大、时间长、影响面更广。在防治大气污染、提高空气质量方面，我们有许多工作要做。其中包括还远没有真正认真对待的香烟生产和消费的问题。放眼全球，我们这样一个大国，在环境和生态方面，确实应该积极努力，作出较大的贡献。

不过，治污若不是很顺利，也大可不必泄气。好好总结经验、吸取教训，决心继续再干，直到干成、干好，不就对了？港报报道《深圳河流治污行动"失败"》，可以做个例子。当地媒体根据该市人居环境委员会报告说："涵盖该市85%河流的121个水质监测站的水质评级都为劣五类标准，属于'极差'。"治理深圳河流办公室主任说："有限的降雨与猛增的人口导致大量污水被排入河中，这应是导致污染的主要因素。当局投入巨资却毫无进展的说法是不公平的。……问题是缺乏排污管来收集污水进行处理。"据当地媒体报道："深圳铺设的排污管有近4300公里长，但还需要4600公里长的管线。"[1] 瞧！"事实胜于雄辩"、"公道自在人心"。找到关键、要害，解决问题，岂不更好？

---

[1] 据香港《南华早报》网站2014年9月20日报道，见《参考消息》2014年9月22日第16版。

三、要节约和合理使用能源、资源

在现代社会中，人的生活和生产，都已经离不开能源和资源持续不断的尽量供应了。但是，客观事实是，能源和资源都不是取之不尽和用之不竭的。即使有可能增长的部分，时间和数量也会受到一定的限制，而不是完全可以随心所欲和予取予求的。供应和需求之间的矛盾，随着经济社会的发展日益趋于尖锐，而最明智的对策，则莫如在积极努力开源的同时，能注意狠抓节流。也就是说，要对能源和资源尽可能地进行节约和比较合理地使用，严格防止浪费。在这方面的潜力普遍很大，也存在极有可能实行改革和创新的余地。其中不少是属于比较长时期形成的习惯问题，一经决心改变，是会立即见效的。日本不久以前改变了使用那种"一次性筷子"的做法，便是一例。其实只要我们留意，也不难想见其实际效果。

说到这"一次性筷子"，倒是由小可以见大。我国每年大约生产 450 亿双一次性木筷，而一棵生长 20 年的大树，仅能制成 3000～4000 双这种筷子。过去每年出口日本 225 亿双（恰好是总产量的一半），约合 200 万棵成年树（即共 400 万棵）。这笔账简单易算。问题集中在这每年要失去 400 万棵成年树！

问题之一在于：每年 20 年树龄的 400 万棵成年树的供应情况如何？对森林总面积会有什么影响？是能够维持、有所增加，还是逐渐减少？如果总量不变，已经必须提高警惕了，要是逐年下降，更要猛敲警钟了。因为对于全国的生态大局来说，这可绝不是小事情，我们暂时还是但愿此乃过虑，倘已能早为之计了就更好。

问题之二在于：日本的人均森林面积，似在我国之上，但为什么不自己生产这种一次性木筷，而要花钱从中国进口？关于日本一向重视环境保护，我们已早有所闻，为什么在这方面我们不加以思考，甘当这样的出口大户呢？225 亿双，200 万棵成年树，而且是每年提供。他们肯定是算过这笔账的，结论当然还是花钱进口划得来。

问题之三在于：靠牺牲环境来发展经济而致难以保持可持续发展的教训吸取了没有呢？仅按照森林的总面积来说，我们也经常讲"十年树林"，何况还是 20 年的成年树！虽然一时能卖得一些现钱，并略有助于就业，甚至还能得到"好价钱"；但是一算大账和比较长远的账，往往会发觉是得不偿失，后悔已经晚了，来不及了。可见，只有认真审时度势，统筹兼顾，当机立断，方为上策。

众所周知，森林与绿化环境的关系非常密切，直接影响水土的保持和流失。俗话早有"想致富，多种树"的说法不是凭空而来。3月12日的"植树节"已经成为中国的一个重要节日，届时，党和国家领导人都带头去植树，给人以隆重其事的印象非常深刻。在全国倡导和开展植树运动之际，我们应该牢牢记住，我国目前人均森林面积还不足世界人均占有量的四分之一。这个数字和前述有关情况，是由一位人大代表所作的调查得来的。① 通过这个"案例"，相信已可举一反三、触类旁通了。

在节约方面，我们对太多的浪费现象几乎可以说已达到熟视无睹的程度。这里有一个较新的例子，其中提到"中国官员"、"国家粮食局的一名质量工程师"、"中国农业部的数据"、"联合国粮农组织的数据"等，似均言而有据。总的报道标题是《中国每年浪费3500万吨粮食，足以供养两亿人》②，原因是储藏不利，运输不当或过度加工。"每年中国至少浪费3500万吨粮食"说的还是"至少"！"并不是越白的大米就越有营养。"过度加工岂非笨干？"缺少储藏大量粮食的谷仓。"为何不建？"中国在养活本国人口方面做得还不错。""营养不良的中国人的比例从……22.9%下降到……11.4%"，但浪费惊人，这必须改！

关于人力资源更应重视培育、节约和合理使用。事关人的全面发展，值得着重研究。

四、人的全面发展是我们的目的

科学发展观贯彻始终的一个主题是人，即从以人为本开始，到旨在谋求和促进经济社会的不断进步和人的全面发展。在全面协调、统筹兼顾、可持续发展的全过程中，也时刻离不开人的因素和作用。仅以保护环境，保持生态平衡，节约和合理使用能源、资源而论，也莫不都是为了改善人的生存和发展条件。经济社会不断进步的结果，最后实现人的全面发展。这是一项艰巨的历史任务。

试从提高全民素质的角度来观察，这首先直接关系到全民教育问题。想想

---

① 见《21世纪新闻报道》2012年3月13日的报道。
② 美国《彭博商业周刊》网站2014年10月17日报道，载《参考消息》2014年10月20日第5版。

关于"科教兴国"、"人才强国"、"建设创新型国家"、"建设中国特色社会主义"、"落实'三个代表'重要思想"、"落实科学发展观"、"践行社会主义核心价值观"、"共圆中国梦"等都必须期待强化和优化教育事业的发展。德才兼备、身心俱健的全面要求应及于每个公民。这就又事关公共卫生状况和社会福利事业的发展。至于全民物质生活的切实保障和水平的日益提高，自然更都不在话下。要说人的全面发展，固然很不容易，但只要按照科学发展观的引领，继续努力，持之以恒，经过世世代代人的共同奋斗，必将可望实现。

回想在新中国成立以前，杰士仁人也曾提出过"教育救国"的口号。那是根本不可能的，因为政权性质不同。新中国成立以后，虽然重视教育工作，但"一穷二白"的老底子，使各方面的发展都存在局限性。要使中国人民真正站起来、站稳、站好，过上中国特色社会主义现代化小康生活，直到人的全面发展，都必须有经济社会的发展、进步作支撑。"三个代表"重要思想也明确表达了这个思路。

毋庸讳言，过去对于"发展是硬道理"、"以经济建设为中心"等，有人存在过片面或狭隘理解的现象，也就是把全部发展仅仅看作经济方面的事。其实应当是全面发展，只是在具体步骤上的安排有所考虑，而不能对有机整体的各组成部分尤其是最后目标随意弃取。即就经济起飞而论，它固然要有基础设施、投资环境等物质条件和相应的政策、法规、制度之类，也非常需要人力资源的开发、利用和管理。这里已联系到政治、法律、教育、科学、技术、文化、社会、医药、卫生等领域，并且无一不与经济建设息息相关，又非就经济论经济所能一一妥善解决的事。更何况经济发展不是为发展而发展，最后的目标是人的全面发展。从一切发展（当然包括并首先是经济发展）是为了人和必须依靠人所贡献的体力和智力这一无法改变的事实来考虑，在发展的全过程中，不管什么时候、什么地方、什么事情，如果出现忽视人的因素，必将发生或大或小的偏差或失误。表面上，许多自动化装置是"无人"的，其实发明创造仍出于人的作用。可能很多人都知道，英语里有一个小小的文字游戏，说的是"信息技术"（imformation technology）的简称为"IT"，有人作了另外的解释，即"I"为"我"、"T"是"team"（团队）的缩写，即个人与团队密不可分。人文关怀极其重要，不仅事关积极性的调动、发挥，也对潜力的挖掘和隐性知识的贡献等有难以估量的影响。

专 论

第九章　实干兴邦中的一位杰出人物

《在周恩来同志追悼大会上中共中央副主席邓小平同志致的悼词》（以下简称《悼词》）中，说周恩来是"中国共产党的优秀党员、伟大的无产阶级革命家、杰出的共产主义战士、中国人民久经考验的卓越的党和国家领导人"。《悼词》在叙述他的生平简历和主要功绩、贡献之余，指出："他是我们全党全军全国人民学习的榜样。"还列举了要学习他哪些方面的具体内容。

一是他全心全意为人民服务的高尚品德："在毛主席、党中央的领导下，周恩来同志担负着处理党和国家日常事务的繁重任务。他总是勤勤恳恳，任劳任怨，忘我地、不知疲倦地为中国人民和世界人民谋利益。"

二是他对敌斗争的坚定性："不论白色恐怖多么残酷，武装斗争多么激烈，同敌人面对面的谈判多么尖锐，他总是奋不顾身，机智勇敢，坚定沉着，充满着必胜的信心。"

三是他坚强的无产阶级党性："他光明磊落，顾全大局，遵守党的纪律，严于解剖自己，善于团结广大干部，维护党的团结和统一。他广泛地密切联系群众，对同志对人民极端热忱。"

四是他谦虚谨慎，平易近人，以身作则，艰苦朴素的优良作风。"学习他坚持无产阶级的生活作风，反对资产阶级的生活作风。"

在实干兴邦中，有如此杰出的榜样，我们全国上下又怎能不好好向他学习呢？

第一节　实干兴邦有明确的理论指导

周恩来的实干精神，已经名垂青史，为世所公认。他的实干，不是一般的敢想敢干、能干、巧干、埋头苦干之类。而是按理论指导，或符合有关理论原则的。首先，作为伟大的无产阶级革命家，他把马克思主义革命理论化为在中国进行革命事业的实际行动。在经常性的具体工作中，他牢牢掌握了现代管理诸要素。担任党和国家的领导工作，又无可避免地要接触到领导科学的内容。政治学、经济学、社会学、法学、伦理学、心理学、逻辑学等传统学科的基础知识不用说了，很多新兴学科在讨论、研究的新课题、新概念、新经验、新情况等，也常有所反映。不难想象，作为一个千头万绪的大国总理，不像那些所谓的"太平宰相"，倘若缺乏高瞻远瞩的战略思维和广博深厚的理论功底，是不可能处之泰然和应付裕如的。

一、要从实际出发必须了解实际

作为伟大的马克思主义者和彻底的辩证唯物主义者，周恩来一贯坚持凡事都应当从实际出发，一切以时间、地点、条件为转移。所以必须对实际有较好的了解，因而反对那些不顾具体环境和形势的主观唯心主义的盲动或蛮干的鲁莽家。他在论述、分析、处理重大问题时，非常重视环境和形势因素。关于这一点，我们不难从《周恩来选集》（以下简称《选集》）中得到证明。例子多到可以说是不胜枚举，只要看他列于有利条件的首位的是："我们有辩证唯物主义思想作指导。我们不是以主观唯心主义作指导，也不是以机械唯物主义作指导，而是以辩证唯物主义思想作指导。辩证唯物主义思想能够帮助我们更好地认识客观规律，更好地发挥主观能动性。"① 周恩来值得我们学习的，也首先即在于此。接下来有很多情况，均无不与此有关。

一定要"实事求是"，这是周恩来经常提醒大家的。他自己更是身体力行，贯彻于实践。这就有一个理论必须联系或结合实际，要保持理论与实际一致的问题。"实事"是前提，"求是"是后果，若所据的"事"不"实"，便"求"不了和"求"不到"是"。所以，要对环境和形势有正确的认识和判断，才能"实事求是"。周恩来极其重视认真的调查研究，便是很自然的事。用他自己的话来说："实事求是是一句成语，毛泽东同志做了新的解释，它代表了毛泽东同志的一个根本思想。这四个字，话虽简单，却包含着丰富的内容。如何做到实事求是？首先要通过认真的调查研究。"②

在现代管理中有目标管理学派，即管理必须有目标，应按实现目标的要求去管理。周恩来的目标意识自幼即强，在13岁时就明确"为中华之崛起"而读书。念念不忘目标成为他言论和行动的鲜明特色，真可谓万变不离其宗。但没有付诸实施的行动计划，便难以实现既定目标。而计划不可徒具形式，贵在切实可行和行之有效。在这方面，周恩来确是能手、高手，不仅工作计划性

---

① 《周恩来选集》（下卷），人民出版社1984年版，第413页。
② 同上书，第350页。

强，而且执行计划也雷厉风行和狠抓落实。特别是在作为成败关键的决策思想和实践上，他已达到炉火纯青的水平，能注意决策的科学化和民主化而取得成功。这又与他的责任心、知识、能力和经验是分不开的。

一个至关紧要的问题是组织起来的能力。这在周恩来的生平事业中是一项突出的贡献。革命和建设光有乌合之众不行，必须根据职能分工的要求，设置合理的、健全的和有效的组织机构，并在正常运作中，为实现共同目标而努力。运作不正常，也就不能发挥其正常作用，因此，遇到组织不合理和运作不正常的情况，就必须进行调整改革。除明显不合理的机构设置外，一般常见的现象之一是组织机构是否健全的问题。试以成套的"机器"作比，有"主机"、"分机"和"零部件"。缺的要补，薄弱环节要加强。必要的精简须得当，不是为精简而精简。还有可能是职能交叉，分工不明确，甚至重叠等，需要进行机构改革。其中利弊，周恩来都很清楚，论述很多，批评都有很强的针对性和说服力。

关于人力资源问题，随后即将另作专题讨论。由于人适其位和位得其人是组织机构中的动态因素，这里先从这个角度略述有关情况。原来组织机构的静态方面，基本上是个大体的"框架"，包括机构名称、性质、层次、规模、上下左右的关系等规定，可说是"硬件"部分。但是要运作即离不开在职人员，后者成为机构发挥作用的动态因素，视同"软件"。因而人位相当将是发挥作用最现实的保证。效果如何，在位者的因素占有很大比重，有时是决定性的。关于人员素质问题，这里暂不展开，仅就人位关系侧重职位设计略述其要。如职位过多人浮于事、职位合理而人员不称职可以调整，犯官僚主义等毛病和营私舞弊者按不同情况和程度加以处理。这在实际上是要求"软件"与"硬件"配合得好才能发挥预期的作用。

二、天时不如地利，地利不如人和

"天时不如地利，地利不如人和"这句老话，流传至今，经久不衰。"不如"不是"不要"，而是没有"人和"不成。也就是说，古今中外，凡事的成败，都离不开人的因素。于是对人才的重要性，已成共识。现在所称人力资源的实质和重点即指人才而言。周恩来虽未用过"人力资源"一类的名词、概念，但他对人事工作的态度是积极进取的。他重视调动和发挥在职人员的积极性，并努力建设有中国特色的公务员制度。

任何一种集体活动都必须有领导。领导正确与否和是否得力，直接关系到事业的盛衰成败。对情况特别复杂的旧中国来说，要当好新中国改变被欺侮、被压迫地位和贫穷落后面貌的"总管家"真是谈何容易！周恩来当了，并且当得很好。无论德才、威望，还是事功、绩效，他都是世所罕见的成功者，确确实实和真真正正做到了"领导有方"！他对领导工作的重要性有深刻的体会和理解，因而在检查工作时，无论是在中央一级还是在地方各级，以及任何工作部门、单位、地区，都是从领导机关入手检查起。作为国家行政机关的最高领导者，他处处、时时、事事以身作则。凡有所号召、布置、动员，都是从自己和国务院做起，起带头、表率作用。对于领导者的权力和威信以及领导方法和领导艺术，他非常审慎和注意，令人敬服。他的公仆观念极强，时刻不忘权力是人民给的。这就极其明显地关系到领导者的素质条件和自身修养要求。

事物在发展中出现不协调的情况在所难免，但如任其持续存在，必将影响发展。而周恩来协调能力之强，在同他有过接触的中外人士中，可以称得上是有口皆碑的了。他的《论统一战线》①内容讲的虽是统战，但对进行内外协调有重大原则性的指导意义。必须认真查找出不协调的真正原因来，才能对症下药。周恩来对这方面的论述很多，都很值得学习、领会。最重要的，应是想方设法力求实现全面协调的新局面。对于种种不协调的现象，既要尽快治标，更要力求治本。属于体制方面的原因，即应从深化体制改革入手。协调工作还应分层负责，不可经常矛盾上交。他重视和善于协调最突出的表现，在于耐心细致地做切实有效的工作。这里很重要的一点，就是胸有全局。

在发展过程中，必要的监督和控制不可少，完全放任自流是不行的。这不应从消极方面去理解。其性质是积极的，即纠正妨碍前进达标的消极因素和现象。周恩来认为，既然政府的工作是为全国人民服务的，为了把工作真正做好，政府需要、希望、欢迎各方面的监督。值得高度重视的行政失控，无疑是一种消极现象。关于强化监督与控制、扭转行政失控可以有很多设想，其中最重要的，要寄厚望于加强法治，尤其是行政法制的建设。周恩来对此是密切注意和多方考虑的。多些设想总可以使监控工作切实加强。果真严字当头，事情也必不那么难办。

俗话说："巧妇难为无米之炊。"这里指的是财务。但是，"米"要从无到有，也要炊熟炊好，不可糟蹋、浪费。无"米"难"炊"固然是事实，但不

---

① 《周恩来选集》（上卷），人民出版社1980年版，第190－220页。

能只顾有"米",还要问一问"米"从何来,是否合理、合法?有了"米"也不可随便"炊"一下,"夹生饭"难吃,"焦饭"也差。"炊"是有讲究的。这些只是比方,说到经费和财务,在发展中的重要性自不待言。尤其是在物质条件非常困难的情况下,善于理财更为难得。管好财政收支和编好财务计划或预算都不是小事,要做到"把钢用在刀刃上",坚决反对贪污腐败和铺张浪费,维护正常的财经秩序和严肃财经纪律等。周恩来在这些方面是费了心血和态度鲜明的。例如,他所列举的20种官僚主义就有不少是涉及财务的。

三、如果不依规矩也就不成方圆

"不依规矩,不成方圆"虽是古话,但仍有现实意义。"规矩"借喻为规章制度、法制纪律。我们不能把它们只看作消极的限制,其积极作用在于规范、保证、引导、促进工作的纳入正轨和快速前进,免入歧途,不走弯路,不发生堵塞、阻滞。这就是为什么我们要强调依法治国和弘扬法治精神的主要原因。这也是社会进步的重要标志之一。

周恩来非常重视遵守纪律和法制建设。如宪法颁布后,他在一届全国人大一次会议上的《政府工作报告》中说:"随着中华人民共和国宪法的颁布,我们的革命法制将要日趋完备。今后我们所有国家机关的工作人员都必须严格遵守宪法和法律,并成为守法的模范;同时还必须教育全体人民遵守宪法和法律,以保证表现人民意志的法律在全国统一施行。"为了达到发展目标和评估工作质量,没有相应的法纪便无从保证。

人不仅有物质生活,还有精神生活。正如有物质文明也有精神文明一样,除规章制度与法制纪律外,在道德、文化方面,也必须注意加强。事实上,遵纪守法的自觉性便是一种精神状态。由于法纪不可能规定得详尽无遗,不足之处有待精神予以辅助和补充,其重要意义不可低估。周恩来所坚决反对的各种形式的官僚主义,无一不是违背行政道德的。他勇于负责不仅是政治责任心的表现,也表现为一种道德勇气,因而常作自我批评。这表明他已牢固地打下全心全意为人民服务的思想基础,确实体现了无私才能无畏的精神。无论是从行政道德、行政文化的角度来考察或衡量,廉洁奉公都应当是行政管理中精神文明的一种重要体现或重要标志。周恩来的艰苦奋斗、勤俭节约的生活作风和从政品德,早已有口皆碑,我们应当继承这份宝贵遗产和发扬这一优良传统。

除法规制度和精神状态外,有关信息、信息沟通和咨询服务也是做好工作所不可或缺的。脑子灵活,信息灵通,又对信息长于分析和善于运用,事情就好办和办好了。在周恩来执政时期,"信息"一词还很少提及,但很值得注意的是他在实质上已很重视信息。他特别强调要调查研究,这对掌握大量信息很有帮助。理论联系实际,也就是要使理论信息和实际信息能对上号,才能成功。信息不能有效沟通,固然无从发挥作用。周恩来善于协商是世界闻名的。"协商和酝酿"、"认识和了解",都是通过有效沟通得来的,包括双向沟通、多向沟通。最后达到的共同协议,正都是有效沟通所得到的成果。对于国家总理这种职位和职务,习惯上常用"日理万机"、"运筹帷幄"等来形容。周恩来真可当之无愧,因为他确是"理"得好、"运"得妙。其中就包含有情况明、信息灵的因素。至于咨询服务,旨在充分发挥集体智慧的作用,也与信息有关。周恩来请科学家到中南海给国家领导干部上课,即为常用的咨询活动方式之一。他很重视咨询,因为他很懂得"兼听则明"的道理,所以他特别提倡讲真话。

人们常说,瞻前还得顾后,以免有"后顾之忧"。这里说的是称作后勤服务的机关事务工作。办公厅(室)是一个部门或单位的工作枢纽,总是既要瞻前,又要顾后的。后勤项目不仅是生活后勤,还有业务后勤,二者均不可少。只要看它常是成立于前(筹备)、活跃于全过程(日常运作)和撤销在后(善后)就明白了。作为领导的参谋、助手,办公室工作是多方面的和综合性的,如沟通上下、联系内外,关系到全局和全过程及总体效率和效益。周恩来在这方面的直接论述虽不多,但他的立党为公、当好公仆等精神,对办公室人员的教育极深。又如"政务公开",他早就提倡、推广。关于机关后勤管理,周恩来的直接论述虽也不多见,但仍可从有关讲话、报告中间接了解他的意见,表明他对后勤工作是一贯关注的。前面已经说过,他的榜样作用对下属的影响实在很深,使大家深信有这样的领导再艰苦的条件下仍必能获得胜利。

四、不断改革创新才能与时俱进

关于改革创新的必要性和重要性,似已不用多说。但相对而言,有主动与被动的区别,当然还是主动进行最好。如果已经处于被动状态而仍然不动,后果可想而知。周恩来重视改革,首先反映于他非常重视思想改造,也就是思想意识方面的变革。从思想指导行动的角度来考察,完全可以认为,不重视思想改造的人在其他方面的改革也难以开展、坚持和彻底。他的改革精神,贯穿于他曾经提出的每一条工作方法。创新要突出这个"创"字,"新"是"创"出来的,也不是为创新而创新。周恩来很有创新精神。他的修养要则中的第三条是:"习作合一,……要有发现和创造。"① 也就是在学习和工作中,都要求自己有所创新。他正是这样去做的。其实,在实际工作和生活中,要发展和克服困难,都需要有创新精神。与此同时,不能把改革创新同继承发扬优良传统对立起来,因为二者的目标和作用是完全一致的。

如果说质量是现代实力竞争的焦点,那就需要定出质量标准。周恩来是重视质量和坚持标准的。讲原则就是在这方面的集中表现。因为在原则立场中已包括质量要求和质量标准。方法问题如思想、工作、领导、学习、读书等方法,所谓"有道"、"有方"之类也同质量有直接联系。周恩来是运用唯物辩证法的能手,他自己重视也教育别人注意方法的改进。例如,调查研究、实事求是确实是极其重要的方法,永远不会过时。与质量问题密切相关的是绩效评估工作。提高效率与讲求实效有区别也有联系,效率表现于单项工作过程,实效则是最后的结果。周恩来办事高效,讲求实效,中外人士是一致公认的。从1962年2月3日《说真话,鼓真劲,做实事,收实效》这篇重要讲话中可以看出,最后归结到"收实效"。可是,这不是一日之功,而是功夫在乎平常,认真学习、深入研究,才能日积月累的事。知识和观念更新有重要作用,"尊重知识,尊重人才"将知识列于人才之前,可以理解。因为人才是知识的载体,无知无识不成其为人才。"知识就是力量"在进入知识经济时代后更显得所言不虚。周恩来经常强调学习的重要性,自己也毕生好学不倦。他的修养要则第一条就是"加紧学习"。在谈到领导者的立场时,他提出"要有学习精神"。周恩来好学深思,几乎无时不在考虑和研究问题。他的一言一行,都经过推敲、斟酌,所以能丝丝入扣,切中肯要。还有,认真总结是改进工作的大好机会,周恩来是注意和善于总结的领导者,这是符合实践—总结—提高—再实践—再总结—再提高的规律的。

在平时正常情况下,要做好工作已经要认真努力了,遇到紧急的特殊情况呢?常言道"疾风知劲草"、"岁寒然后知松柏之后凋",即一定要经得住严厉的考验。因此,对突发事件和紧急状态必须能应急。周恩来的独特和独到的应急才能亦为举世所公认。如在震惊中外的"西安事变"中,他在这方面的才华,简直令人叹为观止。这也是同他有极高的素养分不开的。有这样的素养,在紧急关头和关键时刻才能接受挑战和经得住考验。他平时已重视提高效率,

---

① 《周恩来选集》(上卷),第 125 页。

急事急办，更显得效率观念之强。应急需要有敢于负责的精神。周恩来对急事缓办或拖延时间者给予严厉批评。他凡事心中有数，在应急中起重大作用。说到应急的真本事，也是长期勤学苦练得来的。既要有居安思危的忧患意识，又要注意防患于未然。"防"就得有备无患，做好应急的精神准备和物质准备。对于苦练基本功，周恩来有深刻体会。他通过某些专业来说明这一点，具有普遍指导意义。他说："学外语要天天练。……苦练，应当成为原则，毛主席就强调这一点。……比如京戏有基本功，……"[①] 要苦练基本功的，当然不仅是外语教学和京戏艺术，各行各业、各个领域也莫不如此。

第二节　实干兴邦有鲜明的实践特色

上一节讨论的，主要侧重理论指导。但无可避免地已经涉及不少与实践相联系的情况。本节要继续讨论的实践特色，也正是在理论指导下开展实践活动的具体表现。周恩来的行政管理思想博大精深，他的实践经验也非常丰富。而且他说到做到，真正按照他的思想和理论行事，确实难能可贵。他早年就在一些活动中显示出杰出的组织能力和非凡的行政才能。自1922年加入共产党以后，在半个多世纪中，从当党支部书记起，直到担负国家总理的重任，经过千锤百炼，已达到炉火纯青的地步，他所积累的极为丰富的实践经验，是我们应当好好学习、继承、发扬的精神财富。他的实践经验不仅丰富，而且多彩。以下也只能算是荦荦大端，难以列举无遗。

一、忠于职守、严肃认真、兴利除弊

在忠于职守方面。周恩来一生忠于党，忠于人民，为了中国人民的解放事业和社会主义建设，不管干什么工作，都始终如一地忠于职守、兢兢业业、尽全力完成任务，充分显示了一个真正的共产党人的奉献精神。他废寝忘食、分秒必争地勤奋工作的情况，在他身边工作过的同志是有目共睹的。除忙于日常工作外，他还经常席不暇暖地东奔西走，到各地去视察，了解情况。哪里出了问题，他常立即赶去现场处理。特别是重大事故，他都不顾一切赶到现场，甚至不顾个人安危，一定亲自前往，例子多极了。他视察过的地方，多到不计其

[①]《周恩来选集》（上卷），第469–470页。

数。他还经常带病工作，患了重病也不肯休息，真正做到了生命不息，战斗不止。他为国为民，做到了自己所说的："我只有八个字：鞠躬尽瘁，死而后已。"

在严肃认真方面。周恩来无论做什么事情，都非常细致认真。他给下面布置任务时，常常连方法、步骤以及需要注意的事项，都讲得十分具体。不管工作多忙，周恩来对送审的文件、电报等总是逐字逐句地审阅修改。他不仅细心改正错别字，连哪个标点符号用得不对都要纠正。对于起草的文件、电报等，要求非常严格，抄写要十分整齐清楚。凡内容有涉及党和国家机密的，他都亲自保管。他听汇报时，对有关数据和其他材料要求准确无误的例子也有很多。

周恩来一贯重视工作效率，任何事情到了他的手里，都会迅速处理，及时解决问题，真可谓雷厉风行，十分注重时效。他常自豪地称自己是"人民的公仆"或"人民的勤务员"。他对工作严肃认真，还表现在勇于负责，能真正做到"坚持真理，修正错误"。对了就坚持，错了就改正，这是他一贯坚持的主张，而且身体力行，说到做到。只要是革命需要，他可以为真理献身，再危险的任务也勇于承担，决不推诿。在社会主义建设时期，他也敢于坚决反对错误的思想和做法，如盲目冒进倾向、浮夸成风等。在"文革"时期，他又为坚持真理，奋不顾身地同林彪和"四人帮"搞分裂的阴谋诡计及妄图篡党夺权的罪恶活动进行坚决的斗争，力求尽可能使党和人民的事业少受损失。在"修正错误"方面，他也毫不含糊。政府工作中有了失误，他总是主动承担责任，诚恳地进行自我批评，而且对重大的问题，经常是在国务院会议上检讨。他作自我批评是一贯的、广泛的、诚恳的和深刻的。他经常说，一个领导者应当时常反省自己的缺点，努力克服。有时在工作上出现的问题，并非他个人的失误或者与他并无直接关系，他也首先承担责任，甚至代人受过。

在兴利除弊方面。周恩来从少年时代起，就有强烈的进取精神和革新思想。他认为，凡是不合理的旧思想、旧事物，就应该铲除和改革。中国革命胜利后，他担任新中国的总理，正好大展宏图，实现他改造社会的理想。所以，他时刻注意兴利除弊，为中国人民造福。比较典型的举措如破旧立新、移风易俗、革除陈规、推行新政、精简机构、紧缩编制等。例子太多，难以尽举。像断然禁绝妓院、颁布《婚姻法》、废除封建把持制度、签署《严禁鸦片烟毒的通令》和掀起群众性的禁毒运动，等等，只要是对群众不利或者有害的事物，说除就除，有除恶务尽的气势。对群众有利的事物，则说兴就兴，决不迟疑。在严厉惩治贪污腐败分子方面，最典型的例子就是1951年对前后两个地委书记判处死刑的事件。他经常提醒大家，要节约行政经费，就必须精简编制。诸如此类的事，无不突出显示其行政才能和一丝不苟的工作作风。

二、调查研究实事求是，以身作则

周恩来一生始终不渝地注重调查研究，主张办事要实事求是和以身作则。这三点是紧密地互相联系着的。要做到实事求是，就必须进行调查，而进行调查研究，也要实事求是。与此同时，都应以身作则。他对部署工作或处理问题，都要根据当时当地的具体情况，经过慎重考虑后才做出决定和采取措施。为了做到心中有数，他常亲临现场进行实地调查。在治水方面表现得最为突出，包括治理淮河、黄河、长江。他深入细致地进行调查研究的工作作风，使在场的人都十分感动和深受教育。他通过找有关人员开会进行调查研究的例子就更多了。有时，为了一件事，特别是很重要的事引起争论时，他会多次召开会议，反复讨论研究，充分了解情况，得出比较一致的结论后，才作出相应的有关决定。他历来重视群众的智慧，可以集思广益。他在开会了解情况后，还要分析、综合才作出决定，这是他坚守的一个原则。他重视科学技术，尊重专家学者。在许多会议上，都提到社会主义建设需要一支巨大的技术力量和科研队伍。在调研时，除认真充分听取群众意见外，还非常重视向专家学者咨询。他曾提出在调研时做到领导干部、群众、专家三结合，既有革命精神，又有科学态度。

周恩来勤勤恳恳、以身作则是众所周知的。他为什么会被认为是新中国的勤政典范？为什么大家都对他以身作则、艰苦奋斗、无私奉献掀起的表率作用赞颂备至？这些都有事实根据。他为把新中国建设成一个繁荣昌盛的社会主义强国立下了不朽的功绩。邓小平在周恩来同志追悼大会上致悼词时说："我们要学习他全心全意为人民服务的高尚品质。在毛主席、党中央的领导下，周恩来同志担负着处理党和国家日常事务的繁重任务。他总是勤勤恳恳，任劳任怨，忘我地、不知疲倦地为中国人民和世界人民谋利益。"周恩来对待困难的办法，就是努力去克服它。不管是遇到天灾还是人祸，他都是以无私无畏的革命斗争精神去战胜困难。

周恩来日理万机的忙碌程度，有他的工作日历为证。以陈列在毛主席纪念堂内的周恩来纪念室的两份工作日历为例：一份是 1961 年他在邯郸农村调查期间的部分工作日历，另一份是他在 1974 年 3 月 26 日这一天连续工作了 23 个小时的工作日历。看着这些历史记录，就看到了中国人民的好总理为国事辛勤操劳、无私奉献的精神和百折不挠的革命斗志。特别是连续工作23小时的那一天，当时他已经是76岁的高龄老人，而且身患癌症，还在夜以继日地为国操劳。他不顾"四人帮"的攻击和迫害，也不顾自己日益恶化的病情，只是尽心竭力地争取时间，多做工作。

周恩来勤恳工作最突出的表现，即处处以身作则，与群众同甘共苦、共命运。他虽居总理高职，但仍以普通一员的姿态，与群众打成一片。他同群众在一起时，常兴高采烈地一道干活。他一次以身作则的模范行为所起的教育作用，要胜过十次空洞的说教。他的那种完全忘我、一心关怀同志的革命精神，使大家深受教育和感动。大家都说："有周副主席作榜样，我们没有翻不过的大山！没有克服不了的困难！"他从来不搞特殊化。新中国成立后他担任国家总理了，仍一直保持同人民同甘共苦、共命运，做人民真正公仆的优良作风。周恩来的模范事迹实在太多，了解实况的人都说多少天也讲不完。他无论走到哪里，都是以一个普通劳动者的身份和群众打成一片。而且身为国家总理，却自称是"总服务员"，并见诸实际行动，这对那些轻视服务工作、认为做服务工作是低人一等的人，是多么深刻的教育！周恩来非常强烈的"公仆"意识令人敬服之至。

三、廉洁奉公、选贤任能、光明磊落

"勤俭节约，艰苦奋斗"是中国共产党人的优良传统。周恩来对于政府管理的各项工作，都主张勤俭节约，努力节省有限的资金，用于国家的经济建设。他始终保持一个真正无产阶级革命家的本色，精打细算、节省开支，反对铺张浪费。他的节约观念之强，无人能比。不管走到哪里，一见到有不爱惜物力的行为，就会提醒大家注意。他经常教育领导干部要发扬延安精神，"不要忘了延安"是他时常挂在嘴边的一句话。艰苦朴素，不讲排场，周恩来总是强调要少花钱，多办事，并且一贯强调领导干部外出，要轻车简从，反对前呼后拥。他严于自律、克己奉公的种种表现，为大家树立了最好的榜样，已成为举世公认的廉政楷模。他高度克己的精神和宽厚谦让的品格令人感念不忘。许多人曾亲眼见到他对朴素生活不但不以为苦，还甘之如饴的态度，都非常感动。

周恩来不仅从来不占公家一丝一毫的便宜，还常把本可向公家报销的费用算作他个人的开支。他对一些腐败分子公私不分、损公肥私、假公济私、化公为私等以权谋私的贪污行为深恶痛绝。除了建立相应的规章制度外，还特别要求领导干部自觉过好思想、政治、社会、亲属和社会生活这"五关"。他的崇高形象永远活在中国人民的心中。他在选用干部的问题上，也是公正无私的。他选拔和任用干部的标准是：政治标准和工作能力，二者缺一不可。而政治上可以信任是先决条件。他认为用人必以德为先，即首先看政治上是否可以信任，以免危害党和国家利益。但如有德无才也不可用。这是思想和业务的关系。按照以德为先、选贤任能的原则，他选拔和培养了大批优秀干部。在任人唯贤的同时，还要用得其当，使之发挥所长，否则可能浪费人才。要避免用非所学。他把人才视为国家最宝贵的财产，尊重人才、信任人才，安排使用得当，是他的一贯主张。在用人问题上，他主张搞"五湖四海"，广招贤能。他认为必须调动一切积极因素，多方吸引合用的人才参加社会主义建设。对于人才不够的问题，他一方面广泛吸收，一方面大力培养。关于培训的方法，一定要理论联系实际。他还强调要爱护人才，不仅提供优越的学习环境和工作条件，还要关心他们的生活待遇。

正如邓小平在对周恩来的悼词中所说："他光明磊落，顾全大局，遵守党的纪律，严于解剖自己，善于团结广大干部，维护党的团结和统一。"他襟怀坦荡，正直无私，一生光明磊落，浩气凛然。他一心为公的高尚品德，首先表现在对毛主席的赤胆忠心上。他对毛主席有深厚的无产阶级感情。他认识到毛主席是中国人民的伟大领袖，毛泽东思想是指导中国革命走向胜利的唯一正确思想。所以他热爱毛主席，坚决拥护毛主席的领导，一贯把毛主席的健康和安全当作胜利的保证。周恩来明辨是非，深明大义，因而爱憎分明。他奋勇打击反动派的事迹，在中国革命史上比比皆是。在"文革"中，林彪、江青一伙百般为难周恩来，想把他打倒，但他临危不惧，在自身难保的情况下，仍设法保护许多干部、高级知识分子和著名民主人士，充分显示了他是非分明、守正不挠的高尚品格。被他保护了的干部党内和党外都有，其中不少在后来的改革开放建设中国特色社会主义事业中起了积极作用。

四、顾全大局、相忍为国、出奇制胜

周恩来一贯顾全大局，重视党和人民内部团结，认为只有团结，才能把力量集中到一起，共同奋斗。善于团结人是周恩来光明磊落、豁达大度的突出表现，也是他的非凡的领导艺术的重要组成部分。他主张团结一切可以团结的人，团结得越多越好，如果有人搞分裂，就要从大局出发，尽力维护团结。

周恩来胸怀坦荡、一心为公的高尚品格，还表现在相忍为国、委曲求全的非凡气度上。他在受到不公正指责或待遇时，能为了国家和人民的利益，忍受一时的屈辱，做到委曲求全。这是他的领导艺术高明之处。这在"文革"的复杂斗争中，表现得更为明显。他知道，为了最大限度地减少党和国家的损失，保存尽可能多的中坚力量，不能不慎重。他采取迂回的战术作为权宜之计，忍辱负重，委曲求全地保护了相当一批人，可以从几个方面来看。

在相忍为国、不惜受屈方面。在受到不公正批评时既不计较，也不叫屈，显示了伟大革命家的非凡气度。这在前面已提到过。邓小平在《答意大利记者奥林埃娜·法拉奇问》中说："'文化大革命'时，我们这些人都下去了，幸好保住了他。……他所处的地位十分困难，也说了好多违心的话，做了好多违心的事。但人民原谅他。因为他不做这些事，不说这些话，他自己也保不住，也不能在其中起中和作用，起减少损失的作用。他保护了相当一批人。"①

在忍辱负重、鞠躬尽瘁方面。周恩来在"文革"中的处境的确十分困难，他要保护好干部，又不能同"四人帮"正面冲突，还要减少损失。他苦撑危局，为国为民忍辱负重，真正达到鞠躬尽瘁的境界。当时他最担心的是那场"革命"越闹越大，将严重破坏国家的生产力，局面将无法收拾。他痛苦之极，疲惫不堪，但为了党的事业、国家利益、革命战友的安全，他完全不顾个人的荣辱得失。

在相机行事、以屈求伸方面。在"文革"当时，不得已而采取以退为进的方法是十分必要的。例如，邓小平得以复出工作便是周恩来相机行事的结果。整个过程说来话长，总之后来邓小平受到毛泽东的倚重，接连委以重任，都和周恩来不失时机地向毛泽东进言有密切的关系。

周恩来不仅意志坚强，有临危不惧的英勇气概，而且足智多谋，善于临机应变和化险为夷。他机警灵敏，遇事沉着镇定，能够出奇制胜，转危为安。他的大智大勇、奇人奇招，在外交工作中大为突出。如倡导"和平共处五项原则"、"求同存异"的合作精神等，以及"乒乓外交"、"人民外交"、"文物外交"等奇招妙计，已成为人们津津乐道的佳话。有关的故事还多得很。用"机智果断、处变不惊"来形容，也很恰当。在需要化解矛盾和打破僵局的时候，怎样进行调停、劝说以消除纠纷和言归于好，周恩来也常有"奇招"。上述"和平共处五项原则"和"求同存异"就是在国际关系中排难解纷的两大

---

① 童小鹏：《风雨四十年》（第二部），中央文献出版社1996年版，第420页。

奇招和高招。这里重提此事，是因为它们后来已得到了国际社会的普遍赞同，成为国际社会中化解矛盾、促进团结的指导原则。在以后国际关系的各个重要发展阶段，实践证明它不仅适用于处理社会主义国家之间的关系，也适用于处理社会制度不同的国家之间的关系，它在处理世界重大事务中所发挥的作用，已越来越显著。除希望和平外，也重视求同的基础，这就使他所倡导的"求同存异"成为受欢迎的方针。

第三节　实干兴邦中显示的高风亮节

在第一、二两节中分别讨论的是关于周恩来理论和实践两大方面的内容，本节的主要内容是关于他的品德声誉。虽然其间颇多交叉之处，但有分散和集中的不同，亦即各有主题和重点。当然，它们之间又是密切联系和互相印证的，要从总体上去归结和认识。按照理论结合实际和德才兼备的标准，周恩来被视为典范人物是当之无愧的。他受到中国人民的崇敬、爱戴、怀念和国际人士的赞颂、敬仰均非偶然。

周恩来的品德高尚，人格完美，既有中华民族传统美德因素，还可以看到人道主义、集体主义、民主平等、科学的唯物主义以及自觉改造、无私奉献、继续革命等共产主义的道德要求。以下的安排，仍只能说是略述其要，亦即难免挂漏和不足。

一、关于忠诚、仁爱、正直、廉洁、勤俭

忠诚：周恩来对党、对毛主席、对国家、对人民、对革命事业，无不表现出无限忠诚。他无限忠诚于革命领袖毛主席的事例，就非常感人。早在1941年，他就语重心长地对大家说过："毛主席是中国人民的大救星，是革命航船的掌舵人，没有毛主席，就没有革命的胜利，一定要保卫好咱们的领袖毛主席。"① 为了保卫好毛主席，他对毛主席的爱护和照顾，真正做到了无微不至的地步。例子太多，最有代表性的要算 1945 年在重庆谈判的四十多天里，周恩来把毛主席的安全和健康看得比什么都重要。他多年来形成的习惯是：凡是毛主席要出席的场合，他总要事先亲自把所有的地方和设备检查一遍。这在实

---

① 《陕西日报》，1977年1月7日（记者石玉玺）。

际上体现了他对党、对无产阶级革命、对中国人民的解放事业的无限忠诚。

仁爱：他爱人民、爱同志、爱朋友。他对人民的爱，表现在甘当"人民公仆"，时刻关心人民疾苦，尽心竭力为人民谋福利。他经常深入群众，体察民情，发现问题立即设法解决。他的仁爱之心，还表现在对同志、对战友的极端热忱上。他关心和爱护革命战士的事迹多极了。他对老一辈无产阶级革命家怀有特别深厚的感情。他对朋友的深厚情谊十分感人，他对党外的朋友也体贴入微，使党内外干部无不深受感动。在"文革"期间，他给中央统战部的许多重要批件，都能说明这一点。在统一战线工作中，他重视、强调并经常提醒要注意民主协商这个关键性的环节。

正直：周恩来正直的品格，表现在许多方面。他富有正义感，好打抱不平，敢于仗义执言，与坏人坏事做斗争。在处理国际关系中，也一贯以光明磊落、公正无私的态度去对待。他具有中华民族的传统美德"信"，他曾经给日本前首相田中角荣写下"言必行，行必果"六个字，这是他在国际交往中始终遵循的行动格言，因而得到对方的信任与合作，享有崇高的外交声誉。他的正直还表现为爱憎分明，勇于维护正义。其最集中的表现是为人真诚老实。他有几句名言是："自以为聪明的人往往是没有好下场的，世界上最聪明的人是最老实的人，因为只有老实的人才能经得起事实和历史的考验。"[①] 所以，他最反对浮夸、说大话，厌恶弄虚作假，要求真实，力戒吹嘘、片面。

廉洁：他不愧是真正的"廉政楷模"，最令人崇敬的一点是他"严于律己，廉洁自守"的高尚品格。同他接触较多的人，对这一点的感受特别深。他们从他在工作上、生活上，以及其他方面均律己极严的言行中，深切地体会到了怎么样才算是真正的廉洁。他不分昼夜地辛勤工作，生活上却非常简朴。他不能容忍任何特殊化的作风和任何假公济私的行为。他曾有一条规定：凡以他个人而不是"总理"的名义赠送外宾的礼物，虽出于工作需要，都由自己付钱，决不动用公款，可见公私极其分明。他的廉洁自守同某些人以权谋私的卑劣行径形成极其鲜明的对比。

勤俭：周恩来的勤劳既表现在为国操劳上，也表现在艰苦奋斗上。他的节俭既表现在倡导节约、反对浪费、坚决贯彻勤俭建国的方针上，也表现在个人生活的各个方面。他的衣、食、住、行都以简朴为上，真正做到如他所说的工

[①] 《世界名人妙语大全》，中国城市经济社会出版社1990年版，第248页。

作要高标准，生活要低标准。他总是叮嘱工作人员注意节约，日常用品能不买的就不买，能买次的就不买好的。每月薪水只用去很少一点，剩下的都作党费上交。他如此克己，并非为自己省钱或吝啬成性，而是要为国家节省开支、减少人民负担。

二、关于坚忍、谦虚、宽容、温厚、礼让

坚忍：周恩来的一生中，不知遇到过多少危险和困难，但他从不退缩，也没有动摇。他的态度首先是不怕，然后想办法对付，而且充满必胜的信心。每当严重时刻，他总是立场坚定、旗帜鲜明、严阵以待。他怀着革命必胜的信念，坚定、沉着、笑迎烽火走万里，给大家无穷的力量。革命战争年代如此，和平时期亦然。真的为革命不怕艰险，为建设不怕困难。特别是在"文革"中，他已是七十多岁的老人，且已积劳成疾，可他为了党不变修、国不变色，一直坚定地排除干扰，正确处理问题，强支病体，尽心尽力阻止篡党夺权阴谋，功不可忽。

谦虚：周恩来知识渊博，才智超群，为国为民立下不朽功勋，但他从不露才扬己或居功自傲，而是始终如一地保持谦逊的美德，功成不居，虚怀若谷，平易近人，从善如流。他总是把功劳归于群众，成绩归于别人。他遇事多同群众商量，从不自以为是，而是虚心听取各种意见，服从真理。他认为兼听则明，偏听则暗，认为天下没有"一言堂"和说出一句来就百分之百的正确这种事情。他在国际政治舞台上，也主张国不分大小，一律平等，反对以势压人，以强凌弱。在处理同小国、弱国的关系中，他很重视尊重对方。周恩来真诚谦和、平等待人最突出的表现是对劳动人民的爱护和尊重。身为总理，他没有一丝一毫高人一等的心态，总是以普通一兵的姿态和群众平等相处。

宽容：周恩来对己严，对人宽，豁达大度，能容人。他常以共产主义者的博大胸怀体谅别人，容许别人有不同意见，宽待犯了错误的人，甚至不计前嫌，不咎既往，原谅曾经和他作过对的人。他一贯重视团结广大人民群众一道前进，经常教育各级干部要以宽容对待党外能够争取和我们合作的人士，努力把亿万人民群众团结在一起，共同对付我们的敌人。他在贯彻党的统一战线政策和知识分子政策方面，也充分显示了虚己容人、海纳百川的宽宏气度。他十分重视党外人士对共产党的监督作用，虚心听取他们的意见和批评，和他们肝胆相照，结下了深厚的友谊。他强调要相信知识分子的大多数是热爱祖国的，是愿意为社会主义事业服务的，应当相信他们，予以帮助和爱护，发挥其才能。

温厚：从周恩来逝世后许多缅怀他的文章中看到一致称道他对人诚恳热情，态度温和宽厚，或和蔼可亲、平易近人、无微不至地关心人、体贴人、尊重人、体谅人、心口如一、真诚直率，等等。他对服务人员非常尊重和关心，使服务人员感受到极大的温暖。通过数不清的事例，可以充分说明，他完完全全、真真正正、确确实实是一致公认的人民的好总理。他考虑问题，有时比专业人员还要周到细致，尤其是在关系到人民群众安全方面的事情。他时刻把人民的安危挂在心上，如考虑到城市的交通安全，他就提了不少切实可行和行之有效的合理化建议，使交通部门非常敬佩，说起来记忆犹新。

礼让：讲礼貌是文明的行为，是有教养的表现。周恩来待人接物，不仅显得温和宽厚，而且谦恭有礼。正是由于他修养深厚、品格高尚，所以绝不会盛气凌人、傲慢无礼。在讨论会上发言，他是以平等的身份发表意见和探讨问题。平时也以平等待人，注意礼让。在外交活动中更注重礼貌，他经常教育外事干部，要对外宾表示尊重，不可轻慢无礼。他在和小国交往时更为礼让，使对方领导人和人民感到国家主权受到尊重、人格受到尊重的一种精神上的满足。对有些可以谅解的事不计较，反而得到好的效果。他表示，中国素称礼仪之邦，有尚礼好客的优良传统，我们应该发扬光大才是。他特别注意尊重外国的风俗习惯，认为这不是小事，不能马虎。他的谦让有礼，不仅受到人民的敬重，国外人士也普遍称道和仰慕。

三、中国人民对他永远敬爱、怀念

周恩来博大精深的理论水平、全心全意为人民服务的实践活动、共产主义的高尚风格与道德品质，不仅受到中国人民的爱戴与尊敬，而且得到国际社会的普遍赞美和钦仰。他是中华民族的骄傲，是中国人民的好总理。他已誉满天下，并将名垂千古。人们不仅尊崇他的伟大功绩，更景仰他的完美人格。在中国人民的心目中，他是一位无限忠诚地为革命事业奋斗终生，做到鞠躬尽瘁，死而后已的真正的共产主义战士；在他友人的心目中，他是一位急公好义、乐于助人的仁人君子；在西方人士的眼里，他是"中共的奇才"，是"第一流的组织者和政治家"，是"赢得了他的朋友和敌人的尊敬罕有的受人爱戴的人"，是现代世界史上的巨人之一。这里先集中说中国人民的印象，国际社会方面将另设专题。

对于这位一代伟人的逝世，人们非常悲痛。他为中国人民呕心沥血地操劳了一辈子，人们是牢记在心的。当年送灵的情景，曾有人形容为古今中外所从未见过，还有各地群众自发地举行各种仪式追悼他。这反映出亿万人民对我们敬爱的周总理高度的颂扬和深情的怀念。形成强烈对比的是当时"四人帮"的所作所为，受到人民群众的坚决抵制和反击。丧心病狂的"四人帮"极端仇视坚决和他们篡党夺权的阴谋做斗争的周恩来，看到人们沉痛哀悼和深切怀念周恩来的情景，他们气急败坏地企图利用手中的权力加以压制。他们不仅使群众的悼念活动受到诸多限制，而且控制舆论，不让报道悼念活动，更不宣传周恩来的丰功伟绩。可是，他们倒行逆施的结果，是激起了群众的公愤，使大家更加深切地怀念周总理，憎恨"四人帮"的卑鄙行径。后来发生被"四人帮"肆无忌惮地血腥镇压的所谓"天安门事件"。被称为"四五"运动的这场声势浩大的群众悼念活动，集中地表现了全国人民对周恩来极其深厚的敬仰与爱戴，并在政治上宣判了胡作非为的"四人帮"的死刑。

值得注意的是：在海内不少知名的学者和爱国人士的心目中，周恩来不仅是一位伟大的革命家，而且是和他们肝胆相照、患难与共的知交密友。他们对周恩来敬重与怀念的情意也难以尽述。这里只举几个有代表性的例子，如当时已九十多岁的著名经济学家马寅初听到周恩来去世的消息后放声大哭。著名数学家华罗庚、著名剧作家吴祖光、曾任国家副主席的荣毅仁、著名的宗教界人士吴耀宗、著名科学家钱学森、著名作家老舍的夫人胡絜青等，都各有哀悼、怀念的方式。有的发表专文，有的深情回忆，主要是肯定总理无私、为人民耗尽心血，但他将永远活在人民的心中！千古不灭，万世长垂！有的要全家永远记住他，崇敬他！有的不顾病体，贪婪地读新收到的《周恩来选集》下卷，引起对总理的怀念，觉得非要写篇体会不可，还总觉得意犹未尽！有的写了多篇纪念文章，仍感到说得不够。有的终生难忘，有的认为他是中国人民尊严和自豪的象征，有一种伟大和平凡浑然熔成一体的魅力。在他身上看到了能够代表共产党人的一切最优秀的品质。有的……这里更难以尽录。

四、国际社会的普遍敬仰和赞颂

周恩来逝世的消息震惊了全中国和全世界。几乎所有国家的重要人物都发表哀悼的声明和谈话，许多国家下半旗志哀。联合国不仅下半旗，而且同时没有升所有会员国的国旗，这是极为罕见的。世界各大报纸都在显著位置作了报道，有的整版套上黑框。新闻界宣称"全世界都哀悼他的去世，因为他是一个罕有的受人爱戴的人",他"赢得了他的朋友和敌人的尊敬"。① 他在国际会议中享有很高的声誉,例子同样太多,来自苏联、朝鲜、美国、缅甸、法国、英国、加拿大、日本等国的都有。说他的发言"太妙了,太妙了"的有,说"他使外交变成了艺术"的也有,还有称他是"当今世界最能干的外交家"②的,等等。景仰周恩来的国际人士很多,他们几乎是异口同声地仰慕他超人的才智及谦和大度的风范。尽管有各种各样的说法,但是集中起来还是归结到德才兼备,并且是高尚的德和高超的才。在这方面的专题报道和专门著作很多,都表达得非常热情、生动、恰切、中肯,这里没有可能详细介绍。以下试拟就当时的世界风云人物称道周恩来的情况略举几位较有代表性的,或可借窥一斑。

美国前总统理查德·尼克松对周恩来推崇备至。在他所著的《领导者》中,称周恩来是他所认识的"最有天赋的人物之一"。他说周恩来"坚定而有礼貌,就是当他'手里握有好牌'时,态度也极为温和,这给我们留下了特别深刻的印象"③。"谈判中他表现出本能的敏捷,善于运用国际力量的原则,并且有热烈的思想信仰带来的一种道德信念;所有这一切同他对外国的深入了解,长期的历史洞察力以及个人的丰富经验,在周身上结合起来,就产生了我们时代最有造诣的外交家之一"④,"他是一座冰冠覆盖着的火山"⑤。"周的外表给人以待人热情、非常坦率、极其沉着而又十分真挚的印象","20世纪只有少数人比得上周总理对世界历史的影响。在过去25年里,我有幸会见过的100多位政府首脑中,没有一个人在敏锐的才智、哲理的通达和阅历带来的智慧方面超过他,这些使他成为一位伟大的领导人"。⑥ 他还佩服周恩来的学识,等等。

美国前国务卿基辛格的赞誉也不少,如"周恩来表现出一种非凡的谦和敦厚的品德","他举止文雅庄重,他使举座侧目的,不是魁伟的身躯,而是外弛内张的风度和钢铁般的自制力,宛如一根收紧的弹簧"。⑦ 他特别称道周

---

① 周毅之:《周恩来的行政哲学》,上海人民出版社1991年版,第5页。
② 熊华源、廖心文:《周恩来总理生涯》,人民出版社1997年版,第67页。
③ [美]理查德·尼克松:《领导者》,尤勰、施燕华等译,世界知识出版社1983年版,第285页。
④⑤ 同上书,第271页、261页。
⑥ 周毅之:《周恩来的行政哲学》,第21页。
⑦ 吕志孔:《外交巨擘》,河南人民出版社1989年版,第135页。

恩来为人光明正大、言而有信，不要小动作等。

前阿联总统纳赛尔称赞周恩来为"亚洲的杰出战士"，"伟大的中国人民的活生生的象征"。①

曾任美国国务卿及驻华特使的马歇尔称周恩来是"最出色的外交家"。②

曾任联合国第二任秘书长的哈马舍尔德竟发出慨叹说："在周总理面前，竟使我无法不感觉到自己是个野蛮人。"③

澳大利亚前总理惠特拉姆也称赞周恩来说："我对他（指周恩来）的魅力、他的仁爱、他的精力和他的远见有深刻的印象"，"中国总理是现代世界史上的巨人之一"。④

缅甸前总统吴奈温说："虽然周恩来总理是一个大国的领导人，但是他同较小国家的领导人交往时，总是平等待人……表现出极大的同情与和解精神。"⑤

从以上所举的为数不多的几个例子中，我们已可非常清楚地看出：周恩来的伟大形象，在世人心目中是多么崇高，他的超凡才能、高尚品德以及完善的人格，真正具有无比的魅力，受到海内外那么多人的赞颂和敬仰，真是誉满天下！他的英名将万古流芳，永垂不朽！

最近在"周恩来与中国梦"学术研讨会上，有人指出，一谈起"中国梦"，就使人不由想起周恩来同志的两句名言：一是"为中华之崛起而读书"，二是"愿相会于中华腾飞世界时"。可以看出，他从青少年时期就志向远大，有强烈的爱国主义情怀，努力为梦想去奋斗。他的梦想就是我们今天讲的"中国梦"。为此，他选择了马克思主义的信仰，走上革命的道路，奉献了自己的一切。他建立的功绩、革命的经历和精神风范，都对学习理解关于"中国梦"的论述以及如何逐步实现，具有十分重要的意义。⑥ 又在纪念万隆会议60周年之际，也有国际友人想起周恩来总理当时所起的重要作用，用今天的话来说，说他是中国宝贵的"软实力"（因为过去没有"软实力"的说法）。

---

① 童小鹏：《风雨四十年》（第二部），第98页。
② 同上书，第83页。
③ 吕志孔：《外交巨擘》，第137页。
④⑤ 周毅之：《周恩来的行政哲学》，第22页。
⑥ 参阅《光明日报》2014年12月31日第14版有关报道。

第十章　实干兴邦中的一个鲜活例证

"空谈误国，实干兴邦"并非独特现象，而是普遍规律。因而古今中外，均实有其事。较早和较大的如1949年10月1日成立的新中国，较晚和较小的如1965年8月独立的新加坡共和国。从官方到民间，新加坡人常自称："新加坡是一个年轻的国家。"这当然只是相对而言的。众所周知的是邓小平同志曾经提到新加坡管理得好，值得我们学习。有"亚洲奇迹"之称的新加坡，能在较短的历史时期内出现举世瞩目的经济腾飞，绝非偶然。仅仅针对这一点，就很值得我们研究。但是经济腾飞不是也不可能是一件孤立的事，公共管理状况如何与此有极大关系。我们不能就经济论经济，而忽视甚至无视各种重要的相关因素。因此，以下即将对新加坡的基本情况包括体制、结构、管理实务、有关问题和可参考借鉴之处等试作简要介绍。

第一节　请看"国际大海中的一条小虾"

这个标题是有来历的。它出自当年李光耀在宣布新加坡成为独立主权国家的庄严时刻所发表的讲话中的几句话："世界犹如大海，在大海中大鱼可以生存，小虾也可以生存。新加坡将以一条小虾生存于国际大海中。"[①] 新加坡诚然称得上"袖珍型"小国，又缺乏天然资源，"因此，当新加坡在1965年8月独立时，很多人怀疑新加坡能否以一个独立国家而生存下去"[②]。但是，一件最重要的基本历史事实是，从1965年才在殖民地的基础上独立的亚洲小国，经过30年的不懈努力，竟于1996年由世界经合组织正式宣布：新加坡已从发展中国家进入发达国家的行列。这是让世人耳目一新的"奇迹"，李光耀的功不可没也就是国际公认的了。应当认为，新加坡人有志气，能够在困难中崛

---

① 郑启荣等编著：《世界政坛新闻人物》，人民邮电出版社1989年版，第115页。
② 徐本钦：《新加坡政治领导层与继承问题》，载《华人地区发展经验与中国前途》，第158页。

起,"勇敢负责,团结合作,掌握自己的命运,开拓自己的前途"①。并且,还高速度地取得了巨大成就,从而使国家的面貌大为改观和蜚声世界,令世人刮目相看,持续有力地吸引着东西方的投资者和旅游者,摆脱困境,继续创造奇迹,新加坡人足可引以为豪,我们也觉得应予研究。

一、早期移民和人民与人口现状

本节主要是介绍新加坡的基本国情。这里从早期移民说起。在1819年,新加坡还是个约有150人的小居民点。自英国使其成为自由港后,移民从中国、印度、马来半岛和印度尼西亚诸岛大量涌入,表明其对移民的吸引力。至1824年,人口已达10683人。其中3317人为华人。到1830年,华人已占最大多数。1860年普查人口已达到80792人,到1867年,华人在新加坡总人口中占65%。华人中的四大方言为福建话、潮州话、广州话和客家话。在19世纪末,新加坡已是亚洲最具世界性的城市,近3/4人口为华人。② 在总人口中,男性较多的情况一直突出,如1911年,男女比例为2453∶1000。后来才渐有改变。

关于人民与人口的现状,除早期移民外,有"欧洲人"(高加索人,包括法、德、意、荷、英、苏格兰、美、加拿大、澳大利亚和新西兰人等)、欧亚人、日本人、阿拉伯人。因而语言复杂,可想而知。2006年人口为449.22万,华人占77%,马来人占14%,印度人占8%。马来语为国语,通用华语、泰米尔语和英语。③ 由于移民来源较多,信仰宗教也不同。主要有佛教、道教、伊斯兰教、基督教和印度教。这些宗教受到宪法保护和保证宗教信仰自由,还有许多较小的宗教团体如锡克教、犹太教等。寺庙、教堂不少,自不待言。华人虽自称是道教或佛教徒,其实是儒、释、道三种信仰的综合,崇信孔孟之道与老子学说扯在一起,崇拜祖先则是华人各教派的共同之处。与此同时,节日一般均与宗教活动有联系,也有是在传统习惯中形成的。新加坡人口构成很复杂,宗教也多,因而社会生活中的节日也特别多。政府不能不对这种情况予以注意和有所安排。从总的方面来看,各种节日全年都有。如在公历一

---

① 郑启荣等编著:《世界政坛新闻人物》,第115页。
② 以上事实与数字均见 Singapore 1989,以下凡未另注出处者,同此。
③ 《辞海》第六版彩图本,上海辞书出版社2009年版,第4册,第2543页。以下凡未另注出处的有关情况同此。

月或二月，有华人的农历新年，其他还有清明节、端午节、盂兰节（"鬼节"）和中秋节等。穆斯林、印度教、基督教等又有各自众多的节日。公历新年是较多新加坡人共同庆祝的节日，8月9日则是新加坡的国庆日，当然也是共同的节日。其他不多说了。例如，基督教的圣诞节和复活节非教徒也常参与其事，像互道"圣诞快乐"、互赠"圣诞礼物"、互寄"圣诞贺卡"之类，所以就更"热闹"了。大家一起跟着凑热闹、看热闹，是新加坡社会中的一个多彩多姿的特点。

众所周知的事实是：华人在新加坡发展过程中所占人口比重越来越大，已超过3/4。因而毫无疑问和理所当然的是：华人在新加坡"实干兴邦"中所起的积极作用和所做的重大贡献是完全应该予以充分肯定的。首先是李光耀有"新加坡之父"之称，并非偶然。在他的回忆录、演讲和《李光耀观天下》这本书中，"多次重复新加坡建国有成的两大支柱：第一是统一语言并与国际接轨；第二则是开放社会，引进人才。新加坡为多元种族社会，必须有共同的语言，既能避免形成种族问题，又要能与国际接轨，由于缺少资源，必须对外开放，吸引外来投资，带来技术、管理和市场。新加坡开放引进移民，以弥补岛国人才和人力之不足"①。这已足以表明他们的智慧和能力。再说，新加坡华人有来自福建、广东、海南各省的，方言也难以沟通，他们便推广普通话，很有成效。还有，采用简体汉字，他们也实行得较早。这些都显示出他们确能坚持与时俱进。总之，这条生存于国际大海中的"小虾"活得蛮好。

二、早期历史和"二战"及独立以后

新加坡面积不大，历史却说来话长，一般常从1819年沦为英国东印度公司领地说起。1826年为英属海峡殖民地的一部分。"二战"中曾被日本占领。1946年自马来西亚分出，成为英国直辖殖民地。1959年6月成立新加坡自治邦。1963年参加马来西亚联邦，1965年8月9日退出，成立新加坡共和国。另外，几点有关的历史情况，不妨简单说一说。如：爪哇资料所谓淡（单）马锡（Temase，即"Sea Town"意为"海域"或称"海国"）的在此岛上。中国探险家在公元231年曾谓此地有一个"半岛末端的小岛"应指新加坡。新

---

① 蔡逸儒：《从〈李光耀观天下〉观台湾》（新加坡《联合早报》2014年8月14日报道），载《参考消息》2014年8月15日第13版。

加坡 8 世纪建国，归属印尼室利佛逝王朝。① 新加坡的名称，据传为某爵士在淡马锡登陆时，见一像狮子的动物，便给该地命名为新加坡（Singpura），即"Lion City"，意为"狮城"，到了 13 世纪末就被采用，故又名"狮城"。且说"二战"时日军占领后曾改名为"昭南"。"二战"后以李光耀为领袖的人民行动党于 1954 年 11 月成立。至 1965 年 8 月 9 日独立后，政局稳定，人民行动党在选举中连续获胜，能够克服困难，恢复正常发展。后已成为新兴工业化国家。

说到基本情况，应包括自然环境。因为未另列专题，这里补充说明很有必要。这与新加坡发展有直接或间接的联系和影响。先说地理位置、面积和气候。新加坡位于马来西亚半岛南端，由柔佛海峡隔开与马来西亚半岛相望，又由新加坡海峡隔开与南方的印度尼西亚诸岛为邻，除主岛外，还有五十几个小岛和礁石。面积前已述及，位于赤道附近，属热带海洋性气候。重要的是地理位置：地处太平洋和印度洋间航运要道马六甲海峡的出入口，是世界海洋交通中心之一，也是亚、欧、非、大洋洲的重要国际航空中心，占有很重要的战略地位。作为世界著名的转口港，对发展经济是很有利的条件。在地形、地质和土壤方面，就不多说了。但因缺乏自然资源，农业耕地面积少，粮食全靠进口，连淡水也主要依靠从国外输入。仅粮食和淡水两项，便是新加坡当局必须经常放在心上的大问题。当然，还是事在人为，在这样的具体环境中，竟能出类拔萃地干出巨大成就来，无疑是非常难能可贵的。试以反映自然环境的植物和动物方面的情况为例，可以看出新加坡人在困难的条件下，仍积极努力，做些补救、保存等有利于发展和研究的工作。像植物中的原始植被还有小块被保护下来，仅存的红树林约有 15 平方千米，海滩还有不少颇具特色的植物群。被覆盖的大部分是再生植被，80%（约 200 种）用于遮阴或美化的植物品种是进口的。现在的植物园占地 32.4 公顷，内有 4.4 公顷为原有森林面积。自然保留地约为 2098 公顷。大多数野生动物被保护于森林区和种植园中。鸟类资源比较丰富。值得一提的是动物学参考资料的收藏，动物标本有 14 万件。博物馆研究工作始于 1840 年，有特殊价值的标本约 6000 件，其中有的属于地区和世界珍品。可见其国家虽小，但对于科学文化方面的设施还比较注意，如自 1840 年起所积累的研究成果能保存和保护，是令学术界、科学界人士赞赏和欣慰的事。

---

① 见《"花园国家"新加坡》，载《人民日报》1992 年 1 月 9 日第 6 版。

三、政治制度和立法、司法等机构

在国家体制中，政治制度极为重要。它不是随意决定的，而是有历史原因和受经济、社会、文化等因素的影响形成和改变的。新加坡的现行政治制度表明其为实行议会制的共和国。宪法规定总统为国家元首，由议会选举，任期四年。总理由总统任命，应是议会多数信任的议员。权力被授予总理及其内阁部长，共同对议会集体负责。1991年1月3日，议会通过法律，设通过选举产生的总统职务。权力大为扩大，包括有权否决内阁和议会的有关使用全国后备军事力量以及重要的文职和司法官员任命的决定。这与过去的总统有本质的差别。过去总统职务纯属礼仪性，此后则真正拥有实权。[①] 议会为一院制，选举办法有详细规定，议员最高任期五年。自1959年起，人民行动党一直是执政党。独立后的新加坡，由于经济发展、政局稳定、行政效率较高，特别是实行廉政，有较好的政治声誉。人民行动党连续获胜，显然有这方面的原因。现行政治制度受到尊重，也与此有关。政治领袖的素质，对新加坡的发展关系极大。社会文化对政治制度的影响是实际存在的。说新加坡是多元社会，就包括这方面的内容。经济状况与政治制度的关系更不待言。

立法机构由宪法规定。新加坡所实行的议会民主在1948年已开其端，独立后经过宪政改革，保留了一院制。立法程序按有关规定办理，这里难以详及。立法者的社会背景值得注意。一种笼统的说法叫"精英政治"，有助于说明问题。新加坡的宪法是成文宪法，法律根据宪法制定，不能违反宪法或与宪法相抵触。除法院和检察院外，新加坡政府机构中有法制部，即通常的司法行政部。因与法律或司法有关，故在讨论政府行政部门之前，先提一下。

了解新加坡的政治制度，必然要看关于政党方面的情况。执政的人民行动党不仅在其国内而且在国际上给人印象很深，但它并非新加坡的唯一政党。其实，在新加坡，既有执政党，也有在野党。先说执政党，自1959年以来，人民行动党就一直是执政党。据说，在新加坡人民心目中，它不是一个寻常的政党，其领袖们以建设现代新加坡为己任和力争为此而得到各族人民的承认，也因此而使执政党和国家的界限混淆不清。该党的声誉较好，特别是廉洁奉公，已经世界闻名。但为数不少的其他政党的存在是客观事实。在野党大体上占了

---

① 据法新社新加坡1991年1月4日电。

选票的 20%～25%，各党的一些情况如：工人党较弱，因以工人为主，得到中产阶级、公务人员和专业人士的支持不多。马来亚社会主义阵线是 1961 年 9 月从人民行动党分裂出来后成立的，主张铲除殖民主义，成立统一、独立、民主的马来西亚国家（包括新加坡）。一度活动较少，1980 年却成为人民行动党对手的传奇式的象征。据信该党与马来亚共产党联系较密，其干部常被捕。这就使该党遭到削弱，其内部亦有意见分歧，导致分裂。该党虽宣称代表工人、农民、小贩、出租车司机、学生、小业主、民族企业家和所有被压迫与处于下层社会的人们的利益，但人才和经费等均有困难。还有些在野党，有的历史较长，有的在新加坡独立后改变了名称，有的成员只限于某一种族，有的干部在各党之间转来转去，有的知名度不高，有的存在各种困难，有的很少活动，以及如此等等，在政治上都显得力量薄弱。作为一个新兴国家，新加坡的历史不长，但情况复杂，又受英国长期殖民统治的影响，因而在政党政治方面，也自然有所反映。有人认为，这样一个小国，竟有二十几个政党，似乎多了一些。其实，问题在于执政党是否确能为国为民收到实效。"两袖清风"是好的，"一事无成"便不好。不仅要有廉政，还要能勤政和见良政。人民群众通过切身的感受，会对各政党做出公正的选择。"政声"离不开"政绩"，是"德政"还是"苛政"，从来是有比较和以事实为根据的。

四、政府机构、文官制度与反贪污

这里讲的政府机构，主要指行政系统而言。在新加坡宪法中，总统是国家元首，政府首脑是总理。总理领导内阁，部长会议由总理主持。政府的产生有法定程序，总理由总统任命，不仅是议会成员，而且得到议会大多数的信任。各部长由总统在议员中挑选，经总理同意任命。所谓内阁即部长会议，集体向议会负责。这就可能出现"优势政党"和"行政国家"问题。但应重视其优势何来和发挥得怎样，而"行政国家"的提法值得商榷，因所行之政又有政治前提和原则。内阁各部各有其职能，主要部门和所属法定事业单位等，这里不拟一一列举。各部设部长外，还有高级政务部长、政务部长、高级政务次长、政务次长、常务次长、副次长。总理有总理署（办公厅），设两名地位相同的副总理。内阁有办公厅。从行政管理角度来看，其层次较少，上传下达，效率较高。

新加坡的文官制度可谓由来已久，但在殖民统治时期，性质和作用不同。独立以后，情况已有改变，设公务委员会，由总统按总理推荐任命。公务委员会按公务员能力和责任，分由高到低四个组（部）。公共服务司是管理公务员的具体工作部门，设在财政部内。生产率委员会主要职责在推荐关于改善工作态度、提高生产率、改进劳工与管理之间的关系和协作等方面的方法，把质量控制小组的活动在文官制度中积极推行。中央生产率筹划指导委员会、工作改进组成立后，又成立工作改进组推广部，其观念已在公共事业方面得到普及，作出了积极贡献。文官学院的工作改进组推广部对公共事业方面的工作改进组的活动及其进步，也予以鼓励和指导。还组织了一些课程，帮助训练和开发新任命的工作改进组的领导骨干等，并提供建议和咨询意见。

新加坡政府以廉洁而高效著称。特别是被视为流行于东南亚的"癌症——贪污"，新加坡政府官员能"免疫"，颇使世界各国注目。这里说两个主要机构：贪污诉讼程序调查局（或译"贪污调查局"、"反贪污调查局"或"行贿调查局"）和审计总署。有《防止贪污法》，经不断修改、补充和新法案被提出、通过和施行，如《没收受贿财物法》等。在《公务员行为守则》中也有关于这方面的规定。说回那个"调查局"，该局是新加坡唯一的调查贪污罪行的权威机构，公私方面都管，由总理府直接领导。该局官员在公职人员就职典礼讲话和在职培训的讲课中，讲解防止贪污法的规定，并对如何防止和避免发生贪污提出忠告。该局有研究机构，从事有关研究并推荐预防办法。该局工作量虽大，但效率很高。同时，不是只拍"苍蝇"不打"老虎"，做到"没有特权和没有侥幸"。因此很得人心，群众也敢于检举。还有，新加坡实行公务员高薪制和退休养老制度，一旦犯罪，真是身败名裂。再说审计总署，起的是监察作用，主要表现于对不涉及违法、违规案件提出报告。它是根据审计法设立的独立部门，不受干扰。审计工作在现代管理中处于极为重要和必不可少的地位，对于廉政建设，更可发挥其积极有效的作用。一支廉洁奉公的公务员队伍固然重要，但健全的规章制度仍不可少，而且执法当严才有实际意义，新加坡的情况正是这样。

第二节　新加坡能自力更生、与时俱进

俗话说："麻雀虽小，五脏俱全。"新加坡虽是小国，但国家管理实务一点也没有少，包括了一个现代城市的方方面面。不仅如此，新加坡的管理实务，几乎都干得比较出色。这是同他们能自力更生和与时俱进分不开的。本节主要是试图通过其管理实务，了解其"实干兴邦"的精神。由于头绪太多、

内容丰富和相当复杂，这里也只能说个大概，具体细节一概从略。如国防、外交、国际关系、经济、贸易、工业、农业及其他、财政、税收、货币、银行和金融、就业和劳资关系、交通运输和通信、大众传播媒介、旅游、内务、治安和民政、教育、卫生和环境、房屋建设和管理、城市和社区发展、公园、树木与公用事业管理、文娱活动……直到功绩和难题等，都应予提及。

一、国防、外交、国际关系与经贸等

国防、外交、国际关系事关外部环境，也有内部相关因素。新加坡总体防御有五个方面：心理防御（新闻与信息部）、社会防御（社会发展部）、经济防御（贸易和工业部）、民防系统（尤指防空，内政部）、军事防御（国防部）。在军事防御方面，实行义务服役、后备役军人和武装部队。国防与外交关系密切，外求生存，才能内求发展。在国际活动中，新加坡是活跃的。与新中国建交后，中新关系已进入新阶段。在经济方面，实行对外开放，因资源缺乏，讲究投资效益、求稳，有鼓励也有抑制和重用人才。注意宏观调控，抓住生产力这一要害不放。贸易对新加坡影响更大，尤其是国际贸易，视为"生命线"并不为过。工业发展有经济发展局、国家生产力局、技术发展基金等，重视科学技术。关于农业，土地虽少，产出仍相当可观，因采用了高科技的方法，但粮食还要靠进口。财政方面主要看收支，有税务和非税务收入及资产收入，支出也有法定项目，用于发展项目较多。新加坡政府小心谨慎、量力而行，以保平衡。所得税、财产税、遗产税等是世界通例，还有彩票税、印花税、赌赛税等。关税和货物税是政府主要收入。对发展经济有利的，也有免税项目。有一点是大国办不到的，即仅有一个层次，效率较高，成本也较低。货币委员会为决策机构，其工作机构为货币局。新加坡已是金融中心之一，货币和金融密不可分，货币供应和流通须作有效的调节，必须有正确的方法和措施，才能为经济发展服务。随之而来的是银行和对银行的管理。新加坡对银行管理很严，效果较好。关于金融中心与金融市场，新加坡均处于重要地位。亚洲美元市场就设在新加坡，其余就不一一介绍了。

就业和劳资关系方面，新加坡不乏行之有效为世人所称道之处。失业率下降，劳工部帮助就业。就业条件由劳工法规定，注意对工资问题的研究，并制定合乎国情和有利于经济发展的方针政策和管理措施，全国工资理事会是重要机构，有政府、雇主和工会三方面的代表，主席长期由专家学者担任。理事会的存在和有效运作，起了良好的积极作用。值得一提的是新加坡工资政策体现了知识和人才在现代化中确受重视，鼓励多受教育。新加坡"中央公积金"制度之所以著名，是因为其有重要作用。基金是专为年老和失去工作能力者提供财政保护的，实际上是有强制性的储蓄计划。此乃福国利民的成功之举。从近若干年来未发生罢工，可见其劳资关系是资本主义世界中少有的国家之一。在保证工人安全、工业卫生等方面，都受到注意，确实不易。还有职业技能培训是就业问题中与保持和提高就业率有很大关系的事，而且能直接提高生产力水平和在生产活动中的竞争能力，经济发展既有此需要，也受到雇主和就业者的欢迎。与全国工资理事会相类似的技能培训委员会的宗旨，即为开发新加坡的"唯一财富"——人才，教育提高在业工人的业务技术能力，以适应在新技术、高技术不断迅速发展形势下的要求。应当看到，新加坡的经济发展同重视职业培训有密切联系。

二、交通、电信、旅游、内务、治安、民政

以外向型经济为主的新加坡，国际交通运输和通信事关重大，小国的国内交通则比大国简单。新加坡的地理位置优越，但若交通不发达，也难发挥作用。新加坡空中交通非常发达，其民航事业仍在发展，空中和机场服务堪称一流。海上交通也很发达，新加坡已有"世界最繁忙港口"之称。气象服务本是面向公众的服务，但与空中和海上交通的关系也很密切。无论是空中或海上航行的安全，都有气象服务的一份功劳。"最佳机场"的美称，即包括气象服务因素。陆上交通在市内（或国内）的地铁相当有名，管理现代化，秩序良好。在地面交通管理方面，新加坡对堵车采取种种措施。在邮电服务方面，新加坡尽力达到最先进水平。大众传播媒介的发展与管理并重，以加强其积极作用。新闻报刊、广播电视、电影、政府新闻服务、国家图书馆、印刷出版等应有尽有。

旅游业是"无烟工厂"，是热门行业之一。新加坡国家既小，缺乏自然资源，又没有古迹名胜、名山大川，但其旅游业非常令人注目，吸引力和竞争力都强。原因不仅在价廉，主要是政府高度重视和主观努力所致。如使环境优美、安全舒适，提供上乘服务，等等。经过努力，新加坡已有"花园城市"、"花园岛国"等美称。发展旅游业一个具有根本性的问题是增强吸引力。新加坡在这方面很努力，包括一项很重要的内容，关系到华人社区和中华文化，重视中国传统民俗，有纪念郑和的"郑和码头"、孙中山的故居"晚晴园"、仿古建筑"唐城"（比香港的"宋城"大25倍），等等。旅游宾馆大、中、小型的都有。除注意价廉物美外，新加坡很重视服务态度和质量。这是能取胜的一个极为重要的原因，也正是因为这一点使新加坡的旅游市场保持兴旺。旅游业不可能孤立地得到发展，其与其他方面的关系，就不用再说了。

一个国家的内务是根本。新加坡内务部有8个司（署、局）和2个法定机构，警察部队名列首位，保证安全和稳定才能安居乐业。中央麻醉剂管理局设在内务部内，主要是出于与社会治安有关，而非一般医药卫生问题。反毒协会是一个独立的志愿机构，其配合作用不可低估。狱政司主管监狱事务，维护司法制度，下属单位有17个，包括监狱、改造所训练中心、戒毒中心、反吸毒中心和日间释放营。与狱政相联系的是康复公司。还有一些丑恶现象不能不管，如娼妓、乞丐和危害公众安全的其他问题。移民署管移民事务，防止非法移民进入。但有选择地鼓励移入某些人才，正如在人口问题上有鼓励政策。消防服务的任务不用说了，新加坡已采用先进设备。工商业保安公司主要提供武装保安服务。据新加坡社会团体法，任何社会团体有10人或10人以上必须登记。新加坡国家虽小，社会团体却不算少。关于武术协会的登记，由武术管制小组负责，有关于武术的法律规章作为根据。因为武术在新加坡很流行，作为一种锻炼、自卫、自律之道。由于华人较多，武术主要是中华武术。练武可以强身、防身是华人传统观念之一，尤其是老辈华人，离乡背井，创业维艰，常会遇到必须抵抗自保的强暴、横逆，学点武艺，有备无患。这就相沿成习，形成社会风气。

三、教育、卫生、环保、房建、城市、社区

新加坡政府把发展教育视为在人口中所能开发出的最重要的资源，其教育体系是完整的。教育宗旨明确，标榜并力争实现"人才立国"，表现为"英才教育"。学校有政府资助的、公立和私立的。教育制度中，实行双语政策，即英语和母语。华人母语用普通话代替原方言。同时，也认真采用简化汉字。教学内容注意平衡课程和课外活动。其中有核心课程和道德教育或称宗教课程，其实儒家伦理并非教义。基本课程中有体育，课外活动中也有体育活动。美学教育也注意到了。但仍存在"偏科"现象。师资培训由教育学院承担。大学教育比较严格，新加坡国立大学被誉为"南洋的一颗明珠"。技术教育很受重视，还有其他学术、教育机构，门类很多。

卫生和环境管理。新加坡在这方面不甘后人，值得称道。卫生服务和疾病的预防与控制致新加坡人健康水准较高。医院和基层卫生工作做得比较全面，卫生工作人员及其培训和登记工作做得相当认真。登记后的监督工作为必不可少，以免违反规定和不合标准。在环境保护和改善方面，由环境部主管，工作均有法可依。空气污染在新加坡控制得较好，污染程度是在国际上可接受的标准以内。水污染控制和排污法认真执行。毒物和有害物质的控制，依法定清单进行。保持清洁、排水和处理垃圾、小贩管理和食品卫生、检疫、流行病和传病媒介监控、土葬和火葬、环境公共卫生教育等都认真依法办事。加强教育和处以重罚是新加坡的一大特点，罚得重使大家有所顾忌。

关于房屋建设与管理。新加坡在较短期内解决住房问题的经验引起世人瞩目称赞。早年新加坡人不仅有失业之苦，而且屋荒严重。现在不仅解决得好，还强调绿化。房屋和发展局的任务不限于建房，还要腾出土地来求再发展。一个最响亮的口号，给人最深刻的印象和最大的成就是"居者有其屋"的计划。据说是参照了孙中山"耕者有其田"的主张得出的。这里有政策发展与房屋的规划和设计问题，也分享了建筑方面的技术进步。在产业管理方面，房屋和发展局把注意力集中于房屋外观的维持、修整和设施的保养，对租用和居住者提供服务，按规章制度管理和协调社区关系这四个方面。

关于城市和社区发展，有市区重建局和市区的重建工作，有国家发展部的计划司负责具体计划工作。城镇规划在新加坡开始较早，随后更着眼于如何满足长期的土地要求，以适应人口增长趋势。国家发展部内有公共工程司，负责政府房屋和基础设施的管理。该司是批准建屋计划和维修的权威机构。其工作量大，还管产业发展、管理，机场发展，合同和社团（法人）发展，道路，特殊服务，机械和电机工程，房屋控制等。建筑业发展局也是国家发展部的一个法定机构。此外，还有社区发展和福利服务、社会服务和社区关系的处理等工作，分别由有关机构负责和配合进行。重要的是通过各种基层组织正常和及时沟通，有利于问题的解决。

值得注意的是：随着旧产业的不断衰退，新加坡已开始致力于向智能城市转型，很有可能再次迎来沿着发展阶梯规划下一次新的大跃进，这将把这个城市国家带上新的高度。国父李光耀已去世，但他打下的基础较好，转型、创新很有潜力。

四、公用事业、文娱、"功劳簿"与问题

公园、树木和公用事业管理当然不能混为一谈。公园、树木对环境质量有重大作用，这里先谈植树与绿化。过去市区树木稀少，后来大种其树，绿化成绩为世所公认。树木配以草坪或花卉，几乎无土不绿，"土不露面"，还有高墙的"垂直绿化"。关于公园发展，不仅整个新加坡像个大花园，还有许多花园、公园。植物园既有公园作用，更有科学或学术价值。至于公用事业，有电力供应、淡水供应、管道煤气供应等问题。其中淡水是指可供食用的淡水，新加坡的淡水资源也缺，要从外国引进。现代城市的供水情况，是物质文明的一项重要标志。特别是直接取饮保证卫生应当而又不易做到，发展中国家能做到的更不多见。新加坡政府已正式宣布达到这一要求，实在难能可贵。不仅如此，新加坡解决缺水难题还不断有新招和妙招。在 50 年前，曾不得已实施水定量配给，今天已完全是另一幅景象。在全国 2/3 的国土上收集雨水，对废水实行循环利用，甚至正在开发一种模拟人类肾脏，淡化海水的技术。这就使新加坡成为公认的全球水技术领导者。其第一座海水淡化工厂于 2005 年开业，产量可满足新加坡 25% 的需求。

关于文化娱乐活动。在世界文化中，新加坡占有独特地位，是一个不同种族社区集合在一个现代化小国，因而有自己的文化政策，其文化活动丰富多彩。新加坡有交响乐团和国家剧院托拉斯（trust），还有国家档案馆和国家博物馆。其"口述历史"工作，日积月累，成为相当可观的档案。体育理事会的国家奥林匹克理事会为了贯彻"全民体育"（"体育为大家"）的政策，得到许多单位的配合。裕廊鸟类公园和新加坡动物园也各有特色，前者是世界著名的鸟类公园之一，后者是世界上少数"开放"动物园之一。

新加坡的"功劳簿"或"光荣榜"的这一做法，是在受到该国 1989 年的年鉴所增类似内容的启发。为调动人们对国家和城市建设的积极性，鼓励人们多作贡献，肯定人们经过努力所得到的优异成绩，给予相应的物质和精神褒奖，是很有必要和很有意义的事。新加坡政府注意到了这一点，应当予以肯定。当年记录和介绍的，虽仅是较为突出的和为数不多的例证，但已颇具代表性，能起到催人上进的作用。其中所列举的几个人和单位，在全国、全地区、甚至在世界范围内，作出了可喜的、出色的贡献，已被公认跻身最先进的行列。因此，在"实干兴邦"过程中，有"功劳簿"或"光荣榜"，其巨大和深远意义更在于可供参考借鉴或直接学习运用，可以干得更好。

看到主要成就，并非没有问题。其实，事情不都那么一帆风顺和完美无缺，问题甚至是难题或隐忧、后患也常同时出现或存在。新加坡全国上下的有识之士，对此显得比较清醒和毫不讳言。这可是他们的又一优点。有问题就要解决，旧问题解决了又有新问题，所以解决问题的能力很重要，解决问题的能手很高明。高明在于能居安思危和防患于未然。在20世纪90年代末，当时的李光耀总理曾郑重提醒新加坡全国所面对的基本难题，即安全问题、土地的局限、基本必需品（如大米和食用水）依赖进口和人才外流问题。那可不是危言耸听，完全是理性的考虑。也只有这样，才能经得起考验和挫折。否则，盲目狂热，那将成事不足而败事有余。

第三节 可供参考的新加坡管理经验

在人类的各种实践活动中，成功的经验和失败的教训都是无价之宝。人类也正是在互相观摩、学习、仿效、创新、总结的漫长过程中发展起来和发展下去的。在治国兴邦方面，也是如此。古今中外，莫不皆然。例如，前人有言："得人心者得天下，失人心者失天下。""得人才者得天下，失人才者失天下。"是不是这样呢？事实证明，这些话不是凭空而来的。不得人心，不得人才，即使侥幸、勉强维持，必难持久。星星之火之所以能够燎原，便在于人心所向，得道多助。新中国出现于世界历史舞台，是最有说服力的例证。新加坡这条"小虾"竟能发展得如此鲜活，倘若人民不支持和领导不得力，行吗？他们有不少好的管理经验值得我们参考借鉴。

一、注意别国的经验和中新关系

新加坡密切注意别国经验，得以取长补短或吸取教训，应该认为这对其建设和发展有直接或间接的帮助。举例来说，像利用"顺风耳"和"千里眼"使信息流加快和信息量扩大，对建设和发展极为有利。他们的新闻、出版、广播、电视、电话、电报、传真、网络等设施应有尽有，且较先进。其所以成为金融中心，便是具备这些条件的反证之一。人们对李光耀的评价之一是说他有远见卓识，这包括对局势和处境的全面和深刻认识。实行"请进来"和"走出去"是新加坡了解别国情况和经验的常用做法，收获很大，自不待言。这样做要花点"学费"也很值得。加强华人之间的联系是另一条了解别国经验的重要渠道。这里指的是该国华人与各国华人之间的联系。华人遍布全球，为数不少在发达国家和地区了解当地的有关经验。首届世界华商大会即在新加坡举行，就有促进联系和友谊的作用。他们对中国的有关经验一直密切注意，容后专述中新关系。新加坡对其他国家和地区的关注，有较深厚的兴趣，不是一般猎奇，而是颇有参考借鉴之意，或者说可以起"照镜子"的作用，也可以避免和防止一些消极的、病态的东西在新加坡出现、存在或蔓延。在抵制、消除西方不良影响的努力中，新加坡对西方社会的一些丑恶的、不健康的现象不断予以揭露和抨击，对自身的缺点或不足之处也坚决改正和改进，如浪费粮食等。其电视节目比较注意不良影响，据说不让出现吸烟镜头，那就可以说是得风气之先了。

关于中新关系，从人民之间的角度来看，真可谓源远流长，几乎自新加坡"开埠"以来，这种关系就开始建立和日益广泛、密切。华人对新加坡的开发、建设和发展，无疑是作出了历史性的巨大贡献的。但作为两个国家建交问题，是1965年新加坡成立以后的事。新中国于1949年成立，至1990年两国才正式建交，历时25年。原因复杂，可以理解。在建交前，双方关系密切、交流频繁，不仅在许多重大国际问题上有广泛共识和一致，且在经贸、科技、文化等方面进行广泛的交流和合作。两国政府和领导人为建交所做的努力功不可没。两国领导人在建交前就保持密切联系，新方坚持"一个中国"的立场。合作项目很多。建交以后，两国关系进入新的阶段。中新建交结束了多年贸易和文化交流热火朝天，但政治关系疏远的局面。两国关系正常化后，贸易额更有增加。这也是两国人民的共同愿望。在久已存在的传统友谊和合作关系的基础上，必将谱写出新的篇章。对于两国关系的发展前景，完全可以这么认为：建交的意义深远，不仅在可以预见的将来，而且随着时间的推移，前景会越来越广阔和越来越好。具体的例子不胜枚举，仅看经济和文化联系，已多到难以细说。尤其是文化方面，可谈的内容更多。诸如推广华文华语，维护和发扬中华文化精华，中国首次在国外举行"汉语水平考试"就是在新加坡国立大学举行，考生取得优异成绩……几乎达到信手拈来的程度。

二、法治、反贪、高效和领导人素质

有机会访问新加坡的人，不难觉察在那里依法办事的特点相当突出。细心观察一番，只要有所规定和有章可循，一般是受到尊重和得到遵守的。其背景是执法很严，久而久之，人们逐渐养成了守法的习惯，不敢也不愿以身试法，同法规"开玩笑"，将犯法当"儿戏"。学者说新加坡的法律是"硬性"的，即并非具文而是要"兑现"的。有一种"法不治众"的论调，我们应加分析，若法律定得不切实际或缺乏可行性，那就是法律本身的问题。符合整体利益的法律即应认真遵守，不能以小"众"妨大"众"。混淆视听之例不可开，强词夺理之风不可长。稳定、发展、依法管理是一大优势。

有"东南亚之癌"这一"雅号"的贪污恶习,在新加坡得到了有效的控制和治理。李光耀也因而获得"治癌国手"的美称。这就表明,原来比作"癌"的贪污贿赂,并非不治的"绝症"。贪污腐化本是新加坡在长期殖民统治下极其可恶的宿疾。新加坡能转贪为廉,根本原因在于对贪污的痛恨和除害态度的坚决,此举深得人心。广义的廉政还应扭转一切不正之风。新加坡能办到,我们没有理由不能办到。新加坡人看问题比较敏锐,注意防微杜渐。例如,巧立名目挪用公款、化大公为小公、"灵活变通"、"移花接木"、有"借"无还、不付利息、设"小金库"、公款请客送礼、任意挥霍、弄虚作假、糊弄上级、蒙混过关之类,都是不能等闲视之的危险倾向,或可能成为贪腐的"苗头"、"温床"和另一种手法、形式。

分析新加坡取得巨大成就的原因,有一点让人印象深刻,即能保持高效率。当今国际竞争激烈,效率低根本不可能参与竞争。在强手如林的形势下,低效率无立足之地,尤其是在"大鱼吃小鱼,小鱼吃虾"的资本主义世界,"小虾"存在和发展的难度更可想而知。高效率低效益也不成。作为一个国家,效率有其完整的要求,要所有各环节互相配合好。管理效率对经济发展的影响,常具有促进或拖延的作用。新加坡人对此非常敏感,政府是比较注意的。同时,在效率问题上,廉政和勤政必须相辅相成。既要廉洁,又要高效,不能"两袖清风,一事无成"。而通过贿赂得来的"高效"是病态的、腐败的。新加坡以保持高效著称,实在难能可贵。

国家领导人的素质极其重要,甚至关系到国家的兴衰成败和存亡,李光耀有此体会,是根据他多年的政治经验。他认为若以为随便什么人被选为国家领袖,新加坡都会继续生存的想法是愚蠢的;新加坡不可以没有良好的领导人才。① 他所说的政治领袖非指一个人,而是领导群体。现代管理把领导列为重要环节或作为要素,绝非偶然。中国古语云:"强将手下无弱兵。"也可以理解为:"弱将手下无强兵。"前者可变弱为强,后者会转强为弱。这表明了领导的重要作用,新加坡可视为正面的例证。领导者若不敢于和善于领导,不能以身作则和团结人,不能调动、发挥人们的积极性,便无法去完成任务和达到目标。

---

① 李光耀:《发展中国家政治领袖素质关系到国家存亡》(1989年3月23日在新加坡国会演讲词),载《联合晚报》1989年3月24日。

三、关于科技、教育、外贸和旅游业

从要使高科技成为一种生活方式和可能成为东南亚的"硅谷"这两点来看,已足以证明新加坡希望、争取和实行科技立国不只是一句口号,而是认认真真地、踏踏实实地在干和已见成效的事。在现代国际竞争中,科技已愈来愈显得重要。"科技兴市"、"科技兴农"……呼声很高,人们已不陌生。"科技是第一生产力"也不仅是思想理论,而且已经在生产领域和经济发展中显示出来,新加坡又是具有说服力的例子之一。从新加坡青年人中无神论者激增这一点来看,也表明科技教育收到了实际效果。提高全民科学文化水平,逐步消除愚昧落后的精神境界,对于确保做到科技立国具有重要、深刻和长远的意义。这是一项艰巨的任务,需要坚持不懈的努力。

新加坡国家虽小,教育事业却是配套的。这与科技立国有直接关系。发展教育讲究规格,新加坡当局反对通过降低招生标准增加大学生人数,强调要不断改善大学前教育的标准。这样的想法和做法,无疑是正确的。培养人才的各级教育,若不从"娃娃抓起",做到层层把关,环环相扣,而是逐级"欠账"过多,缺了一大堆"课"让大学去补,不仅冲击了正常的大学教育,而且补不胜补,或顾此失彼,难以补全、补好,可能只落得个"终生遗憾",误人误国。尤其是缺品德教育,因为已成年定型,要改积习就困难得多。不仅如此,还将继续影响下一代。要是一代不如一代地下去,"祸延子孙"便更糟了。因为家长和师资的素质,都与教育直接相关。总之,教育弄虚作假必受到历史惩罚。

促进外贸和重视投资环境建设,在新加坡极为突出。这是存亡攸关的大事,几乎可以说已达到全神贯注和全力以赴的地步。因此,对世界市场的动静随时密切注意,在吸引投资方面也千方百计增强自身的竞争能力,以求形成较大的优势。一旦外贸总额下降或投资额减少,当局就忧心忡忡,有关各界也会异常敏感。我国实行改革开放,以经济建设为中心,积极努力实现四个现代化,也必须重视上述内容。尽管国情不同,但新加坡在有关方面的成功经验还是值得参考、借鉴的。例如,要"心中有数"才能作好决策、做出反应和采取措施。又如,外贸和投资环境并非孤立或单项问题,其涉及面广,需要各有关方面的配合、支持,"孤掌难鸣"、"孤军作战"不行。

"天下无难事,只怕有心人。"这话对于新加坡的大力发展旅游业的事颇为适合。因为该国旅游资源是真正的"先天不足",但那里的旅游业偏偏发展得生机勃勃和欣欣向荣。本来，旅游业对一个国家、地区或城市来说，并不能只简单地归结为在经济上增加收益，还有其他许多方面的积极意义。例如，通过旅游了解投资环境，就有可能超过甚至大大超过旅游本身的收入。还不说社会政治影响、沟通信息、扩大文化交流、以旅游业促进和带动各项建设，本国人民同样可以受惠，以及提高本国、本地区或本市的国际知名度和开展人民外交活动。新加坡在发展旅游业中，对直接或间接关系或影响到旅游业发展的事项都密切注意和认真对待，即在于此。

四、城建、信息、精神文明和居安思危

新加坡是个"城市国家"，加强城市建设与加强国家建设可看作一码事。根据新加坡的情况，其城市建设得到加强可谓一举多得。人民生活、生产、投资和旅游等环境都得以改善自不待言，城建的不断进行，还可以增加就业机会、带动有关产业的发展。仅以房建为例，便联系到许多行业，如建筑设计、施工、管理、材料、运输、室内装修、家具、用具、灯具、门铃、摆设、饰物等，都有新的需求。门类、品种之多，不一而足，不胜枚举，有的简直意想不到。只顾发展生产忽视城建已有较大和较深的教训，到头来生活、生态环境遭到破坏，又不利生产进一步发展。新加坡这方面的经验值得参考。

现代管理系统离不开信息系统，这话一点也不夸张。日本有"信息是企业的生命"之说。人们将现代社会的竞争归结为获得和利用信息能力的竞争是有根据的。新加坡有一个很显著的特点，就是管理的进行和改进，莫不以最新和可靠信息为依据。耳聪目明，择优汰劣，效率才高得起来，廉政才能保持下去。缺乏信息的管理，只能是封闭的、保守的，甚至在很大程度上是盲目的。不合时宜、不切实际，即不能保证不瞎指挥、不"乱弹琴"、不滋生和助长官僚主义。国家治理的综合性，决定了对信息的需求面广量大，凡属关系全局的事，都不可漠不关心、漫不经心和掉以轻心。新加坡当局更注重信息反馈，看工作究竟合不合乎要求，以便及时改进。这才真算是把工作做到家了。

在高度重视精神文明建设这一点上，新加坡表现得较为突出。这是一项长期、艰巨的任务，非一朝一夕之功。教育事业是精神文明建设的重要基础。宣传教育虽不可少，但必须落实于行动。讲廉洁、重信誉、讲礼貌、重卫生、讲道德、重法纪、讲团结、重和睦、有爱心、正义感、求进步、敬老、爱幼……各种美德或优良品质，都属于精神文明范畴，并且是见诸行动的内在精神状态、精神境界的具体反映。一般来说，善善恶恶是人之常情，但在是非混淆甚至颠倒和恶势力猖狂的形势下，需要有较大的道义勇气和得力的支持，才能正常和顺利表达。要使正气上升、邪气下降是可以办得到的。但如果"讲起来重要，做起来次要，忙起来不要"，那就不用说了。

这最后一点，说的是新加坡领导层和有识之士的头脑非常清醒，也经常提醒国人：要居安思危和有备无患。他们的国防意识、安全意识、应变意识很强，举行各种演习证明他们确实是时刻准备着认真对待可能发生的突如其来的事态的。国家小和处于特殊的地理位置、历史条件是事实，但不能认为上述诸意识对大国就没有必要和不重要。我国是幅员辽阔、情况复杂的东方大国，正在建设中国特色社会主义。目前虽然基本上处于和平环境，但居安思危和有备无患的观念不可没有。敌对势力对中国进行"和平演变"，一直在伺机而动。尽管是"树欲静而风不止"，但只有树大根深、根深蒂固，才会顶得住，那就功夫在乎平常了。另外，"天有不测风云"，也得准备应急、应变，才能减少损害。

第十一章　实干兴邦中的工作效率问题

在新兴学科如科学管理、工商（企业）管理、行政（公共）管理等各作为一门独立学科正式形成和问世之前，关于提高有关领域工作效率的要求，就早已开始和逐渐受到越来越大的关注。实际情况正是这方面的急切要求，对各门新兴学科的诞生，起了直接"催生"的作用，并始终伴随其发展。时至今日，无论是在实践活动中，还是在理论探讨上，提高工作效率仍然是最经常接触到的频率最高的问题之一。若说关于提高工作效率的研究水平是一个普遍到全世界的热门课题，也没有任何夸张，而是有事实根据的。在"实干兴邦"这件大事的进行过程中，不能不注意到这一点。不干，效率当然无从说起，实干便有效率高低之分。为了达到"兴邦"的目标，希望能保持高效率自不待言。

第一节　提高工作效率与治理现代化

我们所兴的是现代化之邦，因为起步较晚，许多方面还需要加紧"补课"，才能赶上，更不用说超过已有的现代化水平了。在竞争激烈和对比透明的局势面前，虽然底子薄和基础差，但只要格外努力提高工作效率，赶超先进的可能性是存在的。新中国成立前后，尤其是改革开放以来的事实，已在不断地证实这一点。不过，评定工作效率是个复杂问题。算总账还是算细账、算远账还是算近账，可能有很大差别的结论。其中包括表面现象和实际效果的不同，例如道路、理论、制度是否正确是大前提，正确则效率越高越好，否则越高越糟。可见，当然和显然的是必须念念不忘实干为了兴邦，不是为实干而实干，不抬头看路。

一、我们的发展要尽可能快一点

社会主义建设的最根本任务既然是发展生产力，而社会主义的优越性又归根到底要体现在它的生产力要比资本主义发展得更快、更高和更好一些。因此

"我们提出要发展得快一点，太快不切合实际，要尽可能快一点"①，这是邓小平同志的原话。例如，我们欢迎外资和国外先进技术（包括管理技术），就可以有助于提高建设工作效率的作用。吸收利用外资虽然会带来一些问题，"但是带来的消极因素比起利用外资加速发展的积极效果，毕竟要小得多"，这也是邓小平同志的原话。事实很有说服力地表明，我们的道路走对了，会得到比较健康的发展，速度还超过预期。从实际情况来观察，发展和发展速度问题，不仅存在于发展中国家，在资本主义发达国家也有再发展的问题，发展速度问题也最受关注，或者可以说是所遇到的最大问题。

所以，既然我们的路子走得对，邓小平同志又说："我们改革、开放的政策不可能放弃，甚至于不可能放慢。……要讲究稳妥，但稳妥变成停滞不前就坏了。……在总结经验的基础上，加快一点改革、开放的步子。这是我讲的经济体制改革。……现在的问题是要加快。"② 本来，凡事一下决心做出决议就立即执行，是社会主义国家的一个最大的优越性，因而在这方面总的效率是高的；但是，经济管理、行政管理的效率仍不能令人满意。所有增强活力、调动积极性、克服官僚主义，包括精简机构等改革，均旨在最后落实到提高效率上。

当然，实行改革开放政策不可能一帆风顺，出现一些问题需要进行调整或治理。可是，调整或治理，"无论如何不能损害我们的改革开放政策，不能使经济萎缩，要保持适当的发展速度"③。念念不忘和经常强调、提醒一定要保持适当的发展速度，还有必要与过去被耽误了的建设时间联系起来考虑。必须指出，我们所说的发展速度，首先和主要体现于生产力要以适当的速度持续增长。这样，也只有这样，我们人民的生活才能在生产发展的基础上较快地得到逐步和显著改善。也只有继续改革开放，并在整个改革开放的过程中都坚决反对腐败，"我们前进的步伐会更稳健，更扎实，更快"④。真不可小看或低估发展速度的重要意义。

在谈到国际形势和经济问题时，邓小平同志曾经指出特别要注意经济发展速度可能滑坡的问题。他说："如果经济发展老是停留在低速度，生活水平就

---

① 《邓小平文选》第 3 卷，第 65 页。
② 同上书，第 240－243 页。
③ 同上书，第 277 页。
④ 同上书，第 327 页。

很难提高。"① 还解释了什么叫速度,以及要实现适当的发展速度。要用宏观战略眼光分析问题和采取具体措施,他的结论是:"中国能不能顶住霸权主义、强权政治的压力,坚持我们的社会主义制度,关键就看能不能争得较快的增长速度,实现我们的发展战略。"② 增长速度所关至大,可想而知。

我们知道,没有抽象的、孤立的快和慢,速度是比较而言的。倘若我们已经十分明确,抓住时机,发展自己,关键是发展经济。那么"现在,周边一些国家和地区经济发展比我们快,如果我们不发展或发展得太慢,老百姓一比较就有问题了。……低速度就等于停步,甚至等于倒退。……当然,不是鼓励不切实际的高速度。……江苏……上海……完全有条件搞得更快一点"③。广东赶上亚洲"四小龙"便是发展速度问题,何况别人仍在前进,并非停下来让你去赶。

二、改革的步子也要适当地加快

对于扎扎实实的高效率、高速度,我们应当表示欣赏、加以称赞和给予鼓励。早在1984年初,邓小平同志就夸过"深圳建设的速度相当快"、"效率高",还转述了发展更快的蛇口工业区所提的口号:"时间就金钱,效率就是生命。"在厦门的题词是:"把经济特区办得更快些更好些。"④ 在《改革的步子要加快》一文中,邓小平同志再次回忆深圳的一派兴旺的气象,可见印象之深。当他听说厦门经济特区的发展速度比深圳还理想时,显然是很高兴的。⑤

要搞建设,搞改革,理所当然地要争取比较快的发展。这与"完全违背客观实际情况,头脑发热,想超高速发展"⑥ 是根本性质不同的两码事。全国人均国民生产总值提前两年完成了原定十年内翻一番的任务。在成功经验的鼓舞下,对加快改革步伐也增强了信心。因为小的曲折而缩手缩脚,不敢大胆前进是不可取的。⑦ 邓小平同志告诫我们:"不能停滞,停滞是没有出路的。"⑧

---

① 《邓小平文选》第3卷,第354页。
② 同上书,第356页。
③ 同上书,第375–376页。
④ 同上书,第51页。
⑤ 同上书,第239页。
⑥ 同上书,第253页。
⑦ 同上书,第256页。
⑧ 同上书,第260页。

"胆子还要大一些。如果前怕狼后怕虎，就走不了路。""中国经济发展的速度不会太慢。"① 确实是科学预见，令人深受鼓舞。但这还不够，还要求思想更解放一些，改革的步子更快一些。这是因为："中国解决所有问题的关键是靠自己的发展。"②

事隔八年，邓小平同志看到了深圳、珠海经济特区和其他一些地方后，兴高采烈地说："发展得这么快，我没有想到。看了以后，信心增加了。"③ 接着又说："在这短短的十几年内，我们国家发展得这么快，使人民高兴，世界瞩目，这就足以证明三中全会以来路线、方针、政策的正确性，谁想变也变不了。"④ 面对与发展速度直接相关的成就，可以肯定："深圳的重要经验就是敢闯。"⑤ 真是一语破的，顺理成章。非常令人信服的是："改革开放胆子要大一些，敢于试验，不能像小脚女人一样。看准了的，就大胆地试，大胆地闯。"⑥

建设中国特色社会主义是前无古人的全新的事业。路子就是要靠我们自己去闯，要有闯的精神、闯的勇气、闯的劲头，当机智沉着、锐意革新的闯将。我们必须牢记的是："对于我们这样发展中的大国来说，经济要发展得快一点，……发展才是硬道理。"⑦ 要不懂得这个道理，变得谨小慎微，不敢解放思想和放开手脚，势必错过时机，如逆水行舟，不进则退。⑧ 这也是我们所必须警惕的事。在以经济建设为中心的同时，我们还必须注意当时已提出的两个文明（物质文明和精神文明）建设并重、并举。实际上，敢闯和解放思想等已属于精神范畴，对物质文明建设起巨大的促进、推动作用。社会秩序、社会风气也要搞好，反对腐败，加强法制建设，等等，都要认真过硬地去抓。邓小平同志认为："总之，只要我们的生产力发展，保持一定的经济增长速度，坚持两手抓，社会主义精神文明建设就可以搞上去。"⑨ 非常清楚：效率问题同两个文明建设的关系很密切，绝对不只是简单的技术性事务。

---

① 《邓小平文选》第 3 卷，第 263 页。
② 同上书，第 265 页。
③ 同上书，第 370 页。
④ 同上书，第 371 页。
⑤ 同上书，第 372 页。
⑥ 同上书，第 372 页。
⑦ 同上书，第 377 页。
⑧ 同上书，第 377 页。
⑨ 同上书，第 379 页。

三、治理现代化对高效率的要求

在社会主义现代化建设事业中,国家面临全面治理现代化的问题。被称为"奇迹"的"经济腾飞"并非也根本不可能完全是"一枝独秀"的孤立事件或现象。因为它同治理现代化的情况是分不开的,即离不开、少不了全面治理方面的配合和支持。这是无可否认和有目共睹的事实。现代化事业本来就具有整体性、全面性和综合性。尽管可以和应该有计划地、有步骤地、有区别地进行,但即使是单项或专门"工程",都不能没有各有关方面的配合。否则,就肯定寸步难行,更不能指望按期完成。其中尤其是面向全局和全过程的国家治理,若对现代化建设漠不关心,或显得软弱无力、无能低效,则后果必将处于不成气候、打不开局面的境地。另外,实际上是与此同时,国家治理在发挥好积极作用之际,自身也注意和力求通过改革实现治理现代化,而非安于现状,更不能处于"化外"。这是同步进行的,也是可以理解的。借用"推进器"这个说法,总希望与需要它能先进、灵活和得力些。于是治理现代化不仅被及时提上议事日程,而且已经在逐步实践之中,如机构改革、职能转变、反腐倡廉等,都有助于提高工作效率。

这里,"效率"已与"生产力"或"生产率"的概念相联系,不是习惯上所表述的单纯的或狭义的速度,而是广泛地、深刻地包括除速度或及时性之外的质量、成果、效益(不仅是经济效益,还有社会效益和环境效益等)之类。正像一个"有机整体"的动作,或一项"系统工程"的启动一样,其"零部件"或"诸环节"是不能失灵或发生"故障"、"阻塞",直到"坏死"等现象的。现代化事业如此,提高工作效率的问题也是如此。在某个时间内,一个人、一个单位、一个部门、某件事、某个工种、某个工序等的效率,固然应受到重视,但不能以此为满足,还要使本"整体"、本"系统"中所有的人在全部工作时间内对任何事都重视提高效率。也就是说,局部的、暂时的、偶然的、表面的效率,一定要纳入总体的、长远的、经常的、根本的效益来权衡和评价。

就治理现代化与提高工作效率的关系而言,二者即使不能说是互为因果,也是互相促进的,并且是必然的。我国的改革实践已经证明并将继续证明,提高工作效率与治理现代化的必然联系。假如治理现代化未能提高工作效率,即须找出原因,加以调节。倘若效率太低,便要进行改革,加快实现治理现代化。这是治理现代化发展的必由之路,治理改革的现实正是如此。我们对此满怀信心，应该在看到成绩的同时，参考借鉴别的国家和地区在这方面的情况和经验。行政效率问题越来越为全世界所关注。例如，日本的行政效率较高，为世所公认。但约在 20 年前，日本学者有《日本官僚体制比中国更臃肿》一文①，这表明大家都在作比较研究和精益求精。

四、效率的制约因素与关键在人

效率、速度问题比较复杂，存在许多制约因素。《邓小平文选》中有不少内容，在重视效率、速度之际，也常对有关情况进行分析。根据个人读后的粗浅体会，至少可以归纳为以下八个方面：

（1）"第一不能犯大错误，第二发现不对就赶快改。"② 因为错误会产生负效率，会延缓前进的速度，所以尽管错误难免，但不犯大错误和有错即改，便减少损失或危害。他在著名的南巡讲话中，还又提到"对的就坚持，不对的赶快改"③。这也就是排除消极因素越快越好。

（2）讲效率、速度，要按照社会经济发展的客观规律办事，光凭主观愿望不行，犯急性病结果欲速不达、欲益反损，是有教训的。"建国以来我们犯的几次错误，都是由于要求过急，目标过高，脱离了中国的实际，结果发展反倒慢了。"④ 不过，计划定低了也不好，还是要实事求是。积极而留有余地，不是过于轻而易举，而是必须经过努力才能达到。

（3）"一定要首先抓好管理和质量，讲求经济效益和总的社会效益，这样的速度才过得硬。"⑤ 片面追求产值、产量的增长是不可取的，不顾质量的"效率"、"速度"只能导致大量的次品、废品，甚至会严重地损害正常的经济效益和社会效益。那是干大蠢事，结果自贬信誉和削弱自身的竞争能力。

（4）提高效率，加快速度要讲究方法。"我们发挥社会主义固有的特点，也采用资本主义的一些方法（是当作方法来用的），目的就是要加速发展生产力。"⑥ 关于"计划和市场都是经济手段"⑦ 的论述更能澄清长期以来的误解。

---

① 载日本《东亚经济》周刊，1995 年 5 月 20 日第 1 期。
② 《邓小平文选》第 3 卷，第 95 页。
③ 同上书，第 372 页。
④ 同上书，第 202 页。
⑤ 同上书，第 143 页。
⑥ 同上书，第 149 页。
⑦ 同上书，第 373 页。

为了建设中国特色社会主义，应当吸收和借鉴一切先进、文明成果。

（5）用全面联系的观点来观察，效率、速度的维持，需要多方面的配合。例如，农业问题解决不好，"将会影响我们经济发展的速度"①。外贸逆差会拖后腿；机构庞大、人浮于事、官僚主义、拖拖拉拉、互相扯皮、抓住权不放等也"必然会阻碍经济体制改革，拖经济发展的后腿"②。后者即涉及政治体制改革问题。

（6）在发展速度问题上，实行什么政策至关重要。"根据大陆的现行政策，发展速度不会慢，……在若干年内至少不会低于台湾的发展速度。……大陆的潜力还没有发挥，肯定会很快发挥出来的。"③ 再说"如果我们不坚持社会主义，最终发展起来也不过成为一个附庸国"④，那样一来，效率、速度便是不同性质了。

（7）"领导层有活力，克服了官僚主义，提高了效率，调动了基层和人民的积极性，四个现代化才真正有希望。"⑤

（8）"中国的问题，压倒一切的是需要稳定。没有稳定的环境，什么都搞不成，已经取得的成果也会失掉。"⑥

事实就是这样："中国的事情能不能办好，社会主义和改革开放能不能坚持，经济能不能快一点发展起来，国家能不能长治久安，从一定意义上说，关键在人。"⑦ 因此，邓小平同志非常突出地关怀人才的选拔、培养和教育后代，是完全可以理解的。根据"关键在人"的主导思想，在谈到改革经济体制时，邓小平同志说："最重要的，我最关心的，还是人才。改革科技体制，我最关心的，还是人才。"⑧ 人才对发展效率、建设速度的影响是显而易见的。这就需要把教育工作认真抓起来，以大量培养各级各类人才，提高劳动者的素质，表现于知识分子的数量和质量，形成任何国家所难以比较的人才资源的巨大优势。教育既然如此重要，对其重要性的认识就要大大提高。重视效率和重视人

---

① 《邓小平文选》第 3 卷，第 159 页。
② 同上书，第 160 页。
③ 同上书，第 170–171 页。
④ 同上书，第 311 页。
⑤ 同上书，第 180 页。
⑥ 同上书，第 284 页。
⑦ 同上书，第 380 页。
⑧ 同上书，第 108 页。

才在本质上是一致的，至于如何才能做到人尽其才，亦即调动、发挥、保护人才的积极性，那自然是真正重视人才者所要认真考虑的事。

第二节　对工作效率问题应具体分析

实践久已充分证明，有没有正确的效率观念和效率观念是否很强，直接影响和关系到工作的优劣成败。效率观念不是通常的抽象思维活动，它具体表现于各种可以比较和计算的项目之中。一如从时间上来看。"时间就是金钱，效率就是生命"一类的口号，都是有所据而发的。事实上，速度有时是生死存亡的决定因素。二如从费用上来看。凡是可以用较少经费办成、办好的事，开销多了也是效率不高的一种表现。三如从人力上来看。人力（人才）资源的浪费，比挥霍金钱更严重。四如从程序上来看。程序烦琐、手续复杂也会制约效率的提高。五如从质量上来看。在全部工作条件相同的情况下，质量上的差距也是效率问题。六如从效益上来看。"成本"、"代价"过高，得不偿失，不如不干。总之，应作具体分析。

一、中国工作效率不是没有问题

如果仅仅简单地、笼统地说中国工作效率是高或低，可能不符合实际情况。因为事实上，在中国效率的高低不能一概而论，常因不同的时期、地区、部门或单位、工种、条件或环境，以及不同的工作人员素质而异。其中又包括和区别理论与实践、主观与客观、历史与现状、中央与地方、领导与群众，以及有关体制、规章、程序和工作方法等方面的问题。既不能凭一时、一地、一人、一事等作判断，也不能只看表面现象而忽视其导致的原因和改进的可能及途径。

一般来说，效率的高低是通过比较来评定的。比较主要可分纵向和横向两个方面，纵向比较侧重于同自身的过去比，横向比较则多同别人直到别的单位、地区、国家比。严格来说，按照科学标准，效率应该可以测算。尽管难度较大和如何测算才合理、准确、可行，国内外都还有不少人在研究，这是很值得鼓励的。为了不把工作效率作为单纯的技术问题来处理，我们仍采用通行的比较方法来观察和评论。

在革命和战争时期，效率是至关重要的决定性因素之一，高效率既有可能，为何不能持之以恒？经济特区和沿海城市，效率高于内地和普通城市，这是公认的事实。先进或模范单位少不了效率高这一条。条件好而效率低者不乏其例,为什么?各种条件基本相同而效率大有差距又为什么?甚至还有按条件效率应较高的反而低于条件较差的,那更是反常现象。在理论上,社会主义制度优越性当然应该包括效率高这一条。然而,实践未能全面和充分对此给予印证。这绝非理论不正确,必另有原因。在主观上,对于效率不高会有各种解释,但客观的检验是高低分明的。果真已尽其在我,那就是必须提高能力或更新观念的问题。在中央一级或较高层次上和各级领导者的效率高低固然对下属有影响,但上高下低或上低下高也都不行。这是一个复杂的问题,有关因素很多。

关于中国工作效率是否偏低的问题,似乎都有根据。这就是一个全面、大体、总的估计或印象问题,让客观存在的事实和态度严肃公正的旁观者来说明情况,不失为可取的办法之一。以下试按是否双方,各举数例。

先说意在不低的。例一是英国学者马丁·雅克指出:"随着经济实力的壮大,中国的传统价值观,如对教育的重视,以及高效的治理方式将逐渐引起国际重视。"① 例二是美刊文章:"中国现在就是世界第一大经济体。"② 虽然人均产值还不高,但从不是到是总算进了一大步。例三是台湾地区前"监察院长"王作荣说:"我到了重庆……,经香港返回台北,沿途所见与我 52 年前离开相比,只有用'脱胎换骨'来形容。无论城市建筑、公共设施,都具有一个现代国家规模。而这种建设正在加速进行中,尤其令我振奋的,是我见到了一些中共高级官员,他们的举止谈吐,让我有重见汉官威仪的感觉;而他们目前的具体成就与未来的一些规划,也让我有汉唐盛世将重见于今日的预感,这与我在台湾所见的完全不同。"③ 这还是十多年前说的。

再说认为偏低的。例一是曾经有过国务院秘书长发表《提高机关办事效率》的专题讲话。④ 例二是某工厂申报一个基建项目共盖 745 个公章和另一家工厂为办成一件事在 65 天之内去北京 45 次。⑤ 后经治理整顿,相信已有好

---

① 新加坡《联合早报》网站 2014 年 11 月 28 日文章,载《参考消息》2014 年 11 月 29 日第 8 版。
② 美国《福布斯》双周刊网站 2014 年 12 月 7 日文章,载《参考消息》2014 年 12 月 9 日第 5 版。
③ 台湾地区《联合报》2002 年 9 月 1 日,载《参考消息》2002 年 9 月 3 日。
④ 《人民日报》1987 年 3 月 19 日第 5 版。
⑤ 《人民日报》1987 年 10 月 12 日第 1 版。

转。例三是一则记者专访:"你在同中国合作中感触最深的是什么?""大和慢。……机构重叠,办事手续太繁杂,因而工作效率慢。……时间比其他国家多二三倍,成本高出许多。甚至一个项目谈了八九年也定不下来。"① 当然相信后来也已有所改进。

可见,中国工作效率不是没有问题。而且,更严重的是消极负面的贪污腐败。可以肯定,这些均非主流。但不能掉以轻心。我们应扶正祛邪,继续为建设中国特色社会主义加油、鼓劲。

二、效率太低应被看作严重问题

效率太低不仅严重影响建设事业,而且非常不利于参与国际竞争,必须严肃认真对待。

一是要有勇于改革的精神。虽然"冰冻三尺,非一日之寒",但不能继续听之任之。是"沉疴痼症"也得治,"硬骨头"也得啃。只要真正有勇于改革的精神,这是大有希望的。应当把提高效率作为当务之急重点改革之一,有雷厉风行的劲头,必将使人耳目一新。倘若大家都能更新观念、端正态度、齐心协力,也就众擎易举了。勇于改革的精神十分可贵,没有这种精神不行。为使提高效率的要求不致落空,一定要通过符合改革精神和原则以及有较强力度的实际行动。也就是说,要把改革精神落到实处,见到实效。

二是要大力提倡从我做起和立即行动。一方面要求人人行动,同时有敢为天下先者起带头作用非常必要和重要。他们既起先锋、前驱的作用,也具有试点、示范的性质。所以上级领导和有关方面都应该给予关注、重视和及时的鼓励、支持与指导,还要认真总结、热情宣传和努力推广先进经验。要用改革的实践经验去增强人们对改革的决心和信心。讲道理还要摆事实,事实胜于雄辩,也就是最有说服力,从已经收到的初步效果和成绩中,还可以看到改革的前景,从而得到鼓舞和促进改革的发展和深化。"万事开头难",开好头的重要性不可低估。后来居上的情况也会出现,如此你追我赶,继长增高,不断刷新纪录,便逐步形成热气腾腾的可喜局面。

三是要变恶性循环为良性循环。效率低到更低,会形成愈演愈烈的恶性循环。如何使它转为渐高、更高的良性循环可不是个轻而易举的任务。必须找准

---

① 《沙利文赠言小记》,载《人民日报》1989 年 3 月 16 日第 5 版。

原因及其演变过程，加以剖析后采取有针对性的有效措施，才能有济于事。例如较常见的有：①无计划或计划不周。②无准备或准备不足。③工作脱节导致低效。④信用既失，扭转也难。⑤层层加码，难辨真假。⑥弄虚作假，公然舞弊。⑦弹性太大，余地过宽。⑧烦琐错位，盲目预防。⑨标准缺位，或过高过低。⑩上行下效，相习成风。实际情况尚不止这些，诸如此类可想而知。

四是要改革就要有移风易俗的决心和勇气。可以讨论的问题很多。先着眼于改变以下几种状态，也许是切实可行的：①不当"老爷"和"菩萨"，彻底扭转、改变"门难进、脸难看、话难听、事难办"的现象，做名副其实的为人民服务的勤务员，热情服务。②坚决依法行政，一视同仁。扫除"熟人好办事"、"人情大于王法"、拉"关系"、走"后门"等不正之风。办事讲原则，不能看人说话，搞亲者高效、疏者低效。③治一治"开会迷"。有的人开会有"瘾"、成"癖"，这指的不是正常开会，而是"泡"在会里，不解决问题，既劳民伤财，又失时误事。④散一散"取经热"。也不是指正常的推广先进经验，而是指"一阵风"式的使先进单位苦于接待，误了工作，"取经"者风尘仆仆又收效甚微。⑤认真改进作风，清除一切腐败现象，最重要的是树正风、走正道，把人力、物力、时间完全真正用于做好本职工作，提高工作效率。

五是"天下无难事"。效率低也许算得上是"顽症"，但非无药可救的"绝症"。在这个问题上，做"有心人"非常重要，若无心于此，那就什么也别谈了。其实，只要做提高效率的有心人，实现高效并非太难办到的事。但有心人至少必须：①有敬业、乐业精神，对工作精益求精，认真努力和有较强的事业心、进取心、责任心。②养成节俭的习惯，杜绝拖拉作风，有较强的时间观念和效率观念。③对"老大难"问题，敢于攻坚、碰硬，决不避重就轻。④顾全大局，注意团结，重视做好协调工作，避免或尽量减少扯皮、内耗。这一点极为重要，因许多事延误于此。

三、效率不高的真实和深刻原因

关于这个问题，前面无可避免地已零散地提到。这里是集中一下，可能稍较全面，以便加深印象。说到提高效率，虽有必要和可能，但亦非轻而易举或一蹴而就。譬如治病，在诊明症状后，还要弄清病因、病根，才能对症下药去解决问题。这是全部事情的关键，否则将是头痛医头、脚痛医脚，只是治标于一时，不能治本于长久。亦如扬汤止沸，未能釜底抽薪。

为了正本清源，必须追本穷源或者叫寻根究底，这就迫切需要进行全面系统和广泛深入的调查研究，辅以必要的统计数字和有说服力的个案分析。此事若无有关方面的真诚大力合作和支持，即难收到较好的效果。这里无意也不可能设计一份实地作调查研究的方案和大纲，而只是提出若干设想和问题，以供进一步研究的参考罢了。

效率不高的真实原因往往同深刻原因紧密地联系在一起，因而不宜浅尝辄止。正像诊病一样，一种症状可能有多种病因，必要时还得考察病史。这就要求我们能够透过现象看到本质，在调研过程中来一个坚持"打破砂锅问到底"，不厌其详、不厌其细。

例如，常见的互相推诿、扯皮降低了效率。要问的是：为何如此，为什么没个完，为何不管……问题的症结、焦点、关键、要害何在？是谁和凭什么要从中为难作梗？为什么不追究责任？既然无不事出有因，为什么听之任之？

如果是由于怕负责任或不负责任所导致的效率不高，上面应负更大的责任。上面当断不断，下面必受其乱。责任如此分明，原非"疑难杂症"。但问题正在于：为何如此上级竟能和竟敢处之泰然和安之若素？

又如环节多、关卡多影响效率，就应问多得是否必要？若有必要，是否能减少拖延以提高效率？若无必要，为何能继续存在？长此以往，岂不更增加提高效率的难度？

还有如以权谋私的不正之风，干扰和破坏了正常的工作效率，使人有"事难办"之感。在"公事私办"的情况下，"关系"和"路子"成为效率的推进器，正直的人们所不屑为和深恶痛绝的，正在于此。

至于官僚主义是低效的主要和直接原因之一，当然不在话下，问题还是要提一系列的为什么。如：为什么官僚主义这个概念似具体又抽象，常令人有莫测高深和难以捉摸之感？为什么有人戴上这顶"帽子"那么自然、自如，检讨时貌似沉痛而给人以轻松的印象？为什么有些人一直不能有所改善和彻底清除？

需要和值得进行调研的项目当然远不止这些，但是，通过这些例子，我们可以看到，要提高效率就必须找出低效的根本原因和种种障碍。否则，提高效率的愿望和努力，将得不到预期的结果。与此同时，我们还应该进行另一种调研，即对成功的经验加以总结和学习。情况虽不完全相同，但至少可以得到启发，不妨参考借鉴，使我们增强信心、看到希望。

在效率问题上，无论正负两面，除制度、方法、能力、协调工作等具体因素外，很重要的一条，是思想境界、觉悟程度、精神状态，或如作战部队所特别强调的士气。如有正确的认识，自觉地做好本职工作，精神振奋、士气高昂，便可能在其他条件差的情况下保持高效。反之，条件优越仍可能低效，都不难找到实例。

四、提高工作效率应该力避空谈

提高效率必须见诸行动，采取切实有效的措施去扭转局面。发表点力避空谈即力求务实的意见则很有必要。

（1）建立和健全有关制度，是一个具有经常性、普遍性和根本性的问题。经过改革，效率有显著提高，应是改革的主要成绩或成功的主要标志之一。一方面，任何一种制度的执行，都不能不认真考虑到效率因素；另一方面，为了迅速提高效率，也可以建立必要的新制度。

（2）加强和改善协调工作，使之形成制度，养成习惯，随时注意进行，以免成为日后的"老大难"。对于未能预见的矛盾，及时协调立见成效。这就是为什么协调工作在现代管理颇受重视，被列为基本要素之一。稍有异常也不致受阻，而仍能继续保持高效。

（3）若协调无效或陷入僵局，则灵敏地做出反应的具体权威性的监督机制就必须及时发挥其迅速见效的积极作用。不允许影响正常工作的不协调状态无休止地延续下去。大家应共同顾全大局、互相配合去解决问题。与只扯皮不办事相比，"先办事，后扯皮"的说法，算是一种积极的态度。

（4）对顶着不办或一味拖延的现象，必坚持纪律制裁直到绳之以法。平素应有催办制度，如有实际困难，应立即如实反映，不能等催促后才表示。一定要追究责任，非如此不足以正风气、儆效尤，事后查办总不及能防患于未然的好。

（5）效率高低与决策有关。决策错误，效率越高损失或浪费越大，那是负效率，故决策当慎。决策延迟也影响到效率，略如"贻误战机"，则机不可失，时不再来，再高的效率也无能为力。还有决策不够明确或不切实际等，对效率的影响不可低估，因难以放手放胆去干。

（6）在决策正确、明确和具备必要条件下，狠抓落实是促进提高效率的不二法门。一抓落实，必然直指效率问题。除单项作业外，一般程序常有全面、系统、连续的特点，即环环相扣，效率大体均衡，才能显出总体效率来。若一处积压、受阻，便会影响全局。

（7）除制度原因外，效率高低在很大程度上受人的因素制约。能力如何，一试便知，不少是"非不为也，是不能也"。这仍与制度有关，即在用人方面，把关不严所致。同时，及时加强培训，不失为补救办法之一。而且，原来能力较强者，也有更新知识、观念、方法等必要。

（8）思想感情、精神面貌等是人的因素中影响积极性和工作效率的重要内容。为人民服务、当好公仆的观念有无、强弱，关系着工作热情和事业心、责任心。有振兴中华的认识，更能唤起人们的紧迫感和进取精神。这就是为什么要求干部德才兼备中德的部分。

（9）在人的因素中，领导人员的素质尤其重要。若领导者不重视效率，不能以身作则和雷厉风行，其消极影响可想而知。因此，扭转效率不高的局面，从领导者入手是势在必行的，即要"头头抓"，就要"抓头头"。这是现代管理中公认的经验之一。领导也要培训。

（10）在全国各方面和整个社会中，使讲效率的风气浓厚起来，起互相促进、推动的积极作用。这要比个别单位、部门孤立单干好。我国宪法规定要不断提高劳动生产率（第十四条）和不断提高工作质量和工作效率（第二十七条），可见是应予倡导和推广的事。

第三节　提高工作效率的前提和保障

各种工作机构在其管理活动中，均有基本职责和功能，即平常我们所简称的职能。它规定了机构的设置和组织运行的方向，直接影响和制约工作效率的高低。若职能配置不合理，方式不科学，势必导致效率低下。对此，过去在总结机构改革的经验教训、分析效率不高的原因时，已经指出主要是没有抓住转变职能这个关键。所以不断提出要加快职能转变，切实做到转变职能、理顺关系、精兵简政、提高效率。否则改革难以深化，效率也难以提高。可见转变职能已成为这方面的关键环节。

但是，职能转变是个系统工程，它涉及许多有关方面的关系和问题。就原有职能体系的弊端和提高效率的迫切需要来看，必须主要在理顺关系和转变方式这两个层面上展开。理顺职能关系、明确职能目标是提高效率的前提和保障。从理顺中央与地方之间的关系说起，包括党政、政企和各职能部门之间等纵向和横向职能结构的关系。

一、理顺中央和地方之间的关系

邓小平同志曾说:"机构臃肿,人浮于事,办事拖拉,不讲效率,不负责任,……管了很多不该管、管不好、管不了的事,……我们所特有的官僚主义的一个总病根。"① 这是职能关系不清导致效率低下的主要根源。如何正确处理中央与地方的关系、保证平衡发展,是当代各国共同关心的理论和实践问题,它直接关系着效率的高低。若中央权力过分集中,管得太多、太死,会抑制地方的主动性、积极性,影响其活力和效率。如果中央既管宏观又管微观,二者交叉混合,则将造成"一管就死、一放就乱"的恶性循环和低效率的局面。由于"条条"和"块块"之间争取"对口",致使机构、层次繁杂,关卡林立,推诿、拖拉,难得高效。于是,理顺中央与地方的关系、权力下放已成为全面改革、提高效率的突破点和出发点。

不过,在事权划分尚未完全科学规范的情况下,中央集权问题有待进一步解决。同时也有一些新的问题,像在扩大地方财权一度影响过中央财政收入,从而影响中央宏观调控能力;地方保护主义和市场割据抬头;上有政策下有对策,使中央政令受阻,也影响效率的提高;等等,都是必须认真解决的问题。从国外的情况看,许多国家也都把正确处理中央与地方、集权与分权关系作为提高效率的重要措施。总结我国的实践和借鉴外国的经验,这是一个十分复杂的问题。"不是说任何情况下强调集中统一都不对,也不是说不要反对分散主义、闹独立性。"② 因为绝对的中央集权必将导致体制的僵化,挫伤地方的积极性,影响经济发展和社会进步,妨碍效率提高。而绝对的分权则会导致地方权力过大,中央缺乏有效的控制手段,从而妨碍国家的统一和宏观调控,同样影响工作效率。因此,应把必要的集权与适当的分权结合起来,正确地把握好集权与分权的度。当中央和上级的权限过于集中,职能过于庞杂而压抑了地方、下级职能的正常行使和效率的提高时,权力应该下放,职能关系应该自上而下地转变。反之,当权力过度分散,地方、下级的职能过于亢奋,影响到中央、上级宏观调控职能和整体效率提高时,权力必须适当集中,职能关系应由下而上进行调整。

当前,理顺中央与地方关系的关键,是划清中央与地方的职责权限,哪些

---

① 《邓小平文选》第 2 卷,第 327 页。
② 同上书,第 329 页。

是中央的"专有权力",哪些是中央与地方的"共有权力",哪些是地方的"专有权力"。凡属国家整体利益、宏观管理领域的事,均属中央权力范畴,以维护国家政令统一和提高整体效率。同时,必须尊重地方权益,下放该下放的权力,以保持地方的活力、效率。从适应市场经济发展需要看,我们也可以考虑,宏观经济管理职能主要由中央和省级行使,省以下各级主要负责地方公共服务职能。很重要的一点是:从根本上保证和促进效率的提高,还必须改变过去主要依靠政策规范的做法,把中央与地方的职权划分规范化、制度化,把处理中央与地方关系的程序、手段以法律的形式固定下来,使中央的必要集权和地方的适度分权都奠定在法律的基础上,从而避免人为因素和主观随意性,体现依法治国、依法行政的原则精神。

二、理顺党政和政企职能的关系

过去,在党政关系上曾存在职能不分、以党代政的现象。对此,邓小平尖锐地指出:"效率不高同机构臃肿、人浮于事、作风拖拉有关,但更主要的是涉及党政不分,在很多事情上党代替了政府工作,党和政府很多机构重复。"①因此,实行党政职能分开是提高效率的重要内容。党委的领导,主要是政治上的领导,保证正确的政治方向,保证党的路线、方针、政策的贯彻,调动各方面的积极性。而大量的日常行政工作、业务工作,应尽可能交给政府、业务部门承担,由政府独立负责地处理其职权范围内的事情。与此同时,按照"精简、效能、统一"的原则,改革党政机构,党委与政府之间不设业务交叉、职能重复的机构,以减少不必要的层次和环节,达到提高效率的目的。这是一个复杂的艰巨任务,不可能一蹴而就。如何从制度上解决党政职能不分,形成一个既有利于坚持和加强党的领导,又有利于发挥政府职能、提高行政效率的党政协调机制,仍然有待于在实践中进一步探索。

理顺政企职能关系是政府职能转变的一项主要内容。旧体制的主要弊端是政企不分,"权力不下放,企业没有自主权"②。政府对企业实行包揽一切的"保姆"式的管理,将经营者职能、资产所有者职能、社会管理者职能集于一身,直接掌握企业的人财物、产供销、内外贸各项权力,严重压抑了企业的积极性,阻碍了生产力的发展和工作效率的提高。因此,理顺政企关系,转变政

---

① 《邓小平文选》第3卷,第179页。
② 同上书,第160页。

府职能关系的关键是"企业下放，政企分开"。第一，把所有权和经营权分开。过去政府对企业管得太多太死，以至于严重影响效率的一个重要原因，就是把所有权和经营权看作直接同一的东西，把全民所有制同政府直接经营企业混为一谈。而所有权与经营权的分开，意味着所有权不再成为企业经营管理权的前提，其实质在于落实企业的经营自主权，使企业成为自主经营、自负盈亏、自我发展、自我约束的法人实体和市场竞争的主体，真正调动起企业的主动性、积极性，提高企业的生产效率。第二，把政府的国有资产所有者职能和社会经济管理职能分开。过去，政府的这两种职能处于混合运行状态，既削弱了政府的国有资产管理职能，也不利于发挥政府的社会经济管理职能。因此，必须从管理内容和组织形式入手，将这两种职能分开，加强政府对国有资产的管理权限，建立起独立的国有资产管理体系，实行国有资产分级管理制，最终形成以经济、法律、行政等综合手段控制市场，市场引导企业的宏观调控机制，从根本上促进行政效率的提高。在这方面，我们已经有一些改革的实践经验，可供总结、推广。例如，广东顺德在解决政企不分、效率低下的问题上所取得的成功经验，便提供了有益的启示，不仅得到广东省政府领导的肯定，也引起理论界有关人士的高度关注。说到这里，政企职能关系同后面即将谈到的政府各职能部门的关系有待理顺也有关系。顺德在试行"大部制"方面，也曾引起人们的注意，作过专题调研，开过专门会议。

三、理顺政府各职能部门的关系

效率问题不仅受中央与地方关系、党政和政企关系的制约和影响，也与政府本身各职能部门的设置及其运作状况有关。如果职能不清、职责权限不明，势必造成部门与部门之间相互掣肘、推诿、扯皮等现象，使简单的工作复杂化，容易处理的事情困难化。因此，为了提高效率，必须在转变政府职能关系的过程中，有组织、有领导地对政府各部门进行职能分解和职能分析，理顺各职能部门之间的关系。一是按照职权统一的原则，凡一个部门能办的事，避免分散到几个部门去办；凡部门之间重叠、交叉的职能，要逐一地进行清理的立即消除，该归并的进行归并，确实需要几个部门协同承办的事务，则要明确主次关系和各自的权责，做到部门与部门之间以及部门内部之间职能明确、分工清楚、关系顺畅。二是抓住重点，着重理顺政府综合部门之间、综合部门与专业经济部门之间的关系。三是规范各部门之间的工作制度和行政行为，严格依法行政，按章办事，从制度上解决职能不清、人浮于事、效率低下的问题。国务院各部门在历次改革中，就逐步较好地理顺了各职能部门之间的关系，精简了机构，提高了效率。试以文化部为例，就改掉了"大而全"、"小而全"的全能司局，将这些司局的党务、人事、财务、外事、基建、后勤等职能集中到相应的司局，砍掉了一级管理层次，减少了司局间的职能交叉和机构重叠，大大地提高了各自的行政效率。有的部则按其主要任务编制工作程序和工作流程，规范司局之间的业务联系，明确主办和协办的关系、权力与责任的关系，相互有机配合，明显地减少了机关公文旅行的现象，提高了办事效率。曾经由国家计委和国家科委牵头，有 52 个部委和单位参加，共同编制的保证经济、资源、环境、人口、教育等相互协调，可持续发展的"中国 21 世纪议程"，已在国际上产生了较大影响，中国也因此被认为是世界各国中组织得最好、行动最快、有办事效率的国家。

前面刚提过的广东顺德，在其努力改革中也针对原来许多政府职能部门关系不顺、业务雷同、职能交叉的情况，进行了可以称得上是大刀阔斧的改革。改革一律以职能为基础，按工作性质来考虑撤并、保留或增设。通过改革，顺德的党政机构从原来的 56 个减少到 29 个，机关人员精简了 400 多人，部门的内设机构减少了 125 个，基本上改变了过去那种机构臃肿、职能重叠交叉、人浮于事的局面，大大地提高了行政效率。例如，以适应市场经济的运行机制，为外来投资者、为基层、为经济发展提供完善、优质的服务为宗旨而成立的投资报批中心，统一行使计划局、贸发局、工商物价局审批项目的职能，为全境的"三资"企业、内联企业以及技改项目、新上项目的立项、审批、办证。由于实行了一条龙服务，大大加快了项目的办证速度，方便了外商投资和基层办事，进一步促进了顺德经济的发展和行政效率的提高。尽管顺德后来已从一个独立的市成为佛山市的一个区，但上述改革仍给人留下深刻的印象。

四、将工作效率提高的重要途径

综上所述，可见转变职能方式、科学行使政府职能，是提高工作效率的重要途径。

进行社会主义建设的国家怎么管理，中国最初是没有经验的。作为历史上第一个社会主义模式，是以高度集中统一管理为特征的苏联模式。其政府职能的运行和实现主要靠行政手段，对社会各领域、各部门进行直接的计划管理。受苏联模式的影响，我们也曾采取那样的做法，结果是压抑了广大干部群众的主动性、积极性和创造性，束缚了社会生产力的发展，严重阻碍了行政效率的提高。在十一届三中全会前夕,邓小平指出:"这场革命既要大幅度地改变目前落后的生产力,就必然要多方面地改变生产关系,改变上层建筑,改变工农业企业的管理方式和国家对工农业企业的管理方式,使之适应于现代化大经济的需要。"①"现在,我们的经济管理工作,机构臃肿,层次重叠,手续繁杂,效率极低,政治的空谈淹没一切。……如果现在再不实行改革,我们的现代化事业和社会主义事业就会被葬送。"②他还指出:"尤其要注意研究和解决管理方法、管理制度、经济政策这三方面的问题。……要学会用经济方法管理经济。"③随后,我们在转变职能和提高效率方面进行的改革和探索主要是:

(1) 由运用行政手段为主转向运用经济手段为主。这是政府职能方式转变的重要内容。经济手段是指政府按照客观经济规律的要求,用价格、财政、税收、信贷、工资、利润等经济杠杆来组织、调节和影响经济活动,实现经济管理任务的手段。特点在于间接性和诱导性。有利于促进经济发展和提高效率,包括树立竞争意识、提高技术和改善管理,等等。

(2) 由微观管理、直接管理为主转向宏观管理、间接管理为主。计划经济体制下的政府经济行为,是事无巨细的一揽子统管,承揽了过多的社会经济事务,加重了政府的负担,助长了企业对政府的依赖性,而且容易有瞎指挥、乱弹琴、主观主义、官僚主义和违反经济规律、妨碍经济发展的现象。政府对经济的宏观和间接管理的职能应是制定规划、目标,制定方针、政策,协调经济关系,监督企业执行法律、法规,培育、发展市场体制。

(3) 由重视计划、排斥市场转向把计划与市场有机结合起来,建立社会主义市场经济体制。能否正确认识和处理计划与市场的关系,是能否实现政府职能方式转变、提高行政效率的核心问题。过去的传统观念,把计划与社会主义等同起来,又把市场同资本主义制度联系在一起。于是将市场经济排除在社会主义大门之外,使生产力得不到应有的发展和效率低下。党的十四大,在邓小平关于计划和市场都是经济手段等南巡讲话的基础上,明确提出改革的目标是建立社会主义市场经济体制。当然,市场并非万能,在有些部门光靠市场手段不行。

因此,许多国家在采用市场手段,发挥"看不见的手"的作用的同时,

---

① 《邓小平文选》第2卷,第135-136页。
② 同上书,第150页。
③ 同上书,第149-150页。

也注意发挥政府这"看得见的手"的作用。后者执行宏观调控的职能,以防市场作用的偏差、失灵和无能为力。在这方面,前面专章讨论过的新加坡,又是一个成功的范例。世界经合组织已宣布,从 1996 年起把新加坡列入发达国家的行列。新加坡经济高速发展的因素很多,政府宏观调控的作用非常明显。他们没有排斥、否认市场的作用,而是在对市场规律的认识和把握的基础上实施调控的。看来,调控不足或过度也都不适宜。

第十二章　实干兴邦中的作风建设问题

随着新中国国际地位的蒸蒸日上，全世界学说汉语、认汉字的人也与日俱增。汉字的常用字中不少是一字多义，因而所构成的词语便各不相同。例如，这个"风"字，原来是指一种自然现象，但在社会生活中又极其重要。后者像风俗、风气、风格、风度、家风、校风、学风、文风、工作作风、生活作风，等等，都受到高度重视。据说"汉字难学"此为一端，其实只要稍事联想，即可领会其趣。

这里讨论实干兴邦，特设专章谈作风建设，实在是因为作风正否与实干的成效有直接联系。事实上，以上各章的内容已经经常或多或少，或直接或间接地接触到作风问题，在以后各章中也会是这样。作风始终伴随着实干的全过程，随人、随事、随时、随地有所表现和反映。既然如此，我们就应该充分认识作风建设的全面根本重要性、作风与习惯的相互影响和从思想根源上解决作风问题。

第一节　作风建设的全面根本重要性

相信许多人都已经看到、知道"作风建设永远在路上"这个非常醒目的话题，也就是永远是进行时的意思。还有"作风建设是从严治党的永恒课题"①之类的专文在陆续发表，为什么这样强调和重视呢？当然不是凭空而来，自有值得强调和重视的理论和实践的依据。请看经典作者和党的重要领导人们，有谁不在他们的著述、言论中谈到作风问题呢？这里不可能有太多的引证，相信关心此事的读者必已有同感和印象深刻。而且，在许多情况下，有时虽未直接说到作风，但其背景或稍深入探讨，就会涉及和联系到作风问题。有些是通过作风来体现的。别的不一一细说，只就效率与成本的高低来看，总离不开参与其事者的作风因素。说到底，实干兴邦究竟能否干对、干成、干好，

---

① 中共上海市委理论学习中心组文章，载《光明日报》2014年8月27日第2版。

都决定于大家的作风能否符合这些方方面面的要求。

一、个人作风并不抽象更不玄乎

作为自然现象的风是非常具体的，有风、没风、风向、风力、风害、风耗、风级、风速、风灾……已经可以计算和预测。而个人的作风，包括风采、风操（风范操守）、风度、风格、风骨、风华、风纪、风貌、风情、风趣、风尚、风雅、风致之类，则似乎比较抽象，甚至有点玄乎。可是，其实不然。就说作风吧，也还是可以看得出和感觉到的。正常、正派的好作风，同样能够让工作场面出现"风和日丽"、"风调雨顺"等宜人的"风景"。反之，倘若作风不正、不好，甚至恶劣，便有可能产生如"风暴"、"风波"、"风潮"，给工作造成损害。这些都是比方，但无不当。试想大家在作风好的领导者和同事朝夕相处的环境中，岂不"如坐春风"（原比喻受良师教诲，应可拓宽到与益友相处）？遇到困难必能"风雨同舟"，齐心协力地应付。

从总体情况来看，大致如此。这里讲的是个人作风，但集体是由个人组成的。无论是大集体还是小集体，从国家、地区到部门、单位，都少不了或众或寡的个人这个"细胞"。个人作风既对集体有影响，集体的风气又会影响到个人。集体对工作作风有具体的原则性要求是可以理解的，于是而有作风建设的问题和任务。我们着重先从个人作风谈起，正是出于掌握问题的基本针对性。

通过比较进行鉴别是人们常用的方法之一。各种大小集体之间，发展是否顺利，事业有盛有衰，有成有败，常有大大小小的差异。特别令人称奇的是物质条件、客观环境有明显和较大优势的集体，有的有时却远不如那些条件和环境较差者所表现的成效又快又好。找找原因，最后将不得不归结到：在位主事的各级领导者和在岗全体工作人员，对共同事业的发展全局和全过程所作贡献是否正确、充分、主动、积极。正确即适宜、对劲、瞄准而没有偏离目标。充分即尽最大努力，毫不保留。主动即有当家做主精神，摆脱雇佣观点。积极即满怀工作热情，力求提高、进步。这些已进入精神范畴的要求不约而同地汇集在一起，形成并不抽象更不玄乎的作风具体表现出来。其中尤其是领导作风，影响更大，也更显而易见。因为关于作风建设，必须从"头"做起。顺便说说，这里的"头"有三个意思：一是指领导者，二是指头脑，三是指事情的开始，都用得着。

上面已经说过，集体是由个人构成的。但在集体之中，有个互相影响的问题。集体影响个人、个人影响集体、别人影响自己、自己影响别人都有可能。

要使大家能择善而从，避免随俗沉浮，需要领导定标准、扬正气，在顶层设计中包括这方面的内容。对个人而言，在集体中有时身不由己，随波逐流容易，中流砥柱较难。狠抓作风建设，则是非分明，可望扫除一切不正之风，导致弊绝风清、天下大治。中国共产党的重要历史经验之一，就是高度重视整顿党的作风，那是我们所绝对不可淡忘的。因为后面还将有专题讨论"作风建设的必要性与可能性"，这里就不再多说。

二、工作作风和生活作风的关系

作风，我们在这里讲的，主要是工作作风。但实际上，还有生活作风、文风（使用语言文字的作风）等其他方面的作风。它们之间并非毫不相干，例如，通过语言文字的表达方式和所表达的内容，就常会有工作作风的反映。有的人言行不一、言不顾行、言过其实、言不由衷，已成为观察其工作作风的一个侧面。其余依此类推，不拟列举。不过生活作风同工作作风的关系密切，似应该给予较多关注。

一般来说，在基本正常生活没有保证的情况下，仍然坚持做好工作也难。成语里虽有叫"枵腹从公"的这么一条，即指忍饥挨饿，为国操劳，形容一心为公、发愤忘食地工作。也确是有人为了赶工作，完成好任务，常常连饭也顾不上吃。说"恐怕走遍天涯，如此好人，也找不出一个"①，太绝对了一点，但不多不易、不可能是普遍常态则是事实。

可是，中国共产党在领导革命的斗争中，创造了生活上艰苦朴素、工作上勤奋尽力的奇迹，成为宝贵的优良传统之一。回想当年，反动派对革命根据地进行包围、封锁、禁运，使根据地缺乏粮食和生活日用品，连食盐的供应都很困难。后来搞生产自救，纺纱织布，还不断地取得革命胜利。反动派用军事"围剿"的办法失败，还想用经济手段（包括禁运物资）来"困死"革命力量，结果同样是失败。

这里让我们在生活作风和工作作风的关系问题上得到启示：革命者也要吃饭，"食不饱则力不足"是常规。但吃饭是为了生存，而不是生存为了吃饭，这是根本不同的原则。革命者对物质生活的要求不高，而革命精神极其旺盛，绝不会因生活清苦影响工作。他们是革命乐观主义者，常能以少胜多，以弱胜

---

① （清）李宝嘉：《活地狱》楔子，向光忠等编：《中华成语大辞典》，吉林文史出版社2004年版，第844页。

强。曾经以"小米加步枪"战胜有现代化装备的强敌。"没有枪、没有炮,敌人给我们造。"反动派的头目成了人民军队的"运输大队长",说的是许多新式武器弹药是缴获的胜利品。从没有机械化步兵、没有海军和空军,经过不断的胜利,才逐步建设起来。特别是像抗美援朝保家卫国这样的胜利,更是在装备悬殊的条件下取得的。有一段小插曲很可以说明问题:对方在望远镜里看到中国人民志愿军战士,在最前线的战斗岗位上,时不时地掏出一些白色的东西往口里送。他们判断,一定是一种神奇的药物给他们壮胆,难怪士气高昂英勇无比了。其实那是白饭团,以便坚守岗位而已。"老爷兵或少爷兵"们是想不到也办不到的。

因此,怎样把生活作风同工作作风的关系摆正、理顺,是一个事关大局的问题,对个人的成长和发展也有严重影响。某些人一味追求生活享受,置所从事的工作于不顾或索性不干工作,会是什么光景?"坐吃山空"、"败家子"、"富不过三代"、"寄生虫"等说法并非没有根据。也算是"旁观者清"、"群众眼睛雪亮"、"是非自有公论"和"公道自在人心"。即使不是"一味追求",而是有此倾向,也必然会使工作的效率、效果大打折扣。什么"按酬付劳"、"磨洋工"、"混日子"、"得过且过"……均将丑态毕露。

三、作风有年龄段的区别和联系

人之一生,总体而言,按年龄可分老、中、青、少、幼这么五段。作风的形成实际上已从幼年开始,它与所受教育有关,包括家庭、学校和社会教育。其中学校教育的现行体制是幼、小、中等和高等教育。说得正规一点,幼儿园算是学前教育,小学、中学(包括初中和高中)、大学(包括专科、本科和研究生,本科生授予学士学位,研究生则有硕士、博士之分,"博士后"是工作流动站,与学历无关)才是通常所指的学历内容。家庭教育和社会教育因个人所处的环境和遭遇而异,对作风形成的影响不可低估,学校教育也可能因校风、学风,直到院风、系风、班风和师资表现的不同情况,对学生的成长和发展以及作风的形成起潜移默化的作用。在成年和离开学校走上工作岗位以后,随着年龄增长和阅历渐多,作风又有可能发生变化,或更趋成熟、固定。及至接近和进入老年段,老人在亲友中和社会上甚至退休以后,仍可能在直接或间接、有意或无意之中对后辈进行言传身教。是好样的,德高望重、老当益壮、老而弥坚;是差劲的,成"老油条"、"老古董"、"老顽固"。最好是老人们能有共识,作共勉,为了共同事业的更好发展,切忌和力求避免以非为是和谬种流传。

有一个"代沟"问题。先说这个"代",现在人寿年丰,不仅是父子两代、祖孙三代,四代同堂已不罕见。"代沟"存在于各代之间,可能有宽有窄、有深有浅,主要是为了增进理解,必须好好沟通。常见的现象无非是后辈忽视对优良传统的继承和发扬,老人常用老眼光看待新生事物,对年轻人的创新能力和创新精神估计不足和鼓励不够。"代沟"不利于老、中、轻合作共事优势的发挥,倘若各展所长、互助、互补,必将稳步上新台阶和不断有新的气象和新局面。为了能争取做到和做好这一点,就需要有意识地把各有特点的好作风予以配合,以免顾此失彼,或过稳过急。这在集体领导和决策中表现得更为明显。例如,急于求成并非坏事,但有时可能考虑不周,忙中有错。又如稳扎稳打也很可靠,但有时可能必须提速,以免错过时机。其余依此类推,旨在共襄其成。

有人认为,现在的老年人也是从年轻人过来的,应该了解年轻人的心态,因而感到奇怪为什么会有"代沟"。这话虽有一定的道理,但在旧社会经历过抗日战争、解放战争的年轻人同现在的年轻人的处境是大不一样的。所以,设身处地和换位思考也难,办法是前已述及的加强沟通,增进理解。尽管对国家富强、民族振兴、人民幸福的愿望相同,而从旧中国过来的老人则感受更深。老人深知新中国能有今天确实是来之不易,也就格外强化了建设中国特色社会主义的信心和道路、理论、制度的自信。一代又一代的包括"80后"和"90后"的年轻人是有志气的和大有可为的,老人有责任以自己的切身体会、心得、感悟去激励他们,使之能像在接力赛跑中一样敏捷地接过接力棒,继续奋勇前进。

四、作风建设的必要性与可能性

在一般工作中,作风对工作的影响已显而易见。作风正派、正确,能敬业、乐业和精益求精以及积极创新,事情一定能办成、办好,速度、质量和实效都合乎要求,甚至达到更高的水平,给人以意外的惊喜。无数的先进事实早已充分和生动地证明了这一点。从实干兴邦的角度来考察,实干必须干对、干好,才能实现兴邦的目标。作风如何,所关至大,非同小可。对各个领域的各级领导者来说,高度重视作风建设完全是应有之义。话虽如此,但是否真正、确实认定作风建设的必要性,有截然不同的后果,这主要表现在作风建设的可能性上。因为是则坚决进行,有阻碍或困难也会积极尽力去排除和解决;否则虚晃一刀、徒托空言，有可能性也化为乌有。历史和最新的实践都已经和正在证明这一点。

　　回首过去，各个不同历史阶段和整风，几乎无不迎来一次更比一次伟大的胜利。这在党或革命史里都有明文记载，最近的一个例子是党的十八大作出一项重大战略决策：在全党深入开展以为民务实清廉为主要内容的党的群众路线教育实践活动。党中央对此非常重视和精心组织，自2013年6月起，到2014年10月初止，分两批进行。资料表明，已取得重大成果，向全党全国人民交上了一本反"四风"的明白账和成绩单。正如习近平总书记所强调的："第二批党的群众路线教育实践活动是第一批的延伸和深化。市县领导机关、领导干部和基层单位同人民群众的联系更直接，其不良作风更直接损害群众利益、伤害群众感情。必须着力解决发生在群众身边的腐败问题，认真解决损害群众利益的各类问题，切实维护人民群众合法权益。"① 这样，也只有这样，才能"永远保持同人民群众的血肉联系"，"使作风建设要求真正落地生根"。②

　　上面已经提到反腐败的问题。这在《境外媒体点评习近平执政成绩单：改革新高度》中，被列于"三大建树"之首，在过去的一年半，中国改革的幅度和推进的力度，"都让国内外大吃一惊"。"铁腕反腐，'拍蝇打虎'深得民心"，"主导了中共历史上最大规模、层次最高的反腐运动，……中国民众对习近平主席最近一年多来的举措是非常赞赏的"。"中共十八届四中全会主题'依法治国'，显示中国更需要用制度为强势反腐护航，使其成为稳定经济、推（进）改革的重要推手。"③ 还有如："改革治理体系是控制腐败的唯一有效办法。……可能随着法治的加强逐渐展开。……对于如何控制腐败没有秘密可言。腐败程度最低的国家就是法治最好的国家。"④ 可以认为，这些认识、理解和分析都很恰当。对于作风问题，我们一定要持之以恒，常抓不懈。最近，反腐战斗已搬上荧屏，四集电视专题片名就叫《作风建设永远在路上》。《参考消息》出现了这样的头版头条：《中共铁腕反腐赢得民众支持》⑤。那是国外和中国港台地区报刊有关信息的汇集，又分三个小标题为：《再"打

---

① 据《光明日报》2014年12月22日第9版年终专题报道。
② 同上，分列为第9版和1-3版专题文章和专题报道标题。
③ 均见《参考消息》2014年8月14日第16版。
④ 同上，2014年12月23日第14版。
⑤ 同上，2014年12月24日第1版。

虎"彰显反腐无禁区》、《反腐"新常态"获民众赞誉》、《标本兼治筑牢制度"笼子"》。这些都是针对又一"高官"落马而发。铁的事实摆在世人面前：我们的作风建设不是一阵风，不许走过场，庄严的承诺完全说话算数。

第二节　各种作风与习惯的相互影响

在日常生活的谈话中，对于某些名词概念的使用，往往有较大的随意性，而很少去推敲、选择。一般也都是说过就算了。例如，作风和习惯似乎差不多，还有如个性、性格、脾气、口味之类，会爱怎么说便怎么说，有时会混为一谈。其实既有区别也有联系或没有联系。心理学里另有研究。这里仅对作风与习惯的相互影响进行一些讨论。讨论的中心或重点，在于力求突出维护和保证能有较好的工作作风，从而利于对实干兴邦大业作出全面的较大贡献。因此，必须坚决清除工作中的一切不正之风，改变所有可能对工作作风有负面影响的不良习惯。某些不良习惯影响身体健康也应该改，因为它实际上仍影响工作。

一、作风与习惯的表现有同有异

作风与习惯并非完全是一回事，在表现上有同有异，有的同到难解难分，有的异到各不相干，有的大同小异，有的小同大异。这些情况只有通过具体例证来加以说明。但首先要说明的是，我们不是在名词概念上做文章，而是在作风建设上要观察、考虑各有关方面。随后就要谈到的相互影响问题，才是我们所要讨论的初衷或原意。

大家都知道，有一个"习惯成自然"的说法，似乎要改也难。但问题在于：是什么性质的习惯，是好习惯不仅不需要改变，而且应继续保持，发挥其积极作用。不妨碍工作或别人的习惯，也许由当事人自己决定去留较为适宜。至于对已公认和很明显有害身心的坏习惯（如吸毒），则必须予以善意的劝告，直到强制性的法律制裁。

在通常所说的习惯当中，有的说它是作风也行。例如，"三天打鱼，两天晒网"或"五天打鱼，十天晒网"，是习惯，也是作风。但主要是个体行为，爱怎么干就怎么干。别人管不着，也不会去管。可在集体工作中，领导者有此作风或习惯，便有可能对工作抓得不均衡，表现为前紧后松或前松后紧，或时紧时松，安排和要求不合理，甚至达到瞎指挥和打乱仗的程度，成为封建家长的作风，随心所欲，自以为是。那就非整治不可了。

有的习惯可能只是个人生活或生理上的某种爱好，不能硬把它同作风扯在一起。例如，有一种说法，认为爱吃辣味的人革命性强，说什么不怕辣、辣不怕、怕不辣，真够劲。是吗？未必。不说好吃辣的人当中也有大大小小的反革命，就看不爱吃辣的人很多是革命的英雄好汉，便不能判断。随便说说是一回事，认起真来却成为无稽之谈。假如"辣"改成"难"字，不怕难、难不怕、怕不难，那才是真正乐于迎难而上的革命干劲！再说，五味是酸、甜、苦、辣、咸，若都同作风联系起来，又怎么解释呢？

应该看到，有的习惯是环境造成的。有关的主要人员如家长等也没有想到和注意，后来的结果实为始料不及。在这方面，比较明显的是独生子女。由于娇生惯养，在家里很受专宠，有要求就得到满足，致使他们很难同别的孩子友好相处。从幼儿园开始，逐渐形成孤傲和不合群的性格或习惯。因而在需要合作共事之际，会出现格格不入和消极应付的场面。仅就养尊处优而论，也可能导致好逸恶劳、好吃懒做，与勤俭、朴素、清廉、实干的工作作风要求之间拉开了距离。"啃老"、"坑老"究竟是怎么回事，发人深思。

习惯当然有好有坏，也有不好不坏的。例如，珍惜时间、说话算数、好学深思、敢作敢为、小心谨慎等，对作风建设都有积极意义。反之，浪费时间、爱说大话、讲空话、不学无术、粗心大意、胆小怕事等，都会对正常工作不利。在讨论相互影响时再作进一步具体分析。至于不好不坏的习惯，那是指与作风无关的事情，如前已述及的个人爱好之类。不过，也不尽然。像一个好的业余棋手，倘能把一着走错全盘皆输的思考用于重要决策和谋略方面，即成为一大优势，也就是很对路了。

二、作风与习惯之间的相互影响

这个相互影响的问题，前面已经有直接或间接比较普遍的接触。这里集中讨论，无非是想进一步明确在作风建设中如何保证实现在实干兴邦中对作风的要求。明摆着的作风与习惯之间的相互影响无非有四种类型：一是两者都好，可谓相得益彰，可望好上加好。二是两者都坏，一定非常糟糕，非痛改不可。三是作风正常而习惯较差，可能有负面影响。四是作风有假而习惯似无异常，值得考察研究。此外，还有可能出现时好时坏的动态变化，因而必须认定"作风建设永远在路上"了。

先说作风及与作风有关的习惯都好，这是自中国共产党成立以来，在长期的革命和建设中干部队伍的主流。他们一贯遵纪守法、齐心协力，为革命和建设作积极贡献，很多人牺牲了生命。从过去的"三大纪律、八项注意"到现在的反对"四风"和密切联系群众的"八项规定"，他们都严格遵守和认真执行。要是没有这样的干部队伍，那么请问：中国怎么会有今天，又怎么可能会有更好的明天？这是全世界有目共睹已经为历史所证明了的事实。那些别有用心试图给新中国脸上抹黑之徒，只能是枉费心机。我们则更应该继承和发扬这方面的优良和光荣传统，在党的领导下去不断争取新的胜利。

　　再说作风及与作风有关的习惯都坏。我们毫不讳言，这种情况过去有，现在有，将来还可能有。国际和国内的社会情况复杂，我们必须心明眼亮，发现"害虫"不能容忍，要坚决予以消灭、清除。否则，危害"健康"，后果不堪设想，把它的破坏性提高到可能亡党亡国的程度是完全可以理解的。封建王朝历代兴亡无不与政风有关且不去说，只要看国际社会中的敌对势力把好端端的人类历史上第一个社会主义国家"和平演变"掉了，还起了一点"骨牌效应"。其中的罪魁祸首，便是党风不正，上上下下搞特殊化，严重脱离群众，在暂时困难前面不知所措，慌了手脚，采用"休克疗法"，从而"休克"到底。因此，我们要保持清醒，既狠抓作风建设，又查处各种败类，痛扫歪风邪气，力求弊绝风清。

　　还有作风正常而与作风有关的习惯较差。虽一时尚无"动静"，但可能有负面影响。为了防患于未然，最好及时关注，以免有向坏的方面发展的可能。例如，有人工作表现正常，但对高水平生活发生兴趣后又力不从心，因而开始在如何增加收入方面打主意，有的试从公款上搞经手不穷，尝了"甜头"后渐渐走上继续贪污的道路。也有人经不起利诱，接收损公利私的贿赂，更严重的是完全被收买了犯下损害或出卖国家利益的罪行。可见某种不正、不良生活习惯的需求，将侵蚀、腐化正常的工作作风。分析贪污腐败的大小案例，其中不乏原来表现不恶者，却自甘堕落成为罪人！

　　至于作风有假而与作风有关的习惯似乎无异常，值得考察研究，就不用多说了。因为作风既能伪装，习惯岂是真格？一旦真相大白，问题也就可以迎刃而解。作风建设要经常抓，还要过硬、深入、细致，才能通过现象看本质。光听其言、观其行还不够，还要见其果、验其效。剥去假面具，认清真面目。

三、改变不良习惯考验个人毅力

　　"习惯"，这两个字，说来简单，可一旦形成以后，要改也难。前面已经提到过"习惯成自然"这句话,还有习非成是、积习难改之类的说法。好习惯当然不用改,不好不坏的也不必改,想改也不那么容易,而坏习惯要改更难。是不是有点夸大了呢?且看事实。例如,习惯于用左手做事(如使用筷子、刀、剪等器物)的人叫"左撇子",通常是改不了也不去改的。有些常用语已经过时,还有人照老习惯在说。如"半斤八两",那原指十六两一斤的老秤,现在用十两一斤的秤已久,难怪孩子们以为说错了。还有些"约定俗成"的比喻,其实并未固定,但换个说法反而会被认为不对。像"十五个吊桶打水——七上八下",要说"十七个吊桶打水——八上九下"不行。诸如此类,不一而足。

  对于明明是不好而又比较普遍的习惯改的难度更大。最典型的一个例子,莫如吸烟。如果说上面泛泛而谈的习惯同作风无关,吸烟可就开始有联系了。远的如鸦片曾经是"官老爷"们相当普遍的嗜好,现在社会上还有不少人吸毒,甚至制毒、贩毒也大有人在。水烟、旱烟已大大减少,雪茄、烟斗等也不常见,还在流行的是卷烟、纸烟即通称的香烟,它原来也是舶来品,在中国却特受"青睐"。在不是很久的过去,香烟曾是交际场中不可缺之物,在贵重礼品当中,首推名烟美酒。什么"烟酒不分家"、"饭后一支烟,快活似神仙"、"饭后烟,年晚钱",说得神乎其神,妙不可言。结果是中国成为香烟第一生产大国和第一消费大国,而消费者中竟有不少是未成年人!与此同时,全世界根据科研成果和实际情况,已一致公认香烟有害,尤其是"二手烟"危害更大。于是从限到禁,已很不受欢迎,有瘾者面临戒与不戒及如何戒的选择。有的试图用糖果来顶替,或用假烟"骗"自己,都收效甚微。而环境已越来越紧,公共场所已越来越多地不让抽烟。下决心戒,竟成了对个人毅力的考验!

  这里花了不少篇幅来谈改变吸烟的习惯,并采取了"毅力"的考验之说,是有"故事"的和想借此机会表明在作风建设中毅力的重要性。什么"故事"呢?说来可能不少人都听说过,就是老革命家陈毅戒烟的事。他的烟瘾很大,据说已到手不离烟的程度。但在得知吸烟有害之后,表示要戒烟。同他在一起工作的人都异口同声地说不可能。他的回答是:"我叫陈毅,是有毅力的,敢于革命,难道连这点小嗜好都不能抛弃吗?"真的说戒就戒,把多年的习惯改掉了。那是新中国成立以后他在上海任市长时的事。事情虽小,给我们的启发很大。在作风建设中遇到难题,正是对人们毅力的考验。

  道理也正在于此。非常清楚:实干兴邦者志在兴邦,对有利于兴邦的事要大干特干,对不利于兴邦的事坚决不干。那么,不利于作风建设的习惯难改也坚决改掉应是坚决的自觉行动，不留任何藕断丝连、自我解嘲的余地。毅力本指坚强持久的意志，缺乏甚至没有毅力，无论是学习还是工作都是不行的，更不用说有所成就了。真的做到毅然决然献身实干兴邦大业，就必然会将对工作作风有负面影响的任何习惯抛弃得一干二净。

四、宁保习惯不顾作风断不可取

会不会有宁愿保住不良习惯而置危害正派作风于不顾的人呢？也许有人认为不会有这样的人，这是过虑。可是，事实在不断告诉我们：连胆敢顶风作案的人都有，何况已有既得利益更想多多益善呢？这类人确实是有。我们应该严厉警告他们，那是自绝于人民的危险举措，断不可取！因为他们是在作奸犯科，难逃法网。在作风建设过程中，这些败类都是反面教员。老话说得好："善有善报，恶有恶报，不是不报，时辰未到，时辰一到，一切皆报。"意思差不多的是："善恶到头终有报，只争来早与来迟。"不过，旧社会把报的希望寄托于玄虚的"天命"和迷信的鬼神，实在难以兑现。我们是靠人民的法治，大小"老虎"和"苍蝇"一起打。打得既准又狠，大得人心。全世界都在睁大眼睛看着我们：中国在变，变得更得到人民的支持和更健康地向前发展。

俗话说："人为财死，鸟为食亡。"说的是那些要钱不要命的人。这种人世界各国各地都有，中国由于封建统治较久，"做官发财"观念的影响也较广较深。正像旧戏里的道白那样："千里为官只为财"或"千里来做官，为的吃和穿"，还有"三年清知府，十万雪花银"，说的是"清官"尚且如此，岂非不捞白不捞？于是大搞权钱交易，抓住在位的时候力求"升官发财"以"荣宗耀祖"，免得"有权不用，过期作废"。一度出现过的"59岁现象"（因为一般是60岁为退休年龄），就是这样来的。他们见钱眼开，徇私舞弊，忘了为人民服务，而是为人民币服务。有些位高权重的"大老虎"，自恃身居要职，无人敢奈他何，于是肆无忌惮，为所欲为。其实是纸包不住火，人民眼睛雪亮，在威力强大无比的人民法治面前，他们便立即无所遁形，或早或迟地纷纷落入人民法网。还有谁想以身试法吗？那就让他们试试。

大家都看到了，"大老虎"不止一两个。这是没有和无法设限的，当然是有多少打多少，争取做到除恶务尽。值得深思和极其遗憾的是，此辈当年都很可能是被当作"人才"培养和逐级甚至越级提升的。落得如此下场，不仅有负党和人民的期望，而且造成严重的恶劣影响，真是糟糕透了。对于中小

"老虎"和大小"苍蝇"所造成的损害，也不可小看或低估。有些小官大贪也很惊人。从已经揭露的情况来看，他们不少是"贪腐能手"，这不同于一般的"揩油"、占小便宜，或鼠窃狗偷，而等于是暗偷明抢，有的数额之大，比之江洋大盗也有过之无不及。如果都任其逍遥法外，那还了得！

大家也都看到了，反腐光有坚强的领导人还不够，坚强的领导人还要循着法治的道路，坚持加强法治以监控治理腐败。为此，党的十八届四中全会把依法治国作为历史性的专题提上日程和做出决定。反腐运动能持久进行，得到可靠保证，确实做到"科学立法、严格执法、公正司法、全民守法"，对反腐不仅可以治标，而且可以治本。依法治国基本方略全面落实将于 2020 年实现，这个全面落实当然就包括惩治贪腐和进行作风建设，都可以依法从事。把阻碍中国经济进一步发展的各种因素绳之以法，中国将建设成为社会主义法治国家。

第三节 从思想根源上解决作风问题

学汉语、汉字的人，若能对这个"心"字理解、掌握、运用得较好，则在表达和交流中会很有帮助。因为它的原意是指推动血液循环的器官，而在汉语中又常指思想器官和思想感情等。本节所说的思想根源，也会经常碰到以"心"字来表述的机会。例如说做有心人、得人心、用心、同心、一心、心不在焉、心甘情愿、灰心、热心、心计、心境、宽心、劳心、心理、心明眼亮、心平气和、心术不正、心无二用、心血、虚心、心有余而力不足、心照不宣、心直口快、心中有数……都与心脏无关，可以归结到"心之官则思"这句话里。"思想"两字的结构都从心。这些在母语是汉语的人心中应该不成问题，但对学习汉语的外国人，还是说一下好。

一、任何一种作风都有思想根源

作风不是凭空而来的，它总是出于对某种情况考虑该如何行动后形成的。与木之有根和水之有源相比，也可以说那是思想根源，做什么和怎么做，都是先有想法，又在各种想法中进行选择，做出决定，形成风格，见诸行动。有时是有所等待暂不行动，或思前想后经利弊得失对比决定不行动和中止行动，思想认识不一定正确，有些行动也就会出现失误。此外，事情告一段落或已经结束，不是办完就算了，而应善于总结经验教训，以利继续发展。即使一切顺利，也要瞻前顾后，注意居安思危，治不忘乱。所谓先见之明，明就明在有思想准备。在日趋激烈的竞争中，创新能力非常重要。但是思想懒汉不动脑筋，便根本同创新思维沾不到边。可见凡事的成败利钝，都是与当事者反映思想活动、思想认识、思想准备、思想境界等的思想水平分不开的。兵法的所谓"攻心为上"，正是双方思想水平的较量。"空城计"实际上是在进行智斗，是心理战。"大意失荆州"的"大意"就是我们平常所说的粗心大意，是思想上疏忽了。这方面真的有说不完的故事，对我们很有启发。不过，有一点必须明确，我们不搞"唯心主义"。以上所说的内容都在贵能对客观形势做出正确的评估，才能稳操胜算，否则只好甘拜下风。

在个体活动中，如果一个人饱食终日，无所用心，恐怕很难指望会有什么成就。因为不开动思想这部"机器"，便什么也不想干、不想学，更干不了和学不好。这就是说，单干仍必须干，干即离不开想干什么和怎么干。特点在于随意性较大，只要不违法，又不损害别人的利益，大有机动灵活的余地。干得好，自享其成、自得其乐；干得差，自食其果、咎由自取。正像前面说过的那个"打鱼、晒网"的例子，打几天鱼晒几天网悉听尊便，不想打鱼想干点别的，也完全可以自作主张。前面也曾说到，在集体共事中可不行。集体有共同的目标和应该遵守的原则，各行其是、各搞一套是不允许的，一定要改变原来单干时的思路。

集体工作注重和强调心往一处想、劲往一处使，要扭成一股绳，也就是人们常说的一心一德或同心同德。要有向心力、凝聚力和"一盘棋"的精神，大家都顾全大局，互相配合、支持，保持和谐、协调。有问题、矛盾和困难，共同商量争取及时妥善解决。分析起来，这些情况的背后，无不与各种思想活动有紧密的联系，其中比较带根本性的，主要至少有如下这么几条。

一是要看立的是什么志。我们都听说过，"人贵有志"、"人而无志，不知其可"、"志在四方"、"志在千里"、"志在必得"之类的话。孙中山曾对大学生讲过："我劝诸君立志，是要做大事，不可要做大官。"这就很具体、很明确。因而有志于实干兴邦或志不在此大不一样。例如，形式上是在干，但实质上是另有所图，则显然难以按兴邦的要求切实去做，甚至会有偏离、背离的危险。贪腐之徒便是这类货色。

二是要看有没有较好的敬业、乐业思想。一心想把工作做好，精益求精，不断创新，而不是只把工作当作领工资"糊口"的"饭碗"，简直是在混日子。在一个整体之中，最好是能群策群力，共襄其成。倘使出现薄弱环节，便将影响全局，俗话叫"拖后腿"。要是这种现象出在要害部门，情况更糟。

三是要看能否摆正和理顺公私关系。若是大家都能做到公私分明，决不因私害公、假公济私，并且一心为公，肯定可以顺利健康发展。否则，整天忙于内部"纠纷"的处理，正常工作受到妨碍不说，还会严重削弱集体的竞争力或原来已经拥有的竞争优势。这可不是什么假设，而是历史和现实生活中已经和还在发生的事实。

二、面对客观影响也有思想活动

前人早已慨叹："世界之大，无奇不有。"其实在各种"十万个为什么"之外，还有数不清的"为什么"可以问，即从我们正在讨论的问题而论，就是这样。例如，有人"一失足成千古恨，再回头已百年身"，为什么会失足，别人又没有呢？为什么有人是"近朱者赤，近墨者黑"，有人却"出淤泥而不染"呢？为什么会有"一娘生九子，九子不像娘"的说法呢？有的父母反动而子女投身革命，有的革命干部子女却不能继承革命传统，这又是为什么呢？……类似的问题还可以不断地问下去。

若能引起思考，答案总是有的。比较多的可能认为是来自所处环境的暗示或所受教育的不同，以及各有各的遭遇，等等。但又似非都能自圆其说。因为面对同一客观情况，常有不同印象，而致有不同的选择，做出不同的决定。这也充分表明，所有印象、选择和决定，无一不是思想在活动及其活动的结果。不过，话还得说回来，值得注意和探讨的是：思想活动不是凭空来或者叫"天生的"，而是对平素所接触到的一切留意、思考、分析、比较等的积累，逐步形成和日益成熟的观点，有的在不知不觉或有意无意之中进入世界观、人生观、价值观、幸福观等范畴。与此同时，也不可忽视环境和教育的作用。"蓬生麻中，不扶自直。"这是在好人堆中生活也会成为好人的比喻。社会环境、社会风气的影响不可低估。"孟母三迁"的故事至今还在流传，那是属于当时的家庭教育。除家庭教育外，学校教育和社会教育对青少年的成长尤其是思想品德方面的素养，都有直接和深刻影响。如果学校教育只顾"灌注"知识，淡化"启发"引导，学生忙于应付考试，远离"品学兼优"，死记硬背还算"好"的，有的作业抄袭、考试舞弊。过去有个说法，叫"上课记笔记，下课对笔记，考试背笔记，考后全忘记"，或者叫"还给老师了"。现在是上课玩电脑、手机的大有人在，不少人不管自己学得怎样，却过早地"关心"找一个好职位。诸如此类，均不可取。教育需要改革是肯定的，抓德、智、体三育还不够，最好还是德、智、体、美、群或德、智、群、美、体五育一起抓，并且要有新的内容。例如，在德育中，即必须使社会主义核心价值观深入人心。德育还应该包括正确处理公私关系的内容。智育面临知识更新频率加快，进入知识经济时代，必须注意新知识和知识创新能力，不可仍在搞"一本通书读到老"。体育方面，虽然新中国已雪"东亚病夫"之耻，人均寿命也已大大延长，但是学校体育可不能不当回事。曾经有人说有的高校学生是"出了学院进法院，有的是出了学院进医院"。所谓"进法院"是犯法吃官司，可能事关品德。而"进医院"则是成了病号，即体弱多病，与体育有关。美育应让受教育者能有正确的审美观念，不要以丑为美，把美和丑弄颠倒了。在移风易俗当中，要纠正歪风邪气，大有加强这方面教育的余地。至于强化群育，对于认真联系群众、切实为群众服务、倾听群众呼声、维护群众利益等更有现实意义。最近党在抓作风建设中，一再开展践行群众路线的活动昭示我们：在作为从严治党永恒话题的作风建设中群众路线所占的重要地位。

群众路线真是太重要了！"开展党的群众路线教育实践活动，就是要使全党同志牢记并恪守全心全意为人民服务的根本宗旨，以优良作风把人民紧紧凝聚在一起，为实现党的十八大确定的目标而努力奋斗。"正如以习近平总书记这段话为开头的一篇文章所指出的："群众路线是党的一切工作的生命线，越是改革开放越要坚持群众路线……在党长期执政情况下，干部作风问题始终是践行党的群众路线必须解决的首要问题……在改革开放和市场经济条件下，实现维护发展好群众利益是践行党的群众路线的一个核心问题。"①

三、自治必须治自尤须自省自律

对于"自治"这两个字，大家都不会陌生。我们国内就有自治区、自治州、自治县和自治旗等设置。回归以后的香港、澳门实行"一国两制"、"港人治港"和"澳人治澳"。按字面来解释，"自治"是自己去管事、治理。但是有一定的规章制度，大家都得遵守，而不是都随意自便。最重要的是国家有宪法、特区有基本法，应依法自治。否则便可能走向"自乱"，产生"自损"、"自毁"的后果。2014年香港地区发生的"占中"事件，就不利于香港的保持繁荣和顺利发展，以及有损广大人民群众的利益。其中有外国别有用心的势

---

① 中共广东省委理论学习中心组：《践行党的群众路线的时代思考》，载《光明日报》2014年8月25日第6版。

力在背后搞鬼是显而易见的。此种内外勾结的老一套伎俩,还很有可能会继续兴风作浪,只要善良的人们保持高度警惕,此辈必将得到更加可耻的下场。看看其他自治区,也有闹"独立"的,那同样是少数"X独"分子,在其有国际背景的主子的指使下,大闹其背叛祖国和本民族人民的"毒烈"活动。他们甘当洋奴、走狗,犯下与国人、族人为敌的罪行,不可饶恕。全世界都看得越来越清楚:这些国家、民族的败类、丑类已越来越无所遁形了。

因此,要真正做好依法自治,有一个严格"治自"的问题。也就是说在自己去管的同时,一定要管好自己,即"自制",包括自我克制、自我控制,坚决不干不利于自治的事情。试仍以实行"一国两制"的香港地区为例。在回归祖国以前,所受的是殖民统治,有什么"民主"可言?这次原来的殖民统治者却在一旁大放厥词,稍有历史常识者轻则认为太滑稽可笑,严肃一些的则痛责简直是无理取闹。至于在事前还有外资安排过什么"培训"之类,岂非事实真相大白于天下?可见,当事者需要好好想想,多问几个为什么,所言所行对照一下客观现实,若有可能做一些今昔对比,是听信别人在煽风点火呢,还是存在什么疑点?有些在幕后指点的是"老师",他们表现得"慷慨激昂"、"像煞有介事",可他们掩盖住自己的立场观点和本来面目,让缺乏处世经验的青年学子上当受骗。不排除"老师"、"学者"们当中也有可能是上当受骗的,那也同样要进行或更加需要进行深刻的反思。好在国家和地区政府当局应对有方,既坚持了原则,又没有出现闹事者的头目指望的那种乱象。对于蒙蔽他人者和受蒙蔽者来说,现在还可以看作"实迷途其未远",倘能"觉今是而昨非",就应该到此为止。殖民主义者"归还"殖民地不是心甘情愿的,他们总想变着花样谋求"东山再起"、"卷土重来"。我们直言相告,那只能是"一场春梦"或"痴人说梦"!

再说,这种"治自"或"自制"的能力,在一般或任何集体活动中都很必要。现成的一个例子是2015年新年前夕上海发生的严重踩踏事件,而且类似的教训又有多次,除大城市公共管理方面存在问题外,城市居民的安全意识、安全教育、生命意识亟待强化也是十分必要的。只是"一窝蜂"、"瞎起哄"、"凑热闹"、"随大流",不顾一切地朝人山人海里挤,那就难怪会完全失控了。

看来,个人在公共生活中尤其重要的是能随时自省和自律。自省贵能有自知之明,凡事能度德量力和心中有数。遇事能进行反思、联想,而不是头脑发热、一时冲动、轻举妄动。并且能在动已开始得咎的时刻,当机立断、急流勇退，以保安全。这又同自律的能力有密切联系。如已明知身处险境，便不心存侥幸，而毅然决然尽最大努力去转危为安。有时在莫名其妙的"热点"面前，别人争先恐后参与拥挤之际，能保持冷静、清醒，亦可防止意外灾祸临头。踩人和被踩都不是好事，实在不应该再让这类事件在中国现代化的大城市中发生了！人们常说前事不忘后事之师，为什么竟仍再三再四地出现呢？

四、思想正本清源作风必然端正

以上一路说来，所有个人和集体的活动、行为、决策，等等，都具体集中体现于作风和对作风的要求上。而无论是什么作风，又都与相对应的思想有直接和密不可分的联系。也就是前面已经说到的，任何一种作风都有它的思想根源。我们这里说思想正本清源作风必然端正，似无不当。但要做到、做好这一点很不容易。还要说回到家庭、学校、社会教育和各级领导重视、亲友影响以及个人志向、机遇等方面去。

已经说过的内容没有必要过多重复。在讨论教育问题之前，首先要明确人的正确思想是从哪里来的。毛泽东著作中正好有这样的一篇，用的就是这个题目："人的正确思想是从哪里来的？是从天上掉下来的吗？不是。是自己头脑里固有的吗？不是。人的正确思想，只能从社会实践中来，只能从社会的生产斗争、阶级斗争和科学实验这三项实践中来。……一个正确的认识，往往需要经过由物质到精神，由精神到物质，即由实践到认识，由认识到实践，这样多次反复，才能够完成。这就是马克思主义的认识论，就是辩证唯物论的认识论。"[①] 我们引用这段话，旨在表明为思想正本清源所要进行的教育，首先是辩证唯物论的认识论的教育。而且，这应该是普遍的要求。至于具体安排，自当根据实际情况而定，希望既能普及又能提高。

家庭教育是个比较复杂的问题。什么家庭，是否重视教育，进行什么教育，采取什么方式……可能有很大差异。说"龙生龙，凤生凤，老鼠生来会打洞"者有之，提"王侯将相宁有种乎"之问者有之，其实都不能一概而论。但愿做家长者都能重视、关心子女的身心健康成长，有以身作则的好家风就好。独生子女较多娇生惯养，家长往往一味迁就，说不上什么教育。这对孩子不利，也为家长们始料所不及。

---

① 毛泽东：《人的正确思想是从哪里来的？》，人民出版社1963年版，第1-3页。

学校教育非常重要。各级学校都要有较强的师资队伍和较好的教学内容，切忌徒具形式和虚有其表，以及偏离国家的教育方针。例如，应试教育、填鸭式教育、学校变成学店，等等，都应该在必须严肃认真改革之列，不可只看数量不重质量。对于国家发展的前途命运，人才素质是决定性因素。人才竞争成为国际竞争的焦点不是偶然的。人才的来路基本上靠教育，发达国家没有教育不发达的可为明证。

社会教育与社会环境和社会风气有关。环境包括自然环境和人文环境，分别影响人的物质生活和精神生活。社会风气要是很坏，必然少不了精神污染，而风清气正则是另一番喜人光景。社会教育的正反两面，对比鲜明，究竟能否作中流砥柱或随波逐流、随俗浮沉，那在很大程度上取决于个人的原有思想基础，以及来自各有关方面及时得力的指点、引导、提醒、勉励。得力是指有较高信度的说服力。

各级领导重视和亲友影响也很重要，这又关系到领导的素质和水平，亲友是至亲好友、良朋益友而非一般的"酒肉朋友"。上面刚说过的"有关方面"即指领导和这些人而言。一个好的领导者是不可能对不良的社会风气漠不关心和听之任之的。即使非亲非故，一个有正义感的人也会对在寻短见或走向危险道路的人紧拉一把的。这就最后要看当事人能否终于醒悟和决心自拔了。

个人志向、机遇等方面的重要性，至此已不言自明。志向是思想基础的重要组成部分，每逢关键时刻，志向即面临考验。很多优秀共产党员，在敌人的威逼利诱面前毫不动摇，也有极少数的败类经不起诱惑而变节，落得可耻的下场。一个志在实干兴邦者，无论处于顺境还是逆境，总能对兴邦大业念念不忘，尽心尽力和千方百计去作积极贡献。"有志者，事竟成"，所指的志是光明正大的理想。

第十三章 实干兴邦中的行政成本问题

行政成本是财务管理的经费开支问题。它涉及的面很广,都可以在有关事项中得到反映。如讲行政效率,就有高效率、高成本,低效率、低成本,高效率、低成本,低效率、高成本等之分。讲作风,则有为政清廉、勤俭办一切事业,与大手大脚、铺张浪费,甚至贪污腐败大不相同。过去曾强调的"多快好省"中的"省"字,便是要求节约。为人民服务的政府应当是"廉价政府",早已成为革命者的共识。因此,这个问题很值得重视和研究。本章将试针对廉价政府的要求,着重探讨行政成本过高的原因及其引起的恶性循环,紧随其后,即接着讨论降低行政成本的治本之计,在于从源头上做起。但行政成本并非越低越好,而是应正常、适度。

第一节 人民的政府应当是廉价政府

对于"廉政",大家都肃然起敬。但对于"廉价",则有两种不同的反应。一是"便宜没好货,好货不便宜"。有待考虑,或不屑一顾。二是"价廉物美"。值得欢迎,或认为不可错过。这里所说的"廉价政府",正是要使人民负担不重,而能得到优良的服务,当然必须争取和拥护。此事非同小可,原来是在1871年,法国工人阶级在巴黎建立过世界上第一个无产阶级政权——巴黎公社所提出的"廉价政府"的理想。后来列宁曾想把这个理想真正实现,带头身体力行过。"可惜在他去世后,社会主义政府逐渐演变成了'高价政府',巴黎公社的原则终于荡然远无存!"[①] 众所周知的是领导干部的高薪制等特权,同后来的苏联解体不能没有联系。

一、行政成本与工商成本的差异

行政成本与工商成本都叫"成本",但在性质上,它们仍有很大的差异。

---

① 郑异凡:《列宁和斯大林拿多少工资》,载《南方周末》2007年11月22日。

正如"廉价政府"与"廉价商店"都叫"廉价"而性质不同一样。性质的差异是由于有不同的目标。将本求利是工商企业的金科玉律。最好是能够小本大利,像吉利话所说的"一本万利"。因而常见的是小利小干,大利大干,没利不干。要是产出小于投入,那就等于白白丢掉一些本钱,倒不如坐吃老本还比较实惠。也就是说,蚀本的买卖不做。

行政成本则不是这样。尤其是在人民真正当家做主的社会主义国家,其目的在于全心全意为人民服务。政府经费是取自人民的,应该用于人民。既要好好为人民服务,又不可使人民有过重的负担。西方有一派学者认为政府应把纳税人、公民视同"顾客",对此实难苟同。其说振振有词,说什么在店主心目中,"顾客是上帝",有什么不好?不错,中国的俗话说得更清楚,店主把顾客看作"财神",是送钱上门的。不买商品的就不是顾客,问题就在这里。商店可以置非顾客于不顾,政府能对公民中的弱势群体包括无纳税能力或享受免税待遇的人不闻不问、不理不睬吗?不,绝对不可以和不允许那么做,而是必须予以关怀、支援、救助。这是人民政府的责任和义务。工商界也有很多乐善好施的,那可不同于必须执行的法定职责。其实,说店主与顾客是主客关系并不恰当,既然把顾客比作"上帝"或"财神",而实质上是指金钱,即所谓"钱能通神"、"有钱能使鬼推磨",则店主非主,并非真正的"顾客至上",而应是甘为金钱的奴仆。这与政府人员自豪地称自己是人民的公仆,岂可同日而语!

因此,行政成本与工商成本不能等量齐观,更不可混为一谈。尽管在某些具体操作技术上存在相通之处,但原则精神是大异其趣的,仅拿服务态度来说,工商企业面对的是顾客,政府工作面对的是全民。中国古话早有"人无笑脸休开店"一语,不约而同的是,西方店主也对店员有"保持微笑"的提示和要求。为什么要这样和会这样,大家必能心领神会,答案就不用说了。可是,为什么在某些政府机关会出现"门难进、脸难看、话难听、事难办"的情景呢?这就不难看出,有人为人民服务的思想教育还要好好补课!这类人在对待和处理行政成本的问题上也估计未必妥当。

显而易见的是:成本观念的上心度和关注度在工商企业和政府工作中大不一样。工商企业自始至终,甚至随时随地随人随事想到成本,最怕的就是蚀老本和血本无归。相形之下,政府工作经常考虑到行政成本的人恐怕不多乃至很少。对于浪费等不良现象,有熟视无睹的,有不闻不问的。要是你略加评论,还有可能被认为是大惊小怪。但英明的领导者很注意这一点,要发展社会主义民主政治，建设服务型政府，加快行政管理体制改革，降低行政成本。因为体制和机构是同行政成本密切相关的。反腐倡廉应放在更加突出的位置，也将更有助于降低行政成本。看来，加强行政成本研究已势在必行。但并非行政成本越低越好，而是要达到合理的程度，力求避免偏高、过高、太高的现象，对发展大局产生负面影响，不利于在国计民生中使财力资源起正常的积极作用。

二、行政成本的构成与管理简析

内容很多，只作简析，以下同。

直接构成主要指狭义、固定和单纯部分，具有基础、关键、经常等性质。狭义成本事关启动、持续和达标保障，应落实科学发展观。固定成本数额、来源较固定。单纯成本指申请与审批内容均以单位货币数字计算，注意力集中于"钱"，有明显的局限性，主要是见量不见质，间接反映，难辨真伪、优劣、虚实等。因而争得"积极"，又易生弊端。应当看到，政府部门与事业单位财政预算很多是唯一经费来源或主要来源，如过大"独木桥"，"单纯"亦有此意。但不可简化为"争钱"，而应顾全大局，在勤俭办一切事业精神下当家做主。

间接构成部分为内涵拓宽，包括狭义成本在内成为广义成本。来源除财政预算外，法律准许其他渠道给予补充。在使用上可对直接行政开支和有关间接活动做出安排。其他渠道很多，共同特点为多属专款专用，也有不少问题值得研究。还有如"政府采购"问题等。弹性成本的弹性表现于来源与使用两方面，应开源、保源、节流、正流和善于适应，不可搞乱"创收"设"小金库"。复杂成本即除包括单纯货币计算外，还有其他因素即物质和非物质成本，如人才及其精神状态。知识经济时代人才资源更加突出，故在讨论行政成本时不能仅见物而不见人。

关于行政成本管理，有几个重要方面。首先是计划中的成本。计划非常重要，须先走一步，事关全局和全过程及最后结果。预算是实施计划的物质保证，有经常性的财务管理工作，企业极其重视。为国家、社会发展进步和人民利益服务的行政成本，实在更应该认真负责管好。因而无视计划和乱定计划的事必力求避免。特别在城市建设中，计划不可犯短视病和严重缺乏科学性。如搞什么"面子工程"之类，浪费极大。其次是投入运作中的成本管理。计划虽好还要以负责的态度去执行，比较合理、有序和顺利无误，还要有相应的规章制度和监督机制。把好投入运作这一关的重要性由此可见，尤其要坚决反对贪污和浪费。也只有这样，才能排除经济隐患。最后工作总结中的行政成本是总的回顾。过去并未普遍注意，应看作一种疏忽。最好在工作总结中能有关于析述行政成本的内容。曾有政协委员建议："节省和保护公共资源的责任要落实到人，……考核干部的政绩要考核行政成本，尤其要加强公众对公共资源配置的决策过程的监督。"① 意见很好。这将大大有助于对行政成本正确使用起积极保证作用，一改计划不计成本任意挥霍的不良风气。过去有过这么几句顺口溜："不贪污、不浪费，吃点喝点不犯罪。"结果是大吃大喝，愈来愈肆无忌惮。其实，挥霍公款、私人享用，已饱含贪污浪费因素，是严重的不正之风中的一种，现在已十分明确了。在这方面，国际上已有可供参考借鉴的做法，如对公款宴客、公务接待等都有具体规定。一个很具体的小例子，如芬兰有中央银行行长在公务接待中不小心上了一道贵菜而下台的事，② 其严可想而知。还有不少资金非常充裕的事业单位，仍很重视成本开支。富了还讲节约，值得深思。

三、行政成本所表现的各种形态

绝对成本与相对成本。前者计量有绝对数即总量指标，是机构运行的成本保证，首先要考虑行政机构是否精简。这是有具体规定和要求的。相对成本有弹性，但仍受有限资源制约，不可随意开支。这两种成本除另有规定外，常在同一经费来源中区分，存在消长问题，致常有挤占、模糊、混乱，对发展不利。这是需要研究和解决好的重要问题之一，以免造成行政成本居高不下与行政绩效形成反差。

显性与隐形行政成本。前者明白表现，可算可查，但有该显而未显者，情况即较复杂。隐形（或隐性）有两种：一是有形隐而不见，二是不见任何形态。后者属精神范畴，略如"无形资产"，还分几种类型，这里从略。显性与隐形可能转化，也不必讨论了。

从另一个侧面来观察，有扩散性成本，与其他成本可能有交叉、重复。其扩散性首先表现于成本迁移现象，一是源的部分，本是好事，但不可来路不正，不择手段，甚至违法、犯罪，那就是大问题了。二是流的部分，若来路不

---

① 倪迅：《领导干部：增强三项意识，提高执政素质》，载《光明日报》2007年3月12日第4版。

② 据孙宏光：《地球上最廉洁的国家》，载《海外文摘》2007年第3期。

正，则流向可知，几乎若非贪污即为浪费。即使用于实际工作，也必须注意效果。扩散性成本的互动现象，主要表现在所起的互动作用或影响是否是积极的、正面的，从而决定是肯定和倡导或制止、扭转，严重的还要依法制裁，以确保行政成本作用的正常发挥和有利于降低行政成本。而负面的情况，则将是使行政成本不断上升和居高不下的较大祸根之一。在源的方面乱收费，在流的方面乱开支，其恶劣影响自不待言。我们一路过来，反复强调要提高人员的综合素质（当然包括或首先是思想作风）的根本原因，正在于此。

行政成本的均匀化，是扩散性行政成本可能出现的趋势或倾向。就整体而言，是指各组成部分数量完全或大致相同，在时间的隔离上也是。但这并非完全实行绝对平均主义，而是有原则、有限度的。不可"过犹不及"，要善于随时掌握比较适宜的"分寸"。在成本的来路和去路上，都是如此。但在收支之间又各有不同。在来路的均匀化主要指财政资源供应能够源源不断保证供应，数量稳定并能稳中有升。最好是依法办事、杜绝流弊。在分配上不是绝对平均而是实事求是，时间上能如所预期，及时到位，以免发生延误或停工待料等，出现如"胡子工程"或"半拉子楼"、"烂尾楼"之类的怪现象等。科技成果"睡大觉"和科技与经济"两层皮"也是这样来的。在去路方面的均匀化主要是着重分配，更该注意依法公平合理掌握，切忌形式主义和绝对平均，既有重点，又要注意统筹兼顾，尤其要防止贪污腐败和挥霍浪费。故须保持高度清醒和自律。这是关系和影响到发展全局和未来远景的大事，不仅不可随便应付或仅满足于维持现状，而且要真正慎重对待，用高度的责任心去处理。在这方面正反的例子都有，无不与行政成本的去路安排有非常直接和密切的联系。正如一句老话所说："钢要用在刀刃上。"用错了地方至少是白白浪费，甚至还有可能产生极其恶劣的后果。又如"杂药乱投"、"药不对症"不仅不能治"病"，严重的还会送"命"。

四、行政体制、生态和决策等成本

行政体制从制度与组织两方面，对总过程效率有重大影响。其成本价值乃对行政成本最基本的认定。成本分析有两个层次，即功能成本与外溢成本。前者与权力约束事务领域、管理流程和政府行为有关，是对政府职能的成本限定。外溢成本为体制外收入，问题很多，还有人、财、物等制度和行政组织各有关方面直到执行、监管等的成本问题。

行政生态成本。行政生态即政府管理的环境，广义为国际、国内社会和自然环境，狭义仅指经济社会环境。其特点为广泛性和复杂性、系统性与层次性、稳定性和可塑性、绝对性与特殊性。行政生态成本是受环境要求、影响和政府有意改造而产生的成本，具有积极意义。国家政治、经济、社会组织环境和非政府组织、社会舆论组织、公民组织对行政成本也有影响。这些都是新课题。

行政决策成本。其特点为延续性、外延性。有制定包括收集（调研）、制作（论证）、参与（决策公示）等成本。因其不能越俎代庖、不能齐抓共管、不能无法可依，必有专家介入和群众参与才能做好决策。还有执行含试行、推广，以及调整成本，还要做决策成本预算。

行政信息成本有时间、手段、硬件、软件成本。其价值首先反映于决策环节，应有保障，并增强其有效性，使手段科学化、公开化。要努力确保信息有效性中的适用性得以全面发挥。

行政执行成本是一个重要环节。其特征为：主体是国家行政机关和公务员、依法执行、落实决策、实现预期目标，具实务性、经常性、时效性和创造性。要注意影响行政执行成本的诸因素。对西方有关新说可参考借鉴，不可照搬。切实有效提高行政执行力很有必要。

行政技术成本。现代技术共同关键特性有：复杂性、依赖性、多样性、普及性。行政技术包括方法、手段与工具及其更新。信息技术是行政技术的关键构成部分。行政技术构成行政成本。数字化系统中的行政成本：数字化管理的特点是量化、智能化、综合性、集成性、动态性和系统性，应用很广，如"数字城市"等。电子政务的行政可能降低行政成本。

行政管理成本。实际上，行政成本最大量地发生在具体管理环节上。主要有会议管理、后勤管理、接待管理、职务消费等成本。其中会议除直接成本外，还有间接成本如会议参加者所支付的各种费用（如差旅、住宿与出差补助等）。这笔账算起来令人吃惊，更不用说还有有钱难买的时间成本了。而且这不仅是开会时间，还有途中、等待之类的时间，真是一笔大账。后勤应尽可能由社会办，不要无论大小单位都在办"社会"。总之，要以节约为本，使定性、定额管理到位。职务消费要透明，接待成本要严加控制。

公共危机管理成本。公共危机的特征是：突发性、破坏性、不确定性、广发性、诱发性。其类型虽多，不外天灾人祸。按发生领域和性质，可分政治、经济、社会、生产、自然危机等。又有可预测和不可预测危机。按波及区域，可分区域性、国家性、全球性危机。大体分类则有自然灾害、事故灾难、公共卫生事件、社会安全事件四类。总体要求是将损失控制在尽可能小的范围内。管理成本按顺序分有事前、事中、事后三部分。事后是指所有善后工作，包括危机调查和总结评估成本。另外，为了更好地进行危机管理，编制公共危机管理预案已开始流行。这也应纳入成本管理系列予以安排。

第二节　行政成本过高及其恶性循环

首先要确定的一个问题，当然是具体到一个地区、部门、单位和事项的行政成本是否过高甚至太高。这要根据时间、地点、条件提出相应的客观可行的标准，而不是凭空议论。有关的经验虽应参考借鉴，但不能离开自身所处的环境和发展阶段去全盘照搬照套，而致得到完全错误的认识，妨碍和损害正常、健康发展。例如，穷国不能用富国标准，这应该是常识。要国家富强、民族振兴、人民幸福，必须勤俭建国，只有这样才能摆脱贫穷落后，不断争取赶超进入先进行列。否则，若行政成本过高，又逐步形成恶性循环，出现"吃饭财政"，即将无力或少力他及，影响建设发展是势所必然，甚至会停滞不前直至向后倒退。这可不是危言耸听。

一、警惕行政成本过高的危害性

在本章第一节的一开始，我们已指明行政成本与工商成本的差异。这一点有必要继续经常提醒，因为稍一不慎，就会把"成本"观念弄得模糊不清，主要是可能将行政成本混同于工商资本。为此，在讨论中难免出现某些交叉重复之处是完全可以理解的。经常提醒是为了加深印象和巩固认识，以免偏离主题。

正是由于一般对行政成本过高的危害性警惕不高，甚至全无，所以我们将再安排这个专题，以求得到进一步的共识和投入随后继续开展的讨论。

首先，让我们从"公"字说起。行政管理所面对的，应该从头到尾是这个"公"字。可是，有些从事行政管理的人员，从上到下都较难掌握和处理好这个关系。常出现公私不分、公私相混，或者假公济私、损公肥私、以私害公，以及私字当头等现象和弊端。有时在某地区、部门或个别人身上，达到既恶劣又猖狂的程度。这是使行政成本长期居高不下的根本原因之一。

常言说得好："冰冻三尺，非一日之寒。"但面对公私相混这一由来已久的事实，"三尺"还远不足以形容，说它是冰冻三丈、三十丈也不为过。从漫长的中国历史来观察,古人早已提出"大道之行也,天下为公"的理想,而历代封建王朝的更替,却基本上实行的是一家一姓之私的家天下。有时在父子兄弟之间,竟也骨肉相残,为的是争夺那个孤家寡人的"天子"宝座,以逞一己之私。这可绝对不是什么"大公无私",而是纯粹地道的"大私无公"。于是,要求臣民忠君报国,实际上是君国一体,即君就是国,国就是君。到底是"公器"呢,还是"私器"?如果说不清楚,也可以心照不宣。至于能否做到"国泰民安",那就完全要看碰上的是"明君",还是"昏君"、"暴君",是"好官"、"清官",还是"坏官"、"贪官"了。老百姓的要求是不高的,只要有口饭吃,过上太平的日子,便谢天谢地、心满意足。不过,真正实在弄得民不聊生,也有官逼民反的时候。用行政成本的观点去考虑,那正是人民群众不堪重负,政府又完全令人失望到了忍无可忍的地步。有的皇帝老爷的"江山"就是这样给弄丢掉的,又被别的姓氏的头目取而代之。

在中国旧社会,封建传统的恶习很深。从"官场"的一些不良心态,可以反映出行政成本为何长期居高不下的历史原因。把"升官"同"发财"联系在一起,已经足够说明问题。从曾经广为流传的一些说法中,也很足以反映这方面的实际情况。还有如"经手不穷"、"雁过拔毛"以及诸如此类。

几千年的封建遗毒不可低估,其所带来的危害性也不可低估。在新的历史条件下,形式有些变化,实质还是一样,如某些官商勾结、权钱交易、"有权不用,过期作废"、"一切向钱看"等恶形丑态,又忙于挥霍浪费,还有什么可能尽心尽力去做好工作和为人民服务呢?

二、行政成本过高形成恶性循环

先说几个与本专题有关的例子,可能有所启发。

一如工商企业。所谓"多财善贾",总希望能本大利宽,通常这是指本和利之间的良性循环,要像滚雪球那样,越滚越大。如果本大利微,微到已经低于普通银行存款利率,又不"善贾",直到不赚反赔,便将陷入恶性循环,越干越亏。事实上是不会那么干的。有时赶紧宣告破产,亦即对恶性循环的当机立断所采取的断然措施。

二如军事行动。作战当然也有成本问题,但不仅是指物质条件,精神因素也显得非常重要。是正义战争还是非正义战争,这一根本性质上的不同,便会有得道多助和失道寡助之分。士气的高低也大不一样。还有指挥能力和各有关方面的协同或配合情况,等等。试看古今中外,以弱胜强、以少胜多的战例多得很，无不充分表明良性循环和恶性循环的不同结局。值得注意的是在开战之初，双方实力（成本）常存在很大差距。

三如教育事业。过去旧社会、家庭、个人的教育观、读书观很多主要是利己主义的，如读书做官、光宗耀祖、"书中自有……"，等等。朝廷用人，也只是让"学成文武艺，售与帝王家"者好有机会为皇家保江山而已。现在关于读书是否有用的考虑，有时仍不免流于狭隘、肤浅、短视和局限于个人得失。就现代国家而论，发达国家教育一定发达，因为民智不开，民力难显，科技创新人才缺乏，综合国力无法提升，这已进入行政成本必须讨论的范围。

说到行政成本过高所形成的恶性循环，主要是指使用不当所产生的严重后果。略如人们常说的"好钢要用在刀刃上"，否则，再多再好的钢，也徒然浪费掉。即以教育事业为例，这是一个具有根本重要性的发展战略问题。应当明确"科教兴国"是完全正确和必要的，但必须要有配套措施。首先是合理的投入，并使之能发挥应有的积极作用。如果行政成本"不务正业"和"误入歧途"，既未按照"轻重缓急"进行安排，又出现中饱私囊和各种浪费，则纵使是"财源滚滚"，仍难免误事不浅。何况漏洞是没有底的，甚至是深不可测的。那么，恶性循环即将永无已时了。历代盛衰兴亡，莫不与此有关。现在记忆犹新的是：当年在推翻"三座大山"的过程中，双方的财力是无法相比的，而历史所作出的结论，却是"财大气粗"的一方败于"一穷二白"的一方。原来事实的真相是前者"财大"去肥了"四大家族"，后者虽穷，但能注意勤俭节约、精打细算、艰苦朴素和一心为公。结果是以相形见绌的物质条件，取得令人一时难以置信的翻天覆地的伟大胜利。抚今思昔，良性循环和恶性循环的对比是如此鲜明，这一光荣的革命优良传统，很值得认真继承和在崭新的历史条件下发扬光大。对于行政成本，我们应尽最大努力使之纳入良性循环，以保充分发挥其正能量。与此同时，当行政成本有偏高倾向和过高趋势之际，特别要提高警惕于有形成恶性循环的危险。这是关系到国家发展前途的大事，一定要全面、深入开展有前瞻性的研究，不可掉以轻心。

三、要把偏高的行政成本降下来

有关情况我们在前面已经谈了不少，也许大家也已经注意到，我们国家的领导人早已不止一次地在有关重要讲话和中央正式文件中强调要降低行政成本，可见行政成本偏高是实有其事。但是，在大家纷纷议论之际，也有人认为，某些个别项目的行政成本不仅不高，还存在偏低的状况。这也有可能，果真是这样的话，那就不妨借用"有则改之，无则加勉"的说法，根据合理的原则，实行"高则降之，不高加勉"似无不可。

关于行政成本过高的危害性不用多说了。作为社会主义国家的前车之鉴，前已述及，即关于巴黎公社"廉价政府"的理想在苏联未能实现且背道而驰的事。我们正在建设中国特色社会主义，不仅要继承发扬自身的光荣传统，也要记住国际上的有关教训，不允许出现什么特权阶层。这里又不能不再次提到风气问题。长期以来，对于风气、习惯，曾有"约定俗成"之说，那就要看是什么"俗"了。是良俗还是恶俗，是正风还是歪风。也就是要分清所定何约和所成何俗，如果不利于国家社会的发展、进步，妨害公共利益和善良风俗，那就应当毫不犹豫地进行"移风易俗"。在关于降低行政成本的问题上，便存在这方面的任务。联系到十分重要的"八荣八耻"的荣辱观："以热爱祖国为荣，以危害祖国为耻；以服务人民为荣，以背离人民为耻；以崇尚科学为荣，以愚昧无知为耻；以辛勤劳动为荣，以好逸恶劳为耻；以团结互助为荣，以损人利己为耻；以诚实守信为荣，以见利忘义为耻；以遵纪守法为荣，以违法乱纪为耻；以艰苦奋斗为荣，以骄奢淫逸为耻。"虽然前已述及，但可再说一遍以加深印象。若公职人员和社会风气不以贪污浪费为可耻，甚至还暗表"同情"、"欣赏"、"羡慕"，直到参与其事，成为负面的"积极分子"，那就全部背离了"八荣"，而"八耻"也完全有份，偏高的行政成本便难以下降，并很可能继续攀高。因此，我们在努力把偏高的行政成本降下来的全过程中，有许多工作要做，但应以武装思想、振作精神开路，仍旧要重视作风的思想根源问题。

在学习领会党的十七大和十八大精神的过程中，我们深感无论是从总体上要推动科学发展、促进社会和谐、加强现代化治理体制、提高现代化治理能力，等等，还是具体到改善民生的若干重点工作和应对不容忽视的一些挑战，以及实现小康社会的目标和广大人民群众共建共享，都很有必要高度重视对行政成本这个专题的研究。我们要坚定不移地走中国特色社会主义道路，遵循毛泽东思想、邓小平理论、"三个代表"重要思想、科学发展观和实现国家富强、民族振兴、人民幸福的"中国梦"的要求和目标，不断开创共同事业的新局面，就不能不下定决心，迅速改变有碍建设和发展的行政成本长期居高不下的不正常状态。

说一千，道一万，我们讲的是"实干兴邦"。任何有损"兴邦"大业的事情，都干不得和不许干。用"零容忍"来表达，也很恰当。不过，话又说回来，凡事有因，只有把因果联系弄得一清二楚，才能不致停留于暂时的、表面的治标，而可以去根治本。

四、要找出行政成本过高的原因

从讨论行政成本问题的开始，我们一直已无不随时可能接触到行政成本过高的原因。由于分段讨论的重点或中心不同，所以很有必要列一专题来集中讨论，致难免出现一些交叉重复。我们试简单进行"梳理"一下，行政成本过高的原因似可从以下几个方面来加以分析。

一是必须具有的行政成本观念远没有普遍牢固树立，甚至是严重短缺或非常浅薄。尤其是在各级领导中，很多人不大注意这一点。直到有关情况已经明摆在面前，仍不太当回事，结果常愈演愈烈，达到变本加厉、几乎难以收拾的程度。原来在这方面，没有可能像工商企业界那样对成本观念敏感，又没有实施过关于应重视行政成本的教育和养成注意行政成本的习惯。事到临头，有时还弄不清问题出在何处。西方有过城市宣告破产和政府关门的事，说是"财政困难"，其实就是行政成本问题。我们虽没有走到那一步，但出现"吃饭财政"已经是够窘的了。勉强维持，不能大有作为和好好为人民服务，又怎能加强和促进国家的建设和发展呢？

二是机构臃肿，人浮于事。这是行政成本观念缺乏或薄弱的直接后果之一，往往形成常见的怪圈：臃肿—精简—再臃肿—再精简—更臃肿。其中还夹杂不少私心杂念，如"反正经费是公家的"、"不妨慷公家之慨"、"人多势大"、"不必为精简得罪人"以及因人设事、吃空额等弊端，不一而足。试以乱增副职这一项为例，曾令人有百思难得其解之感。一个贫困县要设那么多副县长，一个地级市要设那么多副秘书长，副职之多随时可见。副职之外，又有助理，还有大量某级别的巡视员、调研员等，是否都有必要，值得研究。有人称之为"副科病"（与医学的妇科病谐音），也有过"五官科"（不是医院里的），即一个科有正副科长五名，没有科员。这些在付之一笑之余，应认真反思。

三是开源不能节流，或源不正而流更邪。一般在正常情况下，财政预算是唯一经费来源时，常使用不当，或尽量花光，有的还超支负债，以求追加预算。这且不说，有其他来源的，有人更大手大脚，有恃无恐地挥霍浪费，特别是利用所处的地位和手中的权力实行乱收费等所得来路不正的财源，乱开销更肆无忌惮。其中不乏化公为私的事例。他们所奉行的"哲学"是："钱是我们搞来的，应该我们花"，"有钱大家花，不花白不花"，"有权不用，过期作废"，等等，似乎遵纪守法、克己奉公，才是"大傻瓜"。显然，他们的"聪明"没有正用，心存侥幸，不懂得和不相信"天网恢恢，疏而不漏"。

四是要加强依法管控、监督的力度。无论是无意还是有意让行政成本偏高、过高，都存在一个应及时加强依法管控和监督力度的问题。因为若对原有原则标准和有关法规没有注意或不够明确，没有恶意的人也可能未予警惕而发生失误。倘使原有规章制度不尽科学合理、执法不严，当事者的守法精神欠缺，则心怀鬼胎者便有可能趁机找"空子"、钻"漏洞"，甚至明目张胆地营私舞弊、以身试法、作奸犯科。如此便会让无意者不知所措、放任自流和无可奈何；有心者会胆子越来越大，继续胡作非为，造成极其恶劣的后果。可见现在提出的科学立法、严格执法、公正习法和全民守法是十分必要的。管控监督（尤其是群众监督）及时到位，歪风邪气是可以刹住的。

五是要坚持强调德才兼备的用人要求。除以上几方面的具体原因之外，最具有根本重要性的莫如干部应真正是德才兼备的。有了高尚的道德情操，定能公私分明。即使在其他方面存在薄弱环节或不足之处，也常能通过自觉、自省、自律，不致受迷惑而误入歧途。偶然失察，但一经提醒，也会立即警惕，坚守正道。相比之下，才高德薄或缺德者干起坏事来可能危害更大。他们有把行政成本弄得更高的"本领"。

针对以上所列的几点主要原因，我们应将降低行政成本的对策从正本清源做起。这是本章最后一节要讨论的内容。

第三节 降低行政成本要从源头做起

对于行政成本偏高、过高的情况和危害性及其发生的主要原因既已明确，当然不能任其继续存在下去和变得更糟。要采取有针对性的正确有效对策，不宜只停留于治标，而要力求治本。尽管未必能做到一劳永逸，即使仍可能故态复萌，但若已掌握基本得力"武器"，即不难随时出击和保证成功。总的来说，这要从源头做起。所谓"拔本塞源"，就是要除掉"祸根"。例如，惩治腐败、反对浪费，只搞"扬汤止沸"不行，最好是实行"釜底抽薪"。为了巩固整治的成果和维护行政成本正常化的新局面，打好法治基础，建立相应的规章制度，以及经常强化作风建设等，都是应有之义。为了做好这一系列的工作，认真开展综合性和专题性的调查研究，也必须提上工作日程。

一、从源头上惩治腐败的重要性

在一般情况下,要认真解决问题,希望把问题解决好,总是要进行一番调查研究,然后才"对症下药"的。关于行政成本偏高、过高的问题,也是如此。尽管在这方面的研究尚待拓宽广度、推进深度和加大力度,以及从有关概念、分类等名词、术语等都远远没有趋于更没有达到一致,但是,这方面的研究工作,毕竟已经开始,并且已日益引起各有关方面的重视,使研究工作渐具规模。这应该是很可喜的现象。

不过,我们比较清楚地看到:许多这类研究,并非直接进入行政成本这个主题,而是针对一些显得严重的弊端所开展的议论、分析入手,然后才联系、归结到行政成本偏高、过高及其成因和危害等。在这方面的问题,比较集中和突出的,有两大事项,即贪污腐败和公款浪费。虽然行政成本偏高、过高还可能存在别的情况,但是,可以断言,上述这两大事项给行政成本所增加的直接和间接的压力极大,所产生的影响也极坏。因此,这两大弊端一旦被彻底消除,便即将会"如释重负"和"顿感轻松"。原来贪污腐败的、公款浪费的数额巨大,有的大得惊人,成为问题的重点或焦点是完全可以理解的。这里,我们就先谈谈对于从源头上彻底惩治腐败已经取得共识的一些实际情况。

这种共识不是只局限于研究人员,而是出于所有正直的人们的同感。对于贪污腐败,大家莫不咬牙切齿和深恶痛绝。在"过街老鼠,人人喊打"声中,人们提出"除恶务尽"和"斩草除根"的愿望和要求。有不少人感到打得还不够痛快,还要加大力度。也有些人鉴于过去有过前紧后松、不了了之的情况,因而表现为缺乏信心。当然,希望在一个早上就能做到弊绝风清的心情是可以理解的,但要真正抓紧去办仍需要有个过程,而信心却是要坚定不移和不可动摇的。

缺乏信心或信心不强者通常有两种论调,一种是"都有论",认为放眼全世界,除了少数小国还比较清廉以外,欠发达国家不用说了,在发展中国家和发达国家中,也不时爆出贪污行贿等弊端丑闻。这确是实有其事,可见是"彼此,彼此"。另一种是"难免论",认为"常在江边走,难保不湿鞋"、"哪个猫儿不吃腥"、"无官不贪"、"无商不奸"、"人为财死,鸟为食亡"、"人不为己,天诛地灭"、"天下乌鸦一般黑",以及诸如此类。我们听话听音,这些所反映的,似乎是"情有可原"的心理状态和"无可奈何"的消极情绪。其实是太消极了,太绝对了,而且其中有的是剥削者和自私自利的个人主义者的流行说法。实践早已证明，那既不是不治之症，也不是不能避免的。看看有的现在清廉的国家和地区，过去也曾经相当腐败甚至非常腐败。大多数常在江边走的，并没有一个不漏地"都湿鞋"，正派的公职人员和商人也是占大多数，不可都"一棍子打死"。再说，我们是共产党领导的社会主义国家，岂能用"外国也有臭虫"来进行自我解嘲？应当这样认为：外国所有的健康的好东西我们也要有，外国的病态的坏事情我们根本就不许有。这才是我们所应走的正道，更不用说我们正在建设的，是中国特色社会主义了。我们拒绝"藏垢纳污"，我们一定要清除那些乱七八糟的历史垃圾。

惩治和防止贪污腐败的办法无疑是有的，只要有明确的指导思想、坚定不移的决心、严肃认真的态度，注意标本兼治，尤重正本清源，扫除那些害群之马、蛀虫、败类，是极得人心和大快人心的特大好事。时至今日，全国上下对从源头上彻底惩治腐败已有普遍的共识，便是极好的有利条件。

二、要让坚决反对浪费深入人心

上面刚谈过的，是与行政成本偏高、过高关系非常密切的贪污腐败问题，已经引起人们的广泛注意和进行研究。这里要讨论的，是与行政成本偏高、过高关系非常密切的另一个大问题，即各种挥霍公款、铺张浪费，也同样已经引起人们的广泛注意和进行研究。而这是在过去人们较少关心和开展研究的事，表明了对行政成本偏高、过高的关注，必然会接触到的一个不可忽视的重要方面。

说到在公共领域的各种浪费，本来是早已存在和有目共睹的事实。可是，问题在于，为什么长期以来，人们似乎对此视而不见、熟视无睹、听而不闻、充耳不闻，没有介意，不当回事呢？原来那些挥霍浪费的当事人所常用的一个"挡箭牌"或一块"遮羞布"、一套"障眼法"是这样的："反正没有上自己的腰包，光浪费一点算个啥？"真是厚颜无耻、大言不惭，好像还蛮"理直气壮"！等到人们在探讨行政成本为何会居高不下之际，这才对公款浪费所占的比重之大，大吃一惊和深感非同小可。从小处的积少成多和许多重大项目的资金损耗、流失，其总额和危害程度一点也不在贪污腐败之下，有时甚至是有过之而无不及。在最近一个时期内，对于这方面的检举揭发和各种议论逐渐增多。这将大大有助于如何降低行政成本的探讨和研究，也有利于及时扭转大"慷公家之慨"的不良风气。

一般来说，公款浪费最容易令人觉察的是各种具体消费行为和现象，如利用公款大吃大喝、游山玩水（包括内地和出境、出国的旅游）、各种娱乐、公车私用、装豪华门面、讲排场、摆阔气、大搞怪异奢侈建筑和所谓"政绩工程"（特别是"形象工程"、"面子工程"），直到举办名目繁多、规模巨大的华而不实的各种活动，尤其是"公款追星"等花样，都成为街谈巷议较为集中的一些话题。当然也都很不得人心，为广大群众所诟病和大不以为然。

但是，让我们透过现象去看本质，浪费公款已经是损公的性质，就算没有全部肥私，也不存在有任何可以辩解的余地。更何况，根据已经揭发出来的不少材料，公款浪费有时掩盖和包藏了贪污行贿等腐败的事实，又怎么可以用"又算啥"这样全不当回事的口气轻轻放过呢？应当肯定地指出：变相的贪污腐败同样是贪污腐败，不能不提高警惕，必须拆穿其"西洋景"和假把戏。

从更深层次来观察，公款浪费还有高层决策失误和管理、监控体制不够健全、未能到位的因素。某些耗资巨大的工程项目决定上马或者下马，总有一套决策的程序；一定数额的经费开支，也会有审批手续的规定；监控体制如果没有形同虚设，也不致或不可能对不合理的开支大开绿灯和听之任之。因此，在坚决反对各种公款浪费日益深入人心的情况下，也应该像预防和惩治贪污腐败那样，注意从源头上防止公共资金的流失，堵塞已经存在或可能出现的漏洞和认真追究应负的责任，并重视和发动舆论监督。"群众的眼睛雪亮"不是虚语，这同"公道自在人心"、"是非自有公论"一样，舆论监督的作用不可低估。

三、对于行政成本的管控和监管

关于行政成本的分配和使用，不可放任自流，需要有合理有效的管理和控制。古代早有对"财权"管控的规章制度，近现代各国都有"理财"的机构。财政收支和预算编制事关重大。仅就预算工作的重要性来说，只要看一度盛行的管理"七要素"中有"预算"一项，便可想而知了。（按："七要素"为计划、组织、人员、领导、协调、监控、预算。原文是：planning, organizing, staffing, directing, coordinating, reporting and budgeting，其缩写为POSDCORB。）其中"监控"是"报告"的引申，预算对发展战略的实施和目标的实现的影响举足轻重。对此不可不察、不慎、失衡、失控，尤忌陷于混乱，成为一本理不顺、查不清、看不懂的糊涂账。其中很有可能包括一些假账、烂账和"混账"。

传统的"量入为出"、"量出为入"（即"以收定支"、"以支定收"）、"看菜吃饭"、"量体裁衣"、"开源节流"、"省吃俭用"等说法和考虑并未过时，大可以与"零基预算"的新方法并行不悖。是"雪中送炭"还是"锦上添花",应作明智的选择。有人出奇地热衷于造成巨额浪费的什么"政绩工程"、"形象工程"、"面子工程",便是非物质成本(人的因素)出了问题导致物质成本乱投的明证。这就需要有效的监督,包括内部和外部监督,不可缺位或不到位。

管控监督的焦点,在于要务求实效。一位原中组部部长在痛陈中国"官多为患"时说:"与反贪的决心和力度相比,我们在反浪费上似乎还差距甚远。政府运作不计成本,养着超量官员,……不反贪腐,亡党亡国。只反贪腐,不反浪费,同样也有亡党亡国的危险。"① 这记警钟敲得好,其实还有许多实例不胜枚举。也都表明不够严肃认真。具体来看,行政事业支出浪费严重,源于问责的缺失。想起一位经济学家说过:"说我们的社会完全没有监督是不客观的,只是监管力度不够强,因此建立严厉的问责制和加强有力的监管制度是当务之急。"② 至今似仍有现实意义。

有些事情是"不比不知道,一比吓一跳"。有些不太陈旧的例子,也有"前事不忘,后事之师"的作用。如曾有统计表明,全国招待费用远远超过在教育上的支出,一些县级市的办公楼可以和欧洲中等国家的总统府相媲美……一条共识便是:"归根结底,作为权力机关的人大,对公共财政预算及使用的监督没有落到实处是浪费现象的根本原因。"③ 另一种比较是:公车消费和公款吃喝加公费出国一年总数几近全国财政收入的30%。要让行政成本的源和流都能保证正常、正当、合理、合法,还有许多工作要做。

看来,行政成本的监管中的"重头戏"是在非物质成本方面。因为物质成本本身是相对稳定的,通常一般变化不大,如通货膨胀、物资陈旧率、损耗、变质等,并处于完全被动的地位。而非物质成本却非常"灵活"、主动,对于物质成本的来源和动向所起的决定性作用,则可强可弱,可以是积极的,也可以是消极的;可以是正面的,也可以是负面的。在很大的程度上,有时甚至完全系于主其事者的动机、动态、动作和动向。体制、政策也是由人来定的,在制定以后对物质成本有支配、约束的力量,前面已曾述及。这里要补充说明的是腐败现象中,很多是利用行政手段以求把公共财富转入私囊的"寻

---

① 见《文汇报》2006年总第2385期。
② 张曙光语,见《重庆晨报》2007年1月18日。
③ 见《太原日报》2006年3月13日。

租"（rent-seeking）行为，例如，众所周知的做权钱交易、靠特权索取非法利益，等等。还是要回到"以人为本"上来解决问题，应管住、管好的，是有财权的人。"监守自盗"古已有之，而且用刑很严，我们怎能轻轻放过！

四、加强对行政成本的调查研究

必须高度重视行政成本研究相信已不用多说了。我们已讨论过行政成本与工商成本的不同性质，公私相混会使行政成本偏高、过高和居高不下。我国学术界对行政成本研究已有不少成果。试从行政成本概论入手，可先对行政成本作面面观开始，继之以对中外纵横进行一些比较研究。应该考虑到行政成本是发展成本的重要组成部分。除对成本观念的普遍性有广义理解、狭义理解和综合理解外，对行政成本的特殊性要加深认识。它的非营利性质及其源和流以及对它的控制和监管是重点所在。"发展是硬道理"，行政成本是为国家和社会服务的。现在加强对行政成本的研究正遇上大好时机：经济全球化和进入知识经济时代后面临国际竞争加剧，我国经济快速增长如何看待行政成本问题，也延伸到可持续发展与行政成本的关系等，都需要开展研究。

行政成本研究的绩效意义、廉政意义和勤政意义都很重要。每个主题的研究内容无不既有理论又有实际、既有宏观又有微观、既有物质又有精神。这些在前面已经不断有所接触。至于研究方法，这是应用学科中的重大课题，当然断不可停留于空议论，而应根据调查研究所得到的资料和数据进行定量和定性的科学分析，包括使用纵观的历史方法、横观的现代方法和综观的应用方法。

前面已经提及的行政成本的构成与管理、表现形态、体制成本、决策成本、信息成本、执行成本、技术成本、管理成本、公共危机管理成本等，均在必须认真研究之列。这里不可能逐一详细讨论，但先借此机会酌情介绍一些研究成果，很有参考价值，可以从中得到启发。

一是《政府经济学》[①]中有"政府支出的理论与实践"专章，概括为六类费用，多次提到成本和有所分析以及降低成本问题，并涉及解决外部性问题时的成本变化，联系到私人成本与社会成本的平衡。

二是《政府学概论》[②]中，有"行政成本"一节，包括概念、分类、规模和节约成本的目标、途径。所用成本名称很多，也提到降低行政成本建设廉

---

① 杨龙、王骚：《政府经济学》，天津大学出版社2004年版。
② 谢庆奎：《政府学概论》，中国社会科学出版社2005年版。

价政府问题，并分析导致政府成本上升和居高不下的原因及节约之道。但对政府仅起中介作用的转移支出不归政府支出尚待说明，因事关财政资金流程。

三是《执政绩效探微》① 中，有"执政成本—收益分析"一章，包括关于成本、执政资源等的论述，也谈到廉洁执政等一系列问题。所用成本名称很多，还有执政成本预测、计划、决策、控制、分析、考核等内容。

四是《政府精细化管理》② 中，有"成本管理精细化"一章，包括政府的十大成本（如人头费等）、中国人力成本不低、素质问题造成的成本等。颇多古今中外实例，有助于说明问题。认为政府高成本低效率一半由公民素质造成（如不守交通法规和"110"被浪费达64%等），有事实根据。

五是《政府管理半径与成本的研究》③ 一书，理论有创新，现实感也较强，"是多年来探讨现代公共管理理论与实践的一部力作"④。此书对政府成本的研究，将定性与定量结合，分析了高成本的原因，指出缺乏政府管理半径是无限政府能长期存在之根，做出了政府成本最小化设计等，并涉及有关的一些问题，尤其是政府问责制等。

六是《行政成本概论》⑤ 一书是专题论著，全书共13章，376千字。作为本章的主要参考资料，有关部分未另加注。

以上虽仅是成果举例，但已可见各书各有其广度和深度及重点和特点，在引证中央文件和有关论著的同时，发表了各自的意见，对拓宽和加深对行政成本的研究很有帮助。

---

① 秦德君：《执政绩效探微》，上海人民出版社2006年版。
② 温德诚：《政府精细化管理》，新华出版社2007年版。
③ 何翔舟：《政府管理半径与成本的研究》，中国社会科学出版社2008年版。
④ 朱正威：《现代公共管理必须重视政府成本》，载《中国行政管理》2008年第6期。
⑤ 夏书章等：《行政成本概论》，中山大学出版社2009年版。

第十四章　实干兴邦中文员也应读兵书

从来文武有别。西方常把国家公务员制度称为"文官制度",就是要同武装部队中的军事人员,即"武官"区别开来和相对而言。"兵书"顾名思义是兵家论述,亦即关于军事方面的著作,是研究如何练兵、用兵打仗、进行军事活动之类的问题的,所讨论的主要不是"文治",而是"武功"。那么,这里建议从事行政人事管理的理论工作者和实际工作者读点兵书是什么意思,或者说有什么意义呢?

这可不是将文武之事混为一谈、"制造混乱",让文员"不务正业"、搞"纸上谈兵",而是在理论原则上或思想方法上颇多相通和可取之处。读点兵书不只是不无裨益,而确是大有启发和帮助。这已为现代管理实践所证明。作为"兵学圣典"的《孙子兵法》,已被公认为全球最古老的第一部管理名著。

第一节　《孙子兵法》影响的延伸和扩展

《孙子兵法》为世界各国军事领域推崇备至早已不是新闻。它在全球工商企业界受到高度重视,也日益普遍。在管理学作为一门新兴应用学科开始研究最早和最发达的美国,著名的高等学府如哈佛大学、哥伦比亚大学等校的企业管理、工商管理学院或商学院的研究生的必读书目中,便已列入《孙子兵法》,甚至有的还要求能背诵其中某些章节(段落)和警句。管理学界重视对《孙子兵法》的学习、研究,于此可见一斑,也充分表明不是偶然的。

关于《孙子兵法》影响的延伸和扩展,还有很多不约而同的情况。如在地区上的由中而外和由东而西,在专业上的由军到商和由武到文,已发展到共同从中汲取智慧的高度。重要的是学习、研究《孙子兵法》的热潮经久不衰。

一、从古到今在中国的影响深远

如果为了说明《孙子兵法》在中国从古到今是一部不朽之作,而用"家喻户晓"、"尽人皆知"之类的说法来形容,是言过其实了。但是,在古往今来的中国历史长河中,它确实是最经得起时间的考验和最富有强大生命力的名著之一。要证明这一点并不难，我们不妨按时间顺序，自从它问世以后，看看历代的有关情况，尤其是对它的评论。当然，限于篇幅，这里也只能是略举数例。

从总的方面来看，它不仅对我国古代军事思想的发展，曾经产生过重大影响，而且在中国哲学史上，也有其一定的引人注目的地位。早在战国时期，它已广泛流传。那时相距其问世，已在一个世纪以上。

据《韩非子·五蠹》篇所记："境内皆言兵，藏孙、吴之书者家有之。"这个"家"应该是指读书、藏书之"家"，亦即在当时的知识界受到普遍重视，这就很不简单。

"战国军事名著《吴子》、《孙膑兵法》、《尉缭子》等就引用并发挥了《孙子》的若干军事思想。"①

"1972 年在山东临沂银雀山一座西汉墓葬中，发现迄今最早的竹简《孙子》等大量兵书残简，说明西汉时《孙子》流传也是很广的。"②

到了三国时期，曹操赞《孙子》说："吾观兵书战策多矣，孙吴所著深矣。"③ 他还给《孙子》作了注释。

唐代皇帝（太宗）李世民同他的名将李靖问对兵法时，赞赏《孙子》的话是："观诸兵书，无出孙武。"④

像这一类的例子，还可以举很多，可见《孙子兵法》并未因其古老而不受重视。一直到近现代中国，仍然如此。

毛泽东对《孙子兵法》的评价就很高。例如，对孙武的名言"知彼知己，百战不殆"，毛泽东曾在《中国革命战争的战略问题》中指出："中国古代大军事学家孙武子书上'知彼知己，百战不殆'这句话，是包括学习和使用两个阶段而说的，包括从认识客观实际中的发展规律，并按照这些规律去决定自己行动克服当前敌人而说的；我们不要看轻这句话。"毛泽东又在《论持久战》中说："孙子的规律'知彼知己，百战不殆'，仍然是科学的真理。"

国内对《孙子兵法》研究有素、造诣较深者，大有人在。如中国人民解放军军事科学院前副院长郭化若，就是其中著名的一个。从 1950 年起，他就

---

①② 引自中国人民解放军军事科学院战争理论研究部《孙子》注释小组的《孙子兵法新注》，中华书局 1977 年版，第 2 页。

③ 见《曹操集·孙子序》。

④ 见《李卫公问对》。

系统研究、校勘、注释、翻译《孙子兵法》达30余年，还可以上溯到1938年的烽火岁月。他是解放军中的一位"儒将"。"在他军人气质之中蕴藏着军事谋略家的素养。"①

以上举的，都还是从军事方面去研究、看待、评价《孙子兵法》的例子。关于从《孙子兵法》得到启迪用于其他专业领域的尝试，也有了可喜的开端。因后面还写有专题集中介绍，这里暂从略，以免过多重复。

二、从中国到日本和到西方各国

早在唐代，具体来说是公元734年，日本留学生吉备真备从中国带回《孙子兵法》（又简称《孙子》）。人们竞相抄阅，兴起了"孙子热"。那还是汉文本。1660年有了日文译本，就流传得更广。随后"孙子热"再度兴起，连天皇也很感兴趣。在日本，《孙子》备受推崇，如称之为"东方兵学的鼻祖，武经的冠冕"、"世界第一兵家名书"等。有关著作很多，论文更是多得惊人。在实际运用中，不少著名战例表明，胜利的指导思想、战略理论，都来自《孙子》。因而定《孙子》为军人的必修课、军官的教科书。这种重视《孙子》的情况，也是从古到今，没有减弱，并且对《孙子》的研究，还不断加深。例如已出现《孙子兵法与中日战争》、《孙子与毛泽东》之类的课题等。②

《孙子兵法》在日本，古代的情况不用多说，军事领域也自不待言。我们不妨来个"厚今薄古"，并把注意力比较集中于非军事方面的新发展、新动向。虽然随后还另有专题，但这里既说到日本，仍不能避而不谈和不能不先略予提及。

说的是几十年前的事了，有日本人给郭化若写信，他认为："《孙子兵法》是万能的，它不但可以作战，而且能用来开公司、办工厂、作生意、调节家庭关系。"③在军人的思维方式中，这些想法在当时虽不免令人有奇妙之感，但后来的社会实践证明是有道理的。"今天日本的体育运动和营业战略也有直接引用《孙子》中的词句作为口号。"④ 不仅如此，许多日本人应用《孙子兵法》的原则和哲理解决部分社会问题，写出诸如《孙子兵法与人际关系》、《孙子

---

①③　见《人民日报》1987年第8版（魏猛文）。
②　参阅李曙光：《孙子兵法在日本》，载《百科知识》1986年第5期。
④　参阅李曙光：《孙子兵法在日本》，载《百科知识》1986年第5期。

与高考战略》、《孙子兵法与恋爱》等普及读物，据说还深受欢迎。① 热烈的程度可以想见。是否都言之成理，则因未能一一阅读，不能妄议。据上述报道，当时专业研究人员已达数千，业余爱好者达数十万。其他很多情况从略，值得注意的是他们是为了从中汲取有用的智慧。

《孙子》东渡日本是8世纪的事，传往西方公认是18世纪，被译成法文、俄文、德文、英文等几十种版本和研究专著。首先和较多受军界重视，早期读者中有称雄欧洲的拿破仑。美国元帅蒙哥马利曾号召当今各国的军事院校应将《孙子》作为必修课和将校必读书。世界军界重视的例子不胜枚举，政界人士也颇多推崇、赞扬的实例。美国前共和党主席阿特伍德说《孙子》是他一生仅见最博大精深的战略文件："我每两天就会读它一次，每读一次我就会对它肃然起敬，而益发觉察自己藐小。"② 美国前总统布什是《孙子》的推崇者之一。他在历次政治选举中，此书从不离身。在20世纪的"海湾战争"前，美国官兵忙于读《孙子兵法》。当时担任伊拉克高级顾问的苏联人也提出《孙子兵法》，可见对双方都有影响。③

产生于公元前500多年冷兵器时代的《孙子》，现代西方战略家们还把它作为研究核战略的理论根据，这使某些一味崇洋者目瞪口呆。然而这毕竟是事实！最早将《孙子》用于研究现代核战略的，是英国著名战略家李德·哈特。他的见解启发了美国战略家们，美国第一位战略家福斯特曾与日本教授合作运用《孙子》研究出对苏联新战略为国防部采纳名为"孙子的核战略"。④ 西方的研究者们还认为作战各方倘能都对《孙子》有深刻研究，世界第一、二次大战可能打不起来，这也是从战略上考虑的。

《孙子兵法》除用于军事、政治、外交领域之外，已扩展到其他领域，并且在东方和西方都很积极、活跃，这就是随后要读的专题了。

三、从军事到"商战"和到企业管理

关于这个专题，在"从中国到日本"那一段中已不得不略予提及。因为在这方面，日本确实领先一步，这里还得从日本说起。多年以前，日本企业界

---

① 苏边：《〈孙子兵法〉走向世界》，载《羊城晚报》1990年11月18日第2版。
② 据台湾地区《中华时报》1990年5月30日报道。
③ 见台湾地区《中央日报》1951年2月20日特稿《〈孙子兵法〉名扬波湾》。
④ 参阅李曙光：《孙子兵法在日本》，载《百科知识》1986年第5期。

规定管理人员必读三本中国古典名著:《孙子兵法》、《三国演义》、《西游记》。列《孙子兵法》为第一本必读书据说是在资本主义世界,"商场如战场",或称"商战"。他们认为商场中的竞争激烈,不具备战略、战术思想不行。看《孙子兵法》是吸收理论观点,《三国演义》战例很多,《西游记》有"创造性",能随机应变。①

列《孙子》为第一本必读书因为它不仅有战略战术思想,而且富有哲学常识。它能分析得精辟和深刻,是同具有朴素唯物论与原始辩证法的指导思想分不开的。对《孙子》感兴趣和抱近似态度的不限于日本企业界。西方也超越军事领域受经济界的重视。"商战"还不是唯一原因,《孙子》中的观点、原则不仅可用于"商战",而且对一般日常管理工作也有指导意义。这是其影响日益扩大的更重要的原因。

将军事学上的宝典作为"商战"中的指南,欧、美、日掀起《孙子兵法》热是可以理解的。有评论说:"在现今世界上,各国讲求'商战',讨论企业经营管理的书籍成千上万,而从根本道理上说,多数抵不了一部《孙子兵法》。"② 中国是《孙子兵法》的故乡,中国的企业家们当然没有按"兵"不动。一位记者说:"曾为日本企业发展立下汗马功劳的我国古代兵书《孙子兵法》如今也受越来越多的中国企业家们的青睐,正日益进入我国的现代化企业经营管理领域。"③ 1993 年 8 月,首届"《孙子兵法》与市场经济"国际研讨会在我国黑龙江省哈尔滨市举行,重点是研究、探讨孙子思想在实践领域,尤其是在市场经济领域,如企业管理、国际贸易、经济战略、科技政策等方面的作用。还交流了海内外《孙子兵法》在市场经济领域中运用的经验和体会。④

关于《孙子兵法》在经济领域的运用,国内学术界也已经开始予以关注,具体表现于有关的意见、议论、论文的日益增多,也难以尽举。专著也相继出版,较早期的如《〈孙子兵法〉与企业管理》(李世俊等著,广西人民出版社 1984 年第 1 版、1986 年第 2 版)、《商用〈孙子兵法〉》(梁宪初著,中国卓越出版公司 1988 年版)等。后者未注明印数,前者在 1987 年 2 月第 3 次印刷时

---

① 据香港《天天日报》,转见《光明日报》1986 年 8 月 16 日第 2 版。
② 参阅香港《明报》1990 年 6 月 25 日文。
③ 见《光明日报》1991 年 10 月 6 日第 2 版(记者杨永红)。
④ 见《光明日报》1993 年 8 月 18 日第 2 版(记者林建公、宋荣东)。

已累计达 145000 册。从这个数字来看，可见反应是比较热烈的。细心的读者也许已经注意到，上述二书主要论述的，还是将《孙子兵法》用于企业管理和商用。但是，实际情况是《孙子兵法》影响的延伸和扩展，已经及于更广义的管理和更广泛的范围即更多的其他领域。这是我们紧接着要讨论的另一专题。由于问题错综复杂，常常难解难分，会出现交叉重复，也只好尽可能注意避免了。又因为已各有专著，有些问题只是点到为止，至于《孙子兵法》的具体内容，也按预定计划照此办理。

四、从"商战"、企业管理到广义管理

这里所说的广义管理，顾名思义可知是指既包括军事、商业、企业或经济管理在内，又包括它们以外的各种管理。其中如事业管理、政府行政管理、城市管理、社会管理和立法、司法等机关管理，以及社会团体的管理、公共管理，等等。《孙子兵法》的应用研究已进入广义管理的方方面面。

习惯上所称的管理学多侧重于经济管理。但其具有共性的基本原理、原则对于广义管理有普遍意义，或者是相通的。在《孙子兵法》的研究和应用方面更是如此。现在，国际管理学界已公认《孙子兵法》是世界上现存最早的论述关于管理的著作。在国外的管理学著作中，当涉及关于管理的论述及其历史时，《孙子兵法》一书就常被提到，并赞同上述论断。这不是从军事角度而是从管理角度去看的。只要能确定它的内容确与管理有关或确可应用于管理，则上述论断便无疑是正确的、符合实际的。

因此，从这个意义上说，下面的这番话出自一位国际知名的管理学家的笔下，就完全可以理解了："最近一些管理方面的作家似乎相信管理热潮创造了管理，或至少是发现了管理。当然这是胡说八道。管理，不论是在实践上或作为一门思想与学问均有很长的历史……"可不是么？管理实践早在有"管理"这个词或这个说法的很久很久以前即已存在。在谈到管理中的较佳人选时，这位管理学家接着写道："更佳人选的呼声……可能还要古老，中国最早的政治典范即有资料记载。"这也是事实，中国自古就重视人的素质。后来，在谈到现代管理中的一项极其重要的工作，即信息反馈时，他终于提到了《孙子兵法》："这是古代便已建立的军队的作法，……中国的孙子兵法及凯撒大帝亦有同一看法。"①

美国的管理专家甚至这样说:"你要成为管理人才,就必须学习《孙子兵法》。"日本专家说:"美国的管理经验和中国古代的管理思想结合起来,就是日本的管理经验。"② 这个"中国古代的管理思想"的来源包括《孙子兵法》在内,是肯定无疑的。日本著名企业参谋、麦肯齐公司董事长大前研一说,给日本人造成极大影响的是《孙子兵法》,"《孙子兵法》是最高的经营教科书"。在世界企业界还出现了"孙子兵法管理学派"③。其实,《孙子兵法》的影响不仅已超越国界,也跨过军界、企业界而成为人类的共同财富。

美国的国际科技应用公司近年专门制定了"孙子科技发展战略",受到了美国国防部、能源部、总统科技委员会的高度重视,认为在同西欧、日本等的科技竞争中,"很有参考价值"④。

有趣的是在以前演过的电影《华尔街》里,由迈克·道格拉斯饰演的戈登·盖柯,对着《孙子兵法》发誓。⑤ 我们知道,通常西方是对《圣经》发誓的。说起《圣经》,有人认为,除了《圣经》,《孙子兵法》可能是古今中外最长盛不衰的书了。⑥ 不过,这话要看怎么说,事要看怎么比,我们也知道,《圣经》是宗教经典,在性质上是与《孙子兵法》不一样的。我们高兴地看到,在中国,把《孙子兵法》同管理现代化联系起来研究的课题,让《孙子兵法》为中国特色社会主义现代化建设服务的建议,关于《孙子兵法》与行政管理、公共管理的讨论,《孙子兵法》中的人才思想、管理思想的探讨,等等,现在正与日俱增。

---

① 均见 P. F. Drucker: Management: Tasks, Responsibilities, Practices, Harper and Row, New York, 1980, 依顺序分别为第 2 章附记《管理的渊源与历史》, 第 12 章, 第 37 章末注。

② 据袁宝华在清华大学经济管理学院聘书颁发仪式上的讲话, 载《清华经济管理研究》(创刊号) 1985 年 4 月。

③ 安国章:《古为今用 大有可为》, 载《人民日报》1991 年 10 月 3 日第 7 版。

④ 苏边:《〈孙子兵法〉走向世界》, 见《羊城晚报》1990 年 11 月 18 日第 2 版。

⑤ 据台湾地区《中华时报》1990 年 5 月 30 日。

⑥ 见《孙子兵法热》,《北京青年报》1993 年 1 月 3 日。

第二节 读兵书有助于提高管理水平

也许有人认为，读兵书有助于提高管理水平，读就是了，还有什么好说的？当然要读，但要真正"有助"，便有怎样去读和用的问题。能不能领会其精神实质、思想精髓可大不一样。轻则效果上有差异，重则出现巨大悬殊，甚至截然相反，有胜有负。在军事方面，大家都学兵法，而运用之妙，各有不同，且常见以少胜多和以弱胜强。其中关键所系，在于战争性质和民心所向。正如对《圣经》发誓，同一个"上帝"，到底"帮"谁呢？对《孙子兵法》发誓，虽表示"忠诚"，若未能吃透要领和符合核心条件，也只有徒唤奈何。例如，战争有正义与非正义之分，不能光看方法、技巧。得道多助，失道寡助也是必然的。因此，能否真正有助于提高管理水平，有待全面深入研究。

一、兵法与管理及其他有关问题

有人对说《孙子兵法》是世界上第一部讲管理的著作想不通，或认为太勉强。这种想法不奇怪，但要解开思想疙瘩，才能解决问题。看来要从改变思想方法入手。兵法与管理的结合点在于一些理论、原则、思维方法、精神实质。非军事领域的中外人士对兵法感兴趣便所见略同或不约而同。

例如，斗力与斗智。这是关于兵法与管理的讨论继续下去必然要接触到的一个问题。打仗要胜利，管理要成功，没有实力不行。但不能忘记或忽略，实力应包括物质和精神两个方面。智力也是力，是属于精神范畴的力。智力水平及其发挥程度，制约着物质资源的拥有、开发和利用。先进武器装备是靠智力去改进和制造的。打仗不仅要看物质上的准备，还要看策划、指挥和战斗能力如何。这又与战争性质和士气密切相关。唯武器论者之所以经不起战争实践的考验，应在于过于低估了精神（包括智慧）的力量。

在古今中外的战争史上，以少胜多、以弱胜强的战例很多。在力量对比悬殊的情况下，弱小的一方常能全力（包括智慧）以赴，斗志昂扬，士气极旺，终于获胜。中国历史对此便有足够的例证。古代有，近现代也有。仅在以战争为题材的古典文学名著里，就充满了诸如"智取"、"计夺"、"智赚"、"用奇谋"之类的描写，至今在传统剧目里还保留了不少那些精彩情节。值得注意的是，其中或明或暗，或直接或间接受《孙子兵法》影响之处不一而足。当然，对手也会研究《孙子兵法》，也正如大家都熟悉"棋谱"一样，那就要看谁的智力更高、领会更深、运用更妙了。时至今日，斗智仍然至关重要，甚至可以说更重要。

用兵如此，管理亦然。有较好的物质基础和优越条件，若管理不善，就不可能取得好的成效。反之，优良的管理，却可以补基础和条件之不足，并开拓进取，闯出路子，创业、兴业。长期以来，"长袖善舞，多财善贾"这话在社会上广为流传。其实，试加分析，那是有相关要求的，即并非光凭"长袖"和"多财"，而要掌握舞技和懂得经营。假如从未受过舞技的训练和根本不会做买卖，"长袖"必然碍手碍脚，甚至把人绊跌倒，"多财"也将亏蚀到精光。可见，干哪一行都得有才能、智慧。现代管理更需要足智多谋，方可立于不败之地。在激烈的竞争中，尤其是在旗鼓相当、势均力敌的情况下，智力的角逐更显突出。

又如古代与现代。很多古人的智慧至今仍在闪闪发光，我们不能视而不见。像《孙子兵法》这样的古代名著，正是我们所应重视、珍视的精神财富，并应努力使之发挥巨大作用。我们反对是古非今、信古疑今、借古讽今、厚古薄今、扬古抑今、食古不化、抱残守缺和到故纸堆里去讨生活，支持抱科学的态度实事求是地处理好这方面的问题。

从外国人如何看待中国的古典名著，可以得到的启发是：我们既不可妄自菲薄，认为"月亮是外国的圆"，也不可妄自夸大，成为"国粹主义"者。自家的优势应当非常珍视和充分发扬，别人的长处必须认认真真地好好学习。

二、关于古今中外间的相互为用

关于"古为今用"：中国有，外国也有。旨在将前人的智慧、经验为后人事业服务，以少走弯路和快见成效。进步还要靠不断创新。我们反对"经验主义"，但不等于无视经验。"古为今用"现成的例子是国外掀起的"《孙子兵法》热"。若非确有可用，自然"热"不起来。但应深思："古为今用"的口号我们提得较早，这里存在差距。它同当前的改革并不矛盾，问题不在时间远近，而在价值和效果。有害或无效，虽近亦弃；反之，虽古可取。这同复古、倒退、保守等概念不可混为一谈。

仍以《孙子兵法》为例，它受到历代的重视，史不绝书。前已述及，近现代外国对它推崇，实例表明，不下相当大的功夫，难以深有体会。日本企业家大桥武夫所著《兵法经全书》有10卷，他"现身说法"地说明用《孙子》

理论的结果是"效率大大提高,业务飞跃发展"①。还有人说得更"神乎其神",美国学者麦克森说,他原预计赚200万美元的生意,用孙武"出奇制胜"的策略赚到1.1亿美元②,提高55倍!可见"古为今用"不只是一种"道理",而是确有实际意义。用什么和怎么用都得研究。

关于"洋为中用"。这也是个择善而从的问题。自我禁锢、封锁的思想非愚即妄。人类文明和科学文化的发展,无不通过各自的创造和互相学习而得到提高。国外研究《孙子兵法》是典型的"中为洋用",对我们也有启发,实行"洋为中用"是可取的。我们的改革开放政策意义深远,其中就包括广泛了解和获得境外的情况和信息,以利于现代化建设。实行这个政策所取得的成就有目共睹。我们必须坚持善于"古为今用"和"洋为中用",发扬优良传统、学习国外先进的东西,才能保证在既有成绩的基础上继长增高,保持发展势头。这里讨论的主题虽是《孙子兵法》,但可以"古为今用"的不限于《孙子兵法》,也不是只讲"古为今用"而不注意"洋为中用"。"为我所用"就要"以我为主",同样要研究用什么和怎么用,不是不加选择,亦非不顾国情。

关于"中为洋用"。这是国际交流互相学习的重要组成部分,也是国外掀起研究《孙子兵法》的热潮引发的话题。在世界科技发展史里,中国自有其应有的地位。美国学者坦普尔说,全球重要发明创造半数以上源于中国。他介绍中国古代百种发明创造,称之为100个"世界第一"。在其所著《中国——发明与发现的国度》序言中说,除指南针、印刷术、纸、火药四大发明外,现代农业、航运、石油工业、气象观测、音乐、十进制计算、纸币、多级火箭、水下鱼雷,甚至蒸汽机核心设计等均源于中国。人们不知道这些,主要原因是中国人无视自己的成就,亦未要求承认其发明权,因而日久天长,大家对发明创造者淡忘了。

古代到中国来的外国留学生、外交使节和商人等,对中国的学术文化、典章制度等,进行了全面和深入的了解。有的来华的次数较多或留华的时间较长,带回他们所需要的典籍、资料和学到的知识是很自然的事。《孙子兵法》就是这样传到日本去的。又如,世界公认,西方文官制度的核心——公开竞争的考试制度,即最早在中国建立和实施。还有《论语》、唐诗、《史记》、《三

---

① 叶辉:《孙武"出洋"折服甚多文才武将》,载《光明日报》1991年7月16日第2版。

② 苏边:《〈孙子兵法〉走向世界》,载《羊城晚报》1990年11月18日第2版。

国志》、《孝经》等，在日本都很受重视。① 汉字、汉语也有不少"中为洋用"，"汉语热"正在升温。各国之间互相学习是很正常、平常、经常的事，当然应善于择优而学和用，注重取长补短。

三、关于读兵书的一些基本思路

这里所说的基本思路，也就是基本态度和基本要求，旨在提醒在讨论中要力求做到对题、切题、不要离题。

一是热与冷或动与静。在"《孙子兵法》热"的面前，不能以冷漠态度对待，但研究要冷静观察、思考、分析、比较、检验、论证等，而非"头脑发热"、"一厢情愿"、主观、随意的活动。亦即既要有热情和发挥主观能动性，也要有客观、求实的精神和能作"冷处理"的本领。冷热各得其宜，不可错位。也同样表现于动和静，该动时动，该静时静，不能乱套。最好是动中有静，静中有动，互保互补，形成自己的特色和总体上达到高效率。轻举妄动可能毁于一旦，潜移默化常能转变风尚。"动"也有行动与改动之别，基本原则、优良传统不能动摇，但应发挥、发扬。各得其宜很不容易。

二是着眼于现代管理。即着眼于现代管理来研究《孙子兵法》，感兴趣的是其中能用于现代管理和有指导意义或参考价值的内容。它以军事方面的论述为主，我们要从现代管理的角度去开展研究。前面已述及用"智"字概括其根本之处，现代管理对智力作用的要求很高，可见今人推崇、重视《孙子兵法》的主要原因所在。至于中国历史上有一种"反智论"倾向也值得重视，但历史证明，在相对稳定时，当权者可排斥才智；而在动荡、竞争年代，便离不开智谋，转而向《孙子兵法》汲取智慧。② 日本有一种说法，经济发展情况好时学习美国方法；遇到困难或麻烦时，则从中国古代管理思想中找办法。③ 西方学者也曾有"西方病要东方药来医"的议论。应当肯定，这个"药"缺不了《孙子兵法》。

三是强调学以致用必须理论联系实际。进行这项研究，一非赶时髦、凑热闹，二非将古语现代化，而是学以致用，必须理论联系实际。若仅从概念上兜

---

① 冬明：《从屠苏酒到〈孝经〉》，载《人民日报》1990年7月25日第7版。
② 参阅龚留柱：《武学经典：〈孙子兵法〉》，载《光明日报》1996年2月13日第5版。
③ 参阅黄留珠：《中国古代的管理思想及其影响》，载《光明日报》1994年7月18日第3版。

圈子是不行的。这就要求对理论与实际都能"吃透",掌握运用其精神实质。有人生搬硬套,像是给《孙子兵法》穿上西服,或给现代化管理贴上《孙子兵法》的标签,大搞形而上学。① 这种不伦不类的现象,是简单化和甘当思想懒汉的表现。简单化还表现于把《孙子兵法》看作包医百病的灵丹妙药。其实即使很灵,还要运用得当。否则大家都有一本,分胜负即不可理解。《孙子兵法》人人可学,领会深浅和用得如何也不一样。搞教条主义不行,搞烦琐哲学也不行,还得共同勉励,在理论联系实际方面狠下功夫才好。

四是要求兼收并蓄而非独沽一味。只有这样,才能互相比较、补充,从而增强鉴别能力和丰富研究的内容。对现代管理来说,尤其有此必要。一个卓越有效的现代管理者、实干家的知识面不能太窄,不能孤陋寡闻,应尽可能地使自己博学多才。个别发达国家的有识之士曾惊呼他们的"专才"似乎过剩,"通才"显得奇缺。前者指有一技之长者,后者则指学识渊博、能高瞻远瞩、全局在胸、有战略眼光、综合能力强、多谋善断的大才。要消除一种误解,即以为"通才"一无所长。其实大谬不然,"通才"的难度比"专才"大,既有厚实的专业基础,又要见多识广,阅历较深,是真正的"多面手"。中国研究《孙子兵法》的专家学者不独沽一味有两层意思:一是不限于此,二是要放眼世界,通今博古,学贯中西。这一要求是高了一点,但要求高一点好。

四、谈谈学兵法的一些方法问题

方法问题需要考虑。这里仍按古为今用的原则,谈谈如何学好、用好的设想和准备做一些尝试。

一是从现代管理出发"按图索骥",这就是带着现代管理中的问题,到《孙子兵法》里找答案。"按图索骥"是形象的说法,实际上是"按图索计",是按意图、企图、图谋去找计策。虽有可能,但有很大的局限性。因它原是古代著作,不是百科全书,又本是讲军事的。若比作"对号入座",不少事会有"号"无"座",或有"座"无"号"。仅就现代战争而言,什么导弹、核武器等,《孙子兵法》里连影子也没有。现代管理更不用说了。若比作"立竿见影",许多事也无"竿"可立,自无"影"可见。《孙子兵法》原著十三篇,仅数千言。现在所涉及的面要广得多,所以当另有所重。"按图索骥"的方法

---

① 安国章:《古为今用 大有可为》,载《人民日报》1991年10月3日第7版。

缺乏实际的可行性和可操作性。是否可以从现代管理诸要素入手和作为主要线索的方法去展开学习、研究,似可探讨,或不妨一试。但《孙子兵法》并无实际案例,又显然很难那么做。办法还是有的,我们可以从日本"《孙子》热"和"《三国》热"并举得到启发。后者有较多个案与前者的内容有直接和密切联系。

二是以《孙子兵法》为准判断是非。《孙子兵法》有许多美称,如"东方兵学鼻祖"、"武经冠冕"、"世界第一兵书"、"兵学圣典"、"武学圣典"、"百世兵家之师"、"不朽之作",等等,均非过誉。国际管理学界也有肯定它是世界上第一部论述管理的著作的,并已受到管理专家学者的普遍重视和推崇;很多高等管理院校和军事院校一样,把它列为培养管理人才的必读书;以及已多次由管理学界发起举行国际研讨会等。这些都是事实。但是,另一事实是它原是军事著作,其理论、原则对现代管理有指导意义,是经过引申、转喻、演化所致。因此,认为《孙子兵法》是古代兵书是一回事,把它当作现代管理的百科全书是另一回事。若视如《圣经》作为判断是非的准则,便更加不是那么一回事了。因为基本情况是:第一,现代管理实践和理论都在发展,变化既多又快,不能由《孙子兵法》框住。第二,许多现代管理事项是《孙子兵法》所没有的内容,据以判断是非无从说起。第三,时代和社会性质不同,《孙子兵法》本身有其局限性和片面性,如在某些问题上仍有唯心论和形而上学的观点等,[①] 还有分析、商榷的余地。我们应当重视其仍有科学价值的部分,不能不加区别地都作为判断是非的标准。如"速胜",在特定的历史条件下,战略上持久战方针是正确的,中国的抗日战争便是一例,方针的制定者对《孙子兵法》是很有研究的。

三是"古为今用"用其可用和合用者。我们既要学习外国的先进经验,又要总结古代管理思想。无论是"洋为中用"还是"古为今用",都不是为用而用,而是要用其可用和合用者。对《孙子兵法》亦非例外。在方法上我们之所以认为"按图索骥"和以其为是非准则不可取,即在于此。由于《孙子兵法》原是针对中国古代战争的实况而构思的兵法体系,不是按现代管理的要求而设计而展开的论著,其没有涉及的内容只能存而不论。

把《孙子兵法》同现代管理放在一起,并发现或找出它们之间内在的有

---

① 参阅《孙子兵法新注》,中华书局 1977 年版。

机联系，以及使前者能够有效地服务于后者，确实是需要认真努力下一番研究功夫的。倘若只是按表面形式和现成内容来观察，一边是中国古代兵法，一边是世界现代管理，要抓住、抓牢两者的结合点和找出、找准它们之间可能存在的"共同语言"，难度是不小的。但可在精神实质上领会，管理学界重视此书并非偶然。因为充分了解主客观情况的要求相同，管理要素中的环境和形势、目标、预测、计划、谋略、决策、组织、人事、领导、执行、协调、监控、资财、后勤、法纪、士气、信息、咨询、公关、效率、方法、应急等亦各得其所。对于掌握全局、收到实效、获得成功的有关见解，《孙子兵法》在这些方面，正好可以给从事现代管理者们以不少深刻有益的启示。

第三节 《孙子兵法》十三篇与现代管理

本章的主要意图，本在强调文员也应读兵书。因而着重介绍《孙子兵法》影响的延伸和扩展，以及力求点明读兵书确能有助于提高管理水平。至于《孙子兵法》十三篇的具体内容，因为读书各人体会不一，不能包办代替，并已有不少专著可供参考，本章篇幅有限难以过多安排，而又不能不酌情反映，于是以本节来略述其要。

需要说明一下的是：本章的主要参考资料是著者的旧作《〈孙子兵法〉与现代管理》一书（中山大学出版社，1996年11月第1版），其中对十三篇的论述较详细。本章、本节引用之处，除涉及其他资料来源者外，未另加注。以下《孙子兵法》原文亦不加注。

一、关于学习计篇、作战篇和谋攻篇

（1）计篇亦作《始计篇》，为开宗明义第一篇。一是大事不可不察。这个头开得好。开门见山，引起重视。二是经之五事和校之以计。即察什么，五事为道、天、地、将、法，七计为主、将、天地、法令、兵众（强）、士卒（练）、赏罚，旨在索其情。三是听吾计则留不听则去。他对自己的观点很有信心。四是计利以听和因利而制权。有利的计谋被采用后，还要努力造"势"，作为外部条件辅助作战。根据实际情况是否有利而决定采取相应和适当的行动。五是关于兵是诡道。"诡"有怪异之意，"诡谲"是变化多端、隐秘难测，并非仅指诡诈。现代管理不许欺诈，但出奇制胜、变化难测仍有实际意义。六是庙算胜否与算多算少或无算。"算"有计算周密之意，对现代管理非常重要。失算往往导致失策、失败。

（2）作战篇。从要解决人力、物力、财力供应入手，然后进行军事行动。一是设举十万之师。以此为例，要带甲十万，要车、甲、馈粮，要"日费千金"。二是关于兵贵胜不贵久。因为久则钝兵挫锐与国用不足，诸侯乘其弊而起不能善其后，兵闻拙速兵久则不利于国。三是关于因粮于敌。役不再籍与粮不三载，国与百姓皆贫于远输，食敌一钟当吾二十钟。四是关于"怒"、"货"与俘获。"杀敌者，怒也。""货"指物质刺激。更旌旗、车杂乘与卒善养，即杀敌人，战车挂上本军旗号，壮大本军车队，善待和安排使用敌俘。五是关于知兵之将。有兵贵胜不贵久与知兵之将，关于"生民之司命"、"国家安危之主"是与非。对于现代管理，应摆正、理顺领导与被领导的关系，明确"管理就是服务"，决策应科学化、民主化，家长式作风早已不合时宜。领导者要有群众观点，走群众路线，相信和依靠群众。

（3）谋攻篇。一是百战百胜与不战而屈人之兵。"全国为上，破国次之。""百战百胜，非善之善者。""不战而屈人之兵。"二是关于谋攻之法。伐谋、伐交、伐兵与攻城。非战、非攻、非久与全争。兵不顿而利可全。三是临阵用兵之法。围、攻与分。战、逃与避。小敌之坚与大敌之擒。四是将者国之辅也。辅周国必强，辅隙国必弱。五是君之所以患于军者三。进退失当是縻军。不知而同军士惑。不知而同军士疑。"三军既惑且疑，则诸侯之难至矣，是谓乱军引胜。"六是知胜有五。知可以战与不可以战者胜、识众寡之用者胜、上下同欲者胜、以虞待不虞者胜、将能而君不御者胜（针对"君之所以患于军者三"而言）。七是关于知彼知己。知彼知己者百战不殆。不知彼而知己一胜一负。不知彼不知己者每战必殆。这在现代管理中，是一个极其重要的具有根本性的大问题。领导者在本职工作中被要求知彼知己是理所当然的。这是发展、进取的需要。不管在什么领域，要求兴盛发达，避免落伍衰败，必须兢兢业业，奋勉从事，包括深知有关情况。苟且偷安安不了，得过且过过不去。何况这不是个人问题，而是重任在肩，不容稍懈。所以，在现代管理中，重视各类各级领导人才的选拔和培训，使之果能胜任愉快和建功立业，完全是应有之义。

二、对形篇、势篇和虚实篇的学习

（1）形篇亦作军形篇。用兵打仗自己必先立于不败之地。一是不可胜与可胜。"先为不可胜"，"待敌之可胜"、"可胜在敌"。"胜可知而不可为"意即胜利虽可预知，但机会非我方所能决定。二是能自保而全胜。既善于守，又善于攻，即能保全自己和大获全胜。又分守则不足与攻则有余、善守与善攻、自保而全胜。三是胜于易胜。不打无把握的仗，胜兵先胜而后求战、败兵先战而后求胜、修道而保法能为胜败之政，仍重立于不败之地。四是度、量、数、称、胜。地生度、度生量、量生数、数生称、称生胜，指对地形的利用、战场或物资量、估计兵员数、力量对比和判断胜负。胜方对负方拥有绝对优势，负方对胜方处于绝对劣势，故使负方招架不住。这就是"形"，即雄厚的军事实力的体现。

（2）势篇亦称兵势篇。仅有军事实力还不够，还要将领有用兵才能和充分发挥。一是分数、形名、奇正、虚实。分数是军队中的单位和层次，亦即组织编别。形名指通过各种工具的指挥。奇正是古代作战方法的变化和常规打法，重不拘一格，与常规结合，有所创新。虚实原亦可作为奇正的方法之一，单列则特别强调以强击弱，以实击虚。二是战者以正合以奇胜。即以正兵交战、以奇兵获胜。无穷如天地，不竭如江河，如日月的终而复始，如四时的死而复生。声、色、味皆不过五。奇正之变与奇正相生。三是善战者的"势"与"节"。要形成猛烈的进攻态势和有力的行动节奏。其势险，其节短。四是动敌。"斗乱"指在乱中作战，"形圆"指部署周到，"善动敌"即善于调动敌人。"形之与从之"，以假象迷惑敌人。"予之与取之"，给敌人以"甜头"。"动之与待之"，以利引诱敌人。五是任势。"择人而任势"，即选择人才，利用形势。"如转圆石于千仞之山"，即从更高处把圆石转动下滚，其势更猛。

（3）虚实篇。一是善战者致人而不致于人，即调动、摆布敌人，而不为敌人所调动、摆布，要争取主动，弄得敌人疲劳、饥饿和动乱不安等。"先处战地而待敌者佚，后处战地而趋战者劳。"善战者致人而不致于人。二是能为敌之司命。出其所不趋与趋其所不意。攻而必取与守而必固。进而不可御与退而不可追。我欲战与不欲战。三是形人而我无形。用示形方法诱骗敌人。我专而敌分，敌所备者多。四是胜可为也。知战之地和战之日与否，敌虽众可使无斗。五是制胜之形。策之、作之、形之、角之。即分析敌人作战计划。试探敌人动静、示形诱战，用少数兵力侦察敌军实力。形兵之极至于无形，不让敌人看出破绽。战胜不复应形于无穷，针对敌情变化而灵活运用战法以取胜，一次胜利经验的多次重复是没有的。六是兵形象水。兵无常势与水无常形。水因地而制流，兵因敌而制胜。能因敌变化而取胜者谓之神。平常有"用兵如神"之说，是一种境界，与迷信鬼神无关。亦如"神医"、"神枪手"、"神童"等一样，都说的是人。

三、关于军争篇、九变篇和行军篇

(1) 军争篇。战争中与敌人争夺有利获胜条件，居于有利地位。中心思想为掌握战争主动权。一是凡用兵之法莫难于军争。军争之难者，"以迂为直，以患为利"难度很大。不在正面交锋和化不利为有利。"知迂直之计"，在"军争"中，智谋作用更为突出。二是军争为利与军争为危。既有利也有危险。"举军"即全军，包括随军辎重。"委军"即弃辎重而轻装前进。"捐"即损失。"卷甲而趋"即急行军。"日夜不处，倍道兼行"即日夜不停，加速前进。"擒三将军"意为全军覆灭。"十一而至"即仅十分之一的人到达。"蹶上将军"，前军将领可能受挫败。"委积"指物资储备。军队无辎重、粮食和物资便无法存活，更不能作战获胜。因而有举军争利与委军争利，百里、五十里、三十里争利，应保持清醒。三是军争之法。先知迂直之计者胜。从结交诸侯、行军、得地利等说到以诈立、以利动、以分合为变，即欺骗敌人。要预交、行军得地利。如风、如林、如火、如山、如阴、如雷震是其疾如风。其徐如林、侵掠如火、不动如山、难知如阴、动如雷震。"掠乡"、"廓地"是战争中常有的事，但兴趣不可转移。"悬权而动"，随时权衡敌我形势，不可蛮干、盲动。四是用众之法。金鼓旌旗者，所以一人之耳目。夜战与昼战指挥工具、信号有所不同。五是治气、治心、治力与治变。治气与治心：士气要高，军心不可动摇。"夺气"、"夺心"有可能，要注意。"气"的三个层次是"朝气"、"昼气"、"暮气"，分别为"锐"、"惰"、"归"。治气就该"避其锐气，击其惰归"。治心则须"以治待乱，以静待哗"。治力与治变：治力要求"以近待远，以佚代劳，以饱代饥"。治变要求"无邀正正之旗"和"勿击堂堂之阵"。六是用兵之法。"高陵勿向"勿仰攻，"背丘勿逆"勿从正面进攻，"佯北勿从"装败勿追，"锐卒"是有锐气的军队，"饵兵"即诱兵。"归师勿遏"，敌军撤退回国勿阻，"围师必阙"包围必留缺口，"穷寇勿迫"敌人已陷绝境勿过分逼迫。后人对此有不同意见。

(2) 九变篇。重点在"变"。一是通于九变之利与知九变之术。"圮地无舍"，不在难以通行的地区驻扎。"衢地交合"，在四通八达的地区与邻国结交。"绝地"交通不便，无粮食、饮水，难以生存。"围地"地形险要。"死地"进退两难。"途有所不由"是不去走的路。"君命有所不受"即可不执行。九变为变化极多之意，具体说法尚不一致。且说通于九变之利能得地之利，知九变之术能得人之用。二是智者之虑与屈、役、趋诸侯。"智者之虑必杂于利害"：凡事有利有害。问题不在于"分"而妙在这个"杂"字，保持头脑清醒。"屈、役、趋诸侯以害、业、利"是对付诸侯的三种要求和办法：要求是"屈"，办法是"害"；要求是"役"，办法是"业"；要求是"趋"，办法是"利"。三是无恃与所恃及将有五危。无恃与所恃：要有备无患。将有五危："必死"只知硬拼，"必生"贪生怕死，"忿速"急躁，"廉洁"为保好名声受不了敌人污辱，"爱民"本是优点，但为敌人利用进行烦扰。

（3）行军篇。一是处军相敌（上）。处四军之利为：处山之军、处水上之军、处斥泽之军、处平陆之军。这是"处军相敌"的第一步，首先要使自己立于不败之地。凡军好高而恶下及其他，是关于地形讨论的继续，总的要求是得"地之助"，"军无百疾，是谓必胜"。要细心、周密。二是处军相敌（下），是前段的继续。有关动静，是敌方的一动一静，应留意、思考，避免损失。列举四项："高而锐者"、"卑而广者"、"散而条达者"、"少而往来者"，观察、研究、总结很细。各种状态必谨察之。三是兵非益多和令之以文、齐之以武。兵非益多，"惟无武进，足以并力、料敌、取人而已"。"令之以文，齐之以武"即对士兵进行政治、道义教育，同时统一军纪、军法，使大家步调一致，才能胜利。

四、地形篇、九地篇、火攻篇、用间篇

（1）地形篇。一是地之道与败之道。地之道共六种，针对不同情况采取不同办法，是因地制宜性质。受此启迪，亦应因时、因事、因人制宜等。败之道讲败兵六种，各有致败情况，均非天灾，而是"将之过"。"将弱不严"是决定性因素。二是地形兵之助，是地形讨论的继续。强调地形的重要性，关系战争胜败。战道必胜与不胜。战地实况表明必可打胜，君主下令不打，仍照打。反之，若打不得、打不胜，君主下令要打，也不能打。进不求名而退不避罪，这样才能"惟人是保，而利合于主，国之宝也"。三是知彼知己还要知天知地。视卒如婴儿如爱子，但不能溺爱、娇惯，成为"骄子"。动而不迷与举而不穷，不盲目行动，举措变化多端，敌人莫测高深，即可胜利。

（2）九地篇。从分析九种战地及其用兵原则入手，强调和提出一系列问题。一是九地用兵之法与兵之情主速。乘人之不及与攻其所不戒。二是投之无所往与用兵如率然。作为"客军"进入敌境如何作战？对不同情况有不同对策，有一些重要原则。须禁止搞迷信活动。这在古代实难能可贵。"率然"是

古传说中的蛇名,以之比"善用兵者"是因为"击其首则尾至,击其尾则首至,击其中则首尾俱至",即各部互相配合、反应灵敏。三是愚士卒之耳目与过则从。所述带兵之事,"静以幽,正以治"正确,但对"愚士卒之耳目"有不同意见,亦可分析。"过则从"是说"故兵之情,围则御,不得已则斗,过则从"。在不得已的情况下胜败是另一问题,"过则从"也有未必如此的可能。四是并敌一向与践墨随敌。并敌一向千里杀将,即集中力量打歼灭战。践墨随敌以决战事,在做好准备的情况下,一有机会便迅速行动等。"践墨随敌以决战事"的思想非常机动灵活,要注意敌情变化。

(3)火攻篇。一是火攻有五与行火必有因。"火人"是火攻的主要对象;"火积"是敌军粮草;"火辎"是敌军辎重;"火库"是敌军仓库;"火队"原意是道路,借指运输设施,都烧毁。行火必有因:"烟火必素具。发火有时,起火有日。"都说的是火攻。"必有因"指的是一定要具备火攻的条件,包括气候干燥、风向、有火种、引火物、易燃物,或敌人内部有人接应等。二是五火之变与火佐攻。即开展火攻看情况变化以兵攻配合,注意反应和变化,不是一烧了事。"必因五火之变而应之。"以火佐攻者明:"火攻"是兵攻之"佐",将火攻与水攻作比较。三是非利不动,非得不用,非危不战与安国全军之道。战果不能巩固有危险,原则是:非利不动,非得不用,非危不战。"安国全军之道",故明君慎之,良将警之。

(4)用间篇。一是当知敌情。不知敌情为不仁,似已不用解释。先知者必取于人:成功、胜利,预先对敌人的了解是一个极其重要的原因,问题是如何和通过什么途径去了解最可信、可靠的情况。《孙子兵法》对迷信鬼神的那一套完全持否定态度是科学的:"必取于人,知敌之情者也。"二是用间有五与无所不用间。"因间"("乡间"),用对方一般人;"内间",收买对方官员;"反间",利用对方所派间谍;"死间",使敌人受骗常被处死;"生间",能活着回来者。五种一起使用,敌人便难弄清。无所不用间:对间谍的态度要"亲"、"厚"、"密","用间"的条件为"圣智"、"仁义"、"微妙",如泄密则"间与所告者皆死"。"无所不用间也"几乎防不胜防,但仍须防。三是知之必在反间与以上智为间:一方面派出间谍,另一方面使敌派间谍为我所用。关键在善用"反间"。用得力的间谍才能成事,亦即要用杰出人物。

在现代管理中没有像军事上"用间"之事,但重视有关信息完全必要,所用方法不同,同时应注意识穿和防范可能的诡计、骗局。重视采用杰出人才也非常必要。

结 论

第十五章　要突出社会主义核心价值观

关于"实干兴邦的前提和基础"问题，我们已经历了从"绪论"、"总论"到"专论"共14章、42节的讨论。按预定计划，现在正开始进入"结论"阶段，将以两章来进行：一是本章的"要突出社会主义核心价值观"，二是随后亦即最后的一章"实干兴邦就是要实现'中国梦'"。这两章的内容紧密相连，培育和实践社会主义核心价值观，就是为了实现"中国梦"；实现"中国梦"就必须培育和实践社会主义核心价值观。

本章的主要任务，在于说明价值观的特殊重要性和社会主义核心价值观的基本要点，以及应面向全民培育和践行社会主义核心价值观，并从小做起。这仍是毫不动摇坚持和发展中国特色社会主义的必由之路。

第一节　社会主义核心价值观的要点

在谈到社会主义核心价值观的要点之前，很有必要从意识形态工作是党的一项极端重要的工作说起。只有物质文明建设和精神文明建设都能搞好，中国特色社会主义事业才能顺利向前推进。这就是说，全党和全国人民有了共同团结奋斗的思想基础，也是我们所具有的最强的文化软实力。应当看到，伟大时代呼唤伟大精神。党的十八大提出培育和践行社会主义核心价值观的要求不是偶然的，全国各族人民正在为实现中华民族伟大复兴的"中国梦"而奋斗，要提高国家文化软实力，努力传播当代中国的价值观念，就是中国特色社会主义核心价值观。它代表了中国先进文化的前进方向。"中国梦"意味着中国人民和中华民族的价值体认和追求，以及中华民族为人类和平与发展作出更大贡献的真诚意愿，等等。

一、核心价值观基本要点的由来

关于这个问题，习近平在主持十八届中共中央政治局第十三次集体学习时的讲话中说得非常全面和透彻，建议读者认真学习其讲话要点：《培育和弘扬社会主义核心价值观》①。特别值得注意的是其中强调包括继承和发扬中华优秀传统文化和传统美德，要积极引导人们追求高尚的道德理想，不断夯实中国特色社会主义的思想道德基础。

习近平在指出"核心价值观是文化软实力的灵魂、文化软实力建设的重点。这是决定文化性质和方向的最深层次要素。一个国家的文化软实力，从根本上说，取决于其核心价值观的生命力、凝聚力、感召力"之后，紧接着强调"培育和弘扬社会主义核心价值观，必须立足中华优秀传统文化。牢固的核心价值观，都有其固有的根本。抛弃传统、丢掉根本，就等于割断了自己的精神命脉。博大精深的中华优秀传统文化是我们在世界文化激荡中站稳脚跟的根基。中华文化源远流长，积淀着中华民族最深层的精神追求，代表着中华民族独特的精神标识，为中华民族生生不息、发展壮大提供了丰厚滋养。中华传统美德是中华文化精髓，蕴含着丰富的思想道德资源。不忘本才能开辟未来，善于继承才能更好创新。对历史文化特别是先人传承下来的价值理念和道德规范，要坚持古为今用、推陈出新，有鉴别地加以对待，有扬弃地予以继承，努力用中华民族创造的一切精神财富来以文化人、以文育人"。一口气引用了这么长的一段原文，实在是欲罢不能。后面还有不少具体分析，这里暂且打住。

关于社会主义核心价值观基本要点的由来，当然不仅是中华优秀传统文化和传统美德。也就是说，它们虽然是极其重要和不可或缺的组成部分，但是还有关系到发展前途目标的崭新内容，即建设中国特色社会主义的道路、理论和制度，并且已经为长期革命和建设的历史实践所证实了的这几个具有根本性的重要方面。这就是我们正亟待加强的"三个自信"。至于前已述及的古为今用，可以归于理论范畴，亦可作为文化自信。而无论是哪种自信，又都离不开党的领导和群众路线，时刻不能淡忘为人民服务。

说到核心价值观，其实古今中外的集体和个人都有，只是有的自觉明确宣示，有的心中藏之甚至自己还没有意识到而已。试看历代兴亡、盛衰，莫不有其精神因素。远的太多了，且不去讲。较近如第二次世界大战前的几个侵略成性的国家，他们所标榜的"主义"是与世界人民为敌的。苏联能在反武装干涉和卫国战争中获得胜利，却在"和平演变"中解体，这是核心价值观转变所致的明显例证。各个国家、地区、集体和个人都有各自的"梦想"，也无不

---

① 载《习近平谈治国理政》，外文出版社2014年版，第163–165页。

与核心价值观有直接和密切联系。最新的一个例子，是英国政府在反思"文化多元主义"弊端之余，推动"英国核心价值"教育。① 那是英国教育大臣妮基·摩根 2015 年 1 月 27 日在卡尔顿俱乐部 Politeia 智库论坛上发表题为《知识问题很重要》的演讲，强调推动"英国核心价值"是教育的重中之重。摩根表示："所有学校都应像提升学术标准一样提升基本的英国价值观。"演讲还提到西欧、法、德等国的有关情况，无非旨在表明核心价值所导致的后果。姑不论各国究应如何正确对待这个问题，至少我们必须更加坚定不移地培育和弘扬社会主义核心价值观。

二、在国家层面的四个基本要点

我们的社会主义核心价值观共有十二个基本要点，分国家、社会、公民三个层面，各有四个。它们之间存在高度紧密的内在有机联系，都是实现国家富强、民族振兴、个人幸福所不可缺少的要素。这里先从国家层面说起，但非随意安排，而是由全面重要性所决定的。

一是富强。"中国曾经是世界上的经济强国，后来……落到了被动挨打的境地。尤其是鸦片战争之后，中华民族更是陷入积贫积弱、任人宰割的悲惨状况。这段历史悲剧决不能重演！"② 这是习近平在北京大学师生座谈会上的讲话中所说的几句话，已足以理解为什么建设社会主义现代化国家是我们的目标和责任。他讲话的题目是《青年要自觉践行社会主义核心价值观》，因为对青年来说，这项历史责任更显得重要，真正是重任在肩。他们虽有可能知道一些历史，但毕竟没有亲身经历，难有较深的体会。所以郑重提醒和加强教育很有必要，也才有可能让他们接好班，继续向既定的目标前进。如此世代相传，达标大有希望。近三十多年的巨大成就，已使我们的信念更加坚定。

二是民主，旧中国积贫积弱的历史是同腐败的封建统治分不开的。特别是在鸦片战争以后，饱受侵略、掠夺、丧权辱国、割地赔款，相继不断，愈演愈烈。人民当家做主的呼声和要求也日益高涨。辛亥革命虽推翻了长期统治的封建王朝，但旧势力根深蒂固。"民国"徒有其名，还有人在搞复辟、称帝，致革命的先行者孙中山兴"革命尚未成功，同志仍须努力"之叹。孙中山曾主张联俄联共、扶助农工，重行解释三民主义，认为民生主义就是共产主义，要

---

① 据《参考消息》2015 年 2 月 18 日第 6 版"本报讯"。
② 《习近平谈治国理政》，外文出版社 2014 年版，第 169 – 170 页。

与中国共产党携手合作。他的继承人却背叛了他的遗愿，倒行逆施，实行反共反人民的反动统治。这才有中共领导的新民主主义革命和社会主义革命的胜利，中国成为真正由人民当家做主的社会主义国家，社会主义建设才能顺利开展。

三是文明。我们正在建设中国特色社会主义，既有物质文明建设，也有精神文明建设，包括政治、经济、社会、文化、生态文明，等等。说到文明，不能忘记中国是文明古国。这一点非常重要，正如习近平在前述讲话中所说："中华文明绵延数千年，有其独特的价值体系。中华优秀传统文化已经成为中华民族的基因，植根在中国人内心，潜移默化影响着中国人的思想方式和行为方式。今天，我们提倡和弘扬社会主义核心价值观，必须从中汲取丰富营养，否则就不会有生命力和影响力。"[1] 他还举了许多具体例证，认为要学习借鉴人类社会创造的一切文明成果，但不能数典忘祖，照抄照搬别国的发展模式，也绝不接受任何外国颐指气使的说教。我们都应该有这个信心。

四是和谐，通常的一个比喻是音乐演奏，没有杂音、走调、离谱，能悦耳、动听，成为一种享受。而不和谐则适得其反，听起来怪不舒服，甚至很难受。在社会生活中，和谐便表现为能和衷共济，在工作方面配合得很适当。不是没有矛盾，而是不使之激化，处理得有利于共同事业的发展，无损于共同利益。为了能保持和谐，有些原则还将在社会和公民两个层面的有关要点中谈到。在国家层面列入和谐这个要点的重要意义在于，不和谐就会影响经常工作的正常开展，造成时间和精力的浪费，更难以体现国人的精神文明和互相尊重、礼让、体谅的民主气氛，延误国家大事。与此同时，和谐也不可简单地理解为一团和气，区别在于：和谐是发自心灵深处的理性要求。

三、在社会层面的四个基本要点

五是自由。这是一个很值得讨论的理论和实践都很重要的问题，说来话长，只能长话短说。首先，人是要求自由的，早就有"无自由，毋宁死"之说，可见愿望十分强烈。但是，自由不可能是绝对的、无限的，即使主观上想不顾一切，为所欲为，客观环境和条件却未必完全顺从或允许。不说人类与大自然之间存在这种现象，就以人类自身的人际关系或公共关系为例，也是如

---

[1] 《习近平谈治国理政》，外文出版社2014年版，第170页。

此。试想若不考虑和尊重别人的自由权利，甚至有所干扰、侵犯，别人将作何反应？就算有暂时忍让或逆来顺受的，必会有个限度。在逼人太甚到忍无可忍之际，别人也会起而抗争。倘仍不分是非曲直，必致乱象横生，不仅尽失和谐，而且重损富强、民主、文明之道。对策在于随后要讲的平等、公正、法治。

六是平等。自由和平等常是合在一起说的，道理也很简单，只讲自由不讲平等，就不能同享自由而致因人而异。那是不公正的，历史上是已存在过这种情况，贵族与平民、特权阶级与普通百姓岂可同日而语！不过，平等也不可能是绝对的、无限的。一般来说，平等是指社会、政治、经济、法律等方面的平等相待，而不是一切大拉平、搞绝对平均主义。有些由于自然条件形成的差异，无法强求一律。至于国家从中央到地方的各级行政管理机构中的组织分工，职权有大小、职位有高低，那是有法规明文规定的领导与被领导关系，要依法运作，但不可滥用职权和假公济私，以免违法。说到这里，我们再一次清楚地看到，自由、平等同公正、法治的紧密联系。

七是公正。公和正的反面是私和邪。无论是倡导富强、民主、文明、和谐，还是倡导自由、平等，要同时倡导公正是必然的趋势。尤其是倡导自由、平等，更需要以公正作为出发点、立足点和衡量的标准。凡事是否处理得公平正直和正大光明或者有没有走邪门歪道，相信是会"是非自有公论"和"公道自在人心"的。何况"不平则鸣"，也是人之常情。特别是在培育和践行社会主义核心价值观的过程中，人们对于营私舞弊、作奸犯科的行为更加敏感和深恶痛绝。要求公正形成风气和深入人心以后，关于自由、平等的倡导也可以得到正确的理解和有助于纳入正轨而不致产生误判和错觉。社会主义核心价值观各基本要点之间的互补、互动作用，也由此可见一斑。

八是法治。我们在介绍前面几个基本要点的时候，已经不止一次地期待法治这个基本要点的出现。中国共产党是一贯重视法治的。新中国成立以后，较早就有了作为国家根本大法的宪法，尤其是改革开放以来，各种法律更日趋配套。虽然还说不上已经很完备，但立法工作仍在继续积极进行。"有法可依，有法必依，执法必严，违法必究"这四句话也提出已久。党的十八届四中全会在新的历史时期强调全面依法治国，这是重视法治的集中表现。值得注意的是新提出的四句话是："科学立法、严格执法、公正司法、全民守法。"也就是说，不光是"有法可依"，还要"科学立法"，使法律科学合理可行，又提到执法、司法和守法，比过去的那四句要全面、积极、具体、主动得多。

四、在公民层面的四个基本要点

九是爱国。在公民层面把爱国列为第一个基本要点是很有必要和很恰当的。中国自古就有"国家兴亡,匹夫有责"的传统,也很坚信"得人心者得天下,失人心者失天下"。这个"人心"首先和总体上是爱国之心。一个真正的爱国者,对于国家面临危亡之际,必将当仁不让和责无旁贷地积极努力从事救亡图存的斗争。远的且不去说,即以胜利满70年的抗日战争而论,那是中国共产党的坚决主张,得到全国人民的热烈拥护。现在已成为国歌的当时流行的《义勇军进行曲》唱出了"不愿做奴隶的人们"的心声。逼蒋抗战的"西安事变",表现了共产党顾全大局以国家利益为重的凛然大义。面对"宁可错杀三千,不可放走一个"的内战主凶,竟捉而放之,全国人民都心明眼亮。后来再打内战,当然更不得人心。

十是敬业。大家都能自觉主动、积极努力、认真负责、切实有效地做好自己的本职工作,是一个对国家社会的发展具有重要基础性的问题。爱国必须敬业,否则徒托空言。因为国家能否兴旺发达、繁荣昌盛,是与各行各业、各部门、各单位的在岗人员的工作绩效直接联系着的。工作不仅要做好,还要精益求精和不断创新,才能适应国际竞争的发展趋势。任何薄弱环节、粗制滥造、因循守旧、消极怠工、成本高而效率低之类的现象,都会对发展大局有或早或迟,或大或小的不良影响。尤其是创新工作,更是重中之重。古人早有"日日新,又日新"的明训,实践也久已证明"落后就要挨打"。这个"打"不只是军事的,在其他领域也是一样。不过可以确信果真高度敬业的人,必将大创其新。

十一是诚信。事关道德品质,不可掉以轻心。对于人才,我们从来都要求德才兼备、品学兼优、德艺双馨、德术双修之类,以德为首,可见重视。反面的例子则是品德恶劣者,才、学、艺、术适足以济其奸,去大干坏事。试看那些大大小小腐败分子中,即不乏此辈。贪腐不仅是资金损失,又常由于通同作弊、偷工减料,出现重大工程事故,造成多人伤亡。因此,不讲诚信,便根本不可能敬业,更远非爱国,而是误国、辱国。随后要谈到的友善自亦无从说起。中国优秀传统文化中有关于"言必信,行必果"、"人而无信,不知其可也"等教导,我们应当充分继承发扬,一定要做到忠于职守、说话算数,把诚信内化于心、外化于行。

十二是友善。这是最后一个基本要点,也是全部要点的集中体现。首先是在国际关系方面,正如习近平所说:"中国已经发展起来了,我们不认可'国强必霸'的逻辑,我们坚持走和平发展的道路,但中华民族被外族任意欺凌的时代已经一去不复返了。"① 我们与各国友好相处。在国内,坚持爱国、敬业、诚信的同时,牢记和践行"仁者爱人"、"与人为善"、"己所不欲,勿施于人"、"出入相友,守望相助"、"老吾老以及人之老,幼吾幼以及人之幼"、"扶贫济困"等前贤的谆谆教导②。让全国和整个社会充满和洋溢友善气氛,共同为早日实现国家富强、民族振兴、人民幸福的目标努力奋斗。

第二节　应践行社会主义核心价值观

前面在逐个介绍社会主义核心价值观的基本要点时,无可避免地作了一些说明和涉及关于如何培育和践行的注意事项,但都比较分散。这里相对集中地讨论应践行社会主义核心价值观的问题,主要有如下四点内容:一是核心价值观是软实力的灵魂,而不是一般的软实力,必须认真对待,不可等闲视之。也就是说,其作用和影响极大,关系到能否达标和共同事业的成败。任何疏忽、松懈,均有削弱的可能。二是必须积极培育和践行社会主义核心价值观才能充分和高度落实、发挥其所具有的优势。真正做到内化于心外化于行方可收到预期的实效。三是此乃对全民要求的自觉行动,发动群众的面愈广和愈深入愈好。四是树立核心价值观要从小抓起,也就是要早做准备。

一、核心价值观是软实力的灵魂

关于这个问题,前面已经引用过习近平讲话要点中有关软实力的论述,不再重复。又提到过英国政府推动"英国核心价值"教育的事,也不再重复。这里要谈的,主要是作为软实力灵魂的核心价值观,我们必须认真对待,要深入研究、考察和吃透其价值和作用。本来,在过去较长的历史时期内,人们总是把注意力较多地集中于实力的提高上,认为实力实际上就指具体的硬实力。后来,实力有软硬之分的说法问世,大家也可以理解和乐于接受。接着又有巧实力的议论,意在将软、硬实力巧妙地结合运用以取得更好的效果。随后又来了个"锐实力",看来都言之成理,可供参考。这里着重对软实力的探讨。

---

① 《习近平谈治国理政》,外文出版社2014年版,第170页。
② 同上书,第170页及177页注㉑至㉖。

在这方面，习近平的专题讲话《提高国家文化软实力》①讲得全面中肯、简明扼要，很有必要认真学习。光凭简单的引文是远远不够的。这个意思在前面已经说过，《习近平谈治国理政》这本书，已在世界各国受到关注和引起热议，其中讲的主要是"中国故事"。那么，对于中国读者来说，岂不更应该好好阅读？话又说回到软实力问题上来，它丰富人民精神世界和增强人民精神力量的作用不可低估。我们还要把当代中国价值观念贯穿于国际交流和传播的方方面面，以表明中华民族为人类和平与发展作出更大贡献的真诚意愿。我们也要把继承传统优秀文化又弘扬时代精神、既立足本国又面向世界的当代中国文化创新成果传播出去。

不无趣味的是，在2015年的春节期内，外国媒体有很多关于这个节日的报道。例如，美媒有这样的标题：《北京利用春节推广中国软实力》②。报道的一开头就说："中国共产党正在全球展开一场宣传中国春节的运动，希望借此提升该国依然有限的软实力。"为了表示言之有据，接着指出两件事实。一是中国文化部自2010年以来在世界各地组织多种春节活动；二是在国家主席习近平的领导下，提升中国软实力显得更加紧迫，并曾敦促领导干部致力于提高中国的软实力。习近平说，要"讲好中国故事，传播好中国声音"，"宣传阐释中国特色"。瞧！中国的一举一动和中国国家领导人的一言一行，都已受到外媒的密切注意。他们还把我国文化部举办的"欢乐春节"活动，作为中国推广软实力的"最好例证"。孔子学院在全球遍地开花也是"例证"。此外，还有一系列公开的数字和活动。听口气，这篇报道仍然存疑的也有两点：一是文化部没有透露已在活动上花了多少钱，二是尚不清楚中国能从中收获多少"软实力"红利。其实，这一切都是公开的。至于花费多少，请问凭什么一定要即问即答，随便向谁都要"报账"？收获多少"红利"更是一个一时难以回答，甚至无法估算的问题。我们在通读这篇报道之余，深感国家全面发展的重要性。即以"春节活动"为例，它在世界范围内存在已久，而愈来愈热闹则是改革开放以来特别是比较近期的事。中国春节向世界传递欢乐，很多国家的政要向世界华人致以节日的问候和祝贺是过去所罕见的。我们要牢牢记住：社会主义核心价值观是文化软实力的灵魂。我们要继续努力提高国家软实力，传

---

① 载《习近平谈治国理政》，外文出版社2014年版，第160–162页。
② 美国《洛杉矶时报》网站2015年2月18日文章，载《参考消息》2015年2月20日第1版。

播当代中国的价值观念。

二、必须培育和实践核心价值观

这是知和行的问题。对于社会主义核心价值观，必须培育和践行并重。因为若仅培育而不践行，便是知而不行，没有任何实际意义。如果践行而不培育，则将行而不果，不符合价值观的要求，或不明确干什么、为什么和怎样真正和完全实现。正如我们已经说过的那样，实干兴邦有一系列的前提条件需要具备，才能达到目标和完成任务。

关于培育和践行社会主义核心价值的问题，在《习近平谈治国理政》一书中，除分散在有关讲话时常被提及外，作为专题论述的，有在"建设社会主义文化强国"这个栏目中，紧密联结和集中的五个专题，即：一是《为实现中国梦凝聚有力道德支撑》，"我们要按照党的十八大提出的培育和践行社会主义核心价值观的要求，高度重视和切实加强道德建设，推进社会公德、职业道德、家庭美德、个人品德教育，倡导爱国、敬业、诚信、友善等基本道德规范，培育知荣辱、讲正气、作奉献、促和谐的良好风尚"。二是《提高国家文化软实力》，"深入开展社会主义核心价值体系学习教育，……提高国家文化软实力，要努力传播当代中国价值观念。……增强做中国人的骨气和底气"。三是《培育和弘扬社会主义核心价值观》，"核心价值观是文化软实力的灵魂、……一个国家的文化软实力，从根本上说，取决于其核心价值观的生命力、凝聚力、感召力。……培育和弘扬社会主义核心价值观必须立足中华优秀传统文化。……要切实把社会主义核心价值观贯穿于社会生活方方面面。……内化为人们的精神追求，外化为人们的自觉行动。……使核心价值观的影响像空气一样无所不在、无时不有"。四是《青年要自觉践行社会主义核心价值观》，"广大青年树立和培育社会主义核心价值观，……一是要勤学，下得苦功夫，求得真学问。……二是要修德，加强道德修养，注重道德实践。……三是要明辨，善于明辨是非，善于决断选择。……四是要笃实，扎扎实实干事，踏踏实实做人。……核心价值观的养成绝非一日之功……"。五是《从小积极培育和践行社会主义核心价值观》，"引导少年儿童从小就培育和践行社会主义核心价值观。这很好，我们想到一块儿了。……只要是中国人，就应该自觉培育和践行社会主义核心价值观。……少年儿童是祖国的未来，是中华民族的希望。……主要是做到记住要求、心有榜样、从小做起、接受帮助。……家庭、学校、少先队组织和全社会都有责任"。

前面已经一再说过，所有这里特别介绍、推荐的有关学习、参考资料，都是由衷地希望有兴趣的读者查阅原文。引用的片段，只是作为举例，具有很大的局限性。在关于培育和践行社会主义核心价值观的讨论中，还有待群策群力，高度和充分发挥集体智慧的作用。除基本共识外，各行各业、各个领域、各年龄段、各地区等，都各有其特点或特殊情况，相信只要大家想到一块，必可众擎而举、众志成城、同心协力、共襄其成。当然，这是一项全面、深入、持久、耐心、细致的思想工作，但我们成功的历史经验是：当群众真正发动起来以后，事情就大不一样了！我们很有信心。

三、这是对全民要求的自觉行动

上面谈到一些要培育和践行社会主义核心价值观的必要性，并着重谈了青年和从小开始。但已无可避免地接触到面向全民，如凡是中国人都应该这么做，以及要广泛地发动群众，等等。这里又设一个专题，无非是想再强调一下对全民自觉行动的要求不可忽视。原因很简单，全民的共同事业，经过全民的共同努力才能成功。少数先进模范人物、积极分子可以起带头作用，若没有广大群众的自觉参与、主动配合、热烈支持，势孤力单的少数人是包办代替不了的。前面也曾提到我们成功的历史经验，说得具体一点像"没有共产党就没有新中国"。说的是在中国共产党的正确领导下，人民群众坚决拥护，积极参加推翻貌似强大的反动统治取得胜利。又如"没有改革开放就没有中国的今天"，说的也是党的领导正确，人民群众拥护和努力，才有在较短历史时期内不断创新纪录和出现"奇迹"。昨天是那样，今天是这样，明天是怎样呢？回答是：按照党的十八大要求，培育和践行社会主义核心价值观成为全民自觉行动，在全面实现社会主义现代化小康以后，必将继续使国家富强、民族振兴、人民幸福的美梦成真。

对于全民自觉，也许有人认为谈何容易。但不容易不等于不可能。除了培养、教育之外，还有制度保障、保证也很必要、重要。不要忘记道路自信、理论自信和制度自信在自觉行动中的促进作用。在讲到自由、平等、公正、法治时，我们曾述及"科学立法、严格执法、公正司法、全民守法"这四句话。试加分析，它们之间同样是有机的统一，全民守法是以科学立法等为前提的。要是立法不科学合理，执法不严格和司法不公正，谁还愿意守法？至于凡事要达到全民的程度，有一个或快或慢的渐进过程，总是从多数、大多数、绝大多数递增起来的。倘若还有少数或极少数不法分子敢冒天下之大不韪，损害集体利益，必将受到法律的制裁、惩处，全民称快。现在大举反对贪污腐败，很得人心，也是全民心态的直接反映。

话又说回来，达到全民自觉有大量工作要做。首先是要有正确和得力的领导。历史已经证明中国共产党是这样的领导力量，在进入新的历史时期后，又提出从严治党的要求，得到人民的绝对信任和拥护。移风易俗是另一项重要的工作，既要继承发扬优秀的传统文化，又要对一些长期形成的积弊实行破旧立新。在培育和践行社会主义核心价值观的过程中，发挥榜样的力量也是重要的工作之一。一个非常可喜的局面正在形成：各方面涌现出为数众多的先进人物、实干精英，在不断上新台阶、创新纪录。总的情况是正气在上升、邪气在下降。这在实际上已从不同的角度和程度对社会主义核心价值观内化于心外化于行开始有所体现。所谓思想先导、价值引领潜移默化的迹象是客观存在的事实，是有目共睹的。因此，只要人同此心、心同此理，就可以心往一处想、劲往一处使，扭成一股绳。这可是十三亿多人口扭成的以社会主义核心价值观为主体的"准绳"。

四、树立核心价值观要从小抓起

这也是前面已提到过的内容，特别是那篇以《从小积极培育和践行社会主义核心价值观》为题的讲话，同样因没有展开而在这里作专题处理。上面刚讨论过对全民的要求，少年儿童当然包括在全民以内，不过，少儿确有其特点，值得注意研究。

还是从那篇重要讲话说起。"一个民族的文明进步，一个国家的发展壮大，需要一代又一代人接力努力，需要很多力量来推动，核心价值观是其中最持久最深沉的力量。"这种力量从何而来？要让孩子们从小就初步受到优秀传统文化和美德教育。因为，任何一种思想观念，要在全社会树立起来并长期发挥作用，就要从少年儿童抓起，可不是么？少年儿童是祖国的未来，是中华民族的希望。未来总是由今天的少年儿童开创的。

在培育和践行社会主义核心价值观方面，适应少儿的年龄和特点，讲话中提出的主要是要做到四条：一是"记住要求，就是要把社会主义核心价值观的基本内容熟记熟背，让它们融化在心灵里、铭记在脑子中"。随着年龄和知识的增长，"会明白得更多、更深、更透"。二是"心有榜样，就是要学习英雄人物、先进人物、美好事物，在学习中养成好的思想品德追求"。历史上有很多少年英雄，"今天，好儿童、好少年就更多了"。还有很多值得学习的榜样。三是"从小做起,……一点一滴积累,养成好思想、好品德。……养小德才能成大德。……有的同学喜欢比吃比穿,……这样就比偏了。……要比就比谁更有志气、谁更勤奋学习"。四是"接受帮助,就是要听得进意见,受得了批评,在知错就改、越改越好的氛围中健康成长。……少年儿童正在形成世界观、人生观、价值观的过程中,需要得到帮助"。不要嫌家长、老师管得严。家庭、学校、少先队和全社会都有培育少年儿童的责任。"对损害少年儿童权益、破坏少年儿童身心健康的言行,要坚决防止和依法打击。"

说的是主要之点,但已全面中肯。如记住要求很有必要。我们反对一般食而不化的死记硬背,对基础性和实用性较强的内容能熟记熟背,却可以随时和终身受用。不说敦品励志的名言名句了,一个很小的关系日常生活略带技术性的小例子是叫"小九九"的乘法口诀,背得了随时脱口而出,太方便了。有的孩子则须用纸笔计算或拨弄计算器。又如心有榜样,有立竿见影之效。对英雄模范先进人物的羡慕、敬佩、爱戴,便会学习、追随、仿效,并从而分辨真善美和假恶丑的表现。这对少年儿童的健康成长很有积极意义。对于从小做起的要求,家长、老师更应该多多关心,尤其要注意一些苗头和倾向。好的要鼓励,不良的要及时劝说扭转。讲话中已提到同学中有比偏了的事,让我们联想到一些"拼爹"、"啃老"的现象,那也明显是从小娇生惯养出来的,还说什么孝敬父母呢?这又与给予和接受帮助有关,父母溺爱实际上是对子女和社会不负责任,结果必然是"名为爱之,其实害之"。还有一种"富不过三代"的说法,也是这样来的。有些富家子女过的是寄生虫的生活!当然不能一概而论,富裕的家长和子女中,也不乏重视教育的有志者,能为国家社会的发展作出贡献。

说到这里,我们不能不对家庭问题应有新的认识作一重要补充。说的是习近平主席在2015年春节团拜会上的讲话,媒体所用的标题是《盘旧迎新定方略 重视家庭暖人心》①,希望国人重视家庭建设,发扬中华民族传统家庭美德。海外专家、媒体人士和华侨华人认为,此话具有战略眼光,符合时代要求和社会现实,也体现了中国领导人对人民的关怀,体现出中国政府高度重视促进社会繁荣稳定。许多外媒认定家庭是国家发展、民族进步、社会和谐的重要基础和支柱。我们正在讨论培育和践行社会主义核心价值观,重视家庭建设自是应有之义。

---

① 载《光明日报》2015年2月20日第3版。

第三节　走中国特色社会主义的道路

从新中国成立以后即有"只有社会主义才能救中国"之说时起，中国必须走社会主义的道路是肯定无疑的。但对作为马克思主义三个组成部分之一的科学社会主义，只有一般的理性认识，没有在中国的实践经验。当时的苏联是第一个社会主义国家，曾经试着学习。可是国情不同，不能照搬。后来他们"修"了，直到"和平演变"终于解体。我们走中国特色社会主义的道路是自己总结出来的。这条路愈走愈实在、宽广，不断取得新的胜利。我们的信心也更足。现在说的社会主义核心价值观，就是这条路要达到的目标和前景。那还有一个名称叫"中国梦"，我们将安排最后一章去讨论。这里要谈的也正是通向实现"中国梦"之路，我们是怎样走过来的和一定要坚持走下去，并且坚信中国特色社会主义必成。

一、为实现人民的美好愿望服务

《习近平谈治国理政》第一大组是"坚持和发展中国特色社会主义"，其中共有四篇讲话的主要部分、全文、要点或一部分，第一篇就是《人民对美好生活的向往，就是我们的奋斗目标》。这是他在十八届中共中央政治局常委同中外记者见面时讲话的主要部分，虽然不长，但已从历史、现状和发展前景等各有关方面，说明了中国共产党始终成为中国特色社会主义事业的坚强领导核心。

对于这篇讲话，我们可以从中学习和复习许多内容。首先是讲话得看对象，这次讲话的对象是中外记者。于是在开头和结尾部分，都有所考虑。对记者朋友们作了关于党的十八大的大量报道，向世界传递了许多"中国声音"，表示衷心的感谢。最后又希望记者朋友们今后继续为增进中国与世界各国的相互了解作出更多的努力和贡献。也许有人把这些看成"套话"，其实不然。以朋友相待、致以谢意和提出希望，使对方感到亲近和受到尊重，有助于间接提醒要做好本职工作。

在刚刚选举产生了新一届中央领导机构并被选为总书记以后，代表领导成员感谢信任，表示"定当不负重托，不辱使命"，又说"全党同志的重托，全国各族人民的期望，是对我们做好工作的巨大鼓舞，也是我们肩上的重大责任"。这样的公开表态，很必要、及时、自然、得体，是有高度责任心的表示。

那就让我们从责任说起。这个责任可重大了，是对民族的责任。历史确实应该认真复习一下，中国是怎样由强变弱、由富变贫的，又是怎样在最近一个比较短的历史时期内出现喜人的大转变的？例子很多，难以尽举。就拿日本《世界经济评论》双月刊2015年2月1日所登载的一篇题为《世界经济的结构性变化》① 这篇文章来说，已可以清楚地看到变化之大：大意是中国GDP规模称雄世界，引领新工业革命，中国经济重拾200年前的辉煌。作者是三极经济研究所董事长斋藤进，非等闲之辈，而且引经据典，不像是随便说说的。还有一个崭新的小例子是：新加坡《联合早报》中《中国春节成为全世界的"黄金周"》② 的报道。日本、美国、法国、韩国等的媒体都有类似的报道。那么，在寻找这种变化是怎么来的答案之际，必然和首先是同中国共产党的正确领导分不开的。因此，事实已充分证明习近平的讲话所言不虚。"我们的党是全心全意为人民服务的政党。党领导人民已经取得举世瞩目的成就，我们完全有理由因此而自豪，但我们自豪而不自满，决不会躺在过去的功劳簿上。"接着讲的面临许多严峻挑战，包括党内存在的许多亟待解决的问题，并特别提到一些党员干部发生的贪污腐败、脱离群众、形式主义、官僚主义等问题，必须下大气力解决。他提醒大家，打铁还须自身硬，所以要从严治党，等等。这样真诚、坦率的领导人，人民群众当然是信得过的。何况丝毫没有徒托空言，而是立即见诸行动，真正做到言必信、行必果。人民心明眼亮，对各级领导都是听其言，观其行的。果能与人民心心相印、与人民同甘共苦，一定能与人民团结奋斗，就没有克服不了的困难。

二、中国特色社会主义发展道路

关于"坚持和发展中国特色社会主义"的第二篇讲话题为《紧紧围绕坚持和发展中国特色社会主义学习宣传贯彻党的十八大精神》。原文较长，最好是通篇学习，可以加深理解，有助于宣传贯彻党的十八大精神。这里只做提纲式的介绍，挂漏难免，一切以原文为准。

在党的十八大报告和这次讲话中，谈了很多关于中国特色社会主义的问题，主要如夺取新胜利、沿着这条道路继续前进、高举这面伟大旗帜、须加倍珍惜、始终坚持、不断发展、探索和把握规律、开拓发展前景。它是贯穿党的

---

① 见《参考消息》2015年2月28日第4版。
② 见《参考消息》2015年2月27日第16版。

十八大的主线和十八大精神的聚焦点、着力点、落脚点。只有社会主义才能救中国，只有中国特色社会主义才能发展中国，只有高举这面伟大旗帜才能实现"两个百年"的美好未来。应从理论和实践的结合上把握：

（1）深刻领会它是党和人民长期实践取得的根本成就。它是改革开放新时期开创的，也是建立在党长期奋斗的基础上的，从根本上改变了国家和民族的前途命运，向伟大复兴的历史进军。它是近现代中国社会发展的必然选择，是发展、稳定中国的必经之路。

（2）深刻领会它是由道路、理论体系、制度三位一体构成的。道路是实现途径，理论体系是行动指南，制度是根本保障，三者统一于实践是最鲜明的特色，但还不是尽善尽美、成熟定型的，仍在不断发展。制度需要不断完善，要把制度建设摆在突出位置。

（3）深刻领会它的总依据、总布局、总任务。总依据是社会主义初级阶段，总布局是五位（经济、政治、文化、社会、生态文明建设）一体，总任务是实现社会主义现代化和中华民族伟大复兴。实践坚持"一个中心（经济建设）、两个基本点（坚持四项基本原则和坚持改革开放）"。

（4）深刻领会夺取新胜利的基本要求，是根据基本理论、路线、纲领、经验总结提出最本质的东西，体现各种规律的东西，表现对规律的认识达到了新水平。基本要求进一步回答了在新的历史征程上怎样夺取新胜利的基本问题。基本要求涉及的面很广。

（5）深刻领会确保党始终成为坚强领导核心，全面提高党的建设科学化水平。治国必先治党，治党务必从严。牢牢把握党的建设总要求，不断提高党的领导水平和执政水平、提高拒腐防变和抵御风险能力，走在时代前列。密切党群、干群关系，保持同人民群众的血肉联系。

各级党委要旗帜鲜明地反对腐败，更加科学有效地防治腐败，做到永葆共产党人清正廉洁的政治本色。

党的十八大强调指出，发展中国特色社会主义是长期艰巨的历史任务，必须准备进行许多有新历史特点的伟大斗争。不断丰富实践、理论、民族、时代等特色，努力实现全面建成小康社会各项目标任务，继续实现推进现代化建设、完成祖国统一、维护世界和平与促进共同发展这三大历史任务。这是我们这一代共产党人的历史重任，我们要为之付出全部智慧和力量。其中第一大历史任务，将于 2020 年实现，时间紧迫，真正要"只争朝夕"。

三、坚持发展中国特色社会主义

紧接着的第三篇讲话要点题目是《毫不动摇坚持和发展中国特色社会主义》，进一步作了有关阐释，有利于加深认识。道路是党的生命，被列为第一类的问题，其重要性可想而知。中国特色社会主义是实现中华民族伟大复兴的必由之路是肯定无疑的。应当发挥历史的主动性和创造性，清醒认识世情、国情、党情的变和不变，锐意进取，大胆探索，不断深化改革开放，有所发现、创造、前进，推进理论、实践制度创新。

党的十八大精神就是坚持和发展邓小平同志开创的中国特色社会主义。是他用新思想观点，继承和发展了马克思主义，开拓了马克思主义新境界，把对社会主义的认识提高到新的科学水平。只有社会主义才能救中国，只有中国特色社会主义才能发展中国是历史的结论、人民的选择。随着不断发展，我们的制度必将越来越成熟，优越性必将进一步显现，道路越走越宽。我们就是要有道路、理论、制度自信，做到坚定不移。

关于有改革开放前后两个历史时期，它们互相联系又有重大区别，但本质上都是党领导的对社会主义建设实践的探索。中国特色社会主义是在改革开放新时期开创的，但也是在原有基础上开创的。虽然两个时期有很大差别，但绝不是互相割裂、对立的，不能互相否定，应坚持实事求是的思想路线，分清主流支流，坚持真理，改正错误，发扬经验，吸取教训，把党和人民的事业继续推进。

马克思主义是不断发展的，不可能一成不变。社会主义在开拓中前进，坚持和发展中国特色社会主义是一篇大文章。邓小平同志为它确定了基本思想和原则，后来以江泽民、胡锦涛同志为代表的领导集体都写下了精彩的篇章，还将继续写下去。坚持马克思主义、社会主义一定要有发展的观点。越发展，新情况新问题越多，风险和挑战越多，不可预料的事越多，必须增强忧患意识，居安思危。懂了的努力创造条件去做，不懂的抓紧学习研究弄懂，毫不含糊。

共产党员特别是党员领导干部要做共产主义远大理想和中国特色社会主义共同理想的坚定信仰者和忠实践行者。既要坚定走中国特色社会主义道路的信念，也要胸怀共产主义的崇高理想，矢志不移贯彻执行党在社会主义初级阶段的基本路线和纲领，做好每一件工作。革命理想高于天，没有远大理想，不是合格的共产党员，空谈远大理想亦非合格的共产党员。客观标准在于能否坚持为人民服务的根本宗旨,吃苦在前、享乐在后、勤奋工作、廉洁奉公,为理想奋不顾身拼搏奋斗,献出全部精力乃至生命。一切迷惘迟疑的观点、及时行乐的思想、贪图私利的行为、无所作为的作风,都与此格格不入。

这段讲话的对象原是新进中央委员会的委员、候补委员,是在学习贯彻党的十八大精神研讨班上讲的,时间是2013年1月5日。这里我们已经可以清楚地看出,从严治党的要求早已开始注意和随时有所表达。全面从严治党很快成为"四个全面"之一也很自然。

四、坚信中国特色社会主义必成

回忆在最初翻阅《习近平谈治国理政》一书总目录的那一瞬间,曾对《坚持和运用好毛泽东思想活的灵魂》这部分讲话列入"坚持和发展中国特色社会主义"这个栏目觉得有点奇怪。及至一路阅读下去,才领会到如此安排可谓顺理成章,适当得很。因为要把中国特色社会主义伟大事业继续推向前进,直到取得完满成功,包括把党建设好,坚持和运用好毛泽东思想活的灵魂非常必要。这段讲话对学习毛泽东思想也很有启发和帮助。纪念毛泽东同志诞辰120周年,这更是最好的方式。

讲毛泽东思想活的灵魂,当然离不开贯穿其中的立场、观点、方法。说它们有三个基本方面,即实事求是、群众路线、独立自主,真是都已为历史所充分证明了的。显然,为了较好地发展和逐步直到最后取得胜利成功,也真是一个也不能少。下面就让我们看看这三个基本方面的作用和力量。

一是实事求是。这是马克思主义的根本观点,是认识和改造世界的根本要求,是党的基本思想方法、工作方法、领导方法。一切从实际出发,理论联系实际,在实践中检验和发展真理。要透过现象看本质和内部存在的必然联系。在实践中按客观规律办事。坚持实事求不是一劳永逸的,要有信念、有本领,牢记于心、付诸行动。要清醒认识、正确把握基本国情,不超越现实急于求成。纠正因循守旧、固步自封的观念和做法。坚持为了人民利益坚持真理、修正错误,要光明磊落、无私无畏。有敢说真话的勇气和正气,及时纠正认识上的偏差、决策中的错误、工作中的缺点,解决各种矛盾和问题,使思想行动更符合客观规律、时代要求和人民愿望。还要在实践基础上不断推进理论创新。马克思主义基本原理是普遍真理,有永恒的思想价值,但马克思主义经典作家没有穷尽真理,而是不断为寻求和发展真理开辟道路。中国特色社会主义在发展中也会遇到困难和风险或提出新课题,需要从理论上做出新的科学回答。我们要总结新鲜经验，开辟马克思主义中国化新境界，让当代中国马克思主义放射更灿烂的真理光芒。

二是群众路线。这是党的生命线和根本工作路线，是党永葆青春活力和战斗力的传家宝。一切为了群众、依靠群众，从群众中来，到群众中去，把党的正确主张变为群众的自觉行动，把群众路线贯彻到治国理政全部活动之中。群众路线本质上体现的是马克思主义关于人民群众是历史的创造者这一基本原理。要坚持人民群众是决定我们前途命运的根本力量，坚持人民主体地位，充分调动人民积极性是党立于不败之地的强大根基。必须自觉拜人民为师，必须充分尊重人民的意愿、经验、作用。珍惜和利用好人民给予的权力，自觉让人民监督权力。依靠人民创造历史伟业，使党的根基坚如磐石。全心全意为人民服务是党一切行动的出发点和落脚点，也是区别于其他政党的根本标志。党的一切工作以最广大人民根本利益为最高标准，使发展成果惠及全体人民，达到共同富裕。党的最大政治优势是密切联系群众，最大危险是脱离群众。下最大气力解决党内存在的问题特别是人民群众不满意的问题，使党永远得到人民群众的信任和拥护。要真正让人民来评判我们的工作。宏伟奋斗目标离开人民支持无法实现，脱离人民或凌驾于人民之上必将被人民抛弃，任何政党都是如此。

三是独立自主。把国家和民族发展放在自己力量的基点上，坚持民族自尊心和自信心，走自己的路。独立自主是中华民族的优良传统，是我们立党立国的重要原则。我们走自己的路，有无比广阔的舞台、深厚的历史底蕴和强大的前进定力。每个中国人都应有这个信心。中国的事情必须由中国人民自己做主来处理。世界上历史条件的多样性决定了各国发展道路的多样性。人类历史上，没有一个国家、民族依赖外部力量，跟在他人后面亦步亦趋实现强大和振兴，不是必然失败，就是必成附庸。我们党历来坚持独立自主开拓前进道路，这种探索和实践精神、走自己的路的信心和决心，是我们党全部理论和实践的立足点，也是从胜利走向胜利的根本保证。坚定不移走中国特色社会主义道路，不走封闭僵化的老路和改旗易帜的邪路，要增强政治定力，以及道路、理论和制度自信。通过全面深化改革，不断拓展道路，丰富理论体系，完善制度。要虚心学习、借鉴人类社会创造的一切文明成果，但不能数典忘祖，照抄照搬别国的发展模式，也绝不会接受任何外国颐指气使的说教。我们坚持独立自主的和平外交政策，走和平发展道路。高举和平、发展、合作、共赢的旗帜，在和平共处五项原则的基础上同各国友好相处，在平等互利基础上开展交流合作，维护世界和平，促进共同发展，秉持公道、伸张正义。尊重各国人民自主权利。不把自己的意志强加于人，也不许把别人的意志强加于中国人民，坚持维护国家主权、安全、发展、利益。

有了上述这三项基本功，我们坚信中国特色社会主义必成！

第十六章　实干兴邦就是要实现"中国梦"

作为结论的最后一章，我们将集中讨论实干兴邦就是要实现"中国梦"。以上一路讲来，都离不开在党的领导下，走中国特色社会主义道路和践行社会主义核心价值观。必须认真学习《习近平谈治国理政》一书是极其自然的。不仅国内如此，也早已引起世界的关注和热议。出版和发行量特别高，便是明证。但是，这远不够。因为全书收入的，是在 2012 年 11 月 15 日至 2014 年 6 月 13 日这段时间内的讲话、谈话、演讲、答问、批示、贺信等分 18 个专题，共 79 篇。而自 2014 年 6 月 13 日以来，又有许多新论述。为了跟上发展形势，需要随时密切注意国内外各种媒体的有关报道和评论。例如，推进四个全面和作为党的战略布局，即分别见于习近平 2014 年 12 月在江苏调研时的讲话和 2015 年 2 月 2 日在省部级主要领导干部学习贯彻十八届四中全会精神全面推进依法治国专题研讨班开班式上的讲话，等等。

第一节　"中国梦"是全体中国人民的梦

面对本节的这个标题，也许有人认为，这"中国梦"是全体中国人民的梦，是理所当然、不言而喻的事，还用说么？原来我们之所以要说，是有背景或缘由的。试看不少以国家或地区组织等名义所称的梦，并非全体人民或基本群众的梦，而实质上是权力或利益集团的梦。最近的一个例子是《已经变为噩梦的三个欧盟梦》①这篇文章。那三个梦的具体内容便显然不可能是全体人民的。而我们的"中国梦"，则正如我们已多次强调过的是在相当长的历史时期内，一代又一代人对于国家富强、民族振兴、人民幸福的共同梦想。这个梦想不是空想，是完全可以实现的。特别是在目前条件下，中国共产党已经领导全国人民健步走在建设中国特色社会主义康庄大道上，我们更要奋勇前进。

---

① 英国《每日电讯报》网站 2015 年 2 月 21 日署名文章，载《参考消息》2015 年 2 月 25 日第 10 版。

一、从看《复兴之路》这个展览说起

2012年11月29日,习近平在参观《复兴之路》这个展览时,发表了题为《实现中华民族伟大复兴是中华民族近代以来最伟大的梦想》的讲话。展览回顾了中华民族的昨天,展示了中华民族的今天,宣示了中华民族的明天,很有教育意义。讲话即景生情,给人以深刻教育和启示:"近代以后,中华民族遭受的苦难之重、付出的牺牲之大,在世界历史上都是罕见的。但是,中国人民从不屈服,不断奋起抗争,终于掌握了自己的命运,开始了建设自己国家的伟大进程,充分展示了以爱国主义为核心的伟大民族精神。"接着讲了改革开放以来的情况,主要是总结历史经验,不断艰辛探索,终于找到了实现中华民族伟大复兴的正确道路,取得了举世瞩目的成果。这条道路就是中国特色社会主义。对于中华民族的明天,他引用了唐代诗人李白《行路难三首(其一)》中的名句"长风破浪会有时"。他在前面已引用了毛泽东诗词中的"雄关漫道真如铁"、"人间正道是沧桑"等名句,都颇有诗意。

我们不能忘记,经过鸦片战争后170多年的持续奋斗,中华民族伟大复兴才展现出光明的前景。"现在,我们比历史上任何时期都更接近中华民族伟大复兴的目标,比历史上任何时期都更有信心、有能力实现这个目标。"与此同时,他强调了三个必须牢记,那就是:"回首过去,全党同志必须牢记,落后就要挨打,发展才能自强。审视现在,全党同志必须牢记,道路决定命运,找到一条正确的道路多么不容易,我们必须坚定不移走下去。展望未来,全党同志必须牢记,要把蓝图变为现实,还有很长的路要走,需要我们付出长期艰苦的努力。"

现在,大家都在讨论"中国梦",他以为:"实现中华民族伟大复兴,就是中华民族近代以来最伟大的梦想。这个梦想,凝聚了几代中国人的夙愿,体现了中华民族和中国人民的整体利益,是每一个中华儿女的共同期盼。……国家好,民族好,大家才会好。……需要一代又一代的中国人共同为之努力。空谈误国,实干兴邦。……中华民族伟大复兴的梦想一定能实现。"

以上是参观《复兴之路》展览讲话的主要内容。随后《在第十二届全国人民代表大会第一次会议上的讲话》中,对"中国梦"有较多的论述。例如,继续为实现中华民族伟大复兴的"中国梦"而努力奋斗,有三个必须:"必须走中国道路。这就是中国特色社会主义道路。这条道路来之不易,……具有深厚的历史渊源和广泛的现实基础。……必须弘扬中国精神。这就是以爱国主义为核心的民族精神,以改革创新为核心的时代精神。这种精神是凝心聚力的兴国之魂、强国之魂。……必须凝聚中国力量。这就是中国各族人民大团结的力量。中国梦是民族的梦,也是每个中国人的梦。……全国各族人民一定要牢记使命,心往一处想,劲往一处使,用13亿人的智慧和力量汇集起不可战胜的磅礴力量。"有了党的领导、人民当家做主、依法治国的有机统一,"中国梦"定能实现。

二、坚持党的领导,扩大人民民主

在坚持党的领导和人民主体地位的同时,还要不断扩大人民民主、大力推进依法治国,坚持和完善各种根本制度,如人民代表大会制度的根本政治制度、中国共产党领导的多党合作和政治协商制度、民族区域自治制度以及基层群众自治制度等基本政治制度,要建设服务政府、责任政府、法治政府、廉洁政府,充分调动人民积极性。

根据发展是硬道理的战略思想,我们坚持以经济建设为中心,全面推进社会主义经济建设、政治建设、文化建设、社会建设、生态文明建设,深化改革开放,推动科学发展,以求不断夯实实现"中国梦"的物质文化基础。这也要随时随刻倾听人民的呼声、回应人民的期待,保证人民平等参与、平等发展权利,维护社会公平正义。非常明确、具体、实在的是:"在学有所教、劳有所得、病有所医、老有所养、住有所居上持续取得新进展,不断实现好、维护好、发展好最广大人民根本利益,使发展成果更多更公平惠及全体人民,在经济社会不断发展的基础上,朝着共同富裕方向稳步前进。"

我们还要巩固和发展最广泛的爱国统一战线,加强中国共产党同各民主党派和无党派人士团结合作,巩固和发展平等、团结、互助、和谐的社会主义民族关系,发挥宗教界人士和信教群众在促进经济社会发展中的积极作用,最大限度团结一切可以团结的力量。我国仍处于并将长期处于社会主义初级阶段,实现"中国梦"、创造全体人民更加美好的生活,任重而道远,需要我们每一个人继续付出辛勤劳动和艰苦努力。

对于全国广大工人、农民、知识分子,则要求发挥聪明才智,勤奋工作,积极在经济社会发展中发挥主力军和生力军作用。一切国家机关工作人员要克己奉公、廉政勤政,关心人民疾苦,为人民办实事。中国人民解放军全体指战员、中国人民武装警察部队全体官兵,要按照听党指挥、能打胜仗、作风优良的强军目标,提高履行使命能力,坚决捍卫国家主权、安全、发展利益,坚决保卫人民生命财产安全。一切非公有制经济人士和其他新的社会阶层人士,都要做合格的中国特色社会主义事业建设者。

广大青少年都要志存高远、增长知识、锤炼意志,让青春在时代进步中焕发出绚丽的光彩。

港澳同胞要以国家和港澳利益为重,共同维护和促进港澳长期繁荣稳定。中国台湾同胞与大陆同胞要携起手来,支持、维护、推动两岸关系和平发展,增进两岸同胞福祉,共同开创中华民族新的前程。广大海外侨胞,要弘扬中华民族勤劳善良的优良传统,努力为促进祖国发展、促进中国人民同当地人民的友谊作出贡献。在国际方面,中国人民爱好和平,始终坚定不渝走和平发展道路,奉行互利共赢开放战略,致力于同世界各国发展友好合作,履行应尽的国际义务,同各国人民一道推进人类和平发展的崇高事业。

讲话比较全面,在别处已提到的从略。最后再强调团结在中共中央周围落实党的十八大精神,以邓小平理论、"三个代表"重要思想、科学发展观为指导,谦虚谨慎、艰苦奋斗,夺取新胜利。

三、中国青年一代必将大有可为

《在实现中国梦的生动实践中放飞青春梦想》是习近平在同各界优秀青年代表座谈时讲话的一部分。其中谈到大家都在谈论"中国梦",都在考虑"中国梦"与自己的关系,自己为实现"中国梦"应尽的责任。他认为"中国梦"是历史的、现实的,也是未来的;是国家的、民族的,也是每一个中国人的;是我们的,更是你们青年一代的。接着说明,在革命、建设、改革各个历史时期,中国共产党始终高度重视青年、关怀青年、信任青年,对青年一代寄予殷切期望。党从来都把青年看作是祖国的未来、民族的希望、党和人民事业发展的生力军,支持青年在人民的伟大奋斗中实现自己的人生理想。展望未来,我国青年一代必将大有可为,也必将大有作为。因而提出以下五点希望:

第一,一定要坚定理想信念。理想指引人生方向,信念决定事业成败。否则就会精神上"缺钙"。"中国梦"是全国各族人民的共同理想,也是青年一代应该牢固树立的远大理想。中国特色社会主义是实现"中国梦"的正确道路,也是青年应该牢固树立的人生信念。要坚持用邓小平理论、"三个代表"重要思想、科学发展观武装头脑,增强道路、理论、制度自信,永远紧跟党高举中国特色社会主义伟大旗帜。

第二,一定要练就过硬本领。学习是成长进步的阶梯,实践是提高本领的途径。青年的素质和本领直接影响着实现"中国梦"的进程。青年人正处于学习的黄金时期，应把学习作为首要任务和一种责任、精神追求和生活方式。要坚持面向现代化、面向世界、面向未来，增强知识更新的紧迫感，钻研理论、掌握技能、学以致用、深入基层和群众，成为能担重任的栋梁之材。

第三，一定要勇于创新创造。创新是民族进步的灵魂和国家兴旺发达的源泉，也是中华民族最深沉的禀赋。生活从不眷顾因循守旧、满足现状者，从不等待不思进取、坐享其成者，而是将更多机遇留给善于和勇于创新的人。青年是社会上最富活力、最具创造性的群体，理应走在创新创造前列。要有敢为人先的锐气，勇于解放思想与时俱进，有超越前人的雄心壮志，创建青春之国家、民族。

第四，一定要矢志艰苦奋斗。人类的美好理想，都不可能唾手可得，都离不开艰苦奋斗。我们的国家、民族，从积贫积弱走到今天的发展繁荣，靠的就是一代又一代人的拼搏和自强不息的奋斗精神。梦在前方，路在脚下，自胜者强，自强者胜。要牢记"空谈误国，实干兴邦"，立足本职、埋头苦干。要勇于创业，敢闯敢干，不断开辟事业发展新天地。

第五，一定要锤炼高尚品格。中国特色社会主义是物质文明和精神文明全面发展的社会主义。没有精神力量的民族难以自立自强，没有文化支撑的事业难以持续长久。青年是引风气之先的社会力量。民族的文化素养很大程度上体现在青年一代的道德水准和精神风貌上。要自觉树立和践行社会主义核心价值观，带头倡导良好社会风气，为实现"中国梦"而奋斗！

由于讲话较长，这里只能略述其要。但原文丰富、生动，最好是认真精读。对其他介绍部分和有关引文也是如此。

四、海内外中华儿女的共同梦想

《实现中华民族伟大复兴是海内外中华儿女共同的梦》是习近平在会见第七届世界华侨华人社团联谊大会代表时的讲话要点。其中主要讲到团结统一的中华民族是海内外中华儿女共同的根，博大精深的中华文化是共同的魂，实现中华民族伟大复兴是共同的梦。共同的根、魂、梦让我们情深意长、心心相印、同心同德，定能共同书写中华民族发展的时代新篇章。

除祝贺和问候外，他谈到世界各地有几千万海外侨胞，都是中华大家庭的成员。历代侨胞秉承民族优秀传统，不忘祖国、祖籍和身上流淌的民族血液，热情支持中国革命、建设、改革事业，为中华民族发展壮大、促进和平统一大业、增进中国人民同各国人民的友好合作作出重要贡献。祖国人民将永远铭记他们的功绩。

当前，中国人民正在为实现"中国梦"而奋斗，海外侨胞定能发挥不可替代的重要作用。因为有赤诚的爱国情怀、雄厚的经济实力、丰富的智力资源、广泛的商业人脉，是实现"中国梦"的重要力量。只要海内外中华儿女团结一心奋斗，定能汇集起实现梦想的强大力量。

中华文明有五千多年的历史，是中华民族自强不息的强大精神力量。我们的同胞身上都有中华文化烙印，是共同的精神基因，希望大家弘扬中华文化，推动中外文明交流互鉴，讲好中国故事，传好中国声音，促进互相了解和理解，为实现"中国梦"营造良好环境。最后说到"中国梦"与各国人民的梦想相通，因另有专题，暂从略。

这里说的是海内外中华儿女，重点是海外。海内早已谈了很多，也有关于香港、澳门同胞的情况。要补充的是有关台湾同胞的现状和发展趋向。刚好在2015年两会举行之际，习近平两岸关系的讲话很受注意，引起热烈反响。媒体在报道中用的标题是：《坚定不移，两岸携手共圆中国梦》①。其中有："四个'坚定不移'、坚持和平统一，成了他们（指与会人员）热烈议论的高频词。"这"四个'坚定不移'"的原话是："坚定不移走和平发展道路，坚定不移坚持共同政治基础，坚定不移为两岸同胞谋福祉，坚定不移携手实现民族复兴。"其他国内外媒体还有从各个不同角度去观测、分析的报道，如："习近平对'台独'表示警惕"、"强调'九二共识'重要意义"、"给民进党未来画下红线"、"敲打'台独'势力"、"习近平两岸关系讲话震撼蓝绿"、"释放对台政策底线"等②。我们还可以从上述报道中看到，有关方面的一些印象，如："习近平总书记对于两岸和平统一的坚定态度、充足信心、深厚感情在委员们当中引发了深刻认同与热烈回应。""两岸和平统一是历史的必然，我们本来就是一家人，流淌着一样的血液。"大家都听得很清楚："核心是认同大陆和台湾同属一个中国，只要做到这一点，台湾任何政党和团体同大陆交往都不会存在障碍。"国民党智库的两岸学者分析："习近平不分政党，在两岸关系重申'九二共识'底线，不会因为选举结果而有任何改变，隐含告知民进党若重新执政，也不要有任何妄想之意。"对了，妄想破坏统一，没门！

---

① 见《光明日报》2015年3月5日第4版。
② 见《参考消息》2015年3月6日第13-16版。

第二节 追、筑、圆梦的努力正在进行中

要想真正实现伟大振兴的"中国梦",有一个努力追梦、筑(或铸)梦、圆梦的过程。这就需要始终如一地坚持实干。"空谈误国,实干兴邦"早就提出了,奋斗目标既已确定,只有经过艰苦奋斗才能达到。因为我们前进的道路并不平坦,改革发展稳定的任务仍很艰巨而繁重,没有充满必胜的信心不行。正如习近平在同全国劳动模范代表座谈时讲话的一部分《实干才能梦想成真》中所说:"我国工人阶级一定要在坚持中国道路、弘扬中国精神、凝聚中国力量上发挥模范带头作用,万众一心、众志成城,为实现中华民族伟大复兴的中国梦而不懈奋斗。"又说:"实现我们的奋斗目标,开创我们的美好未来,必须紧紧依靠人民、始终为了人民,必须依靠辛勤劳动、诚实劳动、创造性劳动。"

一、梦想不会自动成真,需要实干

谈到实干,在上述讲话中提到发挥工人阶级的模范带头作用。对于在迈向未来的征程上,我们必须充分发挥我国工人阶级的重要作用,焕发他们的历史主动精神,调动劳动和创造的积极性,有如下四点重要论述:

第一,必须充分发挥工人阶级的主力军作用。工人阶级是我国的领导阶级,是先进生产力和生产关系的代表,是我们党最坚实可靠的阶级基础,是全面建成小康社会、坚持和发展中国特色社会主义的主力军。

改革开放以来,工人阶级队伍扩大,素质提高,结构优化,面貌焕然一新,先进性增强,展望未来,坚持和发展中国特色社会主义,必须全心全意依靠工人阶级、巩固其领导阶级地位,充分发挥其主力军作用。全心全意依靠工人阶级不能只当口号喊、标签贴,而要贯彻到党和国家政策制定、工作推进全过程,落实到企业生产经营各方面。

第二,必须紧紧依靠工人阶级发展中国特色社会主义。中国特色社会主义是当代中国发展进步的根本方向,是实现"中国梦"和引领我国工人阶级走向更加光明未来的必由之路。我国工人阶级要增强历史使命感和责任感,立足本职、胸怀全局,自觉把人生理想、家庭幸福融入国家富强、民族复兴的伟业之中,把个人梦与"中国梦"紧密联系在一起,始终以国家主人翁姿态为坚持和发展中国特色社会主义作贡献。

我国工人阶级要牢固树立中国特色社会主义理想和永远跟党走的信念，坚决拥护社会主义制度和改革开放，始终坚持做中国道路的柱石；要自觉践行社会主义核心价值观，发扬工人阶级的伟大品格，用先进思想、模范行动影响和带动全社会，为中国精神注入新能量，做中国精神的楷模；要坚持以振兴中华为己任，充分发挥伟大创造力量，发扬工人阶级识大体、顾大局的光荣传统，自觉维护安定团结的政治局面，做凝聚中国力量的中坚。

第三，必须坚持崇尚劳动、造福劳动者。发展中的各种难题，只有通过劳动才能破解；生命里的一切辉煌，只有通过诚实劳动才能铸就。必须牢固树立劳动最光荣、最崇高、最伟大、最美丽的观念，让全体人民进一步焕发劳动热情、释放创造潜能，通过劳动创造更加美好的生活。

全社会都要贯彻尊重劳动、知识、人才、创造的重大方针，维护和发展劳动者的利益，保障其权利。要坚持社会公平正义，排除阻碍劳动者参与发展、分享发展成果的障碍，努力让劳动者实现体面劳动、全面发展。全社会都要热爱劳动，以辛勤劳动为荣，以好逸恶劳为耻。

第四，必须大力弘扬劳模精神、发挥劳模作用。榜样的力量无穷。劳模是民族的精英、人民的楷模。广大劳模以平凡的劳动创造了不平凡的业绩，铸就了"爱岗敬业、争创一流，艰苦奋斗、勇于创新，淡泊名利、甘于奉献"的劳模精神，丰富了民族和时代精神的内涵，是我们极为宝贵的精神财富。

全国人民都要向劳模学习，共同投身实现中华民族复兴的伟业。广大劳模和先进人物要珍惜荣誉，做坚定理想信念、勤奋劳动、增进团结的模范。各级党委、政府和工会要高度重视、关心爱护劳模，支持其发挥骨干带头作用，帮助其解决生产生活中的问题，宣传其先进事迹，使其精神发扬光大。

党对工会寄予厚望，职工群众对工会充满期待。中国特色社会主义工会是社会主义国家政权的重要支柱。时代在发展，事业在创新，工会工作也要发展、创新。真抓才能攻坚克难，实干才能梦想成真。有党中央的坚强领导，有全国人民的共同奋斗，我们一定能实现中华民族伟大复兴的"中国梦"！

二、创新正当其时，圆梦适得其势

这是习近平在欧美同学会成立100周年庆祝大会上讲话一部分的标题。从对广大留学人员所提四点希望中看到这个正当其时和适得其势，要留学人员把爱国之情、强国之志、报国之行统一起来，把自己的梦想融入人民实现"中国梦"的壮阔奋斗之中，把自己的名字写在中华民族伟大复兴的光辉史册上。

这四点希望是：

第一，坚守爱国主义精神。在中华民族发展的历史长河中，爱国主义是主旋律和强大力量。钱学森说："我作为一名中国的科技工作者，活着的目的就是为人民服务。如果人民最后对我的一生所做的工作表示满意的话，那才是最高的奖赏。"

希望广大留学人员继承和发扬留学报国的光荣传统，把国家富强、民族振兴、人民幸福作为努力志向，自觉使个人成功的果实结在爱国主义这棵常青树上。党和国家尊重留学人员的选择，回国工作，我们张开双臂热烈欢迎；留在海外，我们支持通过多种形式为国服务。大家都要牢记，无论身在何处，你们都是中华儿女的一分子，祖国和人民惦记着你们，祖国永远是你们温暖的精神家园。

第二，矢志刻苦学习。学习是立身做人的永恒主题，也是报国为民的重要基础。梦想从学习开始，事业从实践起步。知识信息快速更新，学习稍有懈怠，就会落伍。有人说，每个人的世界都是一个圆，学习是半径，半径越大，拥有的世界就越广阔。

希望大家坚持面向现代化、面向世界、面向未来，瞄准国际先进知识、技术、管理经验，努力扩大知识半径，砥砺道德品质，掌握真才实学，练就过硬本领。拓宽眼界和视野，加快知识更新，优化知识结构，努力成为堪当大任、能做大事的优秀人才。

第三，奋力创新创造。创新是一个民族进步的灵魂和国家兴旺的不竭动力，也是中华民族最深沉的民族禀赋。在激烈的国际竞争中，唯创新者进、强、胜。留学人员视野开阔，理应走在创新前列。祖国改革开放和社会主义现代化建设的火热进程，为一切有志于创新创造、干一番事业的人们提供了广阔舞台。

希望大家积极投身创新创造实践，有敢为人先的锐气，力争有所突破、发展和建树。在中国大地上，要想有建树、成就，关键是要脚踏祖国大地，胸怀人民期盼，找准专业优势和社会发展的结合点、先进知识和我国实际的结合点，真正使创新创造落地生根、开花结果。

第四，积极促进对外交流。中国的发展离不开世界，世界的繁荣也需要中国。我们要以更加开放的姿态，加强同世界的联系和互动，加深同各国人民的了解和友谊。留学人员既有国内成长经历又有海外生活体验，既有广泛的国内外人际关系又有丰富的不同文化交流经验，许多外国人通过你们了解、认识中国，许多中国人通过你们了解、认识世界。

希望大家充分发挥自身优势，加强内引外联、牵线搭桥，当好促进中外友好交流的民间大使，多用外国民众听得到、听得懂、听得进的途径和方式，讲好中国故事，传好中国声音，让世界对中国多一分理解和支持。

发展的中国需要更多的海外人才，开放的中国欢迎来自世界各地的英才。我们相信，只要大家牢记"空谈误国，实干兴邦"，同人民站在一起，奋斗在一起，就定能为实现"中国梦"书写出无愧于时代、人民、历史的绚丽篇章！

三、实现"中国梦"要做到"四个全面"

关于正式提出"四个全面"的来历，前面已有介绍。在 2015 年"两会"召开的前夕，《人民日报》于 2015 年 2 月 25 日发表评论员文章，把习近平的执政理念总结为"四个全面"，被外媒认为是中共第一次完整提出习近平的政治纲领。文章说，两年多来，从党的十八大强调"全面建成小康社会"，到党的十八届三中全会部署"全面深化改革"，再到党的十八届四中全会要求"全面依法治国"，党的群众路线教育实践活动总结大会宣示"全面从严治党"，"四个全面"战略布局清晰展现。

由于为实现"中国梦"的追梦、筑梦、圆梦的努力早已开始进入现在进行时，国外媒体非常和特别敏感地把"四个全面"同"中国梦"直接联系起来，认为习近平 2012 年执政伊始即提出"中国梦"的口号，但尚缺乏理论色彩。而这一次，"四个全面"被《人民日报》称为"我们党治国理政方略与时俱进的新创造、马克思主义与中国实践相结合的新飞跃"。他们注意到，除了小康社会，其他都与习近平密不可分，他在推进法制改革的同时严厉打击了共产党各级党员的腐败行为。这不是中国新闻界首次提到"四个全面"，但大规模宣传这一理论还是第一次，表明它在党内高层获得了普遍承认。

《人民日报》的报道指出，这四个概念中的每一条都与一系列有交叉的目标联系在一起。例如，"全面建成小康社会"是实现中华民族伟大复兴"中国梦"的关键一步，"全面深化改革"的总目标是完美"中国特色社会主义制度"，依法治国和从严治党也与这些目标有密切联系。《人民日报》说"四个全面"是更加注重发展和治理"系统性、整体性、协同性"的必然选择。也有外媒注意到《求是》杂志说"四个全面"是马克思主义中国化的最新成果。

他们还有一些预测，那要让以后的事实来证明。①

果然，《"四个全面"成中国今年两会主线》②。详情不细说了，只说一篇关于两会的报道：《"四个全面"托举中国梦——代表委员热议"四个全面"重大战略布局》③。其中的四个小标题很可以说明议论情况和比较集中的问题。一是全面建成小康社会：实现中国梦的关键一步。"小康这一华夏儿女千百年来的梦想，被中国共产党人赋予更深刻的内涵。"二是全面深化改革：实现中国梦的必由之路。"中央全面深化改革领导小组举行第十次会议。'突出重点，对准焦距，找准穴位，击中要害，推出一批能叫得响、立得住、群众认可的硬招实招'，从而'让人民群众有更多获得感'——这样掷地有声的表述，令代表委员们倍感振奋。"三是全面依法治国：实现中国梦的法治保障。"最高法巡回法庭的设立，解决了司法行政化、地方化的老大难问题。我们学术界期待过、讨论过，却没料到这么快变成现实，可见这一轮司法改革的确'动了真格的'。"四是全面从严治党：让实现中国梦的领导核心更加坚强。"打虎拍蝇、清理'裸官'、遏制浪费……党的十八大以来，党风廉政建设力度空前，让世人看到了中国共产党的勇气与决心。"最后："这个坚强领导核心的未来表现，也令代表委员们有理由充满信心。"

再举一例，是《光明日报》祝贺两会开幕的社论《推进"四个全面"书写崭新篇章》④ 中说 2015 年是"全面建成小康社会的攻坚之年"、"全面深化改革的关键之年"、"全面依法治国的开局之年"和"从严治党的强化之年"。还要"努力将'四个全面'向纵深推进，努力做好'十二五'规划的完美收官，团结一心，协调推进，锐意进取，攻坚克难，书写中华民族伟大复兴的崭新篇章"。

本来，为了推进"四个全面"，还有"三严三实"的重要要求。由于另有专文《从全面严实看行政文化》，拟作本书附录，以供参考，这里就不多说了。而且，"行政文化"也与实干兴邦有密切关系。

---

① 《参考消息》2015 年 2 月 27 日第 1 - 3 版。
② 《参考消息》2015 年 3 月 2 日第 16 版。
③ 《光明日报》2015 年 3 月 2 日第 1 - 3 版。
④ 《光明日报》2015 年 3 月 5 日第 4 版。

四、关于"中国梦"的外媒杂议随拾

外国媒体关于"中国梦"和有关情况的议论之多,真是难计其数。仅是通过《参考消息》看到的,日积月累,更不用几年之内,也够多了。所以只能在有限的篇幅中,来一个"随拾"。难免拾、失不当,权当借窥一斑而已。下面试按时间顺序,略述若干例。

美媒文章《"中国威胁"是一个谬论》(《参考消息》2014年6月24日第15版)。

德媒报道《2014年联合国千年发展目标报告》,另一标题是《极度贫困减少——多亏中国崛起》(《参考消息》2014年7月9日第4版)。

美刊排行榜《"中国式创新"定义全球竞争新模式》(《中国社会科学报》2014年7月18日A3版)。

日媒文章《别再预测中国经济崩溃了》(《参考消息》2014年8月4日第14版)。

新加坡《媒体点评习近平执政成绩单》(《参考消息》2014年8月14日第16版)。

外媒文章《正在唤醒中国的习近平》(《参考消息》2014年8月20日第14版)。

美媒文章《如何把无畏化作有效的行动:中国领导人习近平挑战西方治国模式》(《参考消息》2014年10月15日第15版)。

外媒感叹"这是中国时刻"(《参考消息》2014年11月11日第2版)。

世界精英论中国·政治篇"我们感受到中国改革决心"(《参考消息》2014年11月14日第11版)。

英媒报道《美国企业高管欣赏中国"实干"精神而非国会僵局》(《参考消息》2014年11月20日第15版)。

英媒文章《中国的科学革命旨在解决气候变化》,另一标题为《美国科学家撰文认为世界智力中心正向中国转移》(《参考消息》2014年11月30日第7版)。

美刊文章《中国领导人习近平站到世界舞台中央》,又作《习近平站到世界舞台最中央》(《参考消息》2014年12月12日第14版)。

《外媒探寻习近平成功治国之谜》,内含西班牙、新加坡、美国等媒体文章(《参考消息》2015年2月9日第1-2版)。

日媒文章《2020年将是实现"中国梦"关键》(《参考消息》2015年2月16日第14版)。

海外关注习近平主席春节团拜会讲话《盘旧迎新定方略 重视家庭暖人心》，内有韩国、巴西、印度尼西亚、泰国、俄罗斯、文莱、法国、土耳其、美国等媒体、研究机构、高等院校、社会团体等有关人员的意见(《光明日报》2015年2月20日第3版)。

《保加利亚政要学者热议中国梦》是一篇专题特别报道，这里也不按时间顺序单列出来。全文较长，载于《参考消息》2015年2月3日第11版，署名作者是钟文献。在"中国梦"专题研讨会上发言的，主要有总统、前副总统、前总理外事顾问、外交部中国问题专家、经济学家、政治家、社会学家、大学教授、科学院学者等。意见比较集中于以下四个方面：一是"中国梦绝不是'乌托邦'"，二是"中国梦体现中国领导人传统智慧"，三是"中国梦已是很有内容的具体计划"，四是"向世界阐述自己的梦想很重要"。最后一位教育工作者讲的简单几句话很有意思："我是教书育人的，我关注学生们的思维方式。在他们的想法中，可以看到跟中国梦有关的东西。举几个例子。……学生找我帮忙，希望可以提前给他们安排考试，……这次有个姑娘却告诉我，她要去的目的地是上海，让我感到很亲切。去年底，我同一个优等生谈一个项目计划，希望他能参与，他谢绝了，他说他马上要到中国留学。"

港媒不是外媒，有关文章和报道也很多，这里只顺便举两个例子。一个是港报报道《中企科研能力直追海外》，原题是《创新工场合伙人称中国科技研发水平直追海外同行》(《参考消息》2014年12月28日第5版)，具体内容从略。另一个是港媒文章《中国人不会膜拜西方价值观》，原题为《中国人不会愚蠢到去膜拜西方的价值观》(《参考消息》2015年2月25日第14版)。作者不是中国人，对"西方价值观"从历史到现状，都有分析和批判。他已说到"绝大多数中国人并没有从割裂与本国社会的关系中获益"，下面让我们来说，我们培育和践行的是社会主义核心价值观。

第三节 全世界人民心目中的"中国梦"

在第一节的结尾部分，讲到海内外中华儿女的共同梦想时，我们把习近平讲话的最后一段移来这里："中国梦既是中国人民追求幸福的梦，也同各国人民追求幸福的梦想相通。国家好、民族好，大家才会好。世界好，中国才会好。中国坚持走和平发展道路，是世界繁荣发展的正能量。"接着希望海外侨胞要利用自身优势和条件，积极为住在国同中国各领域交流合作牵线搭桥，更好融入和回馈当地社会，为促进世界和平与发展不断作出新贡献。在这个主题之下，我们要继续讨论的是"中国梦"不仅是中国人民的梦、各国人民对中国崛起的观感、夯实走和平发展道路的基础和坚持亲、诚、惠、容的周边外交理念。其中包括推动构建新型大国关系等问题。

一、"中国梦"不仅是中国人民的梦

作为习近平在接受特立尼达和多巴哥、哥斯达黎加、墨西哥等拉美三国媒体联合书面采访时答问一部分的《实现中国梦不仅造福中国人民，而且造福世界人民》有共性的讲话。先说"中国梦"的由来："中华民族历经磨难，自强不息，从未放弃对美好梦想的向往和追求。实现中华民族伟大复兴的中国梦是近代以来中华民族的夙愿。"接着说明"中国梦"的本质是国家富强、民族振兴、人民幸福，以及必须走中国特色社会主义道路，并且已经走了三十多年。还必须弘扬中国精神、凝聚中国力量和坚持和平发展。因而始终不渝奉行互利共赢的开放战略，不仅致力于中国自身发展，也强调对世界的责任和贡献；不仅造福中国人民，而且造福世界人民。因而实现"中国梦"给世界带来的是和平，不是动荡；是机遇，不是威胁。

以下虽然是对拉美和加勒比各国讲的，其原则精神实普遍适用。他说："中国和拉美虽然远隔重洋，但我们的心是相通的。联结我们的不仅是深厚传统友谊、密切利益纽带，还有我们对美好梦想的共同追求。"他认为，拉美和加勒比国家共同体的成立，充分表明拉美正在积极推进拉美独立运动先驱们倡导的团结协作、共同发展的梦想。表示："中国愿同拉美和加勒比各国紧密团结、相互支持、真诚合作，在通往发展繁荣的美好梦想的道路上携手共进。"

在很多对外宾的讲话中，都表述了上述思想的共同内容，不一一列举了。比较有代表性的如在博鳌亚洲论坛 2013 年年会上的主旨演讲：《共同创造亚洲和世界的美好未来》便是其中的一个。那届年会以"革新、责任、合作：亚洲寻求共同发展"为主题，他认为很有现实意义。推动亚洲和世界发展不断上新台阶需要：

第一，勇于变革创新，为促进共同发展提供不竭动力。长期以来，各国各地区在保持稳定、促进发展方面形成了很多好经验好做法，要继续发扬光大。

第二，同心维护和平，为促进共同发展提供安全保障。没有和平，发展就无从谈起。国家无论大小、强弱、贫富，都应该做和平的维护者和促进者。

第三，着力推进合作，为促进共同发展提供有效途径。要互通有无，优势互补，在谋求自身发展中促进各国共同发展，为促进世界经济增长多作贡献。

第四，坚持开放包容，为促进共同发展提供广阔空间。应该尊重各国自主选择社会制度和发展道路的权利，把世界多样性和各国差异性转化为发展活力和动力。

他说："中国是亚洲和世界大家庭的重要成员。中国发展离不开亚洲和世界，亚洲和世界繁荣稳定也需要中国。"接着谈了党的十八大，对实现"中国梦"充满信心。坚持与邻为善、以邻为伴，巩固睦邻友好，深化互利合作，努力使自身发展更好惠及周边国家。我们将大力促进亚洲和世界发展繁荣。"亲仁善邻，是中国自古以来的传统。亚洲和世界和平发展、合作共赢的事业没有终点，只有一个接一个的新起点。中国愿同五大洲的朋友们携手努力，共同创造世界的美好未来，造福亚洲和世界人民！"

二、各国人民对中国崛起的观感

在上一节"关于中国梦的外媒杂议随拾"中，已有这方面的内容，但仅列出标题，这里可以看得具体一些。当然也只能还是"随拾"性质。文章、报道的出处也不再注明了。

《"中国威胁"是一个谬论》是美媒文章，不是我们说的，文章认为谬论不可轻信，"真实情况几乎完全相反"。随后指出"中国的克制被忽视"和"不实之论充满偏见"。例如，"中国一直主张搁置争议、共同开发，但是一些国家擅自……"便是事实。偏见很多，作者的最后两句话是："《纽约时报》正在宣传'中国威胁'的不实之论。这一宣传充满偏见，不公平，不真实，最终对美国而言是危险的。"

《2014年联合国千年发展目标报告》说的是"全球贫困人口减半"仰仗中国。原题是《极度贫困减少——多亏中国崛起》，意思差不多，"减半"更具体。"这些成就就主要归功于中国。中国的极端贫困人口比例已经从1990年的60%下降到2010年的12%。"

《"中国式创新"定义全球竞争新模式》的要点是："中国已从'追随者'转变为'创新者'"、"中国企业实践挑战传统创新模式"、"中国政府重视创新是重要因素"、"与中国企业合作在全球竞争中实现双赢"。最后，一位历史学教授表示："中国正经历着迅速变化，中国正进行着技术发展和创新，其他国家要接触中国，学习中国文化和中文，以更好地了解中国。"

《别再预测中国经济崩溃了》是日媒文章，原副标题为：《我们还是别为中国经济崩溃论感到恐惧了》。文章提到："那本《中国即将崩溃》已声名狼藉。事实已证明，该书观点是错误的。……有关中国的末日预测越来越像痴心妄想了。"

在《媒体点评习近平执政成绩单》中，新加坡媒体在谈到"开启'新常态'"后，指出"成果超预期"。英媒报道"改革有挑战"，原题为《习近平"追梦一年半"，有成就有风险》。那是根据人民网发表题为《追梦一年半：习近平三大建树》而发的。为人称道的三大建树是反腐、改革和外交方面的。

在外媒文章《正在唤醒中国的习近平》中，讲的都是实实在在的事。这个题目就很醒目。打"虎"拍"蝇"有目共睹，大快人心。"习近平的一切设想与行动，都是在竭力推动中国走向'复兴之路'。"

在专家评述《习近平治国理念挑战西方模式》中，主要是针对《习近平谈治国理政》一书而发的。罗伯特·劳伦斯·库恩写的文章：《习近平复兴中国的蓝图扫除恐惧和困惑》，认为该书是"一项史无前例的大工程"并"坦率表达爱国自豪"。内森·加德尔的文章题为《如何把无畏化作有效的行动：中国领导人习近平挑战西方治国模式》，认为该书的出版，"标志着一个全球化的新篇章。……全球化还将带来治理模式的竞争"。

正如大家所知道的，这方面的资料还有很多，这里不可能再多介绍了。而选择不当或有重大遗漏则很有可能。至于偏见，即使不说，估计也难以完全消除，但无损于真情正道。希望崩溃和以为威胁毕竟并非实有其事。

三、夯实走和平发展道路的基础

《更好统筹国内国际两个大局，夯实走和平发展道路的基础》是习近平在主持十八届中共中央政治局第三次集体学习时的讲话要点。在《习近平谈治国理政》一书中，"走和平发展道路"是全书18个组成部分之一，共收入5篇讲话，这是其中的第一篇。讲话一开头，就明确指出："走和平发展道路，是我们党根据时代发展潮流和我国根本利益作出的战略抉择。"接着强调："我们要以邓小平理论、'三个代表'重要思想、科学发展观为指导，加强战略思维，增强战略定力，更好统筹国内国际两个大局，坚持开放的发展、合作的发展、共赢的发展，通过争取和平国际环境发展自己，又以自身发展维护和促进世界和平，不断提高我国综合国力，不断让广大人民群众享受到和平发展带来的利益,不断夯实走和平发展道路的物质基础和社会基础。"一口气全面点出了所要讲的主题。

本来,中华民族是爱好和平的民族。近代以后的中国历史大家都知道了,我们的和平发展道路确实来之不易,是新中国成立以来,特别是改革开放以来,我们党经过艰辛探索和不断实践逐步形成的。我们提出和坚持了和平共处五项原则,确立和奉行了独立自主的和平外交政策,向世界做出了永远不称霸、永远不搞扩张的庄严承诺,强调中国是维护世界和平的坚定力量。

党的十八大提出了"两个一百年"的目标,我们提出了实现"中国梦"的目标,必须有国际和平环境,一定要抓住机遇,依靠发展起来的力量,更好走和平发展道路。纵观世界历史,靠武力对外侵略扩张最终都是要失败的。这是历史规律。世界繁荣稳定是中国的机遇,中国发展也是世界的机遇。和平发展道路能否走通,要看中国与世界各国能否在良性互动、互利共赢中开拓前进。

我们坚持走和平发展道路,但决不放弃正当权益和牺牲国家核心利益。只有各国都走和平发展道路,才能共同发展与和平相处。我们绝不做损人利己的事。这在会见联合国秘书长潘基文的谈话中有所发挥,题目是《走出一条和衷共济、合作共赢的新路子》。在荷兰海牙核安全峰会上讲的专题《坚持理性、协调、并进的核安全观》中指出:"探讨加强核安全对策,意义十分重大。"提出把核安全进程纳入健康持续发展的轨道,要发展和安全、权利和义务、自主和协作、治标和治本共四个并重,还要防患于未然。中国积极推动核安全国际合作。为实现持久核安全,中国愿继续作出自己的努力和贡献:一是增强自身核安全能力,二是参与构建国际核安全体系,三是支持核安全国际合作,四是维护地区和世界和平稳定,同各国一道致力于消除核恐怖主义和核扩散存在的根源。

在《文明因交流而多彩,文明因互鉴而丰富》的演讲中,认为文明是多彩的、平等的、包容的,应该交流互鉴。

《走和平发展道路是中国人民对实现自身发展目标的自信和自觉》是习近平在德国科尔伯基金会演讲的一部分。"相互了解、相互理解是促进国家关系发展的基础性工程。"真是了解越多,理解越深,交流合作的基础就越牢固、越广泛。他以中国坚持走和平发展道路为题,就中国改革发展所谈的体会非常深刻。中国人民对实现自身发展目标的自信和自觉来源于中华文明的深厚渊源和对实现中国发展目标条件的认知,以及对世界发展大势的把握。这些都必须肯定。因此，"中国走和平发展道路，不是权宜之计，更不是外交辞令，而是从历史、现实、未来的客观判断中得出的结论，是思想自信和实践自觉的有机统一"。对中国和世界都有利，实在没有理由不坚持被实践证明走得通的路。

四、坚持亲、诚、惠、容的周边外交理念

"做好周边外交工作"也是前述18个专题之一。在这个专栏中，共收入3篇讲话：《共同建设"丝绸之路经济带"》、《共同建设二十一世纪"海上丝绸之路"》、《坚持亲、诚、惠、容的周边外交理念》。前两篇乍看好像都是讲经济的，但阅读以后便知道把它们归入周边外交工作很恰当。

先看关于"丝绸之路经济带"。从2100多年前说起，汉代的张骞肩负和平友好使命，两次出使中亚，开启了中国同中亚各国友好交往的大门，开辟出一条横贯东西、连接欧亚的丝绸之路。其现实意义可想而知。演讲中指出，我们要坚持世代友好，做和谐和睦的好邻居；互相支持，做真诚互信的好朋友；加强务实合作，做互利共赢的好伙伴。以更宽的胸襟、更广的视野拓展区域合作，共创新的辉煌。还要加强政策沟通、道路联通、贸易畅通、货币流通和民心相通。

再看关于"海上丝绸之路"。现在中国和东盟关系正站在新的历史起点上，要着重从以下几个方面做出努力：坚持讲信修睦、合作共赢、守望相助、心心相印和开放包容。"一个更加紧密的中国—东盟命运共同体，符合求和平、谋发展、促合作、图共赢的时代潮流，符合亚洲和世界各国人民共同利益，具有广阔发展空间和巨大发展潜力。"

说到周边外交工作要坚持的那四个字的理念，实际上在前面的两次讲话中，已经有所透露了，集中起来谈这个问题，还得从做好周边外交工作的必要性和重要性说起。"做好周边外交工作，是实现'两个一百年'奋斗目标、实现中华民族伟大复兴的中国梦的需要，要更加奋发有为地推进周边外交，为我国发展争取良好的周边环境，使我国发展更多惠及周边国家，实现共同发展。"

新中国成立后，历任中央领导都高度重视周边外交，为我们继续做好周边外交工作打下了坚实基础。党的十八大以来，党中央在原有基础上运筹外交全局，突出周边在我国发展大局和外交全局中的重要作用，开展了一系列重大外交活动。"无论从地理方位、自然环境还是相互关系看，周边对我国都具有极为重要的战略意义。思考周边问题、开展周边外交要有立体、多元、跨越时空的视角。"我国周边形势、环境和关系已发生很大变化，经贸联系更密、互动空前密切，我们的工作必须与时俱进、更加主动。要努力使周边政治关系更加友好、经济纽带更加牢固、安全合作更加深化、人文联系更加紧密。

"我国周边外交的基本方针，就是坚持与邻为善、以邻为伴，坚持睦邻、安邻、富邻，突出体现亲、诚、惠、容的理念。"讲话虽然没有对这四个字分别做出具体解释，但在所讲的内容和讲话过程中已随时表达出来。例如，要使周边国家对我们更友善、更亲近、更认同、更支持，要诚心诚意对待周边国家，本着互惠互利的原则同周边国家打交道，等等。要倡导包容的思想，强调亚太之大容得下大家共同发展，以更加开放的胸襟和更加积极的态度促进地区合作。紧接在这一段讲话之后，他说："这些理念，首先我们自己要身体力行，使之成为地区国家遵循和秉持的共同理念和行为准则。"

维护周边和平稳定是周边外交的重要目标。要同有关国家共同努力，加快基础设施互联互通，建设好丝绸之路经济带、21世纪海上丝绸之路。

政策和策略是党的生命，也是外交工作的生命。要找到利益的共同点和交汇点，坚持正确义利观，有原则、讲情谊、讲道义，多向发展中国家提供力所能及的帮助。要推进外交工作改革创新，加强策划设计，力求取得最好效果。

后　记

　　作为一个出生在五四运动前夕的中国老人，抚今思昔，不能没有"生不逢时老逢时，耄耋欣幸历盛世"之感。旧社会每况愈下，难免有"江湖越老越寒心"之叹，如今日新月异、渐入佳境，且常有跨越式进展，则足以令老人愈老愈开心和更加有信心。面对国内、国际两个大局，我们"实干兴邦"大业绩效卓著。建设中国特色社会主义，培育和践行社会主义核心价值观，努力争取实现国家富强、民族振兴、人民幸福的"中国梦"已成为全民的自觉行动。一点也没有夸张，真是形势大好，不是小好！

　　关于"实干兴邦"的讨论，完完全全和地地道道是一个正在进行时的热门课题，并且要持续热烈讨论下去。可是，作为一个研究项目，又不能不在一定的时期以内告一段落。而实际情况却是在刚要结束之际，又不断涌现许多崭新喜人的事态，使人难以罢手。这里的权宜之计是再补充数例，以便类推，然后暂时搁笔。

　　按时间顺序来说，一是在2015年3月28日开幕的博鳌亚洲论坛2015年年会上，习近平主席在主旨演讲中提出了迈向命运共同体的四个"必须坚持"。事关中国道路、亚洲价值和世界潮流。演讲强调：通过迈向亚洲命运共同体，推动建设人类命运共同体，必须坚持各国相互尊重、平等相待，必须坚持合作共赢、共同发展，必须坚持实现共同、综合、合作、可持续的安全，必须坚持不同文化兼容并蓄、交流互鉴。这四个"必须坚持"可以看作亚洲国家合作、交流、互鉴、解决冲突、应对危机的基本遵循，同样也是全世界交流超越意识形态和社会制度差异，从相互封闭走向开放包容、从猜忌隔阂走向互信认同，最终构建命运共同体的必由之路。这也就是要开创亚洲和全人类新的前景。我们可以由此体会到，我们的

"实干兴邦",不是小干而是大干,不是单干而是共同干,不是关起门来干,而是在改革开放中干。

二是关于亚洲基础设施投资银行(亚投行)的事。2015年4月15日,中国财政部宣布了亚投行意向创始成员国最终名单——来自亚洲、大洋洲、欧洲、南美洲、非洲的57个发达国家和发展中国家。亚投行从设想倡议阶段进入了实质性的细节筹备阶段,这将给全球合作、包容共赢谱写新篇章。此事引起世界轰动,许多细节大家都看到了,不用细说。总体来看,是好消息连接不断,《光明日报》2015年4月18日第1版报道的专题《亚投行:花儿为什么这样红》就很可以说明问题。这一开创性的事业,也与互联互通、共同受益、打造命运共同体有关。分析人士普遍认为,随着亚投行的筹建以及"一带一路"战略的落实,亚洲打造命运共同体已找到清晰的实现路径。

三是关于外媒述评:习近平亚洲峰会表现"可圈可点"。那是2015年4月26日《参考消息》第8版的标题,主要是指"自由挥洒显国际风范"、"倡新秩序获普遍点赞"和"互利互惠破外界疑虑"。我们的"实干兴邦"也正是要面面俱到地干下去。

附　　录

从全面严实看行政文化

夏书章

【摘要】 作为事关治国理政大计的行政文化，是社会总体文化的一个极其重要的组成部分。行政工作如何开展，有一个所行何政，即行政的性质和目标问题。在新中国，现在正在建设中国特色社会主义并为实现现代化小康社会和国家富强、民族振兴、人民幸福的"中国梦"而奋勇前进。提出"四个全面"和"三严三实"的要求非常及时，既有十分明确的针对性，又是势在必行的行动纲领。最后是大国和平崛起史无前例。

【关键词】 行政文化　中国特色社会主义　中国梦　四个全面　三严三实

一、行政文化的地位和作用

常识告诉我们：地不分中外，时无论古今，全人类都有不同性质和类型的文化存在和发展。大体说来，原始社会、奴隶社会、封建社会、资本主义社会、社会主义和共产主义社会，无一不各有特点地在文化上集中反映。在社会生活的方方面面，也是这样。例如，人们议论较多的什么饮食文化、服饰文化、娱乐文化，等等，已可算是老生常谈。但是，值得注意和应该郑重指出的是：作为事关治国理政大计的行政文化，是总体文化中的极其重要的一个组成部分。其所处的地位和发挥的作用，同国家、民族、地区的兴衰、成败、祸福、安危有直接和密切联系。因此，高度重视对行政文化的研究，是行政改革研究中的应有之义。

说到行政文化，已有用时下流行术语来表达的，如认为它是"行政管理的深层次的软件要素"，或被称之为"行政管理之魂"[①]。可见其重要性不可低估。与此同时的另一方面，是行政文化早已有大量传统和外国的"品种"。立

[①] 田兆阳：《中国传统行政文化》，当代世界出版社 1999 年版，第 1 页。

足于现代本土，有如何实行"古为今用"和"洋为中用"的问题。机械照搬、囫囵吞枣不行，必须慎重选择。在向《中国传统行政文化》一书出版致贺时，本文作者曾写了这么几句："中国传统良莠明，国治邦安睦诸邻，传优存善知弃取，统筹兼顾保太平。行政文化倡清廉，政通人和得人心，文武之道张亦弛，化雨春风乐康宁。"① 对于外国行政文化，当然也要照此办理。问题的焦点在于，要肯定以我为主和认真提高对"老古董"和"舶来品"即"洋货"的鉴别能力。

关于"以我为主"，主要是牢牢记住自己的行政性质、目标和达标的任务。回忆十几年前，作者在一篇短文中，谈到《中国行政管理》这一被称为"行政专业刊物"时，对"行政专业"有如下的简释："行建设中国特色社会主义之政，须勤政、廉政；专为人民服务当社会公仆之业，应敬业、乐业。"② 原是借以回答所行何政和所专何业的，实际情况也正是如此。全心全意为人民服务是中国共产党一贯的宗旨。坚信"只有社会主义能够救中国"终于走上建设中国特色社会主义的道路，早已日益增强了道路自信和相关的理论自信、制度自信，以及文化自信，包括我们正在讨论的行政文化自信。由于中国特色社会主义内容无比丰富，任务相当艰巨，如果没有相应的尤其是自觉的努力，便难以顺利成功。

确实可喜的是，这种自觉的努力早已广泛展开，特别是自从实行改革开放政策以来，在较短的历史时期内所取得的光辉成就，已为全世界所公认和有目共睹。国家的国际地位大大提高，人民的生活明显改善，联合国报告称中国减贫贡献大，已注意到中国贫困人口大量减少在全球所占的最高比重。不仅如此，从中国共产党的成立和中华人民共和国的开创这两个一百年的转变已近在眼前或为期不远。全面实现社会主义现代化小康社会，就是"四个全面"的第一项。我们还要继续前进，为实现国家富强、民族振兴、人民幸福的"中国梦"而努力奋斗。"四个全面"和"三严三实"的提出，更能让人们鼓足干劲去争取胜利。正如习近平同志所说："实干才能梦想成真。"③

---

① 田兆阳：《中国传统行政文化》，当代世界出版社1999年版，第1页。
② 夏书章：《老兵新愿》，载《中国行政管理》2001年第1期。
③ 《习近平谈治国理政》，外文出版社2014年版，第44页。

二、建设中国特色社会主义

上面最后引用的一句话,原是《习近平谈治国理政》(以下简称《治国理政》)一书的篇名。其中还提到"空谈误国,实干兴邦"。对于兴的是什么邦,他也已指明是"富强民主文明和谐的社会主义现代化国家"。因此,该书18个大标题中列"坚持和发展中国特色社会主义"为第一个大标题是完全可以理解的。其中包括四篇讲话,从奋斗目标、党的十八大精神、为什么要毫不动摇坚持和发展中国特色社会主义,到坚持和运用好毛泽东思想活的灵魂。① 顺便说说,此书引起各国政要和有关学者的热议和较大关注不是偶然的,它对了解中国发展的理念和实况都很有帮助,我们更应该好好学习研究。

首先,关于《人民对美好生活的向往,就是我们的奋斗目标》。这是向世界传递的"中国声音"中的最强音。中国共产党人是这样说的,也是这样做的。可是,要实现这个目标,真是谈何容易!历史久已表明,中国是文明古国,中华民族是伟大的民族,只是在"近代以后,我们的民族经历磨难,……到了最危险的时候。……奋起抗争,但一次又一次地失败了。"终于在中国共产党的领导下,"团结带领人民前仆后继、顽强奋斗,把贫穷落后的旧中国变成日益走向繁荣富强的新中国,中华民族伟大复兴展现出前所未有的光明前景"。这是一个从探索到明确走上建设中国特色社会主义道路的过程,这是创造性地在中国运用和发展马克思主义的一朵奇葩。我们一定要坚定不移地把这条路走好和走到底。

其次,党的十八大报告的一条主线就是坚持和发展中国特色的社会主义。"我们要紧紧抓住这条主线,……才能把党的十八大精神学得更加深入,领会得更加透彻,贯彻得更加自觉。"关于为什么要强调这一点,习近平同志的回答和体会讲得很全面和深刻。他所归纳的三点"只有"和"才能"以及五条"深刻领会"已经把党的十八大精神作了高度精准的概括,我们必须切实、过细和认真学习,以求真正理解关于从理论和实践相结合的论述。这篇在中共中央政治局集体学习时的讲话非常丰富多彩,可算得已面面俱到和头头是道,非精读原文不足以掌握中国特色社会主义的实践特色、理论特色、民族特色、时代特色,以及以更加坚强的信念和更加顽强的努力,与时俱进,坚持和发展中

---

① 《习近平谈治国理政》,外文出版社2014年版,第3-34页。

国特色社会主义，不断丰富其特色。

再说，关于党的三代中央领导集体和以胡锦涛同志为总书记的党中央所作出的历史性贡献，那篇讲话已经提到毛泽东思想、邓小平理论、"三个代表"重要思想和科学发展观。由于2013年12月26日适逢纪念毛泽东同志诞辰120周年座谈会，习近平讲话的一部分也收入《治国理政》，篇名为《坚持和运用好毛泽东思想活的灵魂》。可见对毛泽东思想的重视，也是一个重要和及时的提醒。因为毛泽东同在他之前的孙中山和在他之后的邓小平被认为是中国20世纪的三大伟人，他对新中国的创建功不可没。他的思想理论独树一帜，是十分可贵的精神遗产。习近平的讲话紧紧抓住"活的灵魂"去开展，都是现在并将继续要坚持和运用好的基本方面，即贯穿立场、观点、方法的实事求是、群众路线和独立自主这三点。然后分别论述，都很切中肯要。实际上，这三方面已经成为我国现代行政文化的主要内容和居于主导地位。"活的灵魂"之说，则更为生动。凡事都应实事求是，这太重要了。习近平分析得很透，只有实事求是，才能"使我们的思想和行动更加符合客观规律、符合时代要求、符合人民愿望"。群众路线被看作党的生命线和根本工作路线，"是我们党永葆青春活力和战斗力的重要传家宝"。加强群众路线教育是完全必要的。至于独立自主，原是中华民族的优良传统，也是我们立党立国的重要原则，中国的事必须由中国人民自己做主，走自己的路。

三、"中国梦"是中国人民的梦

在《治国理政》的18个大标题中，第二个大标题是"实现中华民族伟大复兴的中国梦"。其中有7篇讲话，只有一篇"中国梦"未见于小标题，而内容主要是讲"中国梦"的。仅从6篇小标题来看，已经给人一个大体的轮廓和深刻印象。它们是：《实现中华民族伟大复兴是中华民族近代以来最伟大的梦想》、《实干才能梦想成真》、《在实现中国梦的生动实践中放飞青春梦想》、《实现中国梦不仅造福中国人民，而且造福世界人民》、《创新正当其时，圆梦适得其势》、《实现中华民族伟大复兴是海内外中华儿女共同的梦》。①

先说小标题里没有表明是关于"中国梦"的那篇讲话，主要是说实现"中国梦"，"就是要实现国家富强、民族振兴、人民幸福，既深深体现了今天

---

① 《习近平谈治国理政》，外文出版社2014年版，第35-66页。

中国人的理想,也深深反映了我们先人们不懈追求进步的光荣传统"。接下去讲实现"中国梦"必须走中国道路,必须弘扬中国精神和凝聚中国力量,并不断夯实实现"中国梦"的物质文化基础。

其余6篇,都可以分别顾题思义和有各自特点的具体内容。如要同志们牢记落后就要挨打、道路决定命运、要把蓝图变为现实还要付出长期艰苦的努力。"一切国家机关工作人员,要克己奉公,廉政勤政,关心人民疾苦,为人民办实事。"还有如:"幸福不会从天而降,梦想不会自动成真。……实干首先就要脚踏实地劳动。"必须充分发挥工人阶级的主力军作用,紧紧依靠工人阶级发展中国特色社会主义,坚持崇尚劳动,造福劳动者,大力弘扬劳模精神等。又如"中国梦"是历史的、现实的,也是未来的;是国家的、民族的,也是每一个中国人的;是我们的,更是青年一代的。广大青年一定要坚定理想信念,练就过硬本领,勇于创新创造,矢志艰苦奋斗,锤炼高尚品格。我们坚持和平发展,"实现中国梦给世界带来的是和平,不是动荡;是机遇,不是威胁"。习近平对广大留学人员提出的四点希望是:一是坚守爱国主义精神,二是矢志刻苦学习,三是奋力创新创造,四是积极促进对外交流。"发展的中国需要更多海外人才,开放的中国欢迎来自世界各地的英才。"总之,"中国梦"既是海内外中华儿女共同追求幸福的梦,也同各国人民追求幸福的梦想相通。

这里要着重指出的是:为实现"中国梦"凝聚起强大的精神力量和有力的道德支持。《治国理政》在"建设社会主义文化强国"的大标题下,有6篇讲话论述了文化软实力和社会主义核心价值观等问题。① 作为文化软实力的灵魂和决定文化性质和方向的最深层次要素的社会主义核心价值观是问题的核心。"富强、民主、文明、和谐是国家层面的价值要求,自由、平等、公正、法治是社会层面的价值要求,爱国、敬业、诚信、友善是公民层面的价值要求。"这在实际上回答了我们要建什么国家和社会、培养什么样的公民的重大问题。而且既继承了中华优秀传统文化,也吸收了世界文明有益成果,体现了时代精神。全世界看得很清楚:"中国梦"就是这样光明正大有利于世界文明进步的梦。

四、"四个全面"是全局的聚焦

一般来说,通常所称的全面有大有小,即指总体、部分或某一方面而言。

---

① 《习近平谈治国理政》,外文出版社2014年版,第153-188页。

这里的"四个全面",则是概括全局的聚焦,是重中之重或关键、要害。习近平的原话是:"协调推进全面建成小康社会、全面深化改革、全面推进依法治国、全面从严治党,推动改革开放和社会主义现代化建设迈上新台阶。"稍后又指出,这是党中央从坚持和发展中国特色社会主义全局出发,提出并形成了"四个全面"的战略布局。"这个战略布局,既有战略目标,也有战略举措,每一个'全面'都具有重大战略意义。"第一个"全面"是战略目标,其余三个是三大战略举措。"要把全面依法治国放在'四个全面'的战略布局中来把握,深刻认识全面依法治国同其他三个'全面'的关系,努力做到'四个全面'相辅相成、互相促进、相得益彰。"① 对此,外媒报道《"四个全面"展现中共治国新布局》② 是适当的。国内媒体将"四个全面"作为"与时俱进的新创造、马克思主义与中国实践相结合的新飞跃"等③更具有理论价值。

本来,这是四个方面的事。不说"四个方面"而说"四个全面"不只是一字之差,其实质性的含义也大不一样。因为在任何一方面,若有薄弱环节、空白点甚至死角,全局的正常发展必然会受到不同程度的负面和消极影响,难以顺利完成任务和达到目标,延误大事。可见,"四个全面"是积极进取、势在必得的纲领,不可等闲视之。希望共圆"中国梦"的每一个中华儿女都应该全神贯注和全力以赴地对这"四个全面"作出自己的贡献。2015年两会代表委员热议"四个全面"重大战略布局极其自然,用《"四个全面"托举中国梦》④ 这个标题来做报道的记者也是很到位的。

可不是么?"每个'全面',都是一项功在千秋而艰辛自见的宏伟工程;每项工程都与13亿中国人的梦想紧紧相连。"首先是"全面建成小康社会:实现中国梦的关键一步"。这一步如不能及时切实做到"让不同区域、不同人群共享小康成果",又怎能达到更高的理想和要求呢?人们已经听到"'不让一个地区、一个人掉队'的庄严宣告"。有坚当攻,有难当克,这是勇往直前的精神。其次是"全面深化改革:实现中国梦的必由之路"。实践早已证明,中国能有今天,是实行改革开放政策的结果。不进行全面深化改革,便不可能继长增高,还会有不进则退的危险,更谈不到美梦成真了。再次是"全面依

---

① 据《光明日报》2015年3月2日第1版。
② 见《参考消息》2015年2月27日第1版。
③ 见《参考消息》2015年2月27日第1-2版。
④ 据《光明日报》2015年3月2日第1版、第3版。

法治国：实现中国梦的法治保障"。关于这一点，前面已经引用过习近平讲话中关于全面依法治国同其他三个"全面"的关系，这里不再重复。共产党是高举法治大旗为实现"中国梦"开路、清道和作出保障的。最后是"全面从严治党：让实现中国梦的领导核心更加坚强"。历史早已向全世界证明：没有共产党就没有新中国。还将继续证明：没有共产党就不可能实现"中国梦"。但如不全面从严治党，情况就难说了。从"党的十八大以来，党风廉政建设力度空前，让世人看到了中国共产党人的勇气和决心"。一名党外人士说："我深切感受到从严治党不是口号，执行起来毫不手软。"接着要谈的"三严三实"，要求会更具体。

五、"三严三实"才能走向胜利

众所周知，不少习近平的名言已经在广泛流传。例如，"作风建设永远在路上"。原是《树立和发扬"三严三实"的作风》① 这篇讲话开头的第一句话。他所说的"三严三实"是："既严以修身、严以用权、严以律己，又谋事要实、创业要实、做人要实。"随后又分别作了很好的说明。考虑到学习研究者都必须阅读原著，这里不再多引。他最后的希望是在"不断取得作风建设新成效"。

此外，习近平关于这方面的论述很多，诸如密切党同人民群众联系，推进反腐倡廉建设，提高党的领导水平，等等。前面已经肯定"四个全面"托举"中国梦"，可是倘若作风不严不实，或不够严实，"四个全面"仍有落空之虞。所以开展"三严三实"教育很有必要。在这方面有很多学习研究的心得、体会值得参考。因为尚难掌握所有资料和限于篇幅，以下仅酌举数例，以窥一斑。其中作为"人民要论"、"热点辨析"和"专题深思"的各一篇。②

第一篇认为："开展'三严三实'专题教育，就是一个发现问题、解决问题的过程。……强化问题导向具有极端重要性……着力解决种种不严不实问题……通过大力弘扬整风精神革除问题积弊……从源头上革故鼎新。这就要求抓住领导干部这个'关键少数'。"

---

① 《习近平谈治国理政》，外文出版社2014年版，第381－382页。
② 赵周贤、刘光明：《"三严三实"教育重在强化问题导向》，薛瑞汉：《突出问题导向 贯彻从严要求 "三严三实"教育需要聚焦三大问题》，谭江山：《多维度把握"三严三实"精髓：把"三严三实"丰富内涵吃准吃透》，载《人民日报》2015年6月5日第7版。

第二篇认为："应着力解决……理想信念动摇、信仰迷失、精神迷失，宗旨意识淡薄、忽视群众利益、漠视群众疾苦，党性修养缺失、不讲党的原则等问题。……滥用权力、设租寻租，官商勾结、利益输送，不直面问题、不负责任、不敢担当，顶风违纪还在搞'四风'、不收敛不收手等问题。……无视党的政治纪律和政治规矩，对党不忠诚、做人不老实，阳奉阴违、自行其是，心中无党纪、眼里无国法等问题。"

第三篇认为："党员干部正确领会'三严三实'的精髓，需要从以下五个维度去思考和把握。……理论的维度。……历史的维度。……文化的维度。……现实的维度。……实践的维度。……军队领导干部面对周边领土主权和海上安全威胁日益突出的严峻形势，……必须践行'三严三实'，强化使命担当，树牢随时准备打仗的战斗队思想，锤炼统兵打仗的过硬本领，打好全面深化改革攻坚战。"

以上三篇各有侧重，对我们都很有启发。首先是发现问题要有较高的自觉性，如若熟视无睹，必致问题成堆。再缺乏解决问题的积极性和责任心，"老大难"便阻碍我们的正常发展，更谈不到改革创新。领导干部确实是"关键少数"，要从源头上解决问题，不能忽视这一点。对于那么多应着力解决的问题，是对"三严三实"的直接考验。无论集体还是个人，都要改变旧习惯，树立新风气。不严不实只会终于害人害己直到误国误民。最近，中组部发通知要求在"三严三实"专题教育中联系反面典型深入开展研讨①就很有必要。在新的发展形势下，对国防和军队建设也提出了更高标准和新的要求。实际上在各行各业、各个领域、各条战线都是一样。也许有人会问，这里在讲行政文化，似乎与军事武装无关。为此，我们特再安排下一节来做出回答。

六、大国和平崛起史无前例

说回到《治国理政》一书，其中既有"走和平发展道路"，又有"推进国防和军队现代化"两大标题②，两者并不矛盾。因为"走和平发展道路是中国人民对实现自身发展目标的自信和自觉"，而"建设一支听党指挥、能打胜仗、作风优良的人民军队"是为了"巩固国防"。现实的国际形势很清楚，我不犯人，人要犯我怎么办？岂非不言自明了？2015年要纪念中国人民抗日战

---

① 见《光明日报》2015年7月28日第1版。
② 《习近平谈治国理政》，外文出版社2014年版，第247-270页，215-224页。

争胜利70周年，我们记忆犹新！1931年的"九一八"事变，我刚进初中，就知道国难深重。后来全面抗战，大半国土沦于敌手，至今还不承认侵略，到底安的什么心？具体来说，我们不仅要有军队，而且要有强大的军队，才能保卫我们的领土、主权、核心利益、和平发展。

2015年，瑞士有一位教授发表了《中国对和平崛起的历史探寻》①，主要是说中国和平崛起将改写人类历史，大国和平崛起史无前例。他说："回顾过去500年的历史，很明显，大国和平崛起的故事从来没有出现过。"他借2006年中国中央电视台的纪录片《大国崛起》来说明"中国探寻以前的大国是如何崛起的是一种合乎常理的做法"，而那部纪录片便是探索的结果之一。

"该片最开始讲述的是15世纪的葡萄牙，这是第一个全球海上大国。……又回顾了以后的8个大国——西班牙、荷兰、英国、法国、德国、俄罗斯、日本和美国崛起的过程。"主要结论是："这9个国家在崛起为全球性大国前没有一个可以被称为'负责任的利益攸关方'——每个国家的崛起过程中，征服、破坏、奴役、杀人、抢掠等行为都是必不可少的。"

该片最重要的部分可能是关于英国的崛起，经第一、二次鸦片战争，还有法国人参加的洗劫北京圆明园等。日本的侵略前面已说了。"在第一次鸦片战争前，……国内生产总值（GDP）还占全球总量的30%以上。……到1949年新中国成立时，中国的GDP在全球的比重已降至约4%，而在这一过程中，不断有外国的军事入侵，以及通商口岸和其他各种形式的屈辱。"

他一再强调："每个崛起中的大国都是好斗、野蛮，有时甚至是残忍的。每次都是在它们带来混乱之后，才会寻求强制建立秩序，而且是它们的秩序。"这些都是事实。他还对林则徐在战前给维多利亚女王写信要她干涉可耻的鸦片贸易没有答复的事，伊丽莎白二世女王应该代表她的高祖母向中国和林则徐表现的无礼道歉。他认为这个小举动可能产生大影响。

显然，他对和平崛起是一个艰巨的挑战的说法是有根据的。"中国最终成功还是失败在很大程度上取决于中国，同时也取决于现有和既往大国的态度和行为。"事实正是如此。必须指出，我们坚定不移地走和平发展的道路，维护和促进世界和平，宽宏大度，共谋合作互利。我国古代行政文化早有爱和平的

---

① （瑞士）让-皮埃尔·莱曼：《中国对和平崛起的历史探寻》（新加坡《海峡时报》网站2015年7月22日文章），载《参考消息》2015年7月24日第14版。

传统，如"协和万邦"①。我们追求的是政通人和、国泰民安。对于无理取闹、任意挑衅、颠倒是非、混淆黑白、倒行逆施之类的举措，我们也不可不防和有以应对。我们深信，"人民的眼睛雪亮"、"是非自有公认，公道自在人心"，说教、搞鬼、故弄玄虚、双重标准之类均将大白于天下。

（中国行政体制改革研究会行政文化委员会第四届行政文化论坛约稿）

---

① 《尚书·尧典》。